ENCONTRO COM DEUS

365 Devocionais para fortalecer sua Fé.

ENCONTRO COM DEUS
Copyright ©
1ª edição: Outubro 2024
2ª reimpressão: Dezembro 2024
Direitos reservados desta edição:
Grupo Ciranda Cultural

Autor:
BibliaOn

Edição:
Nayra Ribeiro

Revisão:
Mônica Glasser
Fernanda R. Braga Simon

Projeto gráfico e capa:
Luisa Tavares
Jéssica Tavares

DADOS INTERNACIONAIS DE CATALOGAÇÃO NA PUBLICAÇÃO (CIP)

B364e BíbliaOn
　　　　Encontro com Deus - 365 devocionais para fortalecer sua fé / BíbliaOn. - Jandira, SP: Trend, 2024.
　　　　384 p. : 15,50cm x 22,60.

　　　　ISBN 978-65-83187-27-7

　　　　1. Autoajuda 2. Devocional. 3. Cristianismo. 4. Motivação. 5. Religião. 6. Deus. I. Título.

2024-2073　　　　　　　　　　CDD - 158.1

Elaborado por Lucio Feitosa - CRB-8/8803

Índice para catálogo sistemático:
1. Autoajuda : 158.1
2. Autoajuda : 159.92

Bíbliaon
Bibliaon.com

ENCONTRO COM
DEUS

365 Devocionais para fortalecer sua Fé.

TREND editora

Senhor, tu és o nosso Pai.
Nós somos o barro; tu és o oleiro.
Todos nós somos obra das tuas mãos.

Isaías 64:8

SOBRE O DEVOCIONAL

Encontrar um caminho de paz e alegria duradouras pode parecer um objetivo inalcançável. No entanto, para aqueles que têm fé em Deus, que confiam Nele e que entregam os seus pensamentos a Ele, há um caminho bem pavimentado a ser seguido, há fonte inesgotável de esperança e orientação.

É certo que vivemos em uma época confusa, em um mundo repleto de incertezas e desafios, em que a busca por sentido e propósito muitas vezes nos leva a questionar nossa própria existência. Mas não devemos nos esquecer de que em meio a tantas adversidades existe um Pai para nos guiar, nos orientar, nos acolher. Ele está sempre pronto para nos trazer as boas-novas, juntamente com o conforto da fé, e para ser um farol de esperança em um mundo necessitado de luz.

Este livro é um convite para você aprofundar seu relacionamento com Deus e reconhecer o imenso valor do Reino dos Céus. Inspirado pelas palavras e ensinamentos de Jesus, somos chamados não apenas a encontrar esse tesouro divino, mas também a compartilhá-lo com todos ao nosso redor.

Que este texto inspire você, leitor, a viver uma vida de propósito, entregando suas preocupações e alegrias nas mãos do Pai, e a encontrar paz e confiança nas promessas de Deus. Mais do que isso, que ele desperte em você o desejo de ser um canal de bênção, espalhando o amor de Deus a cada passo do seu caminho.

DEVOCIONAL DIÁRIO

JANEIRO

JESUS É O REMÉDIO PARA A ANSIEDADE!

1º JANEIRO

A ansiedade é um sentimento que pode paralisar a nossa fé. Da mesma forma, **a fé é a melhor forma de combater a ansiedade.** Enquanto fé é o "firme fundamento das coisas que se esperam, e a prova das coisas que não se veem" (Hb 11:1), a ansiedade é movida a dúvida e a incerteza.

Jesus é o remédio para a ansiedade! Enquanto o diabo planta a dúvida, Cristo nos dá alívio e direção. Não deixe a ansiedade dominar você: medite na Palavra de Deus. Dissipe o medo do amanhã com a presença de Deus.

PARA ORAR:
Senhor, a Tua palavra me consola. A Tua voz me acalma e traz alegria. Afasta de mim a dúvida, o medo e a incerteza no meu coração. Faz do meu coração morada, amém!

Quando a ansiedade já me dominava no íntimo, o teu consolo trouxe alívio à minha alma.
— SALMOS 94:19

Jogando fora a ansiedade

- Em caso de ansiedade, ore. Fale com Deus para aliviar o seu coração.
- A fé vem pelo ouvir a Palavra de Deus. Quando a nossa fé cresce, a ansiedade diminui.

Bíbliaon

2 JANEIRO

DEUS CAPACITA OS CHAMADOS

> Então o Anjo do Senhor apareceu a Gideão e lhe disse: "O Senhor está com você, poderoso guerreiro".
>
> — JUÍZES 6:12

Deus capacita os chamados

- **Confie em Deus:** Lembre-se de que Ele capacita e fortalece você diariamente.
- **Ore constantemente:** Busque a presença de Deus para orientação e coragem em suas batalhas.
- **Aja com fé:** Enfrente desafios crendo que Deus está com você em todas as situações.

Leia também:

Esforça-te e tem bom ânimo: Deus está contigo (reflexão)

Em meio às adversidades e aos desafios da vida, essa passagem não é apenas uma mensagem para Gideão, mas para todos nós.

Gideão estava se escondendo, temendo os inimigos que o cercavam, mas Deus o chamou de "poderoso guerreiro". Isso nos mostra que Deus vê além das nossas circunstâncias e fraquezas. Ele nos vê através da lente do Seu propósito e poder. Quando nos sentimos fracos, incapazes ou com medo, devemos lembrar que o Senhor está conosco e que Ele nos capacita.

Você pode estar enfrentando lutas que parecem insuperáveis. Talvez sejam problemas familiares, dificuldades financeiras ou desafios pessoais que testam sua fé. Em meio a tudo isso, ouça a voz do Senhor dizendo: "Eu estou com você." A presença Dele transforma nossa fraqueza em força e nossa insegurança em coragem.

Deus não chama os capacitados, Ele capacita os chamados. Como Gideão, somos chamados para sermos guerreiros poderosos, não por nossa força, mas pela força do Senhor que habita em nós. Creia no potencial que Deus vê em você. Confie que Ele está ao seu lado, guiando cada passo, lutando suas batalhas e trazendo a vitória.

Levante-se, poderoso guerreiro! Deus está com você. Caminhe com confiança, sabendo que, com o Senhor, você é mais que vencedor!

PARA ORAR:

Senhor, como Gideão, reconheço que estás comigo. Capacita-me para enfrentar desafios com coragem e fé. Que minha vida seja um testemunho do Teu poder transformador. Orienta-me em cada passo, para que eu possa glorificar-te em tudo. Amém.

UM SINAL DE ESPERANÇA

3 JANEIRO

Em Gênesis 9:16, Deus nos oferece uma promessa poderosa. Esse versículo nos lembra da fidelidade de Deus e de Sua aliança inquebrável com toda a criação.

Quando vemos um arco-íris no céu, somos convidados a refletir sobre a magnitude da graça de Deus. Esse símbolo não é apenas um fenômeno natural, mas uma lembrança do compromisso de Deus conosco. Assim como o arco-íris surge após a tempestade, Deus nos assegura que, independentemente das dificuldades que enfrentamos, **Sua presença e Suas promessas permanecem constantes**.

Podemos nos sentir perdidos e desanimados. No entanto, é precisamente nesses momentos que devemos buscar a Deus — Suas promessas de amor, misericórdia e fidelidade. Ele não apenas nos promete nunca mais destruir a terra com um dilúvio, mas também nos garante Sua presença contínua e Seu amor incondicional.

Que possamos, hoje e sempre, lembrar que o arco-íris é um sinal de esperança. Ele nos chama a confiar em Deus, a renovar nossa fé e a nos lembrar de Sua aliança eterna. Quando levantarmos nossos olhos e virmos as cores brilhantes no céu, que nosso coração seja preenchido com gratidão e confiança no Deus que sempre cumpre Suas promessas.

Que a lembrança da promessa de Deus, simbolizada pelo arco-íris, nos inspire a viver em paz, confiantes de que estamos seguros nas mãos de um Deus fiel e amoroso.

PARA ORAR:
Querido Deus, agradeço pela promessa do arco-íris, símbolo de Tua fidelidade e amor. Ajuda-nos a lembrar de Tuas promessas em tempos difíceis, encontrando paz e esperança. Que vivamos em gratidão diária, confiando em Tua presença constante e em Teu amor incondicional. Fortalece nossa fé e guia-nos pelo caminho da Tua luz. Amém.

Toda vez que o arco-íris estiver nas nuvens, olharei para ele e me lembrarei da aliança eterna entre Deus e todos os seres vivos de todas as espécies que vivem na terra.
— GÊNESIS 9:16

Aliança eterna

- **Confie nas promessas de Deus:** Lembre-se sempre da fidelidade e do amor inabaláveis de Deus.
- **Encontre esperança nas tempestades:** Veja o arco-íris como um sinal de renovação e esperança, aliança eterna entre Deus e todos nós.
- **Viva em gratidão:** Agradeça a Deus pela presença constante Dele em sua vida.

Leia também:

A história de Noé

A história da Arca de Noé na Bíblia

Bíbliaon

4 JANEIRO

O SENHOR DEFENDERÁ A CAUSA DOS OPRIMIDOS

> Sei, porém, que o Senhor defenderá a causa dos aflitos; Ele fará justiça aos pobres.
>
> — SALMOS 140:12

Defende, Senhor, a causa dos mais necessitados!

- Ore e clame a Deus para intervir com Justiça em nossa sociedade.
- Se essa é hoje a sua condição, de carente, confie no Senhor e busque ajuda de irmãos na fé.
- Não seja indiferente! Deus também pode usá-lo para socorrer e defender os mais fracos.
- Trate com igual respeito e dignidade as pessoas mais pobres e aflitas. Este é um pequeno grande passo que fará grande diferença.
- Leia a Bíblia, histórias e biografias de homens e mulheres que entenderam o chamado do amor ao próximo, na prática, e investiram sua vida na ajuda aos necessitados.
- Se puder, participe em iniciativas que promovam a dignidade das pessoas e o cuidado com os mais necessitados — voluntarie-se em escolas, asilos, orfanatos, hospitais etc.

Leia também:

- Versículos sobre a Justiça de Deus
- Provas do Amor de Deus na Bíblia
- Versículos que mostram como é importante amar ao próximo

A opressão e a injustiça contra os menos favorecidos não agradam a Deus. Tantas vezes vemos e ouvimos falar de desigualdades, de atitudes de desprezo pelos mais pobres e necessitados que acabamos considerando isso como "normal", afinal as injustiças já vêm de longa data.

Mas não deveria ser assim. A Bíblia, em muitos trechos, destaca a preocupação de Deus com os oprimidos e a promessa de intervenção divina em favor dos vulneráveis e necessitados. O cristão, confiando que a Justiça é uma das qualidades de Deus, deve orar e desejar que ações justas sejam mais desenvolvidas na sociedade. Isso é trazer um pouco mais de Deus para as ruas, profissões e nossas relações.

No versículo de hoje vemos a confiança do salmista na justiça e na compaixão de Deus, especialmente em relação aos aflitos e aos pobres. Assuma em sua vida uma postura semelhante, respondendo ativamente ante as injustiças e o sofrimento alheio, quando estiver ao seu alcance fazê-lo.

Quando abrimos os olhos e o coração para amar e ajudar os menos favorecidos, estamos trabalhando como cooperadores de Deus. Isso pode ser uma fonte de consolo e esperança para aqueles que enfrentam desigualdades e dificuldades na vida.

PARA ORAR:

Deus de amor, obrigado por seres o único Deus, Justo e Bom. Graças te dou, porque tens uma resposta amorosa e justa para todas as pessoas, diante das desigualdades da vida.

Por favor, ajuda a todos os oprimidos e abatidos, que sofrem e não encontram o favor perante os grandes deste mundo. Tem misericórdia, Deus, dos órfãos, das viúvas, dos desempregados, dos pobres, dos doentes, dos moradores de rua, daqueles que vivem sem orientação e sem apoio.

Sê a esperança dos aflitos, dá ânimo aos oprimidos... Que eles encontrem em Ti toda a graça de que necessitam.

Desperta a Tua Igreja e o Teu povo para se sensibilizarem por aqueles que realmente necessitam de ajuda. Ajuda-nos a amar e sermos uma luz para esses que estão na escuridão. Usa os Teus filhos como canal de bênçãos para os carentes.

Pai celestial, nós cremos que Tu advogas as nossas causas. A cada dia, depositamos a nossa esperança de que intervirás em favor dos aflitos e dos pobres, por Tua maravilhosa graça, Senhor.

Em nome de Jesus, oramos. Amém!

VIVENDO EM CRISTO

5 JANEIRO

O versículo de Gálatas 2:20 nos revela uma profunda transformação espiritual que ocorre na vida do crente. Esse versículo nos convida a refletir sobre a verdadeira essência da nossa fé e a nova identidade que recebemos em Cristo. Quando Paulo declara que foi crucificado com Cristo, ele nos lembra que, pela fé, nossa velha natureza pecaminosa foi crucificada com Jesus na cruz.

Esse ato simbólico representa a morte do nosso antigo eu, marcado pelo pecado e pela separação de Deus. Já não somos escravos das nossas fraquezas e limitações humanas, pois a nossa velha vida foi crucificada e sepultada com Cristo.

A transformação que se segue é extraordinária: "Já não sou eu quem vive, mas Cristo vive em mim". Esta nova vida em Cristo não é vivida pela nossa força ou mérito, mas pela presença e pelo poder do próprio Jesus em nós. Cristo, o Filho de Deus, habita em nosso ser, moldando nosso caráter e guiando nossas ações. Vivemos agora com um propósito renovado, movidos pelo amor e pela graça que Ele nos concedeu.

A fé no Filho de Deus, que nos amou e se entregou por nós, é o fundamento desta nova existência. Cada dia vivido na carne é uma oportunidade de demonstrar essa fé, confiando na presença constante de Cristo em nossa vida. Vivemos não mais para nós mesmos, mas para Aquele que nos amou de maneira incomparável e nos deu uma nova vida. Que esta realidade transforme nosso ser e nos leve a viver para a glória de Deus.

PARA ORAR:

Senhor Jesus, obrigado por morrer por mim e por viver em mim. Ajuda-me a morrer para o meu eu, viver pela fé em Ti e refletir Teu amor e graça em minhas ações diárias. Fortalece-me para seguir Teus caminhos e ser um testemunho vivo da Tua presença em minha vida. Amém.

Fui crucificado com Cristo. Assim, já não sou eu quem vive, mas Cristo vive em mim. A vida que agora vivo no corpo, vivo-a pela fé no filho de Deus, que me amou e se entregou por mim.

— GÁLATAS 2:20

Vivendo uma nova vida

- **Morrer para o eu:** Deixe de lado desejos egoístas, permitindo que Cristo transforme seu coração e ações.
- **Viver pela fé:** Confie diariamente em Cristo, buscando Sua orientação e força em todas as circunstâncias.
- **Refletir Cristo:** Demonstre o amor e a graça de Jesus nas interações, mostrando Sua presença em você.

Leia também:

Versículos sobre vida nova em Cristo

Bíbliaon

6 JANEIRO

A SUA VEZ VAI CHEGAR

"Porque sou eu que conheço os planos que tenho para vocês", diz o Senhor, "planos de fazê-los prosperar e não de causar dano, planos de dar a vocês esperança e um futuro".

— JEREMIAS 29:11

Aguarde no Senhor e a sua vez vai chegar!

- Confie no tempo de Deus, sabendo que Ele tem um plano perfeito.
- Use o período de espera para crescer espiritualmente e fortalecer sua fé.
- Mantenha a oração constante e busque seguir os mandamentos de Deus diariamente.

Leia também:

Quatro lições do Salmo 37: o segredo para ser abençoado

Vivemos em um mundo onde a pressa e a ansiedade frequentemente nos fazem questionar o tempo de Deus em nossa vida. Às vezes, olhamos ao redor e vemos amigos, familiares e conhecidos alcançando suas metas e sonhos, enquanto parece que estamos estagnados. No entanto, é crucial lembrar que Deus tem um plano perfeito para cada um de nós.

Jeremias 29:11 nos lembra que os pensamentos de Deus para nós são de paz e esperança. Ele tem um propósito específico e um tempo certo para cada acontecimento em nossa vida. Quando nos sentimos impacientes ou desanimados, devemos confiar que o Senhor está no controle e que Ele sabe o que é melhor para nós.

Muitas vezes, o período de espera é um tempo de preparação. Deus pode estar moldando nosso caráter, fortalecendo nossa fé e nos ensinando lições valiosas de que precisaremos no futuro. Assim como um agricultor que espera pacientemente pela colheita após plantar a semente, devemos aprender a confiar no tempo de Deus.

É importante manter a fé e a esperança vivas, sabendo que nosso momento chegará. Continuemos a buscar a Deus, a orar e a seguir Seus mandamentos. No devido tempo, Ele nos levará ao destino que preparou para nós.

Lembre-se, a sua vez vai chegar. Deus é fiel, e Suas promessas nunca falham. Confie Nele e espere com paciência, pois grandes coisas estão por vir para aqueles que esperam no Senhor.

> **PARA ORAR:**
>
> Senhor Deus, agradeço por Tua fidelidade e por Teus planos perfeitos. Ajuda-me a confiar em Teu tempo e a ter paciência enquanto espero. Fortalece minha fé e molda meu caráter conforme a Tua vontade. Que eu permaneça em oração constante, seguindo Teus mandamentos. Sei que minha vez vai chegar, pois Tuas promessas nunca falham. Em nome de Jesus, amém.

PROSPERANDO COM SABEDORIA

7 JANEIRO

Este versículo nos ensina a importância de planejar e ser paciente em nossas finanças e vida espiritual. Hoje, é comum querer resultados rápidos, mas a Bíblia nos avisa sobre os perigos dessa atitude. A pressa pode levar a decisões ruins, resultando em problemas financeiros e uma vida cheia de estresse.

Deus nos pede para sermos diligentes e sábios. Planejar bem significa definir metas claras, criar um orçamento, economizar e investir com cuidado. Isso não só promove estabilidade financeira, mas também mostra disciplina e responsabilidade, qualidades valorizadas por Deus.

Confiar em Deus e buscar Sua orientação em nosso planejamento é essencial. Orar por sabedoria nos ajuda a tomar decisões alinhadas com os propósitos de Deus. Saber que Deus é nosso provedor nos traz paz, mesmo quando os resultados não são imediatos.

Para alcançar a prosperidade mencionada em Provérbios 21:5, precisamos pensar a longo prazo. Isso envolve paciência e confiança no processo, sabendo que o trabalho diligente e o planejamento cuidadoso darão frutos no tempo certo. **A verdadeira prosperidade vem do esforço consistente e da bênção de Deus.**

Portanto, sigamos o conselho de Provérbios 21:5: valorizemos o planejamento e evitemos a pressa. Assim, construiremos uma vida de fartura e bênçãos, baseada na sabedoria e na provisão de Deus.

> **Os planos bem elaborados levam à fartura; mas o apressado sempre acaba na miséria.**
> — PROVÉRBIOS 21:5

Planejamento sábio

- **Defina metas claras:** Estabeleça objetivos financeiros específicos e alcançáveis para orientar suas decisões.
- **Crie e siga um orçamento:** Organize suas finanças e monitore seus gastos regularmente.
- **Economize e invista com cuidado:** Faça economias regularmente e invista em opções seguras e prudentes.

Leia também:

QUEM TRABALHA DEUS AJUDA: 5 CONSELHOS DA BÍBLIA PARA TER SUCESSO NO TRABALHO

O QUE DIZ A BÍBLIA SOBRE EMPRESTAR DINHEIRO A JUROS

VERSÍCULOS SOBRE FINANÇAS NA BÍBLIA

PARA ORAR:

Querido Deus, ajuda-nos a planejar com sabedoria e a evitar a pressa. Dá-nos paciência e discernimento em nossas decisões financeiras. Que confiemos em Tua provisão e busquemos a verdadeira prosperidade que vem de Ti. Guia nossos passos para vivermos com integridade e responsabilidade. Amém.

Bíblia on

8 JANEIRO

VIGILÂNCIA E SABEDORIA

> Vigiarei a minha conduta e não pecarei em palavras; porei mordaça em minha boca enquanto os ímpios estiverem na minha presença.
>
> — SALMOS 39:1

Princípios para viver com sabedoria

- **Escolha palavras com cuidado:** Antes de falar, considere o impacto positivo ou negativo.
- **Pratique o autocontrole:** Mantenha calma e paciência, especialmente em situações desafiadoras.
- **Reflita Cristo constantemente:** Deixe suas ações e palavras serem testemunho do amor de Deus.

Leia também:

A BOCA FALA DO QUE O CORAÇÃO ESTÁ CHEIO (REFLEXÃO)

Vigiar a nossa conduta é mais do que evitar palavras impensadas; é um chamado a vivermos de maneira exemplar. Somos lembrados de que nossas palavras têm poder. Elas podem edificar ou destruir, consolar ou ferir.

Este salmo nos alerta sobre o perigo da língua, pequena, mas capaz de grandes feitos e desastres. Portanto, o salmista nos aconselha a colocar uma mordaça em nossa boca, a fim de evitarmos que falemos precipitadamente.

Esse cuidado é especialmente crucial na presença dos ímpios, daqueles que podem nos observar e julgar a fé cristã por meio de nossas ações e palavras. Quando somos vigilantes, não apenas protegemos a nossa própria integridade, mas também testemunhamos a graça e a sabedoria de Deus aos outros. Nossa conduta pode ser uma luz em meio à escuridão, um reflexo do amor de Cristo.

Em um mundo onde as palavras são frequentemente usadas sem consideração, somos chamados a um padrão mais elevado. Que nossas palavras sejam sempre guiadas pelo Espírito Santo, refletindo a verdade e a bondade de Deus. Que possamos, como o salmista, vigiar nossa conduta e manter nossa boca sob controle, sendo assim um testemunho vivo da paz e do amor que encontramos em Cristo Jesus.

> **PARA ORAR:**
>
> Senhor Deus, guia minhas palavras e ações para que reflitam Tua sabedoria e amor. Ajuda-me a controlar minha língua, especialmente diante dos ímpios. Que meu comportamento seja um testemunho vivo da Tua graça. Dá-me força para viver com integridade, sendo luz em meio à escuridão. Amém.

Bíblia on

O SIGNIFICADO DE ARREPENDIMENTO

9 JANEIRO

Arrependimento é muito mais que pedir perdão. Significa voltar-se para Deus, reconhecendo seus pecados e decidindo viver de maneira diferente. Em vez de querer continuar em uma vida de pecado, seu desejo se torna agradar a Deus. E isso é possível com a ajuda de Jesus.

Quando você se arrepende e crê que Jesus é seu salvador, você recebe Jesus em sua vida. Isso significa que Ele vai estar sempre com você e vai ajudá-lo a viver para Deus. Agora, Jesus vive em você e vai transformar sua vida!

PARA ORAR:

Senhor Deus, reconheço que tenho cometido pecados. Não quero mais viver entristecendo a Ti. Peço perdão pelos meus pecados e quero mesmo viver de maneira diferente. Creio que Jesus morreu e ressuscitou para me salvar de meus pecados e que Ele é meu salvador. Ajuda-me a vencer a tentação e a ter força para parar de cometer esses pecados. Em nome de Jesus, amém.

> Arrependam-se, pois, e voltem-se para Deus, para que os seus pecados sejam cancelados, para que venham tempos de descanso da parte do Senhor, e ele mande o Cristo, o qual lhes foi designado, Jesus.
>
> — ATOS DOS APÓSTOLOS 3:19-20

Se você está arrependido de algum pecado

- Confesse o pecado a Deus, pedindo perdão.
- Creia que Jesus morreu para salvá-lo de seu pecado.
- Peça ajuda a Deus para consertar as coisas e parar de cometer esse pecado.
- Sempre que você se sentir tentado ou cair no pecado, volte a pedir perdão e ajuda a Deus.
- Lembre-se que Deus SEMPRE perdoa quem se arrepende.

10 JANEIRO

DEIXE TUDO AOS PÉS DA CRUZ

> Pois a mensagem da cruz é loucura para os que estão perecendo, mas para nós, que estamos sendo salvos, é o poder de Deus.
>
> — 1 CORÍNTIOS 1:18

Para qualquer judeu era loucura imaginar que o tipo de morte mais desprezível e vergonhosa, na cruz, seria o meio pelo qual o Messias concederia salvação. De igual modo, era totalmente absurdo, para os gregos, amantes da sabedoria, "filósofos", considerar que algo era mais poderoso que seu conhecimento. Para os romanos e muitos outros gentios, nada era mais almejado que o poder das riquezas e posses. Assim também hoje muitas pessoas que se apegam à religiosidade, à intelectualidade ou à ambição por bens materiais, como seu alvo ou prioridade na vida.

Muitas pessoas continuam considerando a mensagem da cruz como loucura, apegando-se aos recursos humanos. Mas é poder de Deus para os crentes! Não se engane, nenhuma bondade, sabedoria ou riqueza humanas é capaz de dar garantias nesta vida ou na próxima. Parece maluquice, mas há só uma maneira de termos uma vida com sentido e significado: por meio da fé em Jesus Cristo, na Sua obra redentora na cruz. Não despreze o poder da mensagem da cruz!

Deposite as suas riquezas aos pés de Jesus!

- O que é mais valioso para você nesta vida?
- Reflita por um instante: é por essas causas que têm dedicado suas forças, seu tempo, sua vida?
- Ore e entregue-se completamente ao Senhor, sem reservas.
- Não perca tempo com as banalidades desta vida. Concentre-se no que é mais importante.
- Deixe aos pés da cruz as suas "coroas", méritos pessoais, bens, títulos. Reconheça que Jesus é a sua maior riqueza!
- Leia a Bíblia diariamente. Por meio dela você conhecerá mais a Jesus e encontrará a sua razão de ser!

PARA ORAR:

Senhor Deus, obrigado por teres enviado Jesus para nos dar vida, por meio daquela terrível cruz. Ajuda-me a ter Cristo como prioridade e meu maior valor nesta vida. Deixo aos Teus pés tudo que queira tomar o Teu lugar no meu coração. Perdoa-me o apego às coisas insignificantes desta vida. Sê a minha alegria, sustento e maior riqueza sempre. E ensina-me a amar a mensagem da cruz e compartilhá-la onde eu estiver. Em nome de Jesus, amém!

A AMIZADE QUE TE LEVANTA

11 JANEIRO

Quando andamos juntos no caminho da fé, a amizade pode ser construtiva e edificadora. Não é bom estarmos isolados, pois fazemos parte de um corpo. Não há nada pior do que estar sozinho, isolado, sem ter ninguém para compartilhar as suas alegrias e tribulações.

Numa amizade saudável, um amigo pode auxiliar o outro. Se um cair, o outro ajuda a levantar. Por isso é importante cultivarmos a comunhão com nossos irmãos em Cristo. **A verdadeira amizade é aquela que o impulsiona a buscar mais a Deus.**

Lembre-se de que, ainda que estejamos sozinhos, Jesus é o nosso melhor amigo. Cristo nunca nos desampara, e o Espírito Santo consola o nosso coração. No caminhar da fé haverá oportunidades para conhecer outros irmãos e construir uma amizade centrada em Jesus.

PARA ORAR:
Senhor, Tu és o meu melhor amigo. Teu sacrifício me salvou e alcançou tantos outros. Hoje tenho amigos mais chegados que irmãos. Muito obrigado, Senhor, amém.

Se um cair, o amigo pode ajudá-lo a levantar-se. Mas pobre do homem que cai e não tem quem o ajude a levantar-se!

— ECLESIASTES 4:10

Amigos da fé

- Procure amizades que possam edificar a sua fé. Desta forma, ambos se fortalecem.
- Se um amigo seu tiver um problema, procure ajudar. Um dia você poderá precisar de uma mão amiga.
- Incentive os seus amigos a buscarem a Deus. Um bom amigo ajuda a edificar a fé do outro.

Bíbliaon

12 JANEIRO

ADORE AO SENHOR NO SEU ESPLENDOR

> Atribuam ao Senhor a glória que o seu nome merece; adorem o Senhor no esplendor do seu santuário.
>
> — SALMOS 29:2

A glória que Ele merece

- **No louvor:** Expresse gratidão e exalte a Deus com cânticos de adoração diariamente.
- **Na oração:** Mantenha um diálogo contínuo com Deus, buscando Sua orientação e paz.
- **No amor:** Ajude os necessitados, demonstrando o amor de Deus por meio de ações concretas.

Leia também:

Adorar a Deus de todo o coração (Estudo Bíblico)

Em um mundo cheio de desafios, é essencial voltarmos nosso coração para a fonte de toda glória e poder: o Senhor nosso Deus. Salmos 29:2 nos lembra da importância de atribuir ao Senhor a glória que o Seu nome merece e de adorá-Lo no esplendor do Seu santuário.

Quando reconhecemos a grandiosidade de Deus, nosso espírito se enche de uma paz indescritível. Ele é o Criador dos céus e da terra, Aquele que comanda os mares e as estrelas, e, ainda assim, Se importa profundamente conosco. Ao atribuir-Lhe a glória devida, lembramos que Ele está no controle de todas as coisas, mesmo quando nossa visão é limitada.

Adorar o Senhor no esplendor do Seu santuário vai além da religiosidade. Trata-se de um encontro pessoal com o Deus vivo, de uma entrega total de nossa vida em Suas mãos. É nos momentos de adoração que encontramos força para continuar, esperança para perseverar e alegria para transbordar, mesmo em meio às tempestades da vida.

Que possamos, diariamente, buscar essa conexão profunda com Deus, atribuindo a Ele toda honra e toda glória. Quando fazemos isso, nossa vida é transformada. Tornamo-nos luz em meio à escuridão, esperança em tempos de desespero e amor em um mundo que tanto necessita.

Que o Senhor nos abençoe e nos guie, inspirando-nos a viver de acordo com a Sua vontade, e que possamos sempre adorá-Lo com todo o nosso ser, reconhecendo Sua majestade e bondade infinitas!

PARA ORAR:

Senhor Deus, agradecemos por Tua infinita graça e amor. Ajuda-nos a reconhecer Tua glória em todas as coisas e a viver conforme Tua vontade. Fortalece-nos nas dificuldades e guia-nos com Tua sabedoria. Que possamos refletir Teu amor em nossas ações diárias. Em nome de Jesus, amém.

ENCONTRANDO FORÇA NA FÉ

13 JANEIRO

Em momentos de dificuldade, a Bíblia nos oferece palavras de conforto e encorajamento, como nessa passagem de Filipenses 4:13.

Esse versículo nos lembra do poder e da presença constante de Deus em nossa vida. Muitas vezes, enfrentamos desafios que parecem insuperáveis. As lutas diárias, as perdas, os obstáculos no trabalho ou nos relacionamentos podem nos fazer sentir fracos e desanimados.

No entanto, a mensagem de Filipenses 4:13 é um lembrete poderoso de que não estamos sozinhos. A força de que precisamos para superar qualquer adversidade não vem de nossas próprias capacidades, mas do Senhor, que nos fortalece.

Deus nos oferece Sua força de várias maneiras. Por meio da oração, encontramos paz e renovamos nossas forças. A leitura das Escrituras nos dá sabedoria e orientação. A comunhão com outros cristãos nos proporciona apoio e encorajamento. Quando confiamos em Deus e nos apoiamos em Sua promessa, descobrimos que somos capazes de enfrentar qualquer desafio com coragem e determinação.

Não importa quão difícil seja a jornada, **lembre-se de que você pode todas as coisas em Cristo**. Ele é a fonte inesgotável de força e esperança. Nos momentos de fraqueza, volte-se para Ele e permita que Sua presença transforme sua fraqueza em força.

Viva com a confiança de que, com Deus ao seu lado, nada é impossível. Que esta verdade inspire e motive você a continuar firme, sabendo que a vitória é certa por meio daquele que o fortalece.

> **Tudo posso naquele que me fortalece.**
> — FILIPENSES 4:13

Superando desafios com a força de Deus

- Ore diariamente, buscando paz e renovação na presença de Deus.
- Estude a Bíblia, encontrando sabedoria e orientação nas Escrituras Sagradas.
- Participe de uma comunidade cristã, recebendo apoio e encorajamento mútuos.

Leia também:

Mensagens de força, fé e esperança: Deus é grande

PARA ORAR:
Senhor Deus, agradeço por Tua força e presença em minha vida. Renova minha fé diariamente, guia meus passos com sabedoria e rodeia-me de pessoas que me apoiem. Que eu encontre paz, coragem e esperança em Ti, hoje e sempre. Amém.

Bíblia on

14 JANEIRO

VIVENDO SEM VAIDADE

> Nada façam por ambição egoísta ou por vaidade, mas humildemente considerem os outros superiores a vocês mesmos.
>
> — FILIPENSES 2:3

Humildade e serviço

- Pratique a empatia, colocando-se no lugar do próximo diariamente.
- Sirva aos outros voluntariamente, priorizando as necessidades deles antes das suas.
- Busque inspiração em Jesus, vivendo com humildade e amor sacrificial constante.

Leia também:

Versículos que mostram como é importante amar o próximo

A passagem de Filipenses 2:3 nos ensina a agir sem egoísmo ou vaidade, considerando os outros como mais importantes do que nós mesmos. Esse versículo nos chama a refletir sobre nossas motivações e a viver com humildade e serviço ao próximo.

Vivemos em um mundo onde a competição e o desejo por reconhecimento são comuns. No entanto, o chamado cristão é para agirmos de maneira diferente. A ambição egoísta e a vaidade nos afastam da verdadeira felicidade e paz. Considerar os outros superiores a nós não significa se desvalorizar, mas, sim, praticar a empatia e o amor.

Jesus Cristo é o melhor exemplo dessa humildade. Sendo Deus, Ele não se apegou ao Seu *status*, mas se fez servo. Ele nos mostrou que a verdadeira grandeza está em servir aos outros. Quando colocamos os interesses dos outros acima dos nossos, refletimos o caráter de Cristo e cumprimos o propósito de Deus para nossa vida.

O exercício da humildade e do serviço transforma nossa perspectiva e também a comunidade ao nosso redor. Vivendo dessa maneira, mostramos o amor de Deus de forma prática e impactamos positivamente o mundo. Que busquemos a graça de Deus para viver assim todos os dias, encontrando a verdadeira grandeza na humildade e no amor.

PARA ORAR:

Senhor, ajuda-nos a viver com humildade e amor, seguindo o exemplo de Jesus. Que possamos colocar os outros acima de nós mesmos, servindo com alegria e sem egoísmo. Transforma nosso coração para refletir Tua graça e bondade. Dá-nos força para amar e cuidar do próximo diariamente. Em nome de Jesus, amém.

DEDIQUE TODO O SEU TRABALHO A DEUS

15 JANEIRO

Seu trabalho é importante! Mesmo se você faz algo que não parece ter muito impacto, pode fazer a diferença na maneira como trabalha. Busque ser assíduo, pontual, prestativo, humilde e atencioso. **Trabalhe com afinco, alegria, educação, boa disposição e amor.** Seja um excelente colaborador para seus colegas, clientes e chefes.

Em todas as suas tarefas, seja em casa, seja no trabalho, na igreja ou na sua comunidade, procure fazer o seu melhor para glorificar a Deus. Seja uma luz e abençoe todos os que estão ao seu redor. Pense nisto: a sua atitude diferente em relação ao trabalho vai atrair a atenção das pessoas, criando oportunidades para crescimento e para falar de Jesus.

PARA ORAR:

Senhor Deus, obrigado pela oportunidade de ser útil por meio do trabalho que faço. Ajuda-me a ser fiel no cumprimento das tarefas, na relação com as pessoas, na atitude proativa e dedicada com amor. Abençoa a todos os que estão desempregados, abrindo-lhes boas portas de emprego. Que todo o meu trabalho sirva para glorificar o Teu nome e abençoar a outros. Em nome de Jesus, eu oro agradecido, amém!

Tudo o que fizerem, façam de todo o coração, como para o Senhor, e não para os homens, sabendo que receberão do Senhor a recompensa da herança. É a Cristo, o Senhor, que vocês estão servindo.

— COLOSSENSES 3:23-24

Seja dedicado, e Deus honrará o trabalho das suas mãos!

- Ore ao Senhor e dedique a Ele tudo que você faz.
- Agradeça a Deus pelo trabalho que você tem e pelas possibilidades de ser útil em tudo que faz.
- Se está desempregado, peça ao Senhor que lhe conceda oportunidades para trabalhar.
- Veja na Bíblia exemplos de trabalhadores fiéis e aprenda com seus exemplos: José (Gn.39), a mulher virtuosa (Prov.31), Jesus (Evangelhos), Paulo etc.
- Dê um bom testemunho no seu trabalho; aproveite as oportunidades para partilhar a sua fé em Jesus.

Leia também:

VERSÍCULOS SOBRE O TRABALHO

Bíbliaon

16 JANEIRO

DEUS CARREGA O SEU FARDO PESADO!

> **Bendito seja o Senhor, Deus, nosso Salvador, que cada dia suporta as nossas cargas.**
>
> — SALMOS 68:19

Deus te ajuda e te sustenta em todos os momentos da sua vida!

- **Ore!** Clame a Deus, entregando a Ele a sua carga pesada.
- **Confie** no Senhor, Deus Todo-poderoso! Ele o ajuda suportar as dificuldades que você está enfrentando.
- **Leia** Mateus 11:28-30, **medite** e descubra como encontrar descanso em Jesus Cristo.
- A Palavra de Deus é refúgio para a alma aflita. **Leia, estude e aplique o coração aos ensinamentos bíblicos.**
- Deus suporta as suas cargas porque se importa com você. **Seja grato** pelo auxílio do Pai.
- **Tenha empatia** pelos que estão passando por aflições também. Fale para pessoas sem esperança do amor e favor de Deus... Certamente, há muitos à sua volta que precisam ouvir.

Alguma vez você já teve de carregar algo bastante pesado, sem ter a ajuda de ninguém? Talvez fazer mudanças; ou uma mala que quebrou as rodas, estragou o fecho ou está sem alças; ou foi às compras e depois precisou levar sozinho as muitas sacolas até a casa; ou até mesmo carregando o filho que adormeceu pesado nos seus braços no meio do caminho para uma consulta... Que grande sufoco! A cada passo dado, parece que os braços, as costas, todo o corpo não vão suportar mais! Como seria bom se alguém se oferecesse para ajudar em ocasiões como essas.

Assim também acontece com problemas em nossa vida: por vezes o fardo é tão pesado que parece que vai nos esmagar! Olhamos à volta e parece não haver saída, nem ninguém que nos possa ajudar. Mas espere! Isso não precisa ser assim com você.

Deus não está alheio à sua aflição! Ele está contigo e o ajuda, todos os dias, nessa caminhada. Você não precisa suportar sozinho os pesos da vida. Volte o seu olhar para Jesus e, seja qual for o seu fardo, peça a Sua ajuda. Ele carrega para você! Entregue tudo em Suas poderosas mãos e confie no Seu constante cuidado e amor.

PARA ORAR:

Senhor Deus, muito obrigado por vires até mim quando eu estava sobrecarregado, sem esperança nesta vida, e teres concedido descanso para a minha alma aflita. Obrigado por carregares o meu fardo pesado! Ajuda-me todos os dias a entregar ao Senhor as dificuldades que me sobrevêm. Que eu nunca me esqueça e tente carregar os problemas sozinho, sem a Tua ajuda. Ensina-me a ser grato e fiel a Ti. Usa-me como um instrumento Teu para abençoar aqueles que sofrem, sem desfrutar do alívio e do descanso que encontramos somente em Ti. Em nome Jesus eu oro, amém!

VOCÊ ESTÁ NAS MINHAS ORAÇÕES

17 JANEIRO

No livro de Filemom, no versículo 1:4, Paulo expressa sua gratidão a Deus, lembrando-se continuamente de Filemom em suas orações. Esse pequeno versículo encerra uma mensagem poderosa sobre a importância da gratidão e da intercessão na vida cristã.

Ao afirmar que sempre dá graças a Deus, Paulo destaca o papel central da gratidão. Ela nos conecta com o coração de Deus, reconhecendo Sua bondade e fidelidade em nossa vida. Nossas orações não devem ser apenas uma lista de pedidos, mas também um espaço para expressar gratidão por tudo que Ele já fez.

O fato de Paulo lembrar-se de Filemom nas suas orações é um testemunho do valor da comunhão no Reino de Deus. Orar pelos outros é uma forma concreta de expressar amor, demonstrando que não pensamos só em nós mesmos, mas também nos preocupamos com o que os outros precisam.

Assim, somos desafiados a seguir o exemplo de Paulo, cultivando um coração grato e dedicando tempo em oração pelas pessoas em nossa vida. Que possamos lembrar-nos uns dos outros diante de Deus, construindo laços de amor e comunhão que refletem a essência do evangelho. Que a gratidão e a intercessão sejam marcas distintivas de nossa jornada de fé, à medida que crescemos juntos na graça e no conhecimento do Senhor.

> *Sempre dou graças a meu Deus, lembrando-me de você nas minhas orações*
> — FILEMOM 1:4

Orando pelos seus irmãos

- Reserve momentos para agradecer a Deus pelas pessoas em sua vida. Reconheça as bênçãos e desenvolva um coração grato, fortalecendo sua conexão espiritual.
- Priorize a oração pelos outros. Siga o exemplo de Paulo ao incluir, regularmente, as necessidades dos outros em suas orações.
- Busque estar presente na vida dos outros, compartilhando alegrias e desafios. A comunhão no Reino de Deus se manifesta por meio do apoio mútuo e da oração uns pelos outros.

Leia também:

- Versículos sobre o poder da oração
- Versículos que mostram como é importante amar o próximo
- Amar o próximo como a ti mesmo: explicação do mandamento

PARA ORAR:
Senhor, abençoa meu irmão com Tua paz e guia seus passos. Que Tua luz ilumine seu caminho, e que ele experimente a plenitude do Teu amor. Capacita-o a crescer em graça e a refletir Tua glória. Amém.

Bíblia on

18 JANEIRO

REDEFININDO PRIORIDADES

> "Tudo o que fizerem, façam de todo o coração, como para o Senhor, e não para os homens, sabendo que receberão do Senhor a recompensa da herança. É a Cristo, o Senhor, que vocês estão servindo."
> — COLOSSENSES 3:23-24

Encontrando plenitude em Deus

- Busque o Reino de Deus em primeiro lugar, antes de tudo.
- Dedique seu trabalho e esforços para glorificar a Deus diariamente.
- Cultive a gratidão e a confiança na providência divina em todas as circunstâncias.

Leia também:

Versículos sobre Encontro com Deus — mensagens bíblicas de esperança

O versículo de Ageu 1:6 nos oferece uma profunda reflexão sobre o vazio que sentimos muitas vezes em nossa vida, apesar de todos os nossos esforços e conquistas materiais.

Vivemos em um mundo onde o sucesso é frequentemente medido por aquilo que possuímos e pelo quanto acumulamos. Contudo, Ageu nos alerta para a futilidade dessa busca incessante. Plantamos muito, mas colhemos pouco; comemos, mas não nos fartamos; bebemos, mas não nos satisfazemos. Vestimos roupas finas, mas não nos aquecemos. E o salário que recebemos parece desaparecer como se estivéssemos colocando-o em uma bolsa furada.

Essa passagem nos chama a reavaliar nossas prioridades e a focar naquilo que verdadeiramente importa. Jesus nos ensina que **a verdadeira satisfação não vem das coisas materiais, mas, sim, de um relacionamento íntimo com Deus**. Ele é a fonte de toda a plenitude e contentamento. Quando buscamos primeiro o Reino de Deus e a Sua justiça, todas as outras coisas nos são acrescentadas (Mateus 6:33).

Devemos cultivar uma vida de fé e devoção, na qual nosso trabalho e nossos esforços são dedicados a glorificar a Deus e servir aos outros. Ao fazer isso, descobrimos que a paz e a satisfação que procuramos não estão nas posses ou no dinheiro, mas na presença de Deus em nossa vida. Assim, cada ato de plantar, comer, beber e vestir-se ganha um novo significado, transformando-se em uma expressão de gratidão e confiança na providência divina.

Que possamos redirecionar nosso coração e mente para o que realmente importa, encontrando em Deus a verdadeira fonte de nossa satisfação e alegria.

PARA ORAR:

Senhor Deus, ajuda-nos a buscar Tua presença acima de tudo. Ensina-nos a encontrar satisfação em Ti e não nas coisas materiais. Guia nossos esforços para Tua glória e enche nosso coração de gratidão e confiança em Tua providência. Que possamos viver com propósito, sempre dedicando nossa vida ao Teu serviço. Em nome de Jesus, amém.

SIM! DEUS É FIEL!

19 JANEIRO

A Palavra de Deus é a única palavra a que podemos nos apegar com segurança. Deus não é homem para mentir e fazer promessas vãs. Quando Deus promete, tenha certeza, vai se cumprir! Por isso, quando depositamos a nossa esperança em Deus, fundamos a nossa fé na rocha!

Ao abrirmos a Bíblia, podemos constatar quantas promessas Deus fez e cumpriu. Muitas delas, quando se cumpriram, superaram as expectativas: Deus sempre faz mais! Foi assim com Abraão e com José, entre outros homens de Deus. Temos de entender que o tempo de Deus não é o nosso; esperar e permanecer no que foi prometido por Deus é um exercício de fé.

Dessa forma, toda vez que uma promessa se cumpre, nossa fé está consolidada e recebemos a bênção no tempo certo. Nosso aprendizado e maturidade espiritual contribuem para que alcancemos as suas promessas. Por isso, devemos nos alimentar com a Palavra de Deus e estimular uns aos outros, com amor, para que permaneçam firmes e com esperança de que o melhor está por vir!

> **PARA ORAR:**
> Senhor Deus, Tu és fiel! Assim como os heróis da fé, quero depositar a minha fé em Ti! Que a Tua vontade seja feita na minha vida. Minha esperança está em Ti, em nome de Jesus, amém.

Apeguemo-nos com firmeza à esperança que professamos, pois aquele que prometeu é fiel.

— HEBREUS 10:23

Vai se cumprir!

- Procure ler a palavra de Deus. Fortaleça a sua fé e deposite sua confiança no Senhor!
- Fale com Deus sobre as suas expectativas, entregue as suas preocupações nas mãos Dele e confie no que Ele é capaz. A confiança se constrói com relacionamento; fale mais com Deus!

Bíbliaon

20 JANEIRO

UM BOM-DIA ILUMINADO

O Senhor te abençoe e te guarde; o Senhor faça resplandecer o seu rosto sobre ti e te conceda graça; o Senhor volte para ti o seu rosto e te dê paz.

— NÚMEROS 6:24-26

Tenha um bom dia, iluminado pela presença do Senhor!

- Inicie o dia em oração: Agradeça a Deus por Suas bênçãos diárias.
- Medite nas Escrituras: Leia um versículo bíblico para inspirar seu dia.
- Pratique a bondade: Aja com amor e gentileza em suas interações.

Leia também:

Bom dia com Deus: 71 mensagens bíblicas

Em meio às primeiras luzes da manhã, somos chamados a reconhecer a bondade e a proteção do Senhor em nossa vida. Inspirados pelo versículo de Números 6:24-26, lembremos que cada novo dia é uma oportunidade de receber a graça e a paz que Deus nos oferece generosamente.

"O Senhor te abençoe e te guarde." Ao despertar, sinta a presença do Senhor como um escudo protetor ao seu redor. Cada passo que damos é guiado por Sua mão amorosa, e Seu cuidado constante nos cerca, afastando o medo e a incerteza.

"O Senhor faça resplandecer o Seu rosto sobre ti e te conceda graça". Imagine o rosto do Senhor brilhando sobre você, iluminando seu caminho com esperança e alegria. Sua graça, um presente imerecido, é renovada a cada manhã, capacitando-nos a viver com um coração grato e confiante em Suas promessas.

"O Senhor volte para ti o Seu rosto e te dê paz." Nos momentos de agitação e turbulência, busque a paz que só Ele pode oferecer. Quando o Senhor volta Seu rosto para nós, encontramos uma tranquilidade que transcende a compreensão humana. É uma paz que acalma o coração e nos dá força para enfrentar os desafios do dia com serenidade.

Que neste dia você sinta a bênção, a graça e a paz do Senhor. Que seu coração esteja sempre aberto para reconhecer a luz de Deus que resplandece sobre você, guiando e guardando cada momento de sua jornada.

PARA ORAR:

Senhor, agradeço por este novo dia. Que Tua luz resplandeça sobre mim, guiando meus passos e decisões. Conceda-me sabedoria, paciência e amor para enfrentar os desafios. Que eu seja um instrumento da Tua paz e graça, espalhando bondade por onde eu passar. Em nome de Jesus, amém.

GRAÇAS TE DOU, SENHOR!

21 JANEIRO

A gratidão é um dos pilares da vida cristã, um reflexo da nossa fé e confiança em Deus. A Bíblia nos instrui a dar graças em todas as circunstâncias, reconhecendo a bondade e a soberania do Senhor em cada aspecto de nossa vida.

Render graças não é apenas uma prática ocasional, mas um estilo de vida. Agradecer a Deus em momentos de alegria e abundância é natural, mas o verdadeiro teste de nossa fé é manter um coração grato durante as provações. Nas adversidades, nossa gratidão se torna um testemunho poderoso de nossa esperança e confiança em Deus.

Jesus nos deixou o exemplo perfeito de gratidão. Em diversas ocasiões, Ele elevou os olhos ao céu e agradeceu ao Pai, mesmo antes de os milagres acontecerem. Ao alimentar os cinco mil, Jesus deu graças pelos pães e pelos peixes, demonstrando que a gratidão precede a provisão.

Nosso ato de render graças deve ir além das palavras e se refletir em nossas ações, em nossa disposição para servir ao próximo e em nossa capacidade de ver a mão de Deus operando em todos os detalhes de nossa vida. Ao agradecer, reconhecemos que tudo o que temos e somos vem de Deus, e isso nos aproxima mais Dele.

Portanto, que possamos cultivar um coração grato, independentemente das circunstâncias. Que nossa gratidão seja um farol que ilumina nosso caminho e inspira outros a reconhecerem a bondade e a fidelidade de Deus. Em todas as coisas, rendamos graças, pois é assim que glorificamos ao Senhor e vivemos de acordo com Sua vontade.

> **Deem graças em todas as circunstâncias, pois esta é a vontade de Deus para vocês em Cristo Jesus.**
> — 1 TESSALONICENSES 5:18

Graças te dou, Senhor!

- Comece cada dia agradecendo a Deus por três bênçãos específicas em sua vida.
- Mantenha um diário de gratidão para registrar pequenas e grandes bênçãos diárias.
- Expresse sua gratidão às pessoas ao seu redor, com palavras e ações gentis.

Leia também:

3 FORMAS DE MOSTRAR SUA GRATIDÃO A DEUS

PARA ORAR:
Senhor amado, agradeço por todas as bênçãos em minha vida. Ajuda-me a reconhecer Tua bondade em cada dia, mesmo nas dificuldades. Dá-me um coração grato e cheio de louvor. Que eu possa sempre testemunhar Teu amor e graça, servindo aos outros com alegria. Em nome de Jesus, amém.

22 JANEIRO

NÃO DESPREZE NEM JULGUE SEU IRMÃO

Esse é um tema bastante importante, mas, infelizmente, é igualmente esquecido e negligenciado por muitos cristãos. Parece que, a todo instante, estamos nos armando contra aqueles que discordam da nossa opinião. Sentimo-nos orgulhosos perante aqueles que "julgamos" errados ou fracos na fé.

Mas Jesus nos ensina a não julgar ninguém (Mateus 7:1) para também não sermos julgados. Há um só juiz, e, definitivamente, não somos nós...

No texto de hoje, vemos que cada um dará contas de si mesmo a Deus. Por isso, não sirva de tropeço aos outros. Nossa liberdade, nossas convicções e nossos conhecimentos nunca devem apagar nossa responsabilidade de cuidado e amor pelos nossos irmãos.

Ame fielmente como Cristo o amou!

- Ore pelos seus irmãos na fé e seja um com eles.
- Perdoe as ofensas e não leve a mal a imaturidade de alguns. Deus conhece cada intenção dos corações.
- Não condene nem julgue se outros cristãos têm convicções, usos ou costumes diferentes dos seus. Eles estão servindo ao Senhor, não a você.
- Lembre-se: a nossa guerra não é contra os nossos irmãos em Cristo nem contra os descrentes (Efésios 6:12). Viva em paz com todos!

> Portanto, você, por que julga seu irmão? E por que despreza seu irmão? Pois todos compareceremos diante do tribunal de Deus. Porque está escrito: "Por mim mesmo jurei", diz o Senhor, "diante de mim todo joelho se dobrará e toda língua confessará que sou Deus". Assim, cada um de nós prestará contas de si mesmo a Deus. Portanto, deixemos de julgar uns aos outros. Em vez disso, façamos o propósito de não colocar pedra de tropeço ou obstáculo no caminho do irmão.
> — ROMANOS 14:10-13

PARA ORAR:

Senhor nosso Deus, ajuda-me a amar os meus irmãos, apesar das diferenças de opinião, convicção e cultura. Ajuda-me a não julgar nem a desprezar o meu irmão, que é igualmente amado por Ti. Que o Teu infinito amor transforme a nossa vida e nos torne um, no Senhor! Que Cristo seja o centro da nossa vida e o elo que nos une, hoje e sempre! Amém.

Leia também:

- 7 VERSÍCULOS QUE MOSTRAM COMO É IMPORTANTE AMAR AO PRÓXIMO
- O BOM SAMARITANO: QUEM É O MEU PRÓXIMO
- Pregações impactantes da Palavra de Deus

DEUS É SOL E ESCUDO

23 JANEIRO

Já imaginou como seria viver sem ver o sol todos os dias? Muito complicado, não é? Apesar de sabermos que ele brilha sem parar, há dias em que a nebulosidade ou a localização impedem que a sua luz seja vista. Essa é a situação de pessoas que vivem em alguns países do mundo, onde essa beleza da criação permanece oculta durante vários meses do ano. Mas, quando aparece, todos se deliciam com a luz, o calor e o bem-estar que o sol promove. Parece que, a todo instante, estamos nos armando contra aqueles que discordam da nossa opinião. Sentimo-nos orgulhosos perante aqueles que "julgamos" errados ou fracos na fé.

Deus é como sol para o seu povo: Ele ilumina, dá vida, conforto e alegria! Ainda que tudo esteja escuro ao seu redor, Deus não deixou de ser a Luz gloriosa que aquece a alma e protege quem confia Nele com fervor.

Durante o êxodo, enquanto Israel atravessava o deserto, nas noites Deus era como um farol, uma coluna de fogo que aquecia, brilhava e dirigia os passos na escuridão. Durante os dias de calor escaldante, o Senhor era uma nuvem protetora, um escudo guardando e cuidando do Seu povo. Assim também em sua vida, Deus é o seu sol e escudo! Ele o ilumina, sustenta e protege, concedendo Sua graça infinita todos os dias!

> *Porque o Senhor Deus é sol e escudo; o Senhor dá graça e glória; não recusa nenhum bem aos que andam retamente.*
> — SALMOS 84:11

Receba luz e proteção do Senhor!

- Deus dissipa a escuridão do seu coração. Confie e busque a Sua luz diariamente.
- Ore e entregue ao Senhor seus medos, incertezas e temores. Ele lhe dá graça nos dias frios e escuros da vida.
- Não duvide! Mesmo que só veja nuvens escuras e tempestades, o Sol da justiça não parou de brilhar. Ele vai dar graça e glória para você superar as dificuldades. Creia!
- Deus é refúgio, é o escudo forte, Ele é o seu porto seguro. Busque e chame por Jesus; Ele não recusa o bem para quem anda no Seu caminho.
- Na presença de Deus temos luz real, tudo que é treva se esvai... Toda tristeza, pecado, angústia e desespero dá lugar a glória, paz, descanso e proteção do Pai. Fique junto Dele!

PARA ORAR:

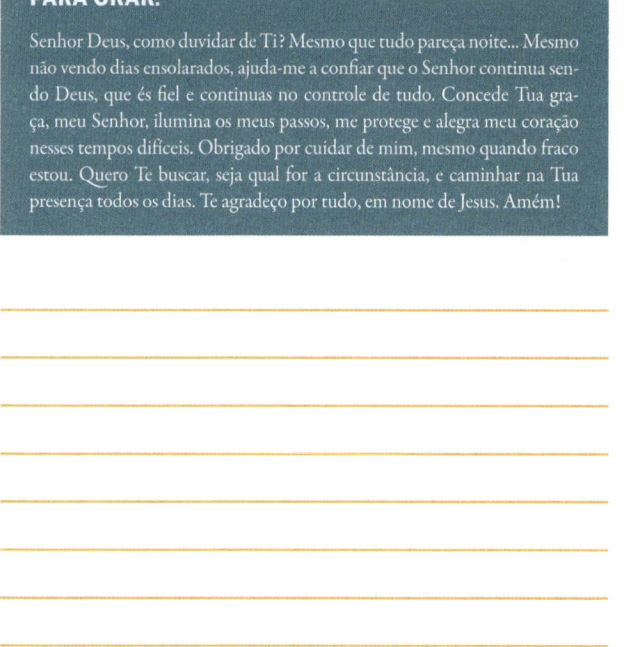

Senhor Deus, como duvidar de Ti? Mesmo que tudo pareça noite... Mesmo não vendo dias ensolarados, ajuda-me a confiar que o Senhor continua sendo Deus, que és fiel e continuas no controle de tudo. Concede Tua graça, meu Senhor, ilumina os meus passos, me protege e alegra meu coração nesses tempos difíceis. Obrigado por cuidar de mim, mesmo quando fraco estou. Quero Te buscar, seja qual for a circunstância, e caminhar na Tua presença todos os dias. Te agradeço por tudo, em nome de Jesus. Amém!

24 JANEIRO

OUVE, SENHOR, A MINHA ORAÇÃO!

> Ouve, Senhor, a minha oração, dá ouvidos à minha súplica; responde-me por tua fidelidade e por tua justiça.
>
> — SALMOS 143:1

Fale com Deus!

- **Confiança na fidelidade de Deus:** Baseie sua vida de oração na confiança na fidelidade de Deus.
- **Humildade na oração:** Reconheça sua dependência de Deus e evite orações egoístas ou presunçosas.
- **Persistência na oração:** Continue buscando a Deus, mesmo quando parece que suas súplicas não foram imediatamente respondidas. Lembre-se de que a resposta de Deus pode não vir no momento ou da maneira que você espera.

Leia também:

- Estudo Bíblico sobre oração
- Como orar (aprenda como pedir algo a Deus)

A abertura de Salmos 143 é uma poderosa expressão de confiança e dependência de Deus em tempos de aflição. Nele, o salmista clama a Deus com humildade, buscando Sua orientação, graça e misericórdia.

O versículo inicial reflete a profunda compreensão do salmista de que somente Deus é digno de confiança absoluta e justiça inabalável. Ele não está buscando a resposta de Deus com base no próprio mérito, mas, sim, na fidelidade e justiça de Deus.

A oração presente em Salmos 143 é um modelo de como devemos nos aproximar de Deus em momentos de angústia. Ela nos lembra que, independentemente das circunstâncias, podemos confiar na bondade e na justiça de Deus. Quando enfrentamos desafios, nossas súplicas não devem ser egoístas, mas, sim, moldadas pela humildade e pela confiança em Deus.

Esse salmo nos convida a refletir sobre nossa própria vida de oração, incentivando-nos a nos voltar para Deus em todas as situações, acreditando que Ele é fiel e justo em Suas respostas. Ele nos ensina a depositar nossa confiança em Deus, não importa quão difícil seja a jornada, sabendo que Ele ouvirá e responderá de acordo com Sua fidelidade e justiça perfeitas.

PARA ORAR:

Senhor Deus, em humildade, coloco diante de Ti minhas súplicas. Confio na Tua fidelidade e justiça. Guia-me em meus caminhos, renova meu espírito e enche-me de Tua graça. Amém.

MAIS UM DIA PARA COMEMORAR

25 JANEIRO

Acordar a cada manhã é um presente, um lembrete do amor e da misericórdia renovada de Deus. Hoje é mais um dia para comemorarmos, não apenas por estarmos vivos, mas por sermos filhos amados do Criador. A Bíblia nos convida a nos alegrarmos no dia que o Senhor fez, como uma oportunidade para vivermos em gratidão e louvor.

Quando reconhecemos cada dia como um presente de Deus, mudamos nossa perspectiva sobre os desafios e as bênçãos que encontramos. Enfrentamos dificuldades, mas sabemos que Deus caminha ao nosso lado, sustentando-nos e nos guiando. Suas misericórdias se renovam a cada manhã, e Ele nos oferece a chance de recomeçar, de sermos melhores, de refletirmos Seu amor e graça ao mundo ao nosso redor.

É fácil nos esquecermos de celebrar as pequenas vitórias e bênçãos diárias. No entanto, ao fazermos uma pausa para refletir e agradecer, reconhecemos a mão de Deus em cada detalhe de nossa vida. Ele é fiel em todas as Suas promessas e nos chama a viver com alegria e esperança.

Portanto, hoje, vamos nos alegrar e celebrar. Vamos agradecer a Deus por mais um dia, por Sua presença constante e por Seu amor incondicional. Que possamos encontrar motivos para sorrir, para amar e para servir ao próximo com o mesmo amor que recebemos de Cristo. Que cada dia seja uma festa de gratidão, uma celebração do milagre da vida e do amor eterno de Deus por nós.

> **Este é o dia em que o Senhor agiu; alegremo-nos e exultemos neste dia.**
> — SALMOS 118:24

Obrigado, Deus, por mais um dia!

- **Comece o dia com uma oração de gratidão e louvor.** Dedique alguns minutos para agradecer a Deus por Suas bênçãos diárias.
- **Encontre três coisas pelas quais você é grato hoje.** Anote em um diário, ajudando a cultivar um coração mais agradecido.
- **Compartilhe amor e encorajamento com alguém em sua vida.** Envie uma mensagem ou ligue para alguém, espalhando bondade e esperança.

Leia também:

- Bom-dia abençoado: 51 mensagens e frases com a paz de Deus
- Bom-dia com Deus: 71 mensagens bíblicas
- 12 Salmos com mensagens de bom-dia

PARA ORAR:

Senhor, agradeço por mais um dia de vida e por Tuas bênçãos. Ajuda-me a viver com gratidão, amor e esperança. Guia meus passos, fortalece minha fé e capacita-me a compartilhar Tua bondade com os outros. Que eu reflita Teu amor em tudo que faço. Em nome de Jesus, amém.

Bíbliaon

26 JANEIRO

PREPARADOS PARA UM NOVO DIA

> Este é o dia em que o Senhor agiu; alegremo-nos e exultemos neste dia.
> — SALMOS 118:24

Bom-dia com Deus!

- Ore e busque orientação de Deus para começar o dia, pedindo sabedoria e força.
- Medite na Bíblia diariamente para encontrar sabedoria, consolo e direção espiritual.
- Agradeça a Deus por Suas bênçãos diárias, reconhecendo Sua bondade e provisão constante.

Leia também:

- Salmos de gratidão a Deus
- Bom-dia com Deus: mensagens bíblicas
- Estudo bíblico sobre gratidão (com exemplos)

Ao despertarmos para um novo dia, somos convidados a lembrar que cada amanhecer é um presente de Deus. Um novo dia traz consigo novas oportunidades e desafios. É um momento para deixar para trás o que passou e abraçar com fé e esperança o que está por vir.

Deus nos chama a estar preparados, não apenas em termos práticos, mas também espiritualmente. Preparar-se para um novo dia significa começar com oração, buscando a orientação e a força do Senhor. É em oração que entregamos nossa ansiedade, pedimos sabedoria e renovamos nossas forças.

"Portanto, eu digo: 'Tudo o que vocês pedirem em oração, creiam que já o receberam, e assim sucederá'" — Marcos 11:24.

Estar preparado para um novo dia também envolve um coração grato. A gratidão transforma nossa perspectiva, permitindo-nos ver as bênçãos em meio às dificuldades. Agradeçamos a Deus pela dádiva da vida, pela família, pelos amigos e pelas oportunidades que Ele coloca em nosso caminho.

"Como é bom render graças ao Senhor e cantar louvores ao Teu nome, ó Altíssimo; anunciar de manhã o Teu amor leal e de noite a Tua fidelidade" — Salmos 92:1-2.

Que possamos começar cada dia com a confiança de que Deus está conosco. Ele nos sustenta e nos guia, e em Seu amor encontramos a motivação para enfrentar qualquer situação. Regozijemo-nos no Senhor e nos preparemos para um novo dia com alegria e esperança.

PARA ORAR:

Senhor Deus, agradeço por este novo dia. Concede-me sabedoria e força para enfrentar os desafios. Guia meus passos e ilumina minhas decisões. Que eu seja um instrumento de paz e amor. Agradeço por Tuas bênçãos e peço Tua proteção. Em nome de Jesus, amém.

QUERO MAIS DE TI

27 JANEIRO

Quando escolhemos nos aproximar mais de Deus, iniciamos uma jornada de renovação geral na nossa vida. A busca por mais de Deus começa na oração. Reservar um tempo diário para conversar com o Senhor é essencial. A oração nos aproxima do coração de Deus, permitindo-nos compartilhar nossas preocupações, agradecer pelas bênçãos e ouvir a Sua voz.

A leitura da Bíblia também é fundamental. As Escrituras são a palavra viva de Deus, oferecendo sabedoria, consolo e direção. Meditar na Palavra permite que ela penetre profundamente em nosso ser, moldando nossas atitudes e ações.

Além disso, a adoração é uma poderosa maneira de buscar mais a Deus. Quando louvamos e adoramos, nosso coração é elevado e nossa perspectiva muda. Passamos a ver nossas circunstâncias da vida através da lente da fé e da esperança. Participar de uma comunidade cristã, como igreja, também é vital. Juntos, somos encorajados e fortalecidos na fé, lembrando que não estamos sozinhos na nossa caminhada.

"Buscai, antes, o Reino de Deus, e todas essas coisas vos serão acrescentadas" — Lucas 12:31.

À medida que buscamos mais a Deus, nossa vida diária é transformada. Experimentamos paz em meio às tempestades, alegria em tempos de tristeza e força quando estamos fracos. A presença de Deus nos guia, nos conforta e nos dá propósito.

> *Vocês me procurarão e me acharão quando me procurarem de todo o coração.*
> — JEREMIAS 29:13

Buscando mais a Deus

- Dedique tempo diário à oração e à leitura da Bíblia.
- Participe ativamente de uma comunidade cristã para apoio e crescimento.
- Pratique a adoração, louvando a Deus em todas as circunstâncias.

Leia também:

- Versículos sobre se aproximar de Deus
- Como se aproximar de Deus segundo a Bíblia
- Buscai ao Senhor enquanto há tempo (estudo bíblico)

PARA ORAR:
Senhor, agradeço por mais um dia de vida e por Tuas bênçãos. Ajuda-me a viver com gratidão, amor e esperança. Guia meus passos, fortalece minha fé e capacita-me a compartilhar Tua bondade com os outros. Que eu reflita Teu amor em tudo que faço. Em nome de Jesus, amém.

28 JANEIRO

QUEM FOI PERDOADO, PERDOA

> Sejam bondosos e compassivos uns para com os outros, perdoando-se mutuamente, assim como Deus os perdoou em Cristo.
>
> — EFÉSIOS 4:32

Quem foi perdoado, perdoa

- Ao invés de focar a sua atenção no erro de quem te machucou, fixe seu olho em que te perdoou e te curou.
- Quando examinamos a nós mesmos, percebemos o quão limitados e dependentes da misericórdia de Deus nós somos. Por que não perdoar?
- Medite na Bíblia sobre o amor de Deus por nós. Amor que supera qualquer entendimento e a todos alcançou!

Às vezes, perdoar é uma tarefa difícil. Ainda mais quando a pessoa que o machucou faz parte do seu círculo íntimo. Mas reflita: quem somos para não perdoar? Por acaso não fomos perdoados primeiro e justificados em Cristo?

Por mais difícil que seja, perdoar é uma obrigação de quem teve os seus pecados perdoados em Cristo. Quem é salvo em Cristo recebeu perdão e foi alcançado pela graça. Cabe a quem recebe o favor de Deus ser compassivo e bondoso. É nesses momentos que uma pessoa pode ser alcançada pelo amor de Deus ou ter pleno entendimento da importância do perdão. Quando perdoamos, estamos fazendo o que Cristo fez por nós.

Para um cristão, o perdão não deve ser uma escolha, mas uma atitude presente em cada crente. Quando temos consciência dos nossos erros, das nossas limitações, podemos ser compassivos com o nosso próximo, perdoando a quem pediu verdadeiramente por perdão. Quando somos misericordiosos, recebemos misericórdia na mesma medida.

PARA ORAR:

Senhor Jesus, dá-me um coração amoroso e compassivo. Ajuda-me a crescer em espírito e graça. Fui alcançado pelo Teu perdão e quero perdoar o próximo como já fui perdoado. Em nome de Jesus, amém.

GRATIDÃO EM TODAS AS CIRCUNSTÂNCIAS

29 JANEIRO

Esse versículo nos lembra da importância da gratidão como uma expressão de fé e confiança no Senhor, independentemente das situações que enfrentamos.

A gratidão é um ato de reconhecimento da soberania de Deus sobre nossa vida. Quando agradecemos em todas as circunstâncias, afirmamos nossa confiança de que Ele está no controle de todas as coisas e que tudo coopera para o bem daqueles que O amam. Isso não significa que devemos ignorar ou minimizar nossas dificuldades, mas, sim, que devemos olhar além delas e reconhecer as bênçãos e a presença constante de Deus em nossa vida.

Em tempos de alegria, dar graças é um reconhecimento de que todas as boas dádivas vêm de Deus. Nos momentos de desafio, a gratidão nos ajuda a manter a perspectiva correta, lembrando-nos de que Deus está trabalhando em nós e através de nós, mesmo nas situações difíceis. Agradecer a Deus em meio às tribulações fortalece nossa fé e nos ajuda a encontrar paz e esperança.

Jesus Cristo é o exemplo supremo de gratidão e obediência à vontade de Deus. Durante Sua vida na terra, Ele agradeceu ao Pai em todas as situações, inclusive nas mais dolorosas, como na Última Ceia. Seguir o exemplo de Cristo significa cultivar um coração agradecido, mesmo quando enfrentamos adversidades.

Portanto, sejamos gratos em todas as circunstâncias, confiando na bondade e na fidelidade de Deus. Que nossa gratidão seja um testemunho vivo da nossa fé e um reflexo da paz que encontramos em Cristo Jesus.

> **Deem graças em todas as circunstâncias, pois esta é a vontade de Deus para vocês em Cristo Jesus.**
> — 1 TESSALONICENSES 5:18

Cultive um coração grato

- **Cultive um diário de gratidão diário:** Anote diariamente pelo menos três coisas pelas quais você é grato.
- **Ore agradecendo a Deus por tudo:** Faça da oração um hábito constante, começando e terminando seus dias agradecendo a Deus.
- **Compartilhe suas bênçãos com os outros:** Pratique a generosidade compartilhando o que você tem com aqueles ao seu redor.

Leia também:

- Salmos de gratidão a Deus
- 3 formas de mostrar sua gratidão a Deus
- 57 frases de gratidão a Deus (um coração cheio de gratidão ao Senhor)

PARA ORAR:

Querido Deus, agradeço por Tuas incontáveis bênçãos. Ensina-me a ser grato em todas as circunstâncias, reconhecendo Tua mão em cada momento da minha vida. Dá-me um coração cheio de gratidão, mesmo nos desafios, e ajuda-me a confiar na Tua bondade e sabedoria. Que minha vida reflita a paz e a alegria que vêm de Ti. Em nome de Jesus, amém.

Bíbliaon

30 JANEIRO

HUMILDADE: UM ANTÍDOTO CONTRA A VAIDADE

> Nada façam por ambição egoísta ou por vaidade, mas humildemente considerem os outros superiores a vocês mesmos.
> — FILIPENSES 2:3

Alimentando a humildade e não a vaidade

- Procure aprender mais sobre Jesus em seus ensinamentos. Ele é a maior referência de humildade que podemos ter.
- Quando buscamos ser educados com as pessoas, criamos um ambiente pacífico. Mesmo quando há um conflito, uma postura humilde ameniza as tensões.
- Se for alvo de alguma atitude arrogante, evite "retribuir na mesma moeda"; seu bom testemunho pode levar quem o trata mal ao arrependimento.
- Antes de mostrar as suas qualidades, procure valorizar as qualidades do próximo. Jesus sempre viu valor na vida daqueles que as pessoas ignoravam.

Se há algo que pode nos afastar de Deus é a vaidade. A vaidade — ou arrogância — é uma perigosa armadilha de Satanás. Se alimentarmos esse sentimento, a nossa queda será certa. O diabo justamente caiu pela sua ambição — por se achar melhor do que Deus —, o que acarretou na sua expulsão e condenação. Não há como estar na presença de Deus alimentado pelo egoísmo e pela vaidade.

Identificar essa condição é muito importante para que a vaidade não se torne arrogância, trazendo consequências ainda maiores para a nossa vida. Ninguém suporta conviver por muito tempo com uma pessoa arrogante. Quem vive uma vida ambiciosa — cheia de vaidade — infelizmente acaba sozinho. Enquanto as escamas dos nossos olhos não caírem — o Espírito Santo é o único que pode nos levar a isso —, poderemos trilhar um caminho solitário para a perdição.

Paulo, nesse versículo aos filipenses, nos ensina um princípio que pode nos ajudar a combater a vaidade: considerar os outros superiores a nós mesmos. Quando achamos que somos "maiores" do que alguém, nos enganamos e em algum momento cairemos na armadilha da vaidade. Ser submisso a Deus, considerando o próximo maior do que nós mesmos, literalmente nos aproxima do Senhor, e passamos a ser um canal de Deus para as pessoas.

Jesus é um grande exemplo de humildade e submissão a Deus. Mesmo sendo o Filho de Deus, Ele veio para servir e não para ser servido. Cristo nunca humilhou ninguém para que fosse reconhecido. Todos queriam estar ao seu lado; sua presença era aprazível e agradável. Jesus atraía multidões e atrai até hoje aqueles que praticam os seus ensinamentos. A humildade é a chave para um coração quebrantado e uma vida fundamentada no amor de Deus.

PARA ORAR:

Senhor Jesus, não sou nada diante do Teu poder. Fui salvo pela Tua graça, e não pelos meus feitos. Ajuda-me a ser um bom servo. Quero aprender mais de Ti, meu coração está aberto. Em nome de Jesus, amém.

AQUELE QUE ME AMA SERÁ AMADO POR MEU PAI

31 JANEIRO

Sentir-se amado nos faz bem e nos dá segurança. Como é bom receber o carinho dos parentes e de nossos irmãos! Agora, quando sentimos o amor de Deus, é ainda mais encorajador! Quando sentimos que somos amados por Deus, esquecemos a rejeição, a vergonha e a opressão do mundo.

Quando João escreveu essa epístola, deixou-nos registrada a importância da divindade de Cristo e o poder do Seu amor. Os crentes passavam por muitas dificuldades e perseguições, precisavam ser confortados no amor de Jesus e encorajados a amá-Lo.

Amar a Jesus é a melhor forma de ser amado por Ele. É cíclico: nossa obediência à Palavra nos aproxima de Deus. Ele nos ama revelando-se a nós por meio da própria Palavra.

Quando obedecemos aos mandamentos de Jesus, estamos amando-O. Ao mesmo tempo, quando guardamos a Palavra, convidamos o próprio Deus a fazer morada em nós.

PARA ORAR:
Senhor Jesus, como eu Te amo! Tua Palavra me transforma e me transporta até a Ti. Quero mergulhar na Tua Palavra e experimentar ainda mais o Teu amor. Faz morada em mim, amém.

> Quem tem os meus mandamentos e lhes obedece, esse é o que me ama. Aquele que me ama será amado por meu Pai, e eu também o amarei e me revelarei a ele.
> — JOÃO 14:21

Aquele que me ama é amado por meu Pai!

- Deus já tomou a iniciativa de amar você por Jesus. Falta a sua parte.
- Não obedeça a Deus apenas com palavras, mas com atos concretos. Quando agimos, Deus age!
- Se você ama a Deus, acalme-se, sinta-se amado por Ele.

DEVOCIONAL DIÁRIO

FEVEREIRO

APRENDA A DESCANSAR COM DEUS!

1º FEVEREIRO

Todos vivemos dias hiperatarefados, cheios de atividades e muito trabalho. Quando pensamos em descanso, só o relacionamos com o período de férias anuais, que também é quase sempre preenchido com diferentes tipos de trabalhos. Mas e o descanso mandado por Deus? Será que o estamos cumprindo? A Bíblia fala-nos de descanso, isto é fato. Sendo ou não sabatistas, devemos, como filhos de Deus, dar ouvidos a essa importante orientação: DESCANSAR!

Mesmo sendo Deus (e não necessitando descansar), o Senhor do universo deu-nos o exemplo descansando ao fim do seu trabalho na criação. Socialmente temos o sábado ou domingo destinado para descansar. Mas inúmeras atividades, por vezes, tornam o fim de semana tão cansativo quanto os dias comuns. O nosso descanso espiritual está em Cristo, mas o descanso físico também precisa fazer parte da nossa agenda. Descanse com Deus e desfrute de forças renovadas e alento para a caminhada...

Aprenda a descansar com Deus!

- O hiperativismo é um vício que tem acometido muitas pessoas. Se é esse o seu caso, ore e peça perdão a Deus.
- Considere separar um dia na sua semana para descansar. Aproveite este tempo para estar em comunhão com Deus (oração, leitura bíblica, louvor), com a família, amigos, e num tempo de lazer pessoal.
- O descanso é essencial para renovar as forças e o ânimo. Aproveite para dar uma pausa nas atividades diárias a fim de renovar a mente e revigorar a fé na Palavra de Deus. Faça um plano de leitura e estude mais a Bíblia.
- Aproveite o tempo de descanso para repouso e interação pessoal com a natureza e outras pessoas. Não fique apegado demais às telas (celular, computador e TV)!
- O outro extremo é igualmente viciante: cuidado com a ociosidade! Aproveite bem o tempo, com equilíbrio e sabedoria.
- Não obedeça a Deus apenas com palavras, mas com atos concretos. Quando agimos, Deus age!
- Se você ama a Deus, acalme-se, sinta-se amado por Ele.

> Assim, ainda resta um descanso sabático para o povo de Deus; pois todo aquele que entra no descanso de Deus também descansa das suas obras, como Deus descansou das suas.
> — HEBREUS 4:9-10

Leia também:

Planos de leitura da Bíblia

PARA ORAR:

Senhor Deus, perdoa-me se não tenho destinado tempo suficiente para descansar. Certamente, é por isso que tenho me sentido tão cansado e estressado ultimamente... Preciso depender mais de Ti, reconhecendo que o Senhor nos dá tempo suficiente para viver com equilíbrio. Ajuda-me a fazer um bom uso do tempo de vida que o Senhor me dá. Quero desfrutar das coisas boas que o Senhor nos deu, estando contigo, passando tempo de qualidade com a família e descansando fisicamente. Ajuda-me a obedecer à Tua Palavra, trabalhando de forma eficiente e descansando como o Senhor nos ensinou. Em nome de Jesus, amém!

Bíblia on

2
FEVEREIRO

A PALAVRA DO SENHOR É VERDADEIRA

> Pois a palavra do Senhor é verdadeira; Ele é fiel em tudo o que faz.
>
> — SALMOS 33:4

Andando na Verdade

- Faça um plano de leitura bíblica.
- Crie o hábito de ler a Palavra de Deus diariamente. O corpo precisa se alimentar, e o espírito, também.
- Coloque a Palavra em prática, procure exercitar a sua fé no que meditou. Ser cristão é colocar a fé em ação.

Não há palavra verdadeira como a Palavra de Deus! Palavra viva que nos edifica e nos transforma. Nela, encontramos a fonte necessária para a nossa vida e, por meio dela, podemos prosseguir frutificando e crescendo em graça.

Em um mundo repleto de falsas verdades, e contenda, a Bíblia é o nosso porto seguro, e — apesar de escrita há séculos — nela encontramos as verdadeiras boas-novas! Por meio da Sua Palavra podemos avançar em fé neste mundo obscuro, tão cheio de armadilhas. A fidelidade de Deus nos traz segurança, e com essa cobertura podemos seguir em frente sem temer o mal.

Assim como um piloto de avião numa tempestade guia-se por instrumentos pousando em segurança, devemos utilizar a Bíblia como o nosso instrumento de navegação espiritual. Sua palavra nos orienta e nos traz luz em meio à escuridão. Mesmo sem sabermos o que sucederá — pois o amanhã pertence a Ele —, devemos nos guiar pela Palavra e avançar em fé. Creia: Deus é fiel em tudo o que faz! Ele nos ama, e tudo o que acontece coopera para o bem dos que amam a Deus!

PARA ORAR:

Senhor, Tua Palavra edifica a minha vida. Nela encontro a fonte necessária para viver. Tua Palavra é verdade e sobre a Tua verdade quero caminhar. Ainda que eu me sinta perdido, ao recorrer a Tua Palavra encontro a direção. Muito obrigado pelo Teu amor. Em nome de Jesus, amém!

Bíbliaon

ENCHENDO A MENTE COM O QUE EDIFICA

3 FEVEREIRO

Paulo, ao escrever aos Filipenses, nos oferece um padrão elevado para aquilo que deve ocupar nossa mente: verdade, nobreza, justiça, pureza, amabilidade, boa fama, excelência e dignidade de louvor. Esse conjunto de virtudes delineia não apenas uma mente saudável, mas também uma vida que reflete a luz de Cristo no mundo.

Pensar nessas coisas é mais do que mero exercício intelectual; é um chamado à transformação do nosso ser. Em um mundo repleto de negatividade, falsidade e superficialidade, manter o foco nas virtudes mencionadas por Paulo é um desafio contínuo e uma necessidade urgente.

Nossos pensamentos moldam nossas atitudes, nossas palavras e nossas ações. Portanto, quando nos empenhamos em meditar sobre aquilo que é verdadeiro e puro, cultivamos um coração mais alinhado com a vontade de Deus.

Essa passagem nos lembra que a mente é um campo de batalha espiritual. Satanás constantemente tenta desviar nosso foco com distrações e mentiras. Mas, ao nos agarrarmos às coisas que são dignas de louvor, fortalecemos nossa fé e resistência contra as investidas do mal.

Encher nossa mente com esses pensamentos elevados não apenas nos aproxima de Deus, mas também nos torna agentes de paz e amor no nosso meio. É um convite à santificação diária, em que cada pensamento é um passo em direção a uma vida mais plena e abundante em Cristo. Que possamos aceitar esse desafio e encher nossa mente com aquilo que edifica e glorifica ao Senhor.

> *Finalmente, irmãos, tudo o que for verdadeiro, tudo o que for nobre, tudo o que for correto, tudo o que for puro, tudo o que for amável, tudo o que for de boa fama, se houver algo de excelente ou digno de louvor, pensem nessas coisas.*
>
> — FILIPENSES 4:8

Enchendo a mente com o que edifica

- Escolha cuidadosamente o que você lê, vê e ouve. Evite conteúdos negativos ou imorais e busque aquilo que promova valores cristãos.
- Dedique tempo diário para meditar na Palavra de Deus. Memorize versículos e reflita sobre eles, mantendo sua mente focada nas verdades bíblicas.
- Envolva-se em conversas que edificam e encorajam. Evite fofocas e negatividade e incentive discussões que promovam a bondade e a justiça.
- Não obedeça a Deus apenas com palavras, mas com atos concretos. Quando agimos, Deus age!
- Se você ama a Deus, acalme-se, sinta-se amado por Ele.

Leia também:

Os frutos da carne e os frutos do espírito (estudo bíblico)

PARA ORAR:

Senhor amado, guia meus pensamentos para tudo o que é verdadeiro, nobre, justo, puro, amável e de boa fama. Que minhas palavras e ações reflitam Teu amor e graça. Ajuda-me a viver de acordo com os Teus ensinamentos, sendo luz no mundo e exemplo de Tua bondade. Em nome de Jesus, amém.

Bíblia on

4 FEVEREIRO

LEVANTE-SE COM CORAGEM!

> Pois Deus não nos deu espírito de covardia, mas de poder, de amor e de equilíbrio.
>
> — 1 TIMÓTEO 1:7

Mais que um sentimento, a covardia é um espírito que condiciona e limita a sua mente e motivação. E, tal como um organismo vivo, ela vai crescendo e ganhando força à medida que você alimenta o medo, a incredulidade e a indiferença. No versículo de hoje, vemos que Deus nos deu espírito de força, amor e moderação. Agarre-se nessa graça concedida pelo Espírito Santo que habita em você e levante-se do chão!

Os problemas da vida costumam nos dar muitas razões para ficar prostrados e apáticos diante das circunstâncias. Mas, em vez disso, devemos nos render diante de Deus e clamar a Ele com fervor e ousadia! Não se acovarde diante das gigantes ameaças que surgirem, pois certamente isso acarretará em opressão, tristeza e sofrimento desnecessário. Peça, e o Senhor lhe concederá força para a vida! Viva corajosamente pela fé em Cristo Jesus!

Deixe a covardia; receba coragem de Deus!

- Mantenha firme sua fé, esperança e amor pelo Senhor Jesus Cristo. Ele é maior que suas dificuldades.
- Ore com confiança, peça a Deus que trabalhe na sua vida e lhe dê coragem e fé para cada dia.
- Não permita que as dificuldades da vida limitem sua confiança em Deus. Aja pela fé! Mas, antes de agir, peça sempre a direção do Senhor.
- Leia a Bíblia diariamente. Você será encorajado na Palavra de Deus a permanecer firme nas crises.
- Confie em Deus e se apoie na Sua Palavra. Ele o ama e o ajuda em todas as situações!

PARA ORAR:

Senhor nosso Deus, eu creio em Ti! Apesar das aflições que tenho enfrentado, eu sei que Tu, Senhor, manténs o controle de todas as coisas. Tu és o Deus soberano! Não temerei o mal, pois sei que estás comigo! Obrigado pelo Teu Santo Espírito que opera em mim. Tu és bom e me concedes coragem, poder, amor e equilíbrio para enfrentar todos os problemas desta vida. Eu Te agradeço, em nome de Jesus! Amém!

Leia também:

8 VERSÍCULOS INSPIRADORES PARA QUANDO VOCÊ SE SENTE DESANIMADO

DEUS RESPONDE ÀS NOSSAS ORAÇÕES NO MOMENTO CERTO

5 FEVEREIRO

Sabemos que Deus responde às nossas orações, mas não sabemos quando. Por não sabermos o momento de resposta, ficamos ansiosos e até mesmo impacientes com Deus. Entenda: o Senhor responde a nossa oração no momento certo!

O profeta Habacuque orou a Deus pedindo a sua direção. O povo de Deus estava perdendo a sua identidade, afastando-se dos mandamentos do Senhor, e isso aflige o profeta. Ele não recebeu a resposta da oração de pronto e nem por isso murmurou. Ele aguardou atentamente a voz de Deus.

Podemos ser correspondidos imediatamente por Deus, mas há situações em que o tempo também faz parte da resposta. Por isso, fale com Deus e aguarde pacientemente a sua resposta. Esteja atento aos sinais e permaneça fiel; certamente Deus lhe responderá no momento certo!

PARA ORAR:

Senhor, quero novamente falar Contigo. Confio em Ti e por isso clamo mais uma vez, pois não há ninguém que me possa ouvir e mudar a minha sorte além de Ti. Fala comigo, responde a minha oração. No Teu poderoso nome, amém.

Ficarei no meu posto de sentinela e tomarei posição sobre a muralha; aguardarei para ver o que o Senhor me dirá e que resposta terei à minha queixa.

— HABACUQUE 2:1

Deus responde a nossa oração

- Não coloque condições para Deus. Fale com Ele e aguarde a sua resposta com paciência e atenção.
- Deus responderá a sua oração; creia nisso. Ele nunca nos deixa sem resposta. Se ainda não teve, aguarde, continue orando.
- Se algo o aflige, ore novamente. Insistir em oração é um exercício de fé.

Leia também:

Deus, fala comigo agora!

Mensagens de Deus para mim

Bíbliaon

6
FEVEREIRO

TEMER NÃO É TER MEDO!

> O temor
> do Senhor
> é o princípio da
> sabedoria, e o
> conhecimento
> do Santo
> é entendimento.
>
> — PROVÉRBIOS 9:10

Guardando a Palavra

- Não tenha a Palavra de Deus como um jogo de 7 erros, mas veja como um manual para a vida eterna!
- Tenha intimidade com a Palavra de Deus, leia diariamente e medite no que leu.
- Peça para o Espírito Santo lhe dar entendimento. Quando entendemos o que vemos, respeitamos o que recebemos.
- Coloque a Palavra em prática, procure exercitar a sua fé no que meditou. Ser cristão é colocar a fé em ação.

O temor a Deus é o princípio da sabedoria! Já o desrespeito é um passo para a destruição. Temer a Deus não é ter medo, é ter respeito e zelo.

O respeito começa quando reconhecemos que Ele é soberano: onipotente, onisciente e onipresente. Deus sabe de todas as coisas, até o que se passa no nosso coração. Por isso, o temor a Deus deve ser algo genuíno.

A maior prova de respeito que podemos mostrar a Deus é obedecendo à Sua Palavra. Quem realmente respeita, ouve e guarda a Sua Palavra no coração é sábio e colhe tudo de bom que Deus pode oferecer.

Não tenha medo de Deus, mas entenda que Ele é amor e justiça (Salmos 9:8).

PARA ORAR:

Senhor, Tu és poderoso, és amor e justiça! Obedecer a Tua Palavra é o meu prazer, é alimento e alívio para minha alma. Só a Tua Palavra conduz à vida eterna. Amém.

CERTO E ERRADO

7 FEVEREIRO

Existe o que é certo e o que é errado, mas vivemos em tempos em que isso é questionado sem parar. Pessoas constantemente tentam arranjar desculpas mentais para prosseguir com seus pecados, delitos e crimes, como se não fosse algo realmente sério. Infelizmente para quem faz isso, Jesus alertou que, por mais que tentassem, a Lei de Deus jamais cederia. Tanto é assim que seria mais fácil a terra desaparecer do que Deus abrir mão do que é correto.

Não fique criando desculpas ou "forçando a barra" para pecar mais, fingindo que está tudo bem fazer o que é errado. Jesus não apenas denunciou isso, como também abriu o caminho para que fôssemos perdoados por fazer isso. Arrependa-se e creia em Cristo, e suas obras más serão perdoadas.

PARA ORAR:

Deus, meu Senhor, peço que me perdoes por não levar a sério os Teus mandamentos. Entendo que não entro no Reino dos Céus pelos meus méritos ou por força, mas somente pela fé na obra de Jesus Cristo. Peço que Teu Santo Espírito me capacite a crer em Ti e que minha entrada nos céus seja garantida pela Tua graça e misericórdia, em nome de Jesus, amém.

A Lei e os Profetas profetizaram até João. Desse tempo em diante estão sendo pregadas as boas-novas do Reino de Deus, e todos tentam forçar sua entrada nele. É mais fácil os céus e a terra desaparecerem do que cair da Lei o menor traço.

— LUCAS 16:16-17

Não force a barra

- Ore e medite, pergunte para Deus em quais áreas da sua vida está sendo descuidado.
- Leia Tiago 2:10-11.

Leia também:

Sua misericórdia se renova a cada manhã.

Bíblia on

8 FEVEREIRO

O SENHOR É A NOSSA FORTALEZA

> O Senhor é a minha rocha, a minha fortaleza e o meu libertador; o meu Deus é o meu rochedo, em quem me refugio. Ele é o meu escudo e o poder que me salva, a minha torre alta.
>
> — SALMOS 18:2

Na caminhada da vida, enfrentamos muitos desafios que podem nos abalar. No entanto, é nessas horas que precisamos nos lembrar de que o Senhor é a nossa força e a nossa rocha inabalável. Como está escrito em Salmos 18:2.

Quando nos sentimos sobrecarregados, podemos confiar na promessa de que Deus é nosso refúgio seguro. Ele nos dá a coragem para enfrentar tempestades e a paz para superar momentos de ansiedade. A fortaleza do Senhor não é apenas um abrigo contra o perigo, mas também uma fonte contínua de força e renovação. Em Sua presença, encontramos a esperança e o ânimo para seguir em frente, mesmo quando o caminho parece difícil.

Portanto, não desanime! Coloque sua confiança no Senhor e permita que Ele seja sua fortaleza. Com Deus ao nosso lado, somos mais que vencedores. Ele nos sustenta e nos guia, fortalecendo nosso espírito e nos capacitando a vencer qualquer desafio.

O Senhor é a nossa fortaleza!

- **Oração diária:** Fortaleça sua fé dedicando tempo para orar e buscar a presença de Deus.
- **Leitura bíblica:** Leia a Bíblia regularmente para renovar sua mente e encontrar forças nas Escrituras.
- **Comunhão:** Participe de uma comunidade cristã para receber apoio e encorajamento mútuos.

Leia também:

A alegria do Senhor é a nossa força!

PARA ORAR:

Senhor Deus, fortalece-nos em meio às adversidades. Que Tua presença seja nossa rocha e refúgio. Dá-nos coragem para enfrentar os desafios e sabedoria para seguir Teus caminhos. Renova nossa fé e esperança a cada dia. Agradecemos por Teu amor e proteção constantes. Que possamos sempre confiar em Ti, sabendo que és nossa fortaleza. Em nome de Jesus, amém.

Bíbliaon

QUEM AMA A DEUS NUNCA SE ESQUECE

9 FEVEREIRO

O esquecimento faz parte de nossa vida. E, se por um lado é bom esquecermos ofensas e problemas do passado, por outro há muitos aspectos negativos no esquecimento. É bastante natural termos lapsos de memória vez ou outra, esquecendo as chaves, uma senha, onde colocamos o celular, uma comida no forno ou uma conta para pagar... É chato, mas quem é que nunca passou por isso?

Mas, para além desses esquecimentos saudáveis e "normais" (pois temos uma memória seletiva que armazena coisas importantes e descarta coisas secundárias), há um outro tipo que é muito mais grave: **o esquecimento de coisas muito importantes.** Infelizmente, por causa de doenças, desatenção, estresse e distrações, as consequências desse tipo de esquecimento são muito mais graves, podendo até ser fatais em alguns casos (esquecimento de crianças no carro, de compromissos assumidos, etc). Tanto num caso como no outro é preciso exercitar a mente, estimulando a memória para não apagar coisas importantes.

No versículo de hoje, o salmista exorta a própria alma a bendizer e a não se esquecer do Senhor nem de suas bênçãos. É um exercício que todos nós devemos fazer: incentivar a mente e o coração para não se esquecer de Deus!

> *Bendiga ao Senhor a minha alma! Não se esqueça de nenhuma de suas bênçãos!*
> — SALMOS 103:2

Não se esqueça de Deus nem das suas bênçãos infinitas

- Estimule a sua mente a pensar em Deus durante o dia. Tenha uma atitude de gratidão por todas as bênçãos recebidas. Considere-as como algo importante.
- Crie marcos visuais. Samuel erigiu uma pedra e chamou-a Ebenézer, para se lembrarem de que Deus tinha ajudado o povo até ali (1 Sam. 7:12). Registre, marque, incentive sua mente a recordar!
- Ore e agradeça por tudo de bom que Deus lhe tem feito.
- Escreva em um diário ou agenda pedidos e respostas de oração. Com o passar do tempo, você poderá revisitar essas memórias e ver o quanto Deus tem cuidado de você.
- Conte as bênçãos! Faça uma lista das bênçãos de Deus na sua vida, coloque-a em lugares visíveis (espelho, porta da geladeira, mesa de trabalho) e compartilhe com as pessoas à sua volta.

PARA ORAR:

Senhor meu Deus e Pai, muito obrigado por todas as bênçãos concedidas! Ensina-me a reconhecer a Tua bondade e misericórdia a cada dia. Nos detalhes, desde o ar que eu respiro até a graça da Salvação em Jesus, sei que tens cuidado de mim sempre! Ajuda-me a não me esquecer de nenhuma das Tuas bênçãos. Eu Te louvo e Te glorifico por todas elas, em nome de Jesus. Amém!

10 FEVEREIRO

JESUS É O MEU MELHOR AMIGO

> Já não os chamo servos, porque o servo não sabe o que o seu senhor faz. Em vez disso, eu os tenho chamado amigos, porque tudo o que ouvi de meu Pai eu tornei conhecido a vocês.
>
> — JOÃO 15:15

Jesus é o meu melhor amigo. Ele está ao nosso lado como um amigo fiel, traz consolo e esperança. Mas como podemos ter Jesus como nosso melhor amigo no dia a dia?

Primeiramente, precisamos cultivar um relacionamento pessoal com Ele. Assim como qualquer amizade, isso requer tempo e dedicação. Podemos começar o dia orando, agradecendo por Suas bênçãos e pedindo Sua orientação.

A leitura diária da Bíblia é fundamental para conhecer Sua vontade e Seus ensinamentos. Em passagens como João 15:15, Jesus nos chama de amigos, mostrando que Ele deseja uma relação íntima conosco.

Além disso, é importante falar com Jesus durante o dia, compartilhando nossos pensamentos, alegrias e preocupações. Ele se importa profundamente com cada detalhe de nossa vida. Ao enfrentar dificuldades, podemos confiar que Ele nos ouvirá e nos dará a força necessária para superar os obstáculos. Jesus nos entende como ninguém, pois passou por sofrimentos e tentações humanas, mas sem pecar.

Demonstrar amor ao próximo é outra maneira de fortalecer nossa amizade com Jesus. Ele nos ensinou a amar uns aos outros como Ele nos amou. Ao praticar a empatia, o perdão e a compaixão, refletimos o caráter de Jesus em nossas ações, aproximando-nos ainda mais Dele.

Por fim, confiar em Jesus em todas as circunstâncias é essencial. Ele prometeu estar conosco até o fim dos tempos. Saber que temos um amigo tão poderoso e amoroso nos dá paz e segurança.

Jesus é, verdadeiramente, o melhor amigo que podemos ter!

Jesus, meu melhor amigo!

- Comece o dia com uma oração sincera. Esse momento de comunhão fortalece sua amizade com Ele e traz paz ao seu coração.
- Reserve um tempo diário para ler a Bíblia. Escolha um plano de leitura e medite diariamente.
- Demonstre o amor de Jesus por meio de ações concretas. Ajude quem precisa, pratique a empatia e o perdão.

Leia também:

- Frases inspiradoras de Jesus Cristo
- Versículos que mostram que Jesus é a salvação
- Jesus é o "Pão da Vida": o que isso significa

PARA ORAR:

Querido Jesus, obrigado por seres meu melhor amigo. Guia meus passos hoje, dando-me sabedoria e força para enfrentar os desafios. Ajuda-me a amar o próximo como o Senhor nos amou. Perdoa meus erros e renova meu coração com Tua paz. Que eu possa sentir Tua presença em cada momento. Amém.

REAVIVE A SUA ESPERANÇA!

11 FEVEREIRO

Como vai a sua esperança? O que vemos e ouvimos tende a ditar muito do que sentimos e acreditamos. Temos vivido sob circunstâncias difíceis, extremamente turbulentas. Tantas informações tristes e más notícias prenunciando problemas físicos, econômicos e políticos provavelmente o deixam ansioso, retraído, com pouca ou nenhuma esperança no futuro...

Mas a Bíblia nos diz que Deus é o Deus da esperança!

Nesse versículo, Paulo expressa seu desejo e oração para com todos os gentios, dos quais nós também fazemos parte. Deus pode encher você de alegria e paz, por meio da fé e da confiança que deposita nele. A fé vem por ouvir a Palavra de Deus. Por isso, busque estar cheio das "boas notícias" que a Bíblia traz. A sua esperança irá renascer se tiver Deus como o centro da sua atenção e motivação. Assim, pelo poder do Espírito, irá transbordar da esperança viva que provém de Deus.

PARA ORAR:
Senhor, **Deus da Esperança**, reaviva a minha esperança em Ti! Os dias são difíceis, Pai, e há momentos em que não vejo uma saída... Mas creio que Tu és o mesmo ontem, hoje e eternamente! Ajuda-me a prosseguir firme, confiando na Tua Palavra, que é verdade eterna... Aumenta a minha fé, perseverança e amor por Ti. E, mesmo quando tudo der errado, que eu possa transbordar da alegria, paz e esperança em Ti. Eu creio, grato pelo poder do Teu Espírito Santo, em nome de Jesus. Amém!

Que o Deus da esperança os encha de toda alegria e paz, por sua confiança nele, para que vocês transbordem de esperança, pelo poder do Espírito Santo.
— ROMANOS 15:13

Reavive sua esperança em Deus!

- Mude o foco — das telas e manchetes para a Bíblia e para a comunhão com Deus.
- Ore e peça ao Senhor para avivar a sua esperança e confiança Nele.
- Busque preencher a sua mente e coração com a Palavra de Deus — ler, ouvir e meditar.
- Queira estar informado da realidade à sua volta e no mundo, mas leve a Deus tudo em oração.
- Chame a Cristo! Ele está presente mesmo nos sofrimentos e pode mandar embora os temores e a dor.
- Creia, ainda há esperança! Jesus Cristo é o único Senhor.
- Fale a outros sobre Jesus Cristo. Ele é a Esperança viva e tudo pode fazer.

Bíblia on

12 FEVEREIRO

NOS PLANOS DE DEUS

"Pois os meus pensamentos não são os pensamentos de vocês, nem os seus caminhos são os meus caminhos", declara o Senhor. "Assim como os céus são mais altos do que a terra, também os meus caminhos são mais altos do que os seus caminhos; e os meus pensamentos, mais altos do que os seus pensamentos".

— ISAÍAS 55:8-9

Muitas vezes nos deparamos com situações que não compreendemos e desafios que parecem insuperáveis. Em momentos assim, é crucial lembrar que os planos de Deus são maiores que os nossos, assim como lemos nessa passagem de Isaías 55:8-9.

Essa passagem nos convida a confiar em Deus, mesmo quando não conseguimos ver o quadro completo. Nossos planos, por mais bem-intencionados que sejam, são limitados pela nossa visão humana. Deus, no entanto, vê além do que podemos imaginar. Ele conhece o início e o fim e cada detalhe entre eles.

A história de José, relatada no livro de Gênesis, é um exemplo poderoso disso. Vendido como escravo por seus irmãos e injustamente preso, José poderia ter perdido a esperança. No entanto, ele manteve sua fé em Deus. Anos depois, tornou-se governador do Egito e salvou sua família da fome. O que parecia ser uma série de infortúnios foi, na verdade, a mão soberana de Deus preparando um futuro glorioso.

Assim, quando enfrentamos dificuldades ou mudanças inesperadas, devemos lembrar que os planos de Deus são perfeitos. Confiemos em Sua sabedoria e nos submetamos à Sua vontade, sabendo que Ele está sempre trabalhando para o nosso bem, mesmo quando não entendemos.

Nos planos de Deus

- Faça da oração uma prática diária, pedindo a Deus sabedoria e discernimento para entender Seus planos.
- Seja paciente e confie que Ele está trabalhando, mesmo quando os resultados não são imediatos.
- Leia e medite na Palavra de Deus para fortalecer sua fé e compreensão de Seus propósitos.

Leia também:

Versículos sobre os planos de Deus

PARA ORAR:

Senhor Deus, entrego meus planos em Tuas mãos. Concede-me sabedoria para seguir Teus caminhos e paciência para esperar pelo Teu tempo. Fortalece minha fé para confiar em Tua vontade, sabendo que Teus planos são maiores e melhores que os meus. Guia-me e usa a minha vida para Teu propósito. Amém.

BUSQUE SABEDORIA, PEÇA E CREIA

13 FEVEREIRO

A passagem de Tiago 1:5-8 nos lembra da importância da sabedoria em nossa vida e de como podemos obtê-la pela oração. Deus é generoso e deseja conceder sabedoria a todos os que a buscam, mas Ele também nos desafia a pedi-la com fé e sem dúvidas.

A sabedoria de Deus é mais do que conhecimento intelectual; é a capacidade de discernir e aplicar a Verdade no seu dia a dia. Quando enfrentamos desafios e decisões difíceis ou simplesmente visamos viver segundo a vontade de Deus, precisamos da Sua orientação.

Pedir com fé implica confiar que Deus nos ouve e responderá de acordo com o Seu plano perfeito. A dúvida, em contrapartida, nos torna instáveis, como as ondas do mar agitadas pelo vento. Quando duvidamos, questionamos a fidelidade e a capacidade de Deus de nos ajudar, o que pode nos impedir de receber a sabedoria de que tanto precisamos.

Essa passagem nos encoraja a buscar a sabedoria de Deus com corações confiantes e inabaláveis. À medida que confiarmos Nele, Ele nos capacitará com a sabedoria necessária para enfrentar os desafios da vida e viver de maneira que O honre. Assim, nossa jornada na fé será enriquecida, e nossa relação com Deus se fortalecerá, pois Ele é o doador generoso de toda boa dádiva, incluindo a preciosa sabedoria.

> Se algum de vocês tem falta de sabedoria, peça-a a Deus, que a todos dá livremente, de boa vontade; e lhe será concedida. Peça-a, porém, com fé, sem duvidar, pois aquele que duvida é semelhante à onda do mar, levada e agitada pelo vento.
>
> — TIAGO 1:5-8

PARA ORAR:

Senhor, guia-me por meio de Tua Palavra, concede sabedoria em minhas orações e coloca líderes sábios em meu caminho para que eu possa crescer em entendimento e seguir Teus caminhos. Amém.

Busque por sabedoria e Deus a dará a você!

- Busque a Palavra de Deus diariamente, meditando em suas Escrituras, pois a Bíblia é fonte de sabedoria.
- Ore com sinceridade, pedindo sabedoria a Deus em todas as situações, confiando em Sua resposta.
- Busque conselhos e orientação de líderes espirituais maduros e tementes a Deus, aprendendo com suas experiências.
- Fale a outros sobre Jesus Cristo. Ele é a Esperança viva e tudo pode fazer.

Leia também:

Não duvide de Deus (reflexão bíblica)

Versículos sobre sabedoria

Frases de sabedoria de Deus para ajudar a sermos mais sábios

Bíblia on

14 FEVEREIRO

DE VOLTA AO PRIMEIRO AMOR!

"Contra você, porém, tenho isto: você abandonou o seu primeiro amor. Lembre-se de onde caiu! Arrependa-se e pratique as obras que praticava no princípio. (...)"

— APOCALIPSE 2:4-5

Volte amar como no princípio!

- Lembre-se de onde caiu: Faça uma autoanálise, reflita sobre a sua vida e lembre-se de como você abandonou o seu primeiro amor.
- Arrependa-se: Ore e peça perdão, reconhecendo o erro de ter abandonado e deixado de investir no seu amor por Deus.
- Pratique as obras que praticava no princípio: Volte à prática das primeiras obras, com amor, dedicação e entrega total a Deus.

O princípio do namoro, bem como o início de um novo projeto de trabalho ou de estudos, é sempre muito intenso, cheio de entrega, disposição e dedicação. Tal como nos outros relacionamentos ou nas atividades que costumamos iniciar, os primeiros momentos com Deus também parecem ser muito mais apaixonados. Infelizmente, com o passar do tempo muitos abandonam o seu primeiro amor.

O versículo de hoje serve de alerta para não deixarmos que isso aconteça e voltarmos às práticas do amor que demonstrávamos a Jesus no princípio. Se antes você costumava dedicar mais tempo amando (e servindo) a Deus e ao seu próximo, em oração, devocional, leitura e estudos bíblicos, sentia prazer em participar nas reuniões, evangelismo, discipulado, indo à igreja, etc., hoje é tempo de voltar ao primeiro amor!

PARA ORAR:

Pai querido, reconheço que abandonei o meu primeiro amor por Ti... Perdoa-me, porque deixei a nossa comunhão ficar em segundo plano e me afastei de Ti. Mas hoje eu quero voltar a Te amar acima de tudo e todos e amar também ao próximo, servindo cada dia mais e melhor. Ajuda-me a não desanimar e a permanecer no primeiro amor, em nome de Jesus. Amém.

VOCÊ TEM UM TALENTO ESPECIAL

15
FEVEREIRO

Em Romanos 12:6-8, somos lembrados da beleza da diversidade dos dons que Deus nos concedeu. Cada um de nós possui talentos únicos, dados pela graça divina, para que possamos servir ao Senhor e à comunidade de formas variadas. A essência desta mensagem nos motiva a reconhecer e valorizar esses dons, utilizando-os com dedicação e entusiasmo.

Se seu dom é profetizar, faça-o com a profundidade de sua fé, deixando que a Palavra de Deus flua através de você. Se o seu dom é servir, faça-o com humildade e amor, lembrando que até o menor ato de serviço é grande aos olhos de Deus. Se você ensina, inspire e ilumine as mentes com sabedoria e paciência. Se seu talento é encorajar, espalhe otimismo e esperança, fortalecendo o coração dos que estão ao seu redor.

Contribua generosamente, sabendo que sua generosidade faz a diferença na expansão do Reino de Deus. Liderar com zelo é guiar com integridade e paixão, mostrando o caminho com firmeza e compaixão. E, ao mostrar misericórdia, faça-o com alegria, refletindo a graça infinita de Deus em cada gesto de bondade.

Lembre-se: cada dom, quando usado para a glória de Deus, se torna uma poderosa ferramenta de transformação. Que possamos, com gratidão e entusiasmo, exercer nossos dons, edificando uns aos outros e glorificando o nome do Senhor.

PARA ORAR:
Senhor amado, agradeço pelos dons que me concedeste. Ajuda-me a identificar e usar cada talento com sabedoria e amor. Que eu sirva com alegria, ensine com paciência e lide com generosidade. Guia-me para liderar com zelo e mostrar misericórdia com alegria. Que minha vida reflita Tua graça, edificando e inspirando todos ao meu redor. Amém.

Temos diferentes dons, de acordo com a graça que nos foi dada. Se alguém tem o dom de profetizar, use-o na proporção da sua fé. Se o seu dom é servir, sirva; se é ensinar, ensine; se é dar ânimo, que assim faça; se é contribuir, que contribua generosamente; se é exercer liderança, que a exerça com zelo; se é mostrar misericórdia, que o faça com alegria.

— ROMANOS 12:6-8

Estimule os seus dons!

- **Identifique seus dons:** Reflita e descubra os talentos únicos que possui.
- **Sirva com alegria:** Use seus dons para ajudar e inspirar os outros.
- **Busque crescimento:** Aperfeiçoe constantemente seus talentos para servir melhor a Deus.

Leia também:

Os dons do Espírito Santo na Bíblia (explicação e significado)

Bíbliaon

16 FEVEREIRO

A PRONTIDÃO DE JOSÉ

> Ao acordar, José fez o que o anjo do Senhor lhe tinha ordenado e recebeu Maria como sua esposa.
>
> — MATEUS 1:24

José foi pai adotivo de Jesus, uma vez que Deus escolheu uma mulher virgem para que nela fosse gerado o Salvador. Deus não fez essa escolha de forma imprudente nem para castigar José ao fazer sua esposa engravidar, mas os escolheu de propósito.

Ele era um homem justo, como o texto declara e demonstra. José foi escolhido para ser o pai adotivo de Jesus, justamente para **criá-lo segundo a Lei**. Depois que descobriu a gravidez milagrosa de Maria, José teve uma visão em sonho que lhe explicava tudo e lhe dava instruções.

Assim que acordou, José fez o que o anjo de Deus lhe instruiu em sonho. Ele estava pronto para fazer o que Deus lhe chamou para fazer. **Sua história nos inspira a estarmos prontos aos chamados de Deus para nós**, para servi-lo e adorá-lo. À semelhança de José, devemos agir.

Acorde e vá!

- Reflita e pense: para que Deus tem chamado você? Faça como José, acorde e faça.
- Ore para que Deus abra as portas de oportunidades na sua vida, como foi com José.
- Acredite nos milagres de Deus. Ele provê e sustenta.

PARA ORAR:

Senhor, meu Deus e Pai, oro a Ti para que me chames: eis-me aqui, Senhor. Assim como chamou José em sonho para uma missão nobre, estou aqui para ir aonde queiras. Usa-me, Pai. Que Teu Santo Espírito me acompanhe e guarde, no nome do Teu Filho Jesus Cristo, amém.

SUPERANDO O RANCOR E A MÁGOA

17 FEVEREIRO

O rancor é uma reação negativa — até odiosa — a uma decepção profunda, uma mágoa. Uma pessoa rancorosa permite que a má experiência influa em todas as áreas da sua vida, até na forma como se relaciona no tempo presente. **O rancor sempre está relacionado a algo mal resolvido no passado.**

Viver com rancor é viver cheio de peso, e Deus não quer que você viva dessa forma:

"Venham a mim, todos os que estão cansados e sobrecarregados, e eu darei descanso a vocês. Tomem sobre vocês o meu jugo e aprendam de mim, pois sou manso e humilde de coração, e vocês encontrarão descanso para a sua alma. Pois o meu jugo é suave e o meu fardo é leve." — Mateus 11:28-30.

A vida cristã não é navegar num "mar de rosas", pelo contrário, é velejar em mar aberto. A diferença é que estamos com Cristo no nosso barco, e isso faz toda a diferença. Passamos por tempestades, por ventos tempestuosos, por grandes ondas, pelas decepções, mas os ultrapassamos!

"O amor é paciente, o amor é bondoso. Não inveja, não se vangloria, não se orgulha. Não maltrata, não procura seus interesses, não se ira facilmente, não guarda rancor" — 1 Coríntios 13:4-5.

Somente o amor de Deus nos faz superar a mágoa, nos impulsionando para um futuro de esperança. Por meio do amor de Jesus, podemos perdoar — e pedir perdão —, podemos superar os traumas e jogar todo o peso desnecessário do nosso barco. Não guarde rancor.

Poderão surgir problemas, tempestades, mas com Cristo atravessaremos com segurança todos os desafios da vida.

> *Irmãos, não penso que eu mesmo já o tenha alcançado, mas uma coisa faço: esquecendo-me das coisas que ficaram para trás e avançando para as que estão adiante, prossigo para o alvo, a fim de ganhar o prêmio do chamado celestial de Deus em Cristo Jesus.*
>
> — FILIPENSES 3:13-14

Tire a mágoa e o rancor do seu barco!

- Não alimente o rancor. Pode parecer óbvio, mas, com o tempo, o que era uma pequena mágoa torna-se um tormento.
- Manter o barco limpo dá trabalho. Peça perdão e perdoe quem o magoou. Essa é a melhor forma de continuar leve.
- Peça a Deus para sondar o seu coração. Somente Ele pode curar as feridas profundas e restaurar um coração machucado.

Leia também:

QUERO TRAZER À MEMÓRIA AQUILO QUE ME DÁ ESPERANÇA

PARA ORAR:

Senhor, retira de mim a mágoa e o rancor e alivia a minha alma. Limpa o meu coração e a minha mente por meio do Seu Espírito, enchendo-me da Tua paz. Quero seguir em frente, deixando para trás tudo o que me imobiliza. Em nome de Jesus, amém!

18 FEVEREIRO

NÃO DESPREZE OS HUMILDES COMEÇOS...

"Pois aqueles que desprezaram o dia das pequenas coisas terão grande alegria ao verem a pedra principal nas mãos de Zorobabel".

— ZACARIAS 4:10A

Esforce-se nas pequenas coisas!

- Ore e agradeça ao Senhor pela sua condição hoje, mesmo que esta seja modesta e humilde.
- Aproveite a oportunidade de ser fiel no pouco. Deus promete muito mais (Mt. 25:23).
- Faça o seu melhor, trabalhe e dedique-se sempre, mesmo que não seja visto pelas pessoas.
- Não se envergonhe das tarefas pequenas. Estas podem ser uma preparação valiosa para algo maior que está por vir!
- Deus está contigo! Procure conhecê-Lo mais, diariamente, por meio da Sua Palavra.
- Busque glorificar a Deus nas pequenas coisas.

Todo maratonista, antes de correr, teve de aprender a dar o primeiro passo. Pequenos começos podem parecer simples demais ou até vergonhosos para alguns no início. Mas é fato que muitas pessoas que alcançam êxito na vida têm trajetórias bastante modestas e até desconfortáveis no princípio. No versículo de hoje, vemos um encorajamento do Senhor ao profeta Zacarias, para incentivar os que regressavam do cativeiro na reconstrução do templo. Outra tradução diz: **"Não desprezem os pequenos começos".**

Outro bom exemplo na Bíblia é Davi, o rei que no início foi um simples pastor de ovelhas. Nesse primeiro ofício ele fez o seu melhor, com gratidão e louvor ao Senhor. Por isso Deus, que vê o coração, o honrou lhe confiando um rebanho ainda maior: a grande nação de Israel. E você? Tem uma tarefa desafiadora, como a reconstrução do templo? Sente-se pequeno e esquecido no pasto, cheirando a ovelhas? Não desprezes os humildes começos... Força! Mantenha a fé e a confiança naquele que pode recompensá-lo pelo esforço, fazendo das coisas simples algo muito especial!

PARA ORAR:

Meu Jesus, tu és o meu Senhor e meu melhor amigo. Ajuda-me a não desprezar os pequenos começos da vida. Ensina-me a ser esforçado, grato e fiel ao longo desse caminho. Peço a Tua bênção e direção. Que eu possa Te louvar e honrar por tudo que acontece na minha vida. Em nome de Jesus, amém!

FORTALECENDO-SE COM A ARMADURA DE DEUS

19 FEVEREIRO

Em Efésios 6:10, somos chamados a nos fortalecer no Senhor e no Seu forte poder. Essa passagem nos lembra que a nossa força não provém de nós mesmos, mas de Deus! Em meio às dificuldades e desafios da vida, é fácil sentir-se fraco e incapaz. No entanto, Deus nos oferece um poder infinito e uma força que supera qualquer adversidade.

Quando enfrentamos momentos de tribulação, devemos lembrar que não estamos sozinhos. Deus está conosco, oferecendo Sua força e proteção. A Palavra nos ensina a revestir-nos de toda a armadura de Deus para que possamos resistir às ciladas do inimigo.

Ao confiar no poder do Senhor, aprendemos a depender Dele em todas as situações. A verdadeira força vem da fé e da confiança em Deus. Quando nos entregamos totalmente a Ele, encontramos a coragem necessária para enfrentar qualquer desafio. É no relacionamento íntimo com Deus, por meio da oração e da meditação na Sua Palavra, que nossa fé é renovada e nossa força é revigorada.

Lembre-se de que, em Cristo, você é mais do que vencedor. A força de que você precisa já está disponível para você, basta buscar e confiar. Fortaleça-se no Senhor e no Seu poderoso poder e verá que, com Ele, todas as coisas são possíveis. Que esta verdade o encha de esperança e motivação para seguir firme na caminhada cristã, sabendo que Deus é a sua força e o seu refúgio.

PARA ORAR:

Senhor Deus, agradeço pela Tua proteção e amor. Fortalece-me no Teu poder e ajuda-me a vestir toda a armadura de Deus. Dá-me coragem para enfrentar as batalhas diárias, guiado pela Tua verdade e justiça. Que minha fé seja meu escudo, e Tua Palavra, minha espada. Renova minha mente com a certeza da salvação e prepara-me para compartilhar o evangelho da paz. Em nome de Jesus, amém.

> *Finalmente, fortaleçam-se no Senhor e no seu forte poder.*
> — EFÉSIOS 6:10

A armadura de Deus, conforme descrita em Efésios 6:10-18, é composta dos seguintes elementos:

1. **Cinturão da verdade:** A verdade de Deus que nos mantém firmes e nos guia.
2. **Couraça da justiça:** A justiça que vem de Deus, protegendo nosso coração.
3. **Calçados do evangelho da paz:** A preparação para compartilhar o evangelho, trazendo paz.
4. **Escudo da fé:** A fé em Deus que nos protege contra os ataques espirituais.
5. **Capacete da salvação:** A certeza da nossa salvação em Cristo que protege nossa mente.
6. **Espada do Espírito:** A Palavra de Deus, que é nossa arma ofensiva contra as forças do mal.
7. **Oração:** Perseverar em oração, sendo vigilantes.

Aplique a armadura de Deus em sua vida diária!

- **Leia a Bíblia diariamente:** Fortaleça-se com a Palavra de Deus diariamente.
- **Ore constantemente:** Mantenha uma vida de oração.
- **Pratique a verdade:** Viva de acordo com a verdade e a justiça de Deus.

Leia também:

EFÉSIOS 6: APRENDA A USAR TODA A ARMADURA DE DEUS (ESTUDO)

Bíbliaon

20 FEVEREIRO

EU SOU FORTE!

> Forjem os seus arados, fazendo deles espadas; e de suas foices façam lanças. Diga o fraco: "Sou um guerreiro!"
>
> — JOEL 3:10

Fortaleça-se em Deus!

- Busque a força maior que o universo inteiro: Jesus Cristo!
- Ore, clame ao Senhor por forças e novo ânimo! A potente mão de Deus pode sustentar você.
- A sua força será maior quando admitir que você é fraco, mas quer ser fortalecido por Deus.
- Creia que o poder de Deus pode fazer cessar o caos que você está passando.
- Busque forças na Palavra de Deus. Leia a Bíblia diariamente (Medite: 1 Cr. 16:11; Sl. 18:32, Is. 40:29).
- Agradeça a Deus pela força que Ele lhe dá e por tudo que você tem (Dt. 8:18).
- Fortaleça e encoraje pessoas desanimadas a sua volta.

Desânimo, tristeza e depressão parecem ser as palavras de ordem nos dias atuais. Ainda que sejam algumas respostas naturais do nosso corpo a dificuldades, isolamento e problemas que enfrentamos, ninguém deseja permanecer nessa situação. Vivenciar momentos difíceis e sofrimentos é um caminho válido para o amadurecimento do crente em Jesus Cristo. Apesar da nossa fragilidade e das aflições que enfrentamos, **podemos ter certeza da fidelidade de Deus**.

Esse versículo faz parte de uma passagem que fala sobre promessas de Deus. O livro do profeta Joel anuncia o juízo vindouro e a promessa de restauração do seu povo. O Senhor triunfará sobre todo o mal e fará prevalecer a justiça no Seu Reino. Pelo Seu poder, somos feitos fortes guerreiros, habilitados a enfrentar as batalhas da vida pela fé. Não se trata de uma estratégia mental, de pensamento positivo nem de usar o "poder das palavras". Não. **A nossa força vem de Deus** (Salmos 28:7-8). É Ele que nos fortalece (Fl. 4:13). Por causa de Jesus venceremos, e podemos dizer: em Cristo somos fortes!

PARA ORAR:

Senhor Deus, Todo-poderoso, eu creio que Tu és fiel e cumpridor de todas as Tuas promessas. Ajuda-me e me fortalece, pois sou fraco, Pai... Preciso de Ti! Sozinho não consigo vencer os desafios dessa vida, meu Deus. Faz-me forte segundo a Tua Palavra e me ajuda a encorajar e fortalecer as vidas que estão enfraquecidas por causa dos sofrimentos deste mundo. Em nome de Jesus te peço e agradeço. Amém!

TENS SIDO TÃO BOM PARA MIM, SENHOR!

21 FEVEREIRO

A bondade de Deus é sem limites. Ele demonstra a sua graça, ainda que nós não sejamos merecedores do seu favor. Quando enfrentamos dificuldades, por consequência das nossas falhas, Ele nos ensina com amor. Pela Sua Palavra, Ele nos mostra como devemos viver. A Sua fidelidade vai além do céu, por isso precisamos de Cristo, para aprender mais sobre o caráter de Deus e imitá-lo.

Nesse salmo, a bondade de Deus, que traz bênção, é contrastada com a desobediência e o orgulho humanos que conduzem à humilhação. Mas, quando tomamos consciência dos nossos erros e reconhecemos a necessidade de ser fiéis de verdade, Deus nos trata com bondade.

Por meio da meditação nas Escrituras, o Espírito Santo nos convence dos nossos erros e nos ajuda a mudar a nossa mentalidade e atitude, para com prudência obedecer à Palavra do Senhor.

PARA ORAR:

Pai de amor, muito obrigado! Não tenho palavras para agradecer por toda a Tua bondade! Eu não merecia, mas Tu me concedes bênçãos sem medidas, Senhor! Graças Te dou, pois de tantas formas Tu cuidas da minha vida e dos que eu amo. Obrigado por me trazeres de volta para a Tua presença, onde há luz, renovação e verdade. Reconheço que sou falho, Deus, e que preciso melhorar. Preciso da Tua ajuda para viver conforme a Tua vontade, Jesus. Transforma-me conforme a Tua Palavra! Em nome de Jesus, eu oro agradecido. Amém!

Tens sido bom para o teu servo, Senhor, segundo a tua palavra. Ensina-me bom juízo e conhecimento, pois creio nos teus mandamentos. Antes de ser afligido, eu andava errado, mas agora guardo a tua palavra. Tu és bom e fazes o bem; ensina-me os teus decretos.

— SALMOS 119:65-68

Reconheça a bondade de Deus!

- Ore e agradeça a Deus pela Sua bondade e fidelidade para contigo.
- Peça a Deus que lhe ensine a Sua Palavra e transforme o seu coração, para deixar as coisas erradas e manter-se fiel.
- Guarde os ensinamentos de Deus na sua mente e coração, para não pecar contra Ele.
- Lembre-se: pela GRAÇA e MISERICÓRDIA do Senhor, você recebe favores que não merece e deixa de receber o castigo que merecia.

22 FEVEREIRO

NÃO CONTE COM O AMANHÃ, VIVA O HOJE!

> Não se gabe do dia de amanhã, pois você não sabe o que este ou aquele dia poderá trazer.
> — PROVÉRBIOS 27:1

Aproveite o presente de Deus: hoje!

- Aproveite a dádiva da vida, sendo e fazendo o melhor hoje.
- Ore e confie ao Senhor os seus projetos e sonhos futuros.
- Não deixe para amanhã o que você pode fazer hoje.
- Faça uma lista de coisas que gostaria de fazer, aprender ou ter até o fim da sua vida. Comece hoje mesmo, e dê um passo para tornar realidade esses sonhos.
- Leia Tiago capítulo 4. Anote os princípios que aprendeu com essa passagem.
- Inclua nas suas frases: "Se Deus quiser", farei isso ou aquilo... (Tiago 4:15)
- Viva o presente com Jesus e tenha esperança no futuro, confiando sempre que Deus fará o melhor, de acordo com o Seu propósito perfeito.

Amanhã farei isso ou aquilo... Esta é uma falsa presunção que todos nós assumimos: ter por certo o amanhã. Mas fato é que o futuro, por mais breve ou longínquo que seja, é algo que não controlamos. Acredite, você é incapaz de saber se o dia de amanhã existirá! Podemos fazer planos, organizar agendas, programar coisas simples ou grandes projetos, mas quem vai determinar se isso vai acontecer é Deus.

Isso não quer dizer que não devemos planejar, ter objetivos organizados ou idealizar projetos futuros. Mas requer de nós humildade e fé para confiarmos no Senhor do tempo. "Se Deus quiser", Ele cumprirá tudo consoante a Sua soberana vontade.

O dia de hoje é um presente de Deus para todos nós. Portanto, aproveite-o da melhor forma, fazendo tudo como se fosse para o Senhor. Sorria, ame, trabalhe, descanse, sirva, perdoe, busque perdão... Tudo que vier à sua mão para fazer hoje, faça! Porque o amanhã não nos pertence, não sabemos se teremos esse tempo.

PARA ORAR:

Senhor Deus, ajuda-me a confiar em Ti e entregar-Te toda a minha vida e os meus projetos. Ensina-me a viver o dia de hoje com amor, dedicação e fidelidade, porque este é o dia que Tu fizeste para que eu vivesse plenamente. O amanhã a Ti pertence, Pai. Que eu não fique ansioso ou presunçoso com o futuro, mas que eu descanse e confie que Tu és o Senhor do tempo, és soberano sobre todas as coisas. Se o Senhor permitir, viverei o amanhã e em Ti poderei realizar os meus sonhos. E que tudo seja para Tua glória e louvor. Em nome de Jesus, amém!

O SENHOR FAÇA RESPLANDECER O SEU ROSTO

23 FEVEREIRO

Quando o Senhor faz resplandecer o Seu rosto sobre nós, Ele nos ilumina com a Sua graça e amor incondicional. Essa luz poderosa nos guia, mesmo nas mais densas trevas, lembrando-nos de que nunca estamos sozinhos. Em meio aos desafios e tribulações da vida, essas palavras de bênção são como um farol de esperança.

A misericórdia de Deus é uma promessa constante. Ela nos alcança em nossos momentos de fraqueza e nos fortalece com a certeza de Seu perdão e compreensão. Sentir o rosto do Senhor voltado para nós é experimentar a Sua atenção cuidadosa e o Seu desejo profundo de nos ver prosperar em paz e harmonia.

Que esse versículo de Números seja um lembrete diário da presença amorosa de Deus em sua vida. Deixe que a luz de Seu rosto dissipe todas as suas preocupações e medos. Confie em Sua misericórdia, busque Sua paz e permita que a Sua bênção seja a âncora que o sustenta.

Em cada passo do caminho, saiba que o Senhor está com você, resplandecendo a Sua luz sobre você, guiando-o para uma vida plena e abençoada.

PARA ORAR:

Senhor Deus, agradeço por Teu amor e misericórdia. Que Tua luz resplandeça sobre mim, guiando meus passos e trazendo paz ao meu coração. Fortalece-me nas tribulações e concede-me sabedoria para seguir Teus caminhos. Que eu possa sentir Tua presença em cada momento e viver sob Tua proteção e graça. Em nome de Jesus, amém.

"O Senhor te abençoe e te guarde; o Senhor faça resplandecer o seu rosto sobre ti e te conceda graça; o Senhor volte para ti o seu rosto e te dê paz."

— NÚMEROS 6:24-26

Brilhando com o Senhor

- **Confie na orientação de Deus:** Confie que Ele iluminará seu caminho e guiará seus passos.
- **Busque a paz interior:** Dedique tempo diário à oração e meditação. Isso fortalecerá sua conexão com Deus e trará calma ao seu coração.
- **Pratique a gratidão:** Reconheça e agradeça as bênçãos diárias, por menores que pareçam. Ele está sempre cuidando de você.

Leia também:

VERSÍCULOS PARA MOSTRAR TODA A SUA GRATIDÃO

Bíblia on

24 FEVEREIRO

AQUELE QUE PROMETEU É FIEL

> Apeguemo-nos com firmeza à esperança que professamos, pois aquele que prometeu é fiel.
>
> — HEBREUS 10:23

Confie, pois Aquele que prometeu é fiel!

- Cultive a oração diária. A oração nos aproxima de Deus e nos lembra constantemente de Sua fidelidade.
- Estude e medite nas Escrituras. Medite em versículos que reforcem a esperança e a confiança em Deus.
- Estar inserido em uma comunidade de fé proporciona apoio mútuo e encorajamento. Participe regularmente de cultos, grupos de estudo bíblico ou reuniões de oração.

Leia também:

VERSÍCULOS DE DEUS É FIEL PARA CUMPRIR SUAS PROMESSAS

Essa passagem é um chamado poderoso para mantermos nossa fé e confiança na promessa de Deus, mesmo diante das adversidades.

A vida frequentemente nos apresenta desafios que testam nossa fé. Pode ser uma doença, uma perda, uma decepção ou qualquer outra dificuldade que nos faça questionar o propósito e o plano de Deus para nossa vida. Nessas horas, a Palavra de Deus nos lembra da importância de permanecermos firmes na esperança que professamos.

A esperança não é uma mera expectativa otimista, mas uma confiança profunda e inabalável nas promessas de Deus. Ele é fiel e justo, e suas promessas são verdadeiras. Quando nos apegamos a essa esperança, estamos declarando nossa fé na fidelidade de Deus, crendo que Ele cumprirá tudo o que prometeu.

Em momentos de dúvida ou fraqueza, podemos nos lembrar das inúmeras vezes em que Deus demonstrou sua fidelidade ao longo da história bíblica e em nossa própria vida. Cada promessa cumprida é um testemunho de seu amor e lealdade.

Portanto, sejamos corajosos e persistentes. Vamos nos apoiar uns nos outros, encorajando-nos mutuamente a manter a fé viva. Ao nos apegarmos firmemente à nossa esperança, estamos fortalecendo nossa relação com Deus e testemunhando sua fidelidade ao mundo ao nosso redor.

Lembre-se: aquele que prometeu é fiel! Que essa verdade nos dê força para enfrentar cada dia com confiança e esperança renovadas, sabendo que Deus está sempre ao nosso lado, cumprindo suas promessas com amor e fidelidade.

PARA ORAR:

Querido Deus, agradeço por Tua fidelidade e amor. Ajuda-me a manter firme a esperança em Tuas promessas, mesmo nas dificuldades. Fortalece minha fé, guia meus passos e renova meu espírito diariamente. Que eu possa sempre confiar em Ti e testemunhar Tua bondade. Em nome de Jesus, amém.

VOCÊ É A CASA DE DEUS!

25 FEVEREIRO

Sim, a Bíblia afirma que nós, o Seu povo, somos morada do Altíssimo Deus! Que privilégio maravilhoso! Reflita sobre essa passagem de 1 Coríntios 3:16.

Deus não habita em templos feitos por mãos humanas. Apesar de sermos imperfeitos, Ele decidiu morar dentro de nós. Isto é, todos os seus filhos, redimidos por Jesus Cristo, não são visitados por Deus, mas habitados por Ele. Isso significa que você jamais está sozinho. Deus está com você, dentro de você!

É certo que somos uma obra em construção contínua. Precisamos que Cristo acenda a Sua luz em nós, faça as mudanças necessárias, limpe todas as áreas e os cantos escondidos. Enfim, torne a nossa vida num lar agradável para Ele morar.

PARA ORAR:

Senhor meu Deus, obrigado por decidires habitar no meio do Teu povo. Ajuda-me a ser uma boa casa para Ti. Sei que Tu conheces as minhas imperfeições e que estás trabalhando em cada uma delas. Retira todo o entulho do passado, limpa-me! Torna-me consagrado ao Senhor... Ilumina o meu interior e fica à vontade em todas as áreas da minha vida! Tu és o meu Senhor. Governa e dirige todo o meu ser, em nome de Cristo. Amém!

Vocês não sabem que são santuário de Deus e que o Espírito de Deus habita em vocês?

— 1 CORÍNTIOS 3:16

Torne-se um lindo santuário dedicado a Deus!

- Deixe Deus à vontade em sua vida. Busque a Sua santidade diariamente.
- Deus não é uma visita estranha na sua casa. Não O expulse da sua vida.
- Ore e permita que Deus retire todo o lixo escondido e organize as bagunças do seu interior.
- Dê a Deus autonomia nessa casa, dê-lhe o trono do seu coração.
- Somente a atuação do Espírito de Deus fará uma mudança verdadeira, uma transformação real de que você necessita.

Leia também:

Versículos sobre corpo como Templo de Deus

Como honrar a Deus sobre todas as coisas

Deus veio ao nosso encontro: mensagem bíblica de esperança

Bíbliaon

26 FEVEREIRO

VOCÊ PRECISA DE SUA FAMÍLIA ESPIRITUAL

Ninguém é uma ilha. Você não pode viver sua vida cristã sozinho. Quando Jesus enviava seus discípulos para pregar o Evangelho, eles iam em grupos de, no mínimo, dois. Nós não somos melhores que os apóstolos. Precisamos de nossa família.

Em Jesus, todos somos filhos de Deus. Isso significa que somos família. Somente em família, como igreja, crescemos e nos tornamos mais fortes e conseguimos cumprir a missão de Cristo: alcançar o mundo com o evangelho. Não é fácil (todos erramos), mas é essencial. Não ignore sua família!

> Não deixemos de reunir-nos como igreja, segundo o costume de alguns, mas procuremos encorajar-nos uns aos outros, ainda mais quando vocês veem que se aproxima o Dia.
> — HEBREUS 10:25

PARA ORAR:

Senhor Jesus, ajuda-me a amar os irmãos que Tu me destes. Quero ser uma bênção para minha família espiritual. Que o Teu amor nos torne mais unidos, para que mais pessoas possam Te conhecer. Amém.

Para ficar mais unido à família de Cristo:

- Envolva-se em uma igreja.
- Procure pessoas com quem você possa orar regularmente.
- Pergunte ao seu pastor como você pode ajudar.

Leia também:

Veja aqui o que a Bíblia ensina sobre a Igreja.

ACORDE E TRABALHE!

27 FEVEREIRO

Provérbios é o livro que contém apenas conselhos de grande sabedoria, e quando ele diz para nos dedicarmos com diligência ao nosso trabalho, é porque devemos ficar atentos. O que Salomão nos diz nesse versículo é que nosso prazer esteja na nossa obra, naquilo que fazemos quando estamos em atividade, não ao ficar à toa.

Esse provérbio não está pregando contra o descanso, mas, sim, contra a preguiça, contra o amor pelo ócio. Quem ama não fazer nada ficará pobre, porque não aprendeu a trabalhar. Lembre-se de que Jesus disse para ajuntar tesouros nos céus, e até para isso é necessário trabalho árduo. Dessa maneira, é possível que a preguiça o deixe pobre nesta vida terrena e na vida Eterna.

Quando estiver no seu emprego, lembre-se dessas palavras de Salomão e dedique-se, seja grato pelo seu trabalho e faça-o com prazer.

PARA ORAR:

Senhor, meu Deus e Pai, peço a Ti para que me capacites a trabalhar com diligência e compromisso em todas as áreas da minha vida. Não permitas que minha preguiça me domine nem que o diabo use isso para me levar à ruína, mas que eu esteja atento a Tua Palavra. Perdoa-me, Deus, por todas as vezes que fui vencido pela preguiça e deixei de plantar sementes para a Eternidade. Peço isso em nome de Jesus Cristo, amém!

Não ame o sono, senão você acabará ficando pobre; fique desperto, e terá alimento de sobra.
— PROVÉRBIOS 20:13

Levante e faça!

- Avalie-se: você é uma pessoa preguiçosa?
- Busque prazer no seu trabalho ou busque um trabalho que lhe dê prazer em fazer.

Leia também:

VERSÍCULOS SOBRE TRABALHO

Bíblia on

28 FEVEREIRO

O PODER DE DEUS NÃO ESTÁ LIMITADO

O Senhor respondeu a Moisés: "Estará limitado o poder do Senhor? Agora você verá se a minha palavra se cumprirá ou não".

— NÚMEROS 11:23

Na jornada para a terra prometida, o povo hebreu reclamava constantemente. Num determinado momento, quando reclamavam da falta de carne, pois estavam fartos do maná, Deus disse a Moisés que lhes proveria carne por um mês inteiro.

Diante de uma promessa tão extraordinária, Moisés duvidou que isso fosse possível. Nem se matasse todo o gado de Israel isso seria possível. Foi nesse momento que Deus confirmou seu poder: Ele não está limitado a nada e fez conforme havia dito.

Por vezes agimos como Moisés e duvidamos do poder extraordinário de Deus, que opera em nossa vida. Na verdade, agimos tanto como Moisés, que duvida, quanto como o povo, que reclama. Enquanto estamos na jornada da vida, reclamamos de tudo e duvidamos que Deus suprirá nossas necessidades. Mas descanse, o poder do Senhor não está limitado.

Veja se a palavra se cumprirá!

- Coloque em oração todas as suas dúvidas, seus anseios e problemas; deixe-O ouvir aquilo que está passando.
- Confie que o poder de Deus não está limitado: Ele pode agir na sua vida, intervir onde você precisa.
- Mas seja obediente, não um reclamão que se esquece das obras maravilhosas que Deus já fez.

Leia também:

- Versículos sobre o poder de Deus
- Versículos sobre o poder da oração
- Versículos sobre o poder da fé

PARA ORAR:

Senhor Deus, Te agradeço por tudo que já me fizeste, pela salvação que me deste no Teu Filho, Jesus Cristo, e por tudo o mais. Peço perdão pelos momentos em que reclamo, esquecendo-me do Teu poder. Peço também pelas minhas preocupações: quero confiar na Tua mão poderosa para sanar minhas necessidades. Em nome de Jesus, amém!

DEVOCIONAL DIÁRIO

MARÇO

1º MARÇO

INVESTINDO NO LUGAR CERTO!

> Não acumulem para vocês tesouros na terra, onde a traça e a ferrugem destroem e onde os ladrões arrombam e furtam. Mas acumulem para vocês tesouros nos céus, onde a traça e a ferrugem não destroem e onde os ladrões não arrombam nem furtam. Pois onde estiver o seu tesouro aí também estará o seu coração.
>
> — MATEUS 6:19-21

Comece o dia com Jesus!

- Ore buscando a orientação de Deus logo pela manhã e agradeça pelas bênçãos diárias.
- Leia a Bíblia para fortalecer sua fé e receber inspiração para iniciar o seu dia.
- Compartilhe o amor de Cristo por meio de gestos gentis e generosos; isso fará a diferença ao longo do seu dia.

Leia também:

Bom-dia abençoado: 51 mensagens e frases com a paz de Deus

Hoje o mundo dos negócios está acessível a grande parte das pessoas. Até quem não tem tantos recursos arrisca-se em investir. Podemos investir dinheiro, até mesmo o nosso tempo, pois, como é dito no mundo, "tempo é dinheiro". Curioso, mas a Palavra de Deus entra em colisão com essa mentalidade materialista.

Se tempo é dinheiro, então quem é dono do tempo? Quem é o dono de toda prata e todo ouro? Deus! Por isso, não há melhor lugar para investir os seus recursos, vitalidade e tempo do que no Reino de Deus. Esse tipo de investimento não lhe trará prejuízo e ainda tem rentabilidade garantida!

Quando depositamos o nosso tempo e esforço nas coisas terrenas, estamos investindo em algo projetado ao fracasso... poder, riqueza, carros, tudo isso passará. Não gaste o seu tempo tentando ficar milionário ou tentando ser um empreendedor de sucesso, pois "as riquezas desaparecem assim que você as contempla; elas criam asas e voam como águias pelo céu" (Provérbios 23:5).

Muitos mentores dizem muito sobre ter uma "mentalidade vencedora", mas para Deus isso não é o suficiente. Com Deus obtemos a "mentalidade mais que vencedora" por meio de Cristo Jesus. Essa mentalidade nos faz pensar nas coisas do alto e valorizar o que realmente importa.

O maior investimento que você pode fazer na terra é crer em Jesus e obter a vida eterna. Esse investimento impactará a sua vida a curto, a médio e a longo prazo!

PARA ORAR:

Senhor, quero dedicar o meu tempo e esforço nas coisas que realmente têm valor. Tudo na terra tem prazo, mas a Tua Palavra é eterna. Sei que não deixas nada em falta; por isso, cuida de mim. Em nome de Jesus, amém.

AQUELES QUE CONFIAM NO SENHOR

2 MARÇO

Na presença de Deus, estamos seguros e tranquilos, como se estivéssemos protegidos por montes ao redor de uma cidade. Ele cuida de nós como uma mãe cuida de seus filhos. Quando as coisas ficam difíceis, podemos confiar em Deus para nos ajudar, porque Ele é poderoso e nos ama muito.

É como se fôssemos árvores plantadas perto de um rio, sempre recebendo água para crescer fortes e saudáveis. Mesmo quando os ventos fortes sopram, continuamos firmes, porque confiamos em Deus.

Vamos entregar nossos problemas e preocupações a Ele, porque Ele sempre cuida de nós. Nossa fé em Deus é como uma luz brilhante que nos guia, mesmo nos momentos mais escuros.

Em tudo que fazemos, lembremos que aqueles que confiam em Deus são como um monte que não pode ser abalado, que permanece firme! Que essa certeza nos dê coragem e alegria para viver cada dia com confiança em Deus. Amém.

PARA ORAR:
Senhor, em Ti encontro força para enfrentar os desafios. Ilumina meu caminho, guia meus passos e enche meu coração de paz. Amém.

> *Os que confiam no Senhor são como o monte Sião, que não se pode abalar, mas permanece para sempre.*
> — SALMOS 125:1

Confiando no Senhor inabalável

- Oração diária fortalece a nossa conexão e a confiança em Deus.
- Lembre-se das promessas de Deus nos momentos de incerteza e dificuldade.
- Cultive a gratidão pelos pequenos e grandes favores recebidos diariamente.

Leia também:

DESCANSA NO SENHOR: REFLEXÃO BÍBLICA SOBRE CONFIAR E DESCANSAR EM DEUS

Bíblia on

3 MARÇO

COMEÇANDO O DIA COM CRISTO

> Graças ao grande amor do Senhor é que não somos consumidos, pois as suas misericórdias são inesgotáveis. Renovam-se cada manhã; grande é a sua fidelidade!
> — LAMENTAÇÕES 3:22-23

Leia também:

Bom-dia abençoado: 51 mensagens e frases com a paz de Deus

Quando abrimos nossos olhos pela manhã, é como se Deus estivesse nos dando um presente novo. Ele nos dá o dom do dia, cheio de oportunidades para crescer, amar e compartilhar Sua luz com o mundo. E há uma maneira especial de começar cada dia: com Cristo.

Na Bíblia, as palavras de Lamentações 3:22-23 nos lembram que, a cada novo amanhecer, somos envolvidos pelo amor e pela fidelidade de Deus.

Ao começar o dia com Cristo, podemos sentir Sua presença nos guiando, nos fortalecendo e nos dando esperança. Podemos começar o dia com uma oração simples, agradecendo a Deus pela dádiva da vida e pedindo Sua orientação para as horas que virão.

Cada momento, desde o primeiro raio de sol até o último suspiro do dia, pode ser preenchido com a presença de Cristo. Ele caminha conosco em cada passo, nos dando forças para enfrentar desafios e nos enchendo de alegria mesmo nos momentos difíceis.

Começar o dia com Cristo é escolher a luz, o amor e a esperança. Que possamos abrir nosso coração para Ele a cada manhã e permitir que Sua paz nos envolva durante todo o dia. Assim, podemos viver cada momento com propósito e gratidão, sabendo que estamos sempre seguros em Seus braços amorosos.

> **PARA ORAR:**
> Senhor, ao iniciar este dia, entrego a Ti meus pensamentos, palavras e ações. Que a Tua presença encha meu coração de paz e esperança. Ajuda-me a enxergar as oportunidades de servir e amar ao próximo como Tu nos amaste. Amém.

Bíbliaon

JESUS PODE ILUMINAR E TRANSFORMAR NOSSAS MANHÃS

4 MARÇO

Quando acordamos, muitas vezes somos recebidos pelo peso das preocupações do dia que está por vir. Mas, ao convidarmos Jesus para caminhar conosco desde o primeiro raio de sol, nossa perspectiva muda. Ele nos traz paz, esperança e um renovado sentido de propósito.

Jesus é como a luz da manhã que atravessa as cortinas escuras do nosso coração. Ele dissipa as sombras da dúvida, do medo e da ansiedade, revelando a beleza de um novo começo. Sua presença nos envolve em amor incondicional e nos lembra de que não estamos sozinhos.

Quando nos abrimos para Ele, permitindo que Sua paz encha nosso coração, encontramos força para enfrentar os desafios do dia. Ele nos dá a coragem para enfrentar as adversidades com confiança, sabendo que Ele está ao nosso lado, pronto para nos guiar e nos sustentar.

Além disso, Jesus nos oferece a oportunidade de começar de novo. Se ontem foi difícil, Ele nos lembra que Sua misericórdia é nova a cada manhã. Ele nos convida a deixar para trás nossos erros e arrependimentos, capacitando-nos a buscar a santidade e a transformação.

Ao acordar todas as manhãs, convidemos Jesus para estar conosco. Que Ele seja o sol que ilumina nossa jornada, a esperança que nos impulsiona e o amor que nos sustenta. Com Ele ao nosso lado, cada manhã se torna uma oportunidade de crescer em fé, amor e graça.

> Graças ao grande amor do Senhor é que não somos consumidos, pois as suas misericórdias são inesgotáveis. Renovam-se cada manhã; grande é a sua fidelidade! Digo a mim mesmo: A minha porção é o Senhor; portanto, nele porei a minha esperança.
> — LAMENTAÇÕES 3:22-24

Renove-se em Cristo pela manhã!

- Ore ao acordar, convidando Jesus a guiar seu dia.
- Medite nas Escrituras para encontrar paz e orientação divina.
- Pratique a gratidão, reconhecendo as bênçãos de cada manhã.

Leia também:

Salmos com Mensagens de Bom Dia (a palavra de Deus é maravilhosa)

PARA ORAR:
Senhor, que Tua luz brilhe sobre nós nesta manhã. Guia-nos, fortalece-nos e enche nosso coração de paz. Que possamos refletir Teu amor em cada palavra e ação. Amém.

5 MARÇO

PEQUENOS GESTOS DE BONDADE

> Disse mais [Jesus]: "A que assemelhamos o reino de Deus? Ou com que parábola o apresentaremos? É como um grão de mostarda, que, quando semeado, é a menor de todas as sementes sobre a terra; mas, uma vez semeada, cresce e se torna maior do que todas as hortaliças e deita grandes ramos, a ponto de as aves do céu poderem aninhar-se à sua sombra".
>
> — MARCOS 4:30-32

Quando pensamos no pequeno grão de mostarda, começamos a compreender como é que cresce o reino de Deus (o governo de Cristo) aqui na terra. À medida que agimos em conformidade com a vontade de Deus, passamos a ver alguns resultados, tal como aquele que planta sementes.

Deus se alegra com o bem. Cada pequena ação de bondade, perdão e misericórdia que praticarmos em harmonia com Deus neste mundo poderá ter repercussões extraordinárias! Não se acostume com a violência, miséria e más notícias que diariamente ouvimos. Faça a diferença! Seja sal, seja luz! Seja mais semelhante a Cristo!

Mesmo não conseguindo fazer muito, plante uma pequena semente:

- Ore e peça a Deus para que use você como instrumento do Seu amor neste mundo.
- Aja com bondade, mesmo com estranhos! Ajude os necessitados, deixe o bife maior para quem se servirá depois, seja gentil no trânsito, agradeça a quem o ajudou, pense no bem-estar do outro, ore pelos que o perseguem.
- Quebre cadeias de violência! Não retribua o mal com mal nem ofensa por ofensa. Perdoe e dê a "outra face" se for preciso.
- Fique atento às oportunidades que Deus colocará a sua frente. Há inúmeras maneiras de plantar pequenos gestos de bondade!
- Leia alguns exemplos de bondade na Bíblia e reflita: José — Gên. 50:21; Moisés — Ex. 2:17; Davi — 2 Sam. 9:7; o bom samaritano — Lc. 10:34; moradores da ilha de Malta — At. 28:2.

PARA ORAR:

Senhor meu Deus, muito obrigado por Tua infinita graça que mudou a minha vida. Ajuda-me a semear pequenas sementes de bondade, todos os dias em casa, na escola, no trabalho e por onde eu for. Senhor, de mim mesmo eu não tenho nada a oferecer senão o que Tu tens me dado. Contigo, Pai, o pouco é muito e o pequeno grão de mostarda pode se tornar numa bênção para os outros. Ensina-me a viver praticando a bondade que tenho recebido do Senhor, em nome de Jesus. Amém!

SÓ DEUS NOS CONCEDE A VITÓRIA

6 MARÇO

Podemos ser fortes e perseverantes, mas só Deus pode nos dar a vitória. O salmista, quando escreveu essas palavras, sabia muito bem disso. Sem Deus, a nossa força — e a nossa vontade — não é suficiente para alcançarmos a vitória.

Aliás, devemos continuar a louvar a Deus mesmo nos piores momentos, pois somente Ele pode reverter um momento difícil. É Deus quem determina todas as coisas e é por Ele que obtemos a vitória. Busque crescimento, fortaleça-se, mas antes de tudo confie em Deus!

Quando voltamos os nossos esforços em buscar a Deus, focamos na coisa certa. Dessa forma crescemos em graça, de fé em fé e de glória em glória.

PARA ORAR:
Deus, toda capacidade vem de Ti. Mesmo nos momentos mais difíceis, só Tu podes conceder a vitória. Guarda a minha vida e me capacita segundo a Tua Palavra. Em nome de Jesus, amém.

> Não confio em meu arco, minha espada não me concede a vitória; mas tu nos concedes a vitória sobre os nossos adversários e humilhas os que nos odeiam. Em Deus nos gloriamos o tempo todo, e louvaremos o teu nome para sempre.
> — SALMOS 44:6-8

Confiando em Deus

- Confiamos mais em Deus quando passamos a conhecer mais sobre os seus feitos. Leia a Bíblia regularmente.
- A vida é um exercício de fé. Exercer a fé é um ato de confiança em Deus.
- Ao buscarmos a Deus, conhecemos as nossas limitações. Dessa forma, passamos a confiar mais Nele do que na nossa capacidade.

Bíblia on

7 MARÇO

ESCOLHA PERDOAR

> Suportem-se uns aos outros e perdoem as queixas que tiverem uns contra os outros. Perdoem como o Senhor lhes perdoou.
> — COLOSSENSES 3:13

Escolha perdoar!

- Desenvolva a paciência para suportar as falhas dos outros, permitindo que o tempo cure ressentimentos e abra espaço para a compaixão.
- Adote uma perspectiva misericordiosa, assim como Deus olha para nós, reconhecendo que todos cometemos erros e merecemos perdão.
- Demonstre o perdão por meio de ações amorosas, construindo pontes de reconciliação e irradiando a luz do amor divino em suas interações.

Perdoar 70x7: significado e explicação (estudo bíblico)

O significado e a importância do perdão na Bíblia (estudo bíblico)

Na vida, somos chamados a refletir a graça de Deus em nossas relações. Em Colossenses 3:13, somos guiados pela palavra do perdão, uma dádiva que o Senhor nos concede abundantemente. Da mesma forma que recebemos esse perdão incondicional, somos desafiados a estendê-lo aos outros.

Ao suportarmos uns aos outros, abrimos espaço para a compaixão florescer. Em tempos de conflitos, a paciência se torna nossa armadura, e o amor, nosso escudo. O perdão, então, se revela como o elixir que cura as feridas do coração e da mente.

Cada vez que perdoamos, mostramos como a graça de Deus se faz presente em nossa vida. Não é só deixar de lado a mágoa, mas também mostrar o amor que supera nossos erros. Assim como Deus nos olha com misericórdia, devemos ver nossos irmãos com os olhos do perdão.

"Pois, se perdoarem as ofensas uns dos outros, o Pai celestial também perdoará vocês" — Mateus 6:14.

Que a maneira como vivemos mostre como o perdão pode transformar tudo, espalhando o amor de Deus. Ao perdoarmos, experimentamos a verdadeira liberdade que vem da graça de Deus. Em cada relação, que o perdão nos guie para a reconciliação e o amor do Pai.

PARA ORAR:

Senhor, concede-me a paciência para suportar as falhas alheias, permitindo que o tempo cure mágoas. Que eu veja com misericórdia, assim como Tu olhas para mim, reconhecendo que todos precisamos do Teu perdão. Capacita-me a agir com amor prático, construindo pontes de reconciliação e irradiando Tua luz em cada interação. Amém.

SAL NO SALEIRO?

8 MARÇO

Nos seus ensinamentos, Jesus fez várias comparações interessantes. No Sermão da Montanha, Ele comparou seus seguidores a sal e luz. Se a luz não ilumina os lugares escuros, perdeu o seu propósito e sua maior característica. Do mesmo modo, o sal: se não salgar, temperar e preservar, não presta para mais nada!

Na história humana, o sal teve um valor incalculável. Antigamente, além de dar sabor a comidas, o sal era usado para preservar alimentos, antes de existirem geladeiras. Chegou a ser o salário dos soldados romanos (daí a origem das palavras soldo e sal+ário). Além disso, hoje sabemos que o sal é também fundamental para a vida. Sem sódio, nosso organismo seria incapaz de muitas funções importantíssimas. Como Jesus disse, assim é o povo de Deus neste mundo!

Você é sal nesta terra sedenta de Vida e transformação. Vivemos num mundo insípido e corrompido. Cristo em ti é a vida e o sabor que pode dar sentido a tantos perdidos. Por isso, **saia do saleiro!**

PARA ORAR:

Senhor Deus, ajuda-me a ser sal e luz neste mundo tão decadente, longe do Senhor. Ensina-me a transmitir os valores e a graça revelada na Tua Palavra para trazer sentido às pessoas com quem me encontrar. Dá-me coragem e sabedoria para testemunhar com minha vida, sendo cada vez mais parecido com Jesus Cristo. Para Tua glória, Te peço. Amém.

> "Vocês são o sal da terra. Mas, se o sal perder o seu sabor, como restaurá-lo? Não servirá para nada, exceto para ser jogado fora e pisado pelos homens.
>
> — MATEUS 5:13

Dê sabor a este mundo!

- Se o sal não sair do saleiro e entrar nas panelas, nos pratos e nas massas, não fará nenhuma diferença!
- Leve o amor de Deus para todos os lugares aonde você for.
- Partilhe a fé em Cristo! Ele é o único caminho para restaurar este mundo em decomposição.
- Ore e peça a Deus para usá-lo como saboroso sal nesta terra.

Bíbliaon

9
MARÇO

O QUE DEUS DIZ SOBRE VOCÊ?

Você tem ideia do quanto é importante para Deus? Não? Você é criatura feita à imagem e semelhança Dele, e isso já o torna uma pessoa muito especial. Para Ele, a sua aparência não é o mais importante; o que se passa no seu coração tem mais valor.

A coisa mais importante que você precisa saber de Deus é que Ele o ama muito! A prova disso foi que Ele entregou o Seu próprio Filho para salvar você (João 3:16). Não existe prova de amor maior do que essa.

Ele quer o seu bem e já planejou um caminho próspero para a sua vida (Jeremias 29:11); basta crer e seguir os seus planos. Ele o chama de filho e o protege como a menina dos Seus olhos. O amor de Deus supera a dor e a morte e o conduzirá à vida eterna.

> **A coisa mais importante que você precisa saber de Deus é que Ele o ama muito! A prova disso foi que Ele entregou o Seu próprio Filho para salvar você.**
> — JOÃO 3:16

O que a Palavra de Deus diz sobre você?

- Você foi criado de forma especial. (Salmos 139:14; Efésios 2:10)
- Você é amado por Ele. (1 João 4:10)
- Você é mais que vencedor. (Romanos 8:37-39)

PARA ORAR:
Senhor, quero agradecer-Te por amar-me tanto. Sabes do meu real valor e preparas o melhor para a minha vida. Obrigado, Pai. Amém!

Bíblia on

É JESUS QUEM SALVA

10 MARÇO

Em meio às incertezas e desafios da vida, uma verdade permanece inabalável: é Jesus quem salva. Não é por mérito próprio ou por obras humanas que encontramos redenção, mas por meio do sacrifício perfeito de Cristo na cruz. Jesus afirmou:

"Eu sou o caminho, a verdade e a vida. Ninguém vem ao Pai, a não ser por mim." — João 14:6.

Essa declaração não é apenas uma afirmação, mas também uma promessa de esperança. Somente em Jesus encontramos o caminho para a reconciliação com Deus, a verdade que liberta nossa mente e a vida abundante que Ele nos oferece.

Ao olharmos para o mundo, vemos muitos ídolos e falsos deuses que as pessoas buscam para preencher o vazio em seu coração. No entanto, nenhum deles pode oferecer a salvação eterna que só Jesus pode proporcionar. Ele é o único mediador entre Deus e os homens, e Seu amor incondicional nos alcança onde quer que estejamos.

Ao reconhecermos a nossa necessidade de um Salvador e depositarmos nossa fé em Jesus, experimentamos a transformação interior que só Ele pode realizar. Ele nos liberta do peso do pecado e nos dá a certeza da vida eterna ao Seu lado.

Portanto, não há outro nome debaixo do céu pelo qual podemos ser salvos senão o nome de Jesus. Ele é o alfa e o ômega, o princípio e o fim. Que possamos, com gratidão e humildade, render nossa vida a Ele, reconhecendo que é somente em Jesus que encontramos verdadeira paz, perdão e salvação.

PARA ORAR:
Jesus, agradeço-Te pela minha salvação. Sou grato pela Tua bondade e amor sublime. Tu és o único caminho para a vida eterna. Amém.

> E este é o testemunho: Deus nos deu a vida eterna, e essa vida está em seu Filho. Quem tem o Filho tem a vida; quem não tem o Filho de Deus não tem a vida. Escrevi estas coisas a vocês que creem no nome do Filho de Deus, para que saibam que têm a vida eterna.
> — 1 JOÃO 5:11-13

Jesus: o Salvador!

- Busque um relacionamento pessoal com Jesus, por meio da oração diária.
- Medite na Palavra de Deus para fortalecer a fé.
- Compartilhe o amor de Cristo com outros, testemunhando a Sua salvação.

Leia também:

Eu sou o Caminho, a Verdade e a Vida (estudo bíblico)

Bíblia on

11
MARÇO

ESTA É A ENERGIA DE QUE PRECISAMOS!

Ele fortalece o cansado e dá grande vigor ao que está sem forças.

— ISAÍAS 40:29

Precisamos de Deus!

- Abra seu coração e coloque a sua situação diante de Deus. Talvez esse momento possa ser a hora perfeita de se entregar nas mãos de Deus, confiando completamente no Seu poder.
- Mesmo com poucas forças, continue com fé, com espírito de oração, buscando a presença de Deus. Esteja atento para ouvir a Sua voz.
- Faça um momento de leitura da Palavra. A Bíblia é o "energético" do Cristão! É o modo mais rápido para alimentar o seu espírito.

Somente Deus é capaz de restaurar as nossas forças de uma maneira eficaz. A vida cristã não é fácil. Há vezes em que estamos cansados a ponto de nada ser capaz de nos reanimar, nem mesmo um bom sermão ou conselho. Não podemos descartar que isso pode acontecer conosco.

Quando estamos cansados a esse nível, só há um recurso: pedir a Deus — com fé e sinceridade — que restaure as nossas forças e nos dê ânimo. Somente Deus é capaz de fortalecer o que está fraco e dar forças quando não há energia. Deus é a fonte inesgotável de poder.

Quando o profeta Isaías liberou essa palavra a seu povo, foi uma resposta enérgica de Deus ao desânimo e à fraqueza. Não havia exigências na promessa, Deus agiria de fato sem reservas. E em situações como esta, de forte desânimo e cansaço, Deus é fiel para agir.

O que devemos fazer é reconhecer de fato o poder de Deus e verdadeiramente pedir a Sua intervenção. Deus restaura o cansado, fortalece o que está sem forças. Basta confiar no Seu poder e clamar pelo Seu agir!

PARA ORAR:

Deus, Tu és a fonte de todo poder! Estou sem forças e cansado, mas confio em Ti. Creio no Teu poder. Não há nada impossível para Ti. És capaz de mudar a minha vida completamente. Fortalece a minha alma, em nome de Jesus. Amém.

Bíbliaon

DEIXE O PASSADO PARA TRÁS!

12 MARÇO

Lembranças e marcas dolorosas do passado parecem sempre querer voltar às nossas memórias. Algumas pessoas preferem se agarrar com unhas e dentes a essas recordações como forma de blindagem emocional ou de se esconder da realidade atual. Outros têm apego excessivo ao passado ou têm medo de viver algo novo. Seja qual for a situação, a Bíblia nos ensina sempre a deixar o passado para trás.

Hoje somos convidados a refletir e agir tal como o apóstolo Paulo: esquecendo as coisas que ficaram para trás, avançar para as que estão à frente e prosseguir para o alvo da nossa vida: Jesus Cristo! Para não correr o risco de permanecer estagnado, sem viver o pleno chamado de Deus, uma coisa é preciso fazer: deixar o passado, confiar em Cristo e avançar!

Portanto, não há outro nome debaixo do céu pelo qual podemos ser salvos, senão o nome de Jesus. Ele é o alfa e o ômega, o princípio e o fim. Que possamos, com gratidão e humildade, render nossa vida a Ele, reconhecendo que é somente em Jesus que encontramos verdadeira paz, perdão e salvação.

PARA ORAR:

Senhor meu Deus, obrigado por essa palavra. Ajuda-me a deixar para trás tudo o que me aconteceu no passado. Ensina-me a manter o foco da minha vida no alvo, que é Jesus. Que eu possa avançar pela fé em direção à nova vida que Tu tens preparado para mim, todos os dias. Em nome de Jesus, Amém!

Irmãos, não penso que eu mesmo já o tenha alcançado, mas uma coisa faço: esquecendo-me das coisas que ficaram para trás e avançando para as que estão adiante, prossigo para o alvo, a fim de ganhar o prêmio do chamado celestial de Deus em Cristo Jesus.

— FILIPENSES 3:13-14

Esquecendo o passado

- Entregue toda a sua história a Deus. Confie que Ele pode curar toda dor e trauma que você já viveu.
- Ore, peça a Deus que o ajude a esquecer os sofrimentos do seu passado e que retire tudo o que o impede de avançar pela fé.
- Peça perdão pelos erros cometidos no passado. Perdoe aqueles que o feriram e perdoe a si mesmo.
- Não permita que o que o feriu no passado continue a fazê-lo hoje. Feche a porta! Avance com fé rumo ao alvo: Jesus!
- Converse com pessoas mais maduras na fé sobre o que lhe aconteceu; peça que orem por você.
- Apegue-se à Palavra de Deus e busque ter um relacionamento mais próximo com o Senhor.

Bíbliaon

13 MARÇO

DEUS ESTÁ TODO DIA COM VOCÊ!

Sim, Deus está conosco continuamente em nossa vida. Nada nem ninguém pode nos separar do Seu amor; isso está registrado na Bíblia. Agora, por que sabemos disso e temos a sensação de nos sentir sós? Isso a Bíblia também explica: **Deus está conosco, mas o problema é que muitas vezes nós não estamos com Ele.**

Nada nos separa do amor de Deus, mas o pecado nos afasta da Sua presença. Por isso a importância de reconhecermos logo os nossos erros e voltarmos aos braços do Senhor. Essa atitude é uma responsabilidade pessoal e uma alternativa que tivemos graças ao sacrifício de Jesus. Sem perdão, já estaríamos condenados e fadados à destruição.

Não perca tempo em se reconciliar com Deus. Ele o aguarda de braços abertos. Deus está todo dia com você e quer ficar ainda mais perto; por isso vá ao encontro Dele, afaste-se das trevas e caminhe para a luz de Cristo.

> *Pois estou convencido de que nem morte nem vida, nem anjos nem demônios, nem o presente nem o futuro, nem quaisquer poderes, nem altura nem profundidade, nem qualquer outra coisa na criação será capaz de nos separar do amor de Deus que está em Cristo Jesus, nosso Senhor.*
> — ROMANOS 8:38-39

Todo dia com você!

- Reconhecer os nossos erros é uma forma de identificar o que nos afasta de Deus. Afaste-se do que o afasta de Deus.
- Se não tem forças para se afastar do que o impede de estar com Deus, clame! Reconhecer é um passo. Fale com Ele, peça ajuda a Deus. Um coração disposto atrai a provisão do Senhor.
- Aumente a sua intimidade com Ele. Fale com Deus nos momentos bons, peça a sua direção, louve-O. Esse é um bom hábito que nos faz sentir ainda mais perto Dele.
- Leia a Palavra de Deus. Por meio da Bíblia, Deus fala conosco diariamente.

PARA ORAR:

Senhor, sei que estás todo dia comigo; quero estar todo dia Contigo! Limpa-me de todo mal que me afasta de Ti. Tua presença é essencial na minha vida. Tua presença é motivo de alegria para o meu coração. Quero estar todo dia Contigo! Em nome de Jesus, amém!

QUE SACRIFÍCIOS AGRADAM A DEUS?

14 MARÇO

Você já fez algum voto ou sacrifício para Deus? Muitas religiões mantêm práticas sacrificiais buscando com isso obter benefícios, redenção pessoal, desculpa pelo pecado ou mesmo autopromoção espiritual. Há, ainda, aqueles que passam por privações voluntárias em prol de uma causa, pessoa ou até mesmo de uma denominação. Tudo isso até parece muito bonito, mas tem muito pouco ou nenhum valor perante Deus...

A Bíblia diz que **Deus não quer sacrifícios** (Oseias 6:6). Ele espera que sejamos crentes e arrependidos (Marcos 1:15), misericordiosos, humildes e justos (Provérbios 21:3). O sacrifício de Jesus na cruz agradou-O plenamente e foi suficiente para promover perdão e graça. Não há nada que possamos fazer para alcançar a salvação. Também não é correto barganhar com Deus para conseguir bênçãos materiais. O que podemos oferecer é uma **vida rendida a Jesus, amando-O com um coração quebrantado, que reconhece as próprias falhas, sua fragilidade e dependência de Deus** (Romanos 12:1).

> *Os sacrifícios que agradam a Deus são um espírito quebrantado; um coração quebrantado e contrito, ó Deus, não desprezarás.*
> — SALMOS 51:16-17

Agrade a Deus com os sacrifícios certos!

- **Entregue a Deus sacrifícios que O louvem** (Hebreus 13:15-16) e não busque glória para si mesmo.
- **Leia os versículos** mencionados acima. Reflita em como devem ser os sacrifícios para Deus.
- Seja grato a Deus por Ele ter oferecido **o maior sacrifício: Jesus Cristo**. Ele **não rejeita** aqueles que têm pouco ou nada nas mãos, mas que se entregam a Ele com o coração contrito e humilde.
- **Seja livre!** Quando aceitamos que **o sacrifício de Jesus foi suficiente, também por nós**, podemos nos livrar do peso de cobranças adicionais, impostas pelo engano da tradição ou de falsos profetas.
- Entregue a sua vida como **sacrifício vivo, santo e agradável a Deus!** Dedique-se para o louvor e a glória do Senhor, **amando a Ele e ao próximo**.

Leia também:

COISAS QUE AGRADAM A DEUS

PARA ORAR:

Pai nosso, Rei soberano em todo o universo. Quão grande és, Senhor! O que poderia eu Te oferecer? Tudo é Teu... Perdoa-me se já quis sacrificar alguma coisa pela motivação errada. Tu não esperas o meu sacrifício, mas o meu amor e obediência. Te louvo porque não mediste esforços, mas Te entregaste por amor a nós. Obrigado pelo Teu sacrifício perfeito na cruz. Ajuda-me a te entregar humildemente o meu coração, para ter a vida que queres que eu tenha. Em nome de Jesus, amém!

Bíbliaon

15 MARÇO

SEJA LEAL E CONFIE SEMPRE NO SEU DEUS

> Portanto, volte para o seu Deus, e pratique a lealdade e a justiça; confie sempre no seu Deus.
> — OSEIAS 12:6

Confie sempre no seu Deus!

- A Bíblia fortalece nossa fé e nos mantém leais a sua Palavra. Quanto mais lemos, mais fortalecemos a nossa lealdade a Deus.
- Quando o nosso testemunho é justo e reto, afastamos de nós más situações como: oportunidade de traição, corrupção e infidelidade.
- Espelhe-se na lealdade de Deus conosco. Ele é fiel e a fonte de toda justiça. Quem segue a Cristo reflete toda a sua glória!

A lealdade é uma qualidade um pouco rara nos dias atuais. Essa virtude está aliada a outras qualidades, como fidelidade, honestidade (1 Pedro 3:2) e bom caráter. A pessoa revela sua lealdade na maneira como lida com as outras pessoas, em como cumpre seus compromissos e em como é fiel aos seus princípios.

Deus é fiel e leal! Todo bom testemunho deve ter a lealdade como uma característica fundamental. Cabe a nós, seguidores de Cristo, sermos leais a Deus e às pessoas que estão no nosso meio.

Infelizmente, em todos os âmbitos da vida, haverá sempre muitos atrativos para corrupção, traição e infidelidade. Mas aquele que foi salvo deve estar firmado na Palavra de Deus e ser leal aos valores sólidos colocados por Deus.

Quando somos leais, frutificamos mais, apontamos para Cristo e salgamos a terra. Deus se agrada dos que são honestos e leais (Jeremias 9:24). Pratique a lealdade e a justiça e seja um bem-aventurado!

PARA ORAR:

Senhor Jesus, muito obrigado pela Tua lealdade e amor. Foste fiel até o fim e pela Tua graça fui alcançado. Ensina-me conforme a Tua justiça! Amém!

O DIA DA MUDANÇA

16
MARÇO

Nos corações que buscam a verdade, há um anseio profundo por mudança. A cada amanhecer, surge a promessa de um novo dia, repleto de possibilidades. Todo dia é o "dia da mudança", onde a luz da esperança irradia sobre os que buscam a transformação em Cristo.

Na Bíblia, essa passagem de 2 Coríntios 5:17 é o testemunho da obra redentora de Deus, que nos convida a abandonar o velho e abraçar o novo, por meio da fé.

No "dia da mudança", somos chamados a deixar para trás as correntes do passado, os medos que nos aprisionam e os pecados que nos oprimem. É o momento de abrir os braços para a graça divina, que nos liberta e nos renova em amor.

Neste dia, os corações se enchem de gratidão pela misericórdia de Deus, que nos concede a oportunidade de recomeçar. É o momento de olhar para a frente com fé, confiando que o Criador está guiando cada passo, transformando nossas fraquezas em força e nossas lágrimas em alegria.

Que neste "dia da mudança" possamos abrir nosso coração para a luz de Cristo, permitindo que Ele nos conduza em direção a um futuro cheio de esperança e propósito. Que cada amanhecer seja um lembrete do poder transformador do amor divino, que nos capacita a viver uma vida abundante em Sua presença.

> *Portanto, se alguém está em Cristo, é nova criação. As coisas antigas já passaram; eis que surgiram coisas novas!*
> — 2 CORÍNTIOS 5:17

É dia de mudança!

- Ore diariamente, buscando orientação e força divina para mudança pessoal.
- Estude a Palavra de Deus para receber direção e inspiração constantes.
- Pratique o perdão, libere ressentimentos e abrace a reconciliação em amor.

Leia também:

VERSÍCULOS SOBRE MUDANÇA DE VIDA

PARA ORAR:
Senhor, concede-me a sabedoria para abraçar a mudança com coragem. Fortalece minha fé para enfrentar os desafios com confiança em Ti. Que Tua graça me guie em cada passo, transformando minhas fraquezas em força. Capacita-me a perdoar e a amar como Tu amas. Que este momento de mudança seja um testemunho do Teu poder redentor em minha vida. Amém.

Bíbliaon

17
MARÇO

E VOCÊS? QUEM VOCÊS DIZEM QUE EU SOU?

"E vocês?", perguntou ele. "Quem vocês dizem que eu sou?" Pedro respondeu: "Tu és o Cristo".

— MARCOS 8:29

Jesus é o Cristo!

- Leia um Evangelho do Novo Testamento (Mateus, Marcos, Lucas ou João). Leia sobre os feitos de Jesus, seus milagres, sacrifício e vitória sobre a morte!
- Examine-se! Caso tenha feito algo que não agradou a Deus, peça perdão. Ele é poderoso e benigno para perdoar.
- Ore! Diga para Jesus quem Ele é na sua vida!

Anteriormente, Jesus tinha perguntado a respeito do que os outros diziam sobre Ele. Os discípulos foram rápidos em responder: "Alguns dizem que és João Batista; outros, Elias; e ainda outros, um dos profetas". Às vezes falar o que os outros dizem é muito fácil, mas dizer o que você realmente pensa é difícil. Quando Jesus direcionou a mesma pergunta aos discípulos, apenas Pedro — inspirado pelo Espírito Santo — respondeu: "Tu és o Cristo".

O que nós falamos a respeito de Jesus? O que dizemos a respeito de Cristo com nossos atos? Quando confessamos verdadeiramente que Jesus Cristo é o Senhor, Deus se revela em nós. É muito importante que os nossos atos confirmem o que sai da nossa boca. Quando a nossa atitude aponta para Deus, é como se estivéssemos gritando em alto e bom som que Jesus é o Cristo, que transforma vidas e começou Sua obra em nós!

PARA ORAR:

Senhor Jesus! Tu és o salvador da minha vida e consumador da minha fé. Perdoa-me pelos momentos em que tomei atitudes que não apontaram para Ti. Quero obedecer à Tua palavra, andar nos Teus caminhos e ser um instrumento nas Tuas mãos! Tu és o Cristo! Amém!

UM AMOR QUE NOS SUSTENTA

18 MARÇO

Em 2 Tessalonicenses 2:16-17, somos lembrados do amor incondicional que nos foi dado, um amor que nos sustenta em meio às tempestades. A graça de Deus nos motiva a fazer o bem, tanto com nossas ações quanto com nossas palavras. Que tudo que dissermos seja cheio de amor e bondade!

Quando nos sentirmos fracos ou em dúvida, lembremos que somos amados e cuidados por Deus. Que o Espírito Santo nos dê forças para seguir o caminho certo, mesmo quando as coisas estiverem difíceis.

Mostremos o amor de Cristo em tudo que fizermos, inspirando outros a buscar a verdade e a justiça. Que nossa vida seja um exemplo do poder do Evangelho, trazendo esperança e consolo para todos ao nosso redor.

Que, em tudo o que fizermos, possamos honrar o nome de Deus, servindo ao próximo com humildade e compaixão.

> **PARA ORAR:**
> Senhor, guia-nos para fazer o bem com amor e bondade. Fortalece-nos nas dificuldades, inspira-nos a refletir Teu amor e a servir com humildade. Amém.

Que o próprio Senhor Jesus Cristo e Deus nosso Pai, que nos amou e nos deu eterna consolação e boa esperança pela graça, deem ânimo ao coração de vocês e os fortaleçam para fazerem sempre o bem, tanto em atos como em palavras.

— 2 TESSALONICENSES 2:16-17

Sustentado pelo amor de Deus

- Demonstre amor por meio de ações concretas de solidariedade e compaixão.
- Escolha palavras que edificam e inspiram, evitando julgamentos prejudiciais.
- Mantenha a fé firme e busque a orientação de Deus diante das dificuldades.

Leia também:

Versículos lindos sobre o amor de Deus que vão tocar seu coração

Bíblia on

19 MARÇO

A MULTIFORME GRAÇA DE DEUS

> Sirvam uns aos outros, cada um conforme o dom que recebeu, como encarregados de administrar bem a multiforme graça de Deus.
> — 1 PEDRO 4:10

A ação de Deus é cuidadosa e criativa. Se olharmos à nossa volta, veremos que Ele agiu e age de formas variadas para o bem de todos... O céu cintilado de estrelas, flores, aromas, frutos e sabores... a luz e o calor do sol manhã após manhã. Todos recebemos diariamente dádivas gratuitas, fruto do grande amor de Deus.

Além da vida, Deus nos tem dado muitas coisas boas. O melhor presente que Deus nos deu foi Seu Filho Jesus, e Nele temos todas as demais bênçãos. Em Jesus podemos servir com nossos dons e partilhar a graça do Senhor de variadas formas. Sorrir, ser gentil, doar, perdoar, ajudar, cuidar, proteger, amar... Como você pode servir alguém hoje?

Seja um agente da múltipla graça de Deus!

- Reflita um pouco sobre sua vida e as bênçãos recebidas. Agradeça a Deus por isso!
- Ore e disponibilize o que você tem para fazer outro(s) também feliz(es).
- Dar algo de graça é parte central do estilo de vida cristão. Abra o coração, o sorriso, os armários, doe comida, roupas que não usa mais, dê algo precioso a alguém.
- Talvez você pense que não tem nada material (ou financeiro) para dar, mas Deus lhe deu outros recursos. Use seus dons pessoais para ajudar alguém que precisa.
- Fique atento! Há muitas pessoas perto de você que podem receber algo de Deus por meio da sua vida.
- Ore por alguém. Importe-se verdadeiramente com a felicidade de alguém.

PARA ORAR:

Senhor meu Deus, obrigado por me dares muito mais do que o suficiente para viver. Ajuda-me a estar atento às pessoas que passam pela minha vida e desperta-me para ser um canal da Tua graça também para elas. Que eu possa me alegrar em dar e em poder ser instrumento do Teu favor. Ensina-me a seguir os passos de Jesus, que agiu com graça e misericórdia, entregando tudo por amor e obediência a Ti. Amém!

O VALOR DO PERDÃO

20 MARÇO

O perdão é uma das atitudes mais valiosas entre o povo de Deus e que, infelizmente, tão poucos conseguem exercitar. Talvez porque esteja relacionado a algum valor próprio ou orgulho pessoal. Contudo, o convite de Deus é para fazermos aos outros tal como Ele mesmo fez conosco. Cristo perdoou-nos uma enorme dívida que tínhamos no Seu reino. Será que não podemos perdoar outras pessoas que, do mesmo modo, falham conosco?

O perdão envolve emoções, fé e caráter, dando provas da nossa maturidade cristã. Quando perdoamos, reconhecemos que nós também já fomos perdoados e que precisamos de perdão. A parábola de Jesus sobre o **Credor incompassivo** ensina-nos isso mesmo. Tendo recebido uma dádiva que representa milhões no reino de Deus, não estaríamos dispostos a perdoar alguns centavos que nos devam nesta terra?

PARA ORAR:

Senhor Deus, obrigada pelo Teu perdão genuíno e incondicional concedido a mim e a todo o Teu povo. Realmente é maravilhoso ser alguém perdoado e não, jamais, viver com o peso da culpa e da vergonha. Ajuda-me a perdoar aqueles que me ofendem, diariamente. Por vezes é tão difícil, Senhor. Mas ensina-me a entender que o perdão é a única saída cristã para as nossas relações quebradas. E que é perdoando que se é perdoado. Ajuda-me a ser mais parecido com Jesus, no amor e perdão, amém.

> Suportem-se uns aos outros e perdoem as queixas que tiverem uns contra os outros. Perdoem como o Senhor lhes perdoou.
> — COLOSSENSES 3:13

Abra o seu coração para perdoar!

- Reflita sobre as muitas falhas que você já cometeu em sua vida.
- Se ainda não se arrependeu e confessou isso, faça-o agora mesmo.
- Depois que deixamos os nossos pecados para trás, arrependidos, Deus não se lembra mais. Tente esquecer também as ofensas que você sofreu.
- Sentimos muita paz quando liberamos o perdão. Peça a Deus que o ajude a perdoar a todos os que o magoaram no presente e no passado.
- Tenha o mesmo sentimento que houve em Cristo Jesus.
- Leia a Palavra de Deus. Ela lhe ensinará sobre a importância do perdão.
- Todos somos falhos e carecemos do perdão do Senhor e das pessoas.

Leia também:

CREDOR INCOMPASSIVO

Bíbliaon

21 MARÇO

ELE OUVE A SUA VOZ

> Eu, porém, clamo a Deus, e o Senhor me salvará. À tarde, pela manhã e ao meio-dia choro angustiado, e ele ouve a minha voz.
>
> — SALMOS 55:16-17

Clame, pois Ele ouve você!

- Ore a Deus e ponha diante Dele as suas maiores dificuldades.
- Abra seu coração diante do Senhor, pois Ele é salvador e pode ajudá-lo.
- Não deixe para a última hora; quando tiver um problema, ore!

Certamente você já esteve angustiado com algo na sua vida, triste por uma situação ou desamparado por uma tragédia. Dos mais simples problemas no trabalho até os mais difíceis momentos, nessas situações é bom ter alguém do seu lado para ouvi-lo.

Eu, porém, clamo a Deus, e o Senhor me salvará.

"À tarde, pela manhã e ao meio-dia choro angustiado, e ele ouve a minha voz" — Salmos 55:16-17.

O salmista tem Deus nesse lugar de escuta. Ele confia que o Senhor o ouve, que não está sozinho nas dificuldades, mas que o Deus Todo-poderoso está presente e é capaz de agir. Isso porque, mais do que um ouvinte, Deus é salvador e é capaz de resgatar você dos piores lugares.

Confie em Deus, pois Ele está lá contigo em todos os momentos. O dia inteiro e todos os dias o Senhor está presente e pode ser um refúgio para sua alma.

PARA ORAR:

Senhor, meu bom Deus, tenho passado por tantos problemas e só em Ti posso encontrar uma saída. Peço que me ajudes em todas as minhas dificuldades, no trabalho, em família, na igreja. Que a paz do Senhor Jesus encha meu coração. Em nome de Jesus, amém!

Bíbliaon

AUMENTANDO A INTIMIDADE COM DEUS

22 MARÇO

Em meio aos desafios e às tribulações que enfrentamos, descobrimos a verdadeira paz ao nos aproximarmos da presença de Deus. Ele nos chama para um relacionamento íntimo, em que podemos encontrar conforto, sabedoria e amor incondicional.

Para aumentar nossa intimidade com Deus, devemos começar por buscar Sua presença de todo o coração. Assim como uma planta sedenta busca a água, devemos ansiar pela presença divina em nossa vida. Ao nos dedicarmos à oração e à meditação na Palavra, nosso coração se abre para receber a graça transformadora de Deus.

Em nossos momentos de silêncio diante Dele, permitimos que Ele fale conosco, moldando nossos pensamentos e direcionando nossos passos. É na quietude do nosso espírito que ouvimos Sua voz suave nos guiando e nos consolando.

Aumentar a intimidade com Deus não é apenas um chamado, mas uma jornada de crescimento espiritual contínuo. À medida que nos aproximamos Dele, somos transformados à Sua semelhança, refletindo Seu amor e graça ao mundo ao nosso redor. Que possamos buscar a presença de Deus de todo o coração e encontrar Nele a plenitude da vida.

> *Vocês me procurarão e me acharão quando me procurarem de todo o coração.*
> — JEREMIAS 29:13

Como aumentar a sua intimidade com Ele:

- Oração sincera, que fortalece o elo de confiança em Deus.
- Estudo da Bíblia: o que faz que Deus se revele a você.
- Cultivar momentos de silêncio para ouvir a voz de Deus. Quando nos silenciamos, Deus fala.

Leia também:

ESTUDOS BÍBLICOS: ESTUDOS EVANGÉLICOS ORGANIZADOS POR TEMA

PARA ORAR:
Senhor, guia-me em Tua luz, fortalece-me em Tua verdade e preenche-me com Tua paz. Que eu possa viver cada dia em intimidade contigo, seguindo Teus caminhos e refletindo Teu amor ao mundo. Amém.

23 MARÇO

HÁ ALGO MELHOR PARA AMAR...

> Não amem o mundo nem o que nele há. Se alguém ama o mundo, o amor do Pai não está nele.
>
> — 1 JOÃO 2:15

Dedique o seu amor à causa correta:

- Ore e peça a Deus que o ajude a identificar as áreas ou as tendências mundanas das quais você tem se inclinado.
- Peça perdão se sabe que tem amado mais ao mundo que ao Senhor... Procure viver sempre com o objetivo de ter Deus em primeiro lugar no seu coração.
- Tome cuidado para que as coisas simples do dia a dia não se tornem ídolos na sua vida: relacionamentos, dinheiro, lazer, vícios etc.
- Busque aprender na Bíblia como amar mais a Deus. Todos os dias reserve um tempo para leitura e meditação.
- Não há nada nem ninguém neste mundo que mereça mais o nosso amor do que o Senhor Deus.

A Bíblia, quando menciona o "mundo", pode estar se referindo ao planeta físico onde vivemos, ao conjunto das nações, à raça humana ou, neste caso, ao sistema corrompido das coisas e valores deste mundo caído. No versículo de hoje, o amor ao mundo nos fala do interesse e apego a tudo que dá lugar ao orgulho, ao egoísmo e a outros pecados. O desejo e a admiração pelos atrativos do mundo irão se opor ao amor e dedicação prestados a Deus e à Sua vontade.

Observe na sua vida as atividades, ideias, sentimentos ou hobbies. Isso tem tomado o lugar de Deus no seu coração? A que você dedica mais o seu tempo, esforço e dinheiro? Retire os ídolos que estão no seu coração. Entenda que não é errado sonhar em ter coisas melhores na vida. O problema é quando estas mesmas coisas se tornam as mais importantes para você. O amor do Pai precisa ser o primeiro no seu coração; todo o resto será acréscimo, não o principal.

PARA ORAR:

Pai amado, eu preciso de Ti. Perdoa-me quando me sinto tão atraído pelas coisas deste mundo mau. Ajuda-me a manter os olhos firmes em Jesus Cristo e a amar as coisas que realmente importam nesta vida. Que o amor do Pai permaneça em mim e que eu possa Te amar acima de todas as coisas. Em nome de Jesus, amém!

ALIMENTANDO-SE PELA MANHÃ

24 MARÇO

Assim como o café da manhã é essencial para nutrir nosso corpo e nos preparar para o dia, a alimentação espiritual pela manhã é crucial para fortalecer nossa fé e orientar nossos passos. Da mesma forma como precisamos de alimento físico para sustentar nosso corpo, também necessitamos da Palavra de Deus para sustentar nossa fé.

Ao começar o dia mergulhando na Bíblia, alimentamos nossa mente e coração com verdades que nos fortalecem. Assim como um café da manhã nutritivo nos dá energia para as atividades diárias, a Palavra de Deus nos dá sabedoria e discernimento para enfrentar os desafios que encontramos ao longo do caminho.

O salmista Davi entendia a importância de buscar a Deus de manhã, como lemos nesta passagem de Salmos 5:3.

Ele reconhecia que iniciar o dia na presença de Deus era essencial para encontrar direção e paz. Quando nos alimentamos da Palavra de Deus pela manhã, estamos colocando nossa confiança no Autor da vida.

Assim como nos esforçamos para fazer uma refeição saudável todas as manhãs, também devemos nos esforçar para nos alimentar espiritualmente da Palavra de Deus. Que façamos da leitura e meditação nas Escrituras uma parte vital de nossa rotina diária, para que possamos crescer em fé e viver uma vida que glorifique a Deus em tudo o que fazemos.

> *De manhã ouves, Senhor, o meu clamor; de manhã te apresento a minha oração e aguardo com esperança.*
> — SALMOS 5:3

Faça um café da manhã reforçado!

- Reserve tempo todas as manhãs para ler um trecho da Bíblia e meditar sobre ele.
- Faça uma oração sincera, entregando seu dia a Deus e pedindo sabedoria.
- Busque aplicar as verdades bíblicas em sua vida diária, agindo conforme a vontade de Deus.

Leia também:

BOM-DIA ABENÇOADO: 51 MENSAGENS E FRASES COM A PAZ DE DEUS

PARA ORAR:

Senhor, que, ao despertarmos pela manhã, nossa primeira fome seja por Ti. Alimenta-nos com Tua Palavra, que nutre nossa alma e guia nossos passos. Enche-nos de Tua sabedoria e amor, para que possamos refletir Tua luz em tudo que fazemos. Que nossa comunhão Contigo fortaleça nossa fé e nos capacite a viver de acordo com Tua vontade. Amém.

25 MARÇO

COLOQUE DEUS NOS SEU PLANOS

> Consagre ao Senhor tudo o que você faz, e os seus planos serão bem-sucedidos.
> — PROVÉRBIOS 16:3

Colocando Deus em nossos planos

- Quando planejar algo, procure orar e pedir a direção de Deus. Ele não nos deixa sem direção.
- Tenha a Palavra de Deus como referência para os seus planos. A Bíblia é a melhor forma de alinhar os nossos planos com a vontade de Deus.
- Não há nada nem ninguém neste mundo que mereça mais o nosso amor do que o Senhor Deus.

Não há planejamento melhor do que aquele que vai ao encontro da vontade de Deus. Este é o segredo para ser bem-sucedido em seus planos. Planeje construir uma família em que a Palavra de Deus seja referência; procure crescer em graça se dedicando à missão do evangelho. Quando procuramos fazer a vontade do Pai, Deus nos surpreende com o Seu favor.

Quando Deus está nos nossos planos, temos a convicção de que tudo o que ocorrer — seja facilidade ou dificuldade — contribuirá para que Ele seja glorificado. Por isso, ter Deus em nossos planos é uma forma de colocá-Lo em primeiro lugar em nossa vida. Ao tomarmos essa atitude, estamos reconhecendo a soberania de Deus.

Deus é poderoso, e Seus planos para nós são infinitamente maiores e melhores do que podemos imaginar. Coloque seus planos em boas mãos: coloque-os nas mãos do Senhor!

PARA ORAR:
Senhor Jesus, tenho planos para o futuro e quero colocá-Lo dentro deles. Como o futuro pertence a Ti, toma a frente dos meus planos e que o Teu nome seja glorificado pelas minhas atitudes. Amém!

DOS SEUS PECADOS NÃO ME LEMBRO MAIS

26 MARÇO

Nessa passagem de Hebreus, encontramos uma promessa divina de perdão e esquecimento dos nossos erros passados. Com essas palavras Deus nos convida a avançar, deixando para trás o peso do nosso passado, e acrescenta: "Dos seus pecados e iniquidades não me lembrarei mais" — Hebreus 10:17.

Essas palavras transmitem uma profunda mensagem de graça e libertação. Elas nos lembram que somos seres falíveis, propensos a cometer erros e pecar, mas também nos lembram que há uma fonte inesgotável de perdão: o amor de Deus por meio de Cristo. É um lembrete de que nossos pecados não definem quem somos, e que não precisamos carregar o fardo da culpa indefinidamente.

Ao dizer "não me lembrarei mais dos seus pecados", Deus está nos oferecendo uma nova chance para recomeçar. Ele não apenas perdoa, mas também escolhe esquecer, permitindo-nos avançar sem o peso do arrependimento constante.

Essas palavras também nos desafiam a perdoar a nós mesmos e aos outros. **Se o próprio Deus escolhe esquecer nossos pecados, quem somos nós para nos apegarmos a eles?** O perdão, tanto recebido quanto dado, é um passo crucial no caminho da cura e da libertação.

Que essas palavras sejam um lembrete constante de que somos amados, perdoados e livres para recomeçar. Dos nossos pecados Deus não se lembra mais, e nós também podemos escolher deixá-los para trás, abraçando a vida abundante que Ele nos oferece.

> *Porque eu lhes perdoarei a maldade e não me lembrarei mais dos seus pecados.*
> — HEBREUS 8:12

O pecado ficou para trás. Avance!

- Reserve momentos diários para reflexão sobre o perdão e a graça divina, fortalecendo a sua fé.
- Liberte-se do peso do passado praticando o perdão, permitindo-se seguir em frente com leveza e paz.
- Pratique o perdão ativamente em suas relações, cultivando um ambiente de compaixão, reconciliação e crescimento mútuo.

Leia também:

VERSÍCULOS SOBRE O PODER DA ORAÇÃO

PARA ORAR:
Pai, sou grato pela Tua infinita misericórdia e pelo perdão. Obrigado por apagar meus pecados e me dar uma nova chance. Ajuda-me a viver em gratidão e a praticar o perdão com outros, como Tu perdoaste a mim. Amém.

27 MARÇO

HÁ LIMITES PARA AS SUAS TENTAÇÕES

> Não sobreveio a vocês tentação que não fosse comum aos homens. E Deus é fiel; ele não permitirá que vocês sejam tentados além do que podem suportar. Mas, quando forem tentados, ele mesmo providenciará um escape, para que o possam suportar.
>
> — 1 CORÍNTIOS 10:13

Todas as pessoas são tentadas em alguma área de sua vida. As áreas em que podemos ser tentados variam de pessoa para pessoa. Por isso, não devemos julgar os outros, que são tentados em áreas diferentes das nossas. Enquanto alguns são tentados a mentir, ser ingratos ou ter inveja, outros são tentados a roubar, enganar ou fazer fofoca. Há quem lute contra diversos vícios: álcool, jogos de azar, pornografia, ganância, preguiça, adultério, gula, egoísmo, relações sexuais ilícitas, agressividade, descontrole, idolatria etc. Mas todos precisamos da graça de Deus para resistir a cada um desses males.

A tentação, no início, pode parecer um simples pensamento, mas depois irá gerar frutos malignos se levada a cabo. Como filhos de Deus, precisamos estar vigilantes e em oração. Tenha consciência que será atacado por uma ou outra área, pois o nosso inimigo é feroz (1 Pedro 5:8), insistente e traiçoeiro, colocando sempre armadilhas para nos tentar. Mas Deus é Fiel e poderoso, Ele nos ajuda a vencer todas as tentações. Confie em Jesus, e você será capaz de suportá-las.

Vencendo as tentações hoje

- Ore e peça ajuda a Deus para as áreas em que se sente tentado.
- Caso tenha "caído" em tentação e se sinta muito inclinado a permanecer no erro, peça perdão e se arrependa.
- Não se coloque em situação de risco! Você sabe em que áreas é mais tentado, por isso evite situações-limite.
- Não brinque com o pecado! Quando sentir a tentação chegar, suporte ou fuja!
- Leia e estude sobre a história de dois personagens bíblicos: um brincou com as tentações: Sansão (Juízes 13-16); e o outro resistiu e fugiu delas: José (Gênesis 30:23-24; Gn. 37, Gn 39 — 50).
- Não é na sua força que você resistirá às tentações, mas é pela ajuda do Espírito Santo que habita em você. Busque refúgio em Deus e se equipe com a armadura de Deus (Efésios 6:10-18).
- Converse com seu pastor ou algum irmão maduro na fé e peça que o ajude em oração para vencer as tentações.

PARA ORAR:

Senhor, ajuda-me quando sou tentado! Tem misericórdia e perdoa-me quando falho em resistir, pois até em pensamentos somos tentados diariamente. Sei que a tentação vem por meio daquilo que eu próprio cobiço e desejo, mas peço-Te que me livres do mal. Ajuda-me a fugir da tentação e a não me colocar em situações propícias ao pecado. Quero estar sempre vestido da Tua armadura, ó Pai, para poder suportar as setas inflamadas do nosso inimigo! Obrigado por me ajudares a suportar! Não me deixes cair em tentação e livra-me de todo mal! Em nome de Jesus, amém!

SE NÃO FOSSE O SENHOR...

28 MARÇO

Ter o Senhor do seu lado faz toda a diferença. Ainda que você enfrente lutas e aflições, a presença de Deus o livra de males inimagináveis! O salmista pensou na hipótese de não ter Deus presente nos momentos de maior angústia; isso teria sido o seu fim e de toda a nação. Assim também é conosco...

Considere Israel: o Senhor fez toda a diferença entre livramento e tragédia no meio deles. Esse povo escapou por um triz tantas vezes na história. Basta lembrarmos das guerras, cercos, domínios, exílios, massacres, extermínios em massa, bombas e ataques terroristas... Num sentido natural, já deveria ter desaparecido muito tempo atrás. Mas, se continua a existir, é por uma razão muito forte: o Senhor sempre esteve ao seu lado.

> **PARA ORAR:**
> Senhor Deus, reconheço que muitas vezes atribuí as minhas vitórias ao meu próprio esforço. E também pensei que estiveste longe nos momentos difíceis. Mas reconheço que a minha vida é um milagre por Tua causa. Se não fosse o Senhor, o que seria de mim? De todos nós? Ajuda-me a ter consciência disso e de que Jesus está ao meu lado me sustentando e amparando sempre! Por isso eu Te louvo e agradeço, em nome de Cristo. Amém!

Não fosse o Senhor, que esteve ao nosso lado — Israel que o diga: "E se o Senhor não estivesse ao nosso lado quando os inimigos nos atacaram? Eles nos teriam engolido vivos com sua ira ardente contra nós".

— SALMOS 124:1-3

O Senhor está sempre ao seu lado!

- Pense por um momento: se não fosse o Senhor, onde você estaria?
- Ore e esteja consciente da presença de Deus em todos os dias da sua vida.
- Agradeça pelos livramentos e pelas bênçãos que Jesus lhe concedeu (de muitos deles nem nos damos conta!).
- Lembre-se daqueles que vivem sem Deus nesta vida. Ore e evangelize para que eles também reconheçam a graça do Senhor e sejam salvos.

Bíbliaon

29 MARÇO

A HONESTIDADE FAZ A DIFERENÇA

Os tesouros de origem desonesta não servem para nada, mas a retidão livra da morte.
— PROVÉRBIOS 10:2

Faça a diferença!

- Ore e peça a Deus que o ajude a ser mais honesto, justo e correto em tudo o que faz.
- Ser honesto é fazer o que é certo, à frente das pessoas ou sozinho. (Os olhos de Deus estão em toda parte! — Provérbios 15:3, Hebreus 4:13).
- Seja o melhor exemplo de honestidade para sua família e amigos. Ensine na prática (às crianças e aos crescidos) o valor dessa virtude:
  · não tire o que não for seu;
  · cumpra o que tratou;
  · não faça dívidas sem que tenha como pagar;
  · devolva o que pegou emprestado;
  · diga a verdade;
  · não se associe com desonestos;
  · admita que falhou e peça perdão, etc.
- A honestidade, a verdade e a retidão são valores inegociáveis. Nem pense duas vezes, faça o certo!

A honestidade é uma virtude muito pouco praticada no mundo, infelizmente. A ganância e o egoísmo sobressaem nas relações humanas, desde a tenra infância. Se não vigiarmos, seremos tentados a dar sempre o famoso "jeitinho" para ganhar vantagem, enganar ou tirar proveito de alguma situação.

Mas esse tipo de conduta não deve ser uma opção para os filhos de Deus. Todo ganho desonesto não procede do Senhor. Cristo nos chama para fazer a diferença, sendo sal e luz numa sociedade corrupta, cheia de engano, trapaças e vigarices. Pague o preço e seja fiel, correto e honesto.

Lembre-se de que nem todo dinheiro do mundo seria suficiente para corromper o Juiz do Universo. Deus é perfeitamente justo e espera uma postura semelhante de Seu povo. As riquezas podem até livrar alguém de uma pena num tribunal civil, mas apenas a retidão livrará os culpados da justiça eterna (Pv 11:4-5).

PARA ORAR:

Senhor meu Deus, vivemos num mundo tão inclinado ao mal! Ajuda-me a ser diferente. Perdão... Que eu me entristeça com as minhas falhas de caráter e mude de direção quando pecar. Que eu não me formate ao modelo "normal" da maioria, mas que eu seja transformado pela Tua Palavra. Purifica os meus pensamentos e ações. Ensina-me a ser mais parecido com Jesus, mantendo os Seus valores, custe o que custar. Em nome de Jesus, amém.

DEUS, PERDOE-ME!

30 MARÇO

Nosso Deus é bom o tempo todo. Ele é perfeito e conhece as nossas limitações. Sabendo das nossas imperfeições — e que não teríamos condições de salvar a nós mesmos —, Ele enviou o Seu Filho Jesus, que justificou a nossa Salvação.

Confessar os nossos pecados a Deus faz parte da nossa transformação em Cristo. Mais do que saber que Deus é perdoador, é buscar verdadeiramente o Seu perdão. O poder do perdão alivia o peso em nossa alma e nos dá a possibilidade de continuarmos na fé. Quando não procuramos o perdão de Deus, carregamos o peso da culpa, e este fardo vai nos afastando do caminho do Senhor.

Só Deus pode nos ouvir, **só Ele pode perdoar os nossos pecados e nos purificar de toda injustiça** (1 João 1:9). Ele é misericordioso e perdoador. Procure reconciliar-se com Deus, busque a Sua presença. Peça perdão pelos seus pecados e prossiga rumo ao alvo que é Cristo! Não demore para voltar aos braços do Senhor.

> *Tu és bondoso e perdoador, Senhor, rico em graça para com todos os que te invocam.*
> — SALMOS 86:5

Buscando o perdão de Deus

- Deus está pronto para nos ouvir. Busque a Sua presença em oração e confesse os seus pecados a Ele.
- Se pecamos contra os nossos irmãos, devemos nos reconciliar com eles. Peça perdão.
- Crie um coração perdoador, perdoe. Se não perdoarmos os nossos irmãos, por que seremos perdoados?

PARA ORAR:

Senhor, Tu és bondoso e perdoador. Perdoa os meus pecados e fraquezas. Quero aprender mais de Ti. Não quero ficar parado de mãos atadas pelo pecado. Liberta-me! A Tua graça me salvou e quero novamente andar no Seu caminho de luz. Amém!

31 MARÇO

NÃO CAI UMA FOLHA DA ÁRVORE SE DEUS NÃO DEIXAR

Todas as árvores do campo saberão que eu, o Senhor, faço cair a árvore alta e faço crescer bem alto a árvore baixa. Eu resseco a árvore verde e faço florescer a árvore seca. "Eu, o Senhor, falei, e o farei".

— EZEQUIEL 17:24

A frase "Não cai uma folha da árvore se Deus não deixar" nos lembra que Deus está sempre no controle das coisas. Isso significa que nada acontece sem que Ele permita. Assim como uma folha não cai da árvore sem que Deus deixe, as coisas na nossa vida também acontecem conforme o que Ele quer, como lemos nessa passagem de Ezequiel 17:24.

Esse ditado nos faz pensar em confiar mais em Deus e não nos preocupar tanto com os problemas à nossa volta. Mesmo quando as coisas estão difíceis, podemos confiar que Ele está cuidando de nós. Também nos lembra de que precisamos de Deus para tudo. Assim como uma folha precisa da árvore para viver, nós precisamos de Deus para nos sustentar e nos proteger.

Podemos ficar tranquilos sabendo que Deus está cuidando de nós em todas as situações!

Confie em Deus!

- Confie em Sua sabedoria e amor para guiar você através de todas as situações. Deus está no controle.
- Em vez de se preocupar com o futuro, entregue suas preocupações a Deus. Confie que Ele tem um plano para sua vida e cuidará de você.
- Cultive uma atitude de gratidão em todas as circunstâncias. Seja grato por todas as bênçãos que Ele proporciona.

PARA ORAR:

Senhor, confio em Teu cuidado constante. Guia-me através das estações da minha vida com Tua sabedoria infinita. Ajuda-me a abandonar a ansiedade e a cultivar uma fé inabalável em Tua providência. Que eu sempre reconheça e agradeça por Tuas bênçãos em minha vida. Amém.

Leia também:

Não cai uma folha da árvore se Deus não permitir: o versículo existe?

DEVOCIONAL DIÁRIO

ABRIL

1º ABRIL

TODAS AS COISAS SÃO POSSÍVEIS PARA DEUS

> Jesus olhou para eles e respondeu: "Para o homem é impossível, mas para Deus não; todas as coisas são possíveis para Deus".
>
> — MARCOS 10:27

Para o homem é impossível, mas para Deus não

- O que é impossível para nós, é possível para Deus. Leve o seu problema a Deus em oração. Não se cale diante das dificuldades.
- Fortaleça a sua fé e a sua confiança em Deus se dedicando mais a Ele. Busque a Deus; quem o busca achará.
- Deus é soberano; entregue-se à vontade dele. Todas as coisas cooperam para o nosso bem. Confie Nele e tenha bom ânimo.

Uma coisa é certa: todas as coisas são possíveis para Deus! Nossos olhos naturais querem resolver todas as coisas. Às vezes passamos por momentos em que "tudo já foi feito" e não há mais o que fazer. Em casos como este, só o mover de Deus é capaz de resolver a nossa causa.

Deus quer realizar o impossível em nossa vida; para isso temos de confiar no Seu poder. A nossa falta de fé pode impedir que Deus realize grandes coisas em nossa vida. Pedro, quando andou nas águas por meio da palavra de Jesus, experimentou o impossível, mas a sua fé teve pouca duração e logo começou a afundar.

Confiar em Deus é obedecer a Sua voz, é não se preocupar com as condições do mar e ter olhos apenas para Ele. Dessa forma, poderemos experimentar grandes milagres e maravilhas em nossa vida. Devemos fortalecer a nossa fé em Jesus, orando, lendo e crendo naquele que fez e fará o impossível por nós!

PARA ORAR:

Senhor, entrego a Ti o meu problema. Sou limitado, não tenho forças, mas confio no Teu poder e no Teu amor. Realiza um milagre em minha vida. Que o Teu mover seja motivo de grande alegria e júbilo em Teu nome. Amém!

AS PROVAÇÕES DÃO BOM FRUTO

2 ABRIL

As provações vividas com o Senhor trarão bênçãos ao seu tempo. Parece difícil acreditar que as dificuldades podem trazer algo de bom em nossa vida. Mas a verdade é que Deus usa até esses momentos difíceis para nos abençoar. Não controlamos as nossas circunstâncias, mas cabe a nós decidir como enfrentaremos as dificuldades da vida. Com fé ou com reclamação?

As provações podem gerar um fruto de perseverança, resiliência e maturidade, se entendermos que o Senhor está acima de tudo. Deus está formando o nosso caráter, nos moldando em filhos íntegros, cada vez mais parecidos com Jesus Cristo. Isso nos deve encher de alegria!

Tenha bom ânimo, mesmo que não entenda. O Pai celestial pode usar essas situações adversas para fazer você crescer, dependendo mais Dele para vencer.

"Eu disse essas coisas para que em mim vocês tenham paz. Neste mundo vocês terão aflições; contudo, tenham ânimo! Eu venci o mundo" — João 16:33.

> Meus irmãos, tenham por motivo de grande alegria o fato de passarem por várias provações, sabendo que a provação da fé que vocês têm produz perseverança.
> — TIAGO 1:2-3

PARA ORAR:

Senhor Deus, Todo-poderoso! Dá-me forças e coragem. As lutas são duras e difíceis, mas, com Cristo, vou superar tudo isso! Ensina-me a ultrapassar com fé e maturidade os dias mais tristes e desafiadores. Que a Tua alegria me acompanhe nas dores de crescimento. Faz-me forte e perseverante, ainda que as provações tentem me abalar. Pai, não me deixe, porque sozinho não consigo avançar. Mas Contigo, Jesus, sou mais que vencedor, pelo Teu amor! Amém!

Dê bons frutos, mesmo passando por provações!

- Reclamar, estressar-se ou ficar abatido não melhora a situação difícil.
- Mude de atitude! Ore, creia, louve e se alegre em Deus.
- Peça ao Senhor que o ensine a gerar bons frutos durante as provações da vida.
- Deus está contigo! Ele põe ordem no caos e traz vida ao seu deserto.
- Tenha coragem! Cristo já venceu o mundo; pela fé Nele também vencemos.

Bíblia on

3 ABRIL

VIVA COM SABEDORIA!

Viver segundo a Palavra de Deus é a primeira atitude sábia que podemos tomar. Deus concede sabedoria por meio do Espírito Santo e da Sua Palavra. Quem busca a Deus em espírito e em verdade alcança sabedoria e discernimento.

Ser pacífico, amável e paciente e ter domínio próprio é um bom sinal de sabedoria. Atitudes sábias geram frutos que glorificam a Deus. A sabedoria atrai as pessoas, como no caso de José, Daniel, Samuel, João e Paulo. Quem não gostaria de estar ao lado deles?

Agir com sabedoria é a melhor forma de testemunhar a Cristo. Independentemente das dificuldades da vida, podemos agir com sabedoria e glorificar a Deus. Peça a Deus por sabedoria e Ele dará de boa vontade, assim como concedeu a Salomão. Nosso Deus é a fonte de todo conhecimento. Vá à fonte, busque a Deus!

> Se algum de vocês tem falta de sabedoria, peça-a a Deus, que a todos dá livremente, de boa vontade; e lhe será concedida.
>
> — TIAGO 1:5

Buscando a sabedoria do alto!

- A Bíblia é a maior fonte de sabedoria. Faça um plano de leitura.
- Ore, peça a Deus por sabedoria. Coloque a sabedoria como um alvo de sua oração.
- Esteja atento. Cada vez que crescemos em sabedoria, aumentamos a nossa responsabilidade.
- Use o seu conhecimento para levar as pessoas a Cristo. Essa é a melhor forma de usar o seu conhecimento.

Leia também

10 Planos de Leitura da Bíblia

PARA ORAR:

Senhor, quero conhecer mais de Ti. Quero aprender mais da Tua Palavra. Ilumina a minha mente e os meus atos, dá-me sabedoria. Transforma o meu agir e a minha forma de olhar as pessoas. Quero ser um instrumento valioso em Tuas mãos. Em nome de Jesus, amém!

PROSPERE NA TERRA DA SUA AFLIÇÃO

4 ABRIL

Tema de filmes, séries, desenhos animados e livros, a história de José, o filho de Jacó que foi governador do Egito, é bastante conhecida. Apesar de popular, muitos se esquecem de que a história de José não teria sido a mesma se ele não confiasse no Senhor. Certamente a vida do "príncipe do Egito" teria sido uma grande desgraça sem a presença do Deus verdadeiro. O sofrimento e a agonia o teriam feito desistir de tudo...

O fato é que, mesmo tendo sido abandonado por todos, vendido pelos próprios irmãos, traído, preso injustamente, esquecido na prisão, ele sabia que Deus não o abandonaria. Quando José nomeou seus filhos, ele testemunhou o que a bondade e a graça do Senhor fizeram em seu favor: pôde esquecer o sofrimento passado, não alimentar mágoas contra sua família e prosperar na terra em que sofria. Ouse também confiar em Deus em meio aos problemas. Você verá e testemunhará os Seus milagres na sua vida.

> *Ao primeiro, José deu o nome de Manassés, dizendo: "Deus me fez esquecer todo o meu sofrimento e toda a casa de meu pai". Ao segundo filho, chamou Efraim, dizendo: "Deus me fez prosperar na terra onde tenho sofrido".*
> — GÊNESIS 41:51-52

PARA ORAR:

Amado Deus, Tu sabes e conheces a aflição que tenho vivido. Continuo crendo e esperando no Senhor, no Teu milagre. Ajuda-me a passar por tudo isso honrando ao Senhor, como fez o Teu servo José. Ensina-me a amar e perdoar aqueles que me prejudicaram. Abençoa-me e me faz prosperar nas dificuldades, para que eu possa Te glorificar e testemunhar sempre a Tua bondade e o Teu imenso amor. Em nome de Jesus, amém!

Creia hoje, apesar das circunstâncias difíceis!

- Ore, agradecendo pelo exemplo de fé de José, e como ele entregou a Deus o controle da sua vida.
- Peça a Deus que o ajude a perdoar e esquecer tudo o que sofreu no passado.
- Crer envolve confiança plena em Deus, que é Bom e misericordioso. Confie e espere (com paciência) em Deus. Ele não o abandona, mesmo nas aflições.
- Para crer de todo o coração, você precisa conhecê-Lo. Busque desenvolver uma amizade verdadeira com Jesus.
- Não murmure nem brigue com aqueles que lhe fizeram mal. Perdoe e leve a Deus tudo em oração. Ele é o justo juiz e pode usar essa aflição para abençoar a muitos.
- Continue a trabalhar e servir a Deus com gratidão. A Seu tempo Ele lhe retribuirá.

Bíblia on

5 ABRIL

JESUS ACALMA A TEMPESTADE

Naquele dia, ao anoitecer, disse ele aos seus discípulos: "Vamos para o outro lado". Deixando a multidão, eles o levaram no barco, assim como estava. Outros barcos também o acompanhavam. Levantou-se um forte vendaval, e as ondas se lançavam sobre o barco, de forma que este ia se enchendo de água. Jesus estava na popa, dormindo com a cabeça sobre um travesseiro. Os discípulos o acordaram e clamaram: "Mestre, não te importas que morramos?" Ele se levantou, repreendeu o vento e disse ao mar: "Aquiete-se! Acalme-se!" O vento se aquietou, e fez-se completa bonança.

— MARCOS 4:35-39

Os discípulos passavam por uma grande tempestade e Jesus dormia tranquilamente a bordo. Mesmo conscientes de que Jesus estava com eles, os discípulos entraram em desespero. Acordaram o Mestre com cobranças e questionamentos.

Jesus ouviu as reclamações, levantou-se e acalmou o mar. Logo depois Jesus perguntou aos discípulos: "Por que vocês estão com tanto medo? Ainda não têm fé?' Eles estavam apavorados e perguntavam uns aos outros: 'Quem é este que até o vento e o mar lhe obedecem?'".

Existem problemas que parecem difíceis de ser superados. Temos a sensação de estar vulneráveis, como num barco em plena tempestade. Deus sabe das nossas dificuldades e está conosco, mas é necessário que tenhamos fé.

Se somos fiéis à Palavra de Deus, podemos ainda assim passar por dificuldades; por isso devemos voltar os nossos olhos para o que cremos, não para o que tira a nossa fé.

Jesus acalma a tempestade, mas quer que confiemos Nele. Cada tempestade que passamos é uma oportunidade de confiarmos ainda mais em Jesus. Ele não nos abandonará nem nos fará mal; por isso creia que a tempestade vai passar e que Jesus está contigo em todos os momentos.

Jesus acalma a tempestade, mas quer que a enfrentemos para que o Seu nome seja glorificado pela nossa fé. Jesus está no seu barco e tudo vai dar certo!

Jesus acalma a tempestade na sua vida

- Por mais que a tempestade o amedronte, confie em Jesus e no Seu poder. Se Ele está com você, tudo será superado.
- Quanto mais lemos a Palavra de Deus, mais confiamos em Jesus. Fortaleça a sua fé, leia a Bíblia.
- Deus não o abandonou. Jesus é o nosso canal direto com o Pai. Ore, abra o seu coração e fale com Deus sobre as suas dificuldades. Ele quer ajudar você.

PARA ORAR:

Senhor Jesus, sei que estás comigo. Quero confiar mais em Ti. Sei que as tempestades virão, mas sei também que podes acalmar qualquer tempestade! Amém!

Bíblia on

FÉ PARA TOCAR NAS VESTES DE JESUS

6 ABRIL

A mulher que sofria com o fluxo de sangue é como um espelho íntimo da perseverança e da fé inabalável que encontramos nos Evangelhos. Por doze longos anos, ela travou uma batalha solitária contra uma condição crônica de hemorragia.

No entanto, ao ouvir falar de Jesus e dos milagres que Ele realizava, uma faísca de esperança acendeu em seu coração. Mesmo enfrentando o julgamento social e a sensação de desesperança que acompanha uma doença crônica, ela decidiu que simplesmente tocar na borda do manto de Jesus seria suficiente para alcançar a cura tão desejada.

Em meio à multidão que seguia Jesus, ela se aproximou silenciosamente por trás, estendendo a mão com tremenda fé. Com um toque simples, mas cheio de confiança, ela foi instantaneamente curada de sua enfermidade. Jesus, sentindo o poder fluir Dele, perguntou quem O havia tocado. Diante de todos, a mulher, tremendo de medo e admiração, confessou tudo.

Em vez de repreensão, Jesus a confortou, elogiando sua fé e anunciando sua cura. "Então ele lhe disse: 'Filha, a sua fé a curou! Vá em paz e fique livre do seu sofrimento'" (Marcos 5:34).

A história da mulher com o fluxo de sangue nos faz recordar que, mesmo nos momentos mais sombrios, há sempre esperança e cura disponíveis para aqueles que perseveram na fé e confiam no poder de Deus.

> Então ele lhe disse: "Filha, a sua fé a curou! Vá em paz e fique livre do seu sofrimento".
> — MARCOS 5:34

A perseverança e a fé dessa mulher nos ensinam lições profundas

- Mesmo quando todas as esperanças parecem perdidas, devemos manter nossa fé em Deus.
- Devemos continuar confiando no poder de Deus acima das circunstâncias.
- A humildade em reconhecer o poder de Deus em nossa vida é crucial para recebermos Suas bênçãos.

Leia também:

Versículos que mostram como Jesus cura

PARA ORAR:

Querido Deus, por favor, dá-nos sabedoria para saber o que fazer, força para enfrentar os problemas e alegria por tudo que nos dás. Ajuda-nos a conhecer-te melhor e a viver momentos incríveis Contigo, como a mulher que foi curada quando Te tocou. Amém.

7 ABRIL

COM A AJUDA DE DEUS, LIBERTE-SE DE TODOS OS JUGOS!

> Portanto, se o Filho os libertar, vocês de fato serão livres.
> — JOÃO 8:36

Em Cristo, seja verdadeiramente livre!

- Reflita por alguns instantes e observe o que ou quem tem sido o seu "opressor" no dia a dia.
- Ore, busque a Deus e peça que Ele o liberte completamente.
- Peça a ajuda de Cristo para torná-lo livre e abandonar hábitos ruins, acontecimentos passados e até relacionamentos que lhe trazem opressão.
- Aprenda mais sobre Jesus. Leia a Bíblia e desenvolva uma amizade verdadeira com Deus diariamente.

Leia também

- Versículos que mostram o que é liberdade
- Entenda como Jesus é a verdade que liberta
- Versículos sobre libertação

Deus está interessado na sua total libertação. Por vezes, pensamos que a liberdade concedida por Deus diz respeito somente à área espiritual, mas o Senhor também deseja que você seja livre nas áreas emocional, física e relacional.

Muitas vezes nos prendemos a relacionamentos abusivos, ou assumimos comportamentos compulsivos (com alimentação, bebida, atividades ou drogas). E, assim, começamos a nos autossabotar e a nos destruir. Além desses problemas, também temos a tendência de nos prender ao passado, deixando de perdoar aos outros e a nós mesmos.

Se você percebe a existência de algum tipo de prisão, em alguma área da vida, ore a Deus e peça que Ele opere uma libertação completa em si, agora mesmo...

PARA ORAR:

Senhor meu Deus, liberta-me de tudo que me aprisiona! Abra os meus olhos e a minha consciência para perceber que posso ser livre em Ti. Ajuda-me a viver a verdadeira liberdade conquistada por Jesus Cristo. E que Teu Santo Espírito opere esse milagre no meu interior. Que essa transformação seja também projetada para todas as áreas da minha vida. Que tudo que eu fizer seja para Tua glória. Em Teu nome, Jesus! Amém.

DEUS É A FORÇA DO SEU CORAÇÃO!

8 ABRIL

Assumir as nossas limitações faz com que reconheçamos o que Deus tem feito por nós. Quando entendemos que tudo provém do Senhor, percebemos o cuidado dele.

Reconhecer a nossa fraqueza não é uma justificativa para pecar, mas um motivo para buscarmos ainda mais a Deus. Quando não reconhecemos o poder de Deus, temos a falsa impressão de que conquistamos todas as coisas pela força do nosso braço, quando, na verdade, tudo que recebemos é pela graça do Pai.

A herança da Salvação foi dada pela graça de Deus, e nenhum esforço conseguiria retribuir o preço pago na cruz. A força do nosso braço é limitada, mas a força que vem de Deus nos impulsiona a realizarmos grandes coisas!

> O meu corpo e o meu coração poderão fraquejar, mas Deus é a força do meu coração e a minha herança para sempre.
> — SALMOS 73:26

PARA ORAR:
Senhor, Tu és a minha força. Quando me sinto fraco, a Tua Palavra me revigora. Sou grato a Ti, pois sei que a Tua mão me tem sustentado. Muito obrigado, Pai, amém!

Com Deus fazemos mais!

- Reconheça as suas limitações, respeite-se. Entenda que tudo de bom vem de Deus.
- Busque forças na Palavra de Deus. Ela é eficaz para refrigerar a nossa alma e revigorar a nossa força.
- Não se sinta fraco; sua força vem de Deus. Busque na fonte, ore.

9 ABRIL

MESMO COM LÁGRIMAS, PLANTE A SEMENTE!

> Aqueles que semeiam com lágrimas, com cantos de alegria colherão. Aquele que sai chorando enquanto lança a semente voltará com cantos de alegria, trazendo os seus feixes.
>
> — SALMOS 126:5-6

Mesmo com lágrimas e dificuldades, semeie a sua semente!

- Plantar está relacionado com confiança. Entregue ao Senhor os seus planos e confie que Ele tudo fará.
- Ore a Deus constantemente, peça que Ele o sustente e dirija todos os propósitos de sua vida.
- Deus faz nascer e dá o crescimento, mas você precisa plantar! Esforce-se e tenha bom ânimo!
- Depois de semear com fé, ore e espere com paciência no Senhor.
- Peça orientação a Deus para que sempre produza bons frutos, por meio da ação do Seu Espírito em sua vida.
- A Palavra de Deus é a Boa semente. Compartilhe o Evangelho com outras pessoas à sua volta.

A "lei da semeadura" ou a regra de plantio é um conceito bastante abordado em toda a Bíblia. Jesus ensinou diversas parábolas sobre semeador, tipos de solo e sementes (como o grão de mostarda, por exemplo). Paulo também disse (em Gálatas 6:7) que "tudo que o homem semear, isso também colherá". Por essas e outras referências, entendemos que naturalmente, em todos os âmbitos da vida, nós colhemos aquilo que plantamos.

O salmo de hoje nos fala de um aspecto diferente do plantio. Na verdade, é o único lugar na Bíblia em que é mencionado um tipo de colheita diferente do que aquele que se plantou. **A lei da semeadura aqui é envolvida pela graça e misericórdia do Senhor, que sustenta todas as coisas!** Deus concede aos que plantam com lágrimas (humildade, confiança e contrição) colherem os seus feixes cheios de alegria (felicidade, contentamento e satisfação)! Confie a sua semente a Jesus, que pode transformar uma pequena semente em muitos feixes. Ele também pode mudar o seu pranto em festa!

PARA ORAR:

Senhor, ajuda-me a plantar sementes com fé e esperança em Ti. Que eu possa confiar, pois o Senhor sustenta todas as coisas, assim como também sustenta a minha vida, minha família e todos os meus sonhos. Mesmo quando eu chorar, cansado ou abatido pelo desgaste da vida ou pelo esforço do trabalho, que eu continue plantando boas sementes. Que essas sementes possam produzir bons frutos que permaneçam, para bênção de muitos e para Sua glória, em nome de Jesus! Amém.

DEUS ESTÁ BEM PERTINHO DE VOCÊ

10 ABRIL

Quando a vida fica difícil e nos sentimos perdidos, é fácil pensar que estamos sozinhos. Mas quero lembrá-lo de algo importante: Deus está sempre perto de você. Como diz a Bíblia, em Salmos 145:18:

"O Senhor está perto de todos os que o invocam, de todos os que o invocam com sinceridade" — Salmos 145:18.

Quando você chora ou se sente sobrecarregado, saiba que Deus está lá, segurando sua mão e o consolando. E, quando você está feliz, Ele celebra com você.

Deus está sempre presente, conhecendo cada parte de você. Ele entende seus desejos mais profundos e até os segredos que você esconde de si mesmo. Não importa onde você esteja, o amor de Deus nunca se distancia.

Mesmo quando tudo parece difícil e você se sente sozinho, lembre-se de olhar para Deus. Ele está bem perto de você, pronto para ajudá-lo, não importa quão difícil seja o caminho. Confie Nele, porque Ele sempre cumpre Suas promessas.

> **Confiem para sempre no Senhor, pois o Senhor, somente o Senhor, é a Rocha eterna.**
> — ISAÍAS 26:4

Avançando com a presença de Deus

- Busque momentos de oração para fortalecer sua conexão com Deus, lembrando que Ele está sempre perto, pronto para ouvir e confortar.
- Compartilhe suas alegrias e preocupações com outras pessoas, reconhecendo que a presença de Deus se manifesta também por meio da comunhão e do apoio mútuo.
- Mantenha sua confiança em Deus, mesmo nos momentos mais difíceis, lembrando que Ele é fiel e está disposto a guiar seus passos, independentemente das circunstâncias.

PARA ORAR:
Senhor, em meio às tribulações da vida, reconheço a Tua proximidade e amor. Conforta-me nas aflições, alegra-me nas vitórias. Guia-me sempre, pois confio na Tua fidelidade. Amém.

Leia também

Razões para confiar em Deus nas dificuldades

11 ABRIL

ANDE COMO UM FILHO DE DEUS

> Contudo, aos que o receberam, aos que creram em seu nome, deu-lhes o direito de se tornarem filhos de Deus, os quais não nasceram por descendência natural, nem pela vontade da carne, nem pela vontade de algum homem, mas nasceram de Deus.
>
> — JOÃO 1:12-13

Ser filho de Deus é a maior de todas as dádivas que podemos receber como seres humanos. Nenhum outro ser criado tem esse privilégio. Quando cremos em Jesus e o aceitamos pela fé, deixamos de ser meras criaturas e passamos a ser adotados como filhos pelo Pai celestial. Essa adoção pelo grande amor de Deus, por meio de Seu Filho unigênito, é algo fantástico!

Aquele que é nascido de Deus pode andar em Sua presença, confiando e se conformando a Jesus, nosso Senhor e nosso alvo. Se fixarmos a atenção no Filho de Deus, encontraremos Nele o nosso padrão e melhor exemplo para agradar ao Pai em tudo. Ao longo da caminhada, pela fé e com o aperfeiçoamento que vem de Deus, vamos adquirindo traços do caráter de Cristo para nos tornarmos mais semelhantes a Ele, como filhos genuínos e amados do Pai.

PARA ORAR:

Senhor Deus, obrigado por me amar e me aceitar como filho na Tua grande família. Pela Tua graça em Jesus Cristo, posso receber o perdão e a salvação, para estar sempre junto de Ti! Ajuda-me para que, em toda a minha vida, eu possa andar como o Teu Filho Jesus, que Te honrou e amou até o fim. Amém!

Ande e viva como o Filho de Deus!

- Se ainda não recebeu a Jesus como Senhor em seu coração, este é o primeiro passo para se tornar um filho de Deus.
- Arrependa-se dos seus erros e creia em Jesus para ser aceito na grande família de Deus.
- Jesus é a melhor referência para aprendermos a ser melhores filhos de Deus. Conheça-O pela Bíblia.
- Busque estar perto de Deus diariamente, demonstrando na prática o seu amor e a sua dedicação a Ele.
- Congregue junto de outros irmãos em Cristo, numa família cristã saudável para amar, servir e ser edificado na fé.

Bíbliaon

ILUMINADO E ILUMINANDO

12 ABRIL

A luz é algo poderoso. Ela dissipa a escuridão e revela o caminho à nossa frente. Assim como a luz física nos guia, a luz espiritual nos ilumina. Como cristãos, somos chamados a ser iluminados pela verdade e a iluminar o mundo com o amor de Cristo; é o que lemos nessa passagem de Mateus 5:14-16.

Essas palavras nos lembram que não devemos esconder a luz que está em nós. Devemos permitir que brilhe para que outros possam ver o amor e a verdade de Deus por meio de nós. Quando vivemos segundo os ensinamentos de Jesus, somos como faróis que guiam os outros a Ele.

No entanto, para iluminar o mundo, precisamos primeiro ser iluminados pela presença de Cristo em nossa vida. Isso significa buscar diariamente a comunhão com Ele por meio oração, do estudo da Bíblia e da prática dos Seus ensinamentos.

Que possamos ser como lâmpadas, que não apenas recebem a luz, mas também a compartilham com aqueles ao nosso redor. Que a nossa vida reflita a glória de Deus e inspire outros a seguirem o caminho da verdade e do amor.

PARA ORAR:

Senhor, guia-me pelo caminho da verdade e do amor. Que a Tua luz brilhe em meu coração, iluminando meu caminho e aqueles ao meu redor. Ajuda-me a viver conforme os Teus ensinamentos, para que eu possa ser um reflexo do Teu amor neste mundo. Amém.

"Vocês são a luz do mundo. Não se pode esconder uma cidade construída sobre um monte. E, também, ninguém acende uma candeia e a coloca debaixo de uma vasilha. Ao contrário, coloca-a no lugar apropriado, e assim ilumina a todos os que estão na casa. Assim brilhe a luz de vocês diante dos homens, para que vejam as suas boas obras e glorifiquem ao Pai de vocês, que está nos céus."

— MATEUS 5:14-16

Avançando com a presença de Deus

- Busque diariamente a comunhão com Cristo por meio da oração e do estudo da Bíblia, para ser iluminado pela Sua verdade e pelo Seu amor.
- Viva conforme os ensinamentos de Jesus, demonstrando amor e bondade em suas ações, para iluminar o mundo ao seu redor.
- Não esconda a luz que está dentro de você, mas compartilhe-a mediante boas obras, sendo um exemplo vivo do amor e da verdade de Deus.

Leia também

Explicação bíblica do que é ser a Luz do Mundo

Bíbliaon

13 ABRIL

ROCHA ETERNA

> Confiem para sempre no Senhor, pois o Senhor, somente o Senhor, é a Rocha eterna.
>
> — ISAÍAS 26:4

Encontre em Jesus Cristo a sua segurança eterna!

- Ore e coloque a sua vida inteiramente sobre o alicerce firme que é o Senhor.
- Confie que o Senhor é a sua Rocha Eterna, entregue a Ele todas as ansiedades e creia que Ele cuida de você.
- Busque orientação na Palavra de Deus para os seus planos, sonhos e família.
- Compartilhe com outras pessoas a estabilidade da Rocha Eterna que é Cristo.

Ultimamente muito se tem falado sobre instabilidade ou sobre o risco que esta pode causar. Relações comerciais entre países, decisões políticas e financeiras, alterações climáticas, geológicas, até mesmo em nível familiar ou psicológico, as pessoas e os sistemas atravessam problemas constantes de instabilidade. Algumas dessas oscilações podem deixar um rastro bastante destrutivo em regiões assoladas por sismos ou *tsunamis*, por exemplo.

Apesar de todas as variações e incertezas que podem acometer a nossa vida, em pelo menos um aspecto, podemos ter uma firme esperança: Deus é uma Rocha inabalável! Todo o resto poderá sofrer alterações e mudanças, muitas vezes por causa da ação inconsequente e desastrosa do homem. Mas Deus e a Sua Palavra permanecem estáveis para sempre.

PARA ORAR:

Senhor Deus, Tu és a minha Rocha eterna. Obrigado por sustentar a minha vida todos os dias. Ajuda-me a manter a fé firme no Senhor e que o meu coração seja renovado pela Tua Palavra. Que a minha família, amigos e todos que sofrem com as incertezas deste mundo também possam Te conhecer e se firmar no amor do Senhor. Em nome de Jesus Cristo, amém.

ESCOLHIDOS PELO AMOR ETERNO

14 ABRIL

Antes mesmo de tudo existir, Deus já tinha pensado em nós e nos escolhido. Ele queria que fôssemos especiais para Ele, sem fazer nada de errado, mas, sim, vivendo da maneira correta, como Ele deseja. Ele nos queria perto Dele, como filhos queridos.

Por isso, Ele nos enviou Jesus Cristo, para nos mostrar o Seu amor e nos dar a chance de sermos parte da Sua família. Jesus morreu por nós na cruz para nos salvar e nos dar uma nova vida.

Tudo isso foi feito porque Deus nos ama muito e tem um plano maravilhoso para cada um. Ele quer para nós uma vida cheia de amor, bondade e paz, seguindo os Seus ensinamentos.

Então, podemos viver com alegria e gratidão, sabendo que somos amados por Deus e que Ele sempre está ao nosso lado. Podemos confiar nesse amor, sabendo que Ele cuida de nós e nos guia em cada passo da vida.

Assim, podemos viver felizes, sabendo que fazemos parte da família de Deus, e olhando para o futuro com esperança, sabendo que um dia estaremos para sempre ao lado Dele, desfrutando do Seu amor infinito.

PARA ORAR:
Senhor, em Tua infinita bondade, agradeço por me escolher antes da criação do mundo. Que eu viva em santidade, refletindo Teu amor, seguindo Teus ensinamentos e confiando em Tua constante presença em minha vida. Amém.

> Porque Deus nos escolheu nele antes da criação do mundo, para sermos santos e irrepreensíveis em sua presença. Em amor nos predestinou para sermos adotados como filhos, por meio de Jesus Cristo, conforme o bom propósito da sua vontade.
> — EFÉSIOS 1:4-5

Criados para desfrutar o amor de Deus

- Deus nos escolheu antes da criação para sermos santos e amados, revelando Seu plano de nos tornar parte de Sua família por meio de Jesus Cristo.
- Somos destinados a viver em comunhão com Deus, refletindo Seu amor e seguindo Seus ensinamentos para uma vida cheia de paz e propósito.
- O amor de Deus nos guia, nos sustenta e nos dá esperança, permitindo-nos viver com gratidão e confiança em Seu cuidado constante em nossa vida.

Leia também

REFLEXÃO SOBRE O AMOR DE DEUS (ESTUDO BÍBLICO)

Bíbliaon

15 ABRIL

ALEGREM-SE SEMPRE E OREM CONTINUAMENTE

> Alegrem-se sempre. Orem continuamente.
> — 1 TESSALONICENSES 5:16-17

Orar e se alegrar

- Procure falar com Deus. Ore! Deus quer ouvi-lo e alegrar o seu dia.
- Alegre-se em Deus. Ele é suficiente na sua vida.
- Compartilhe essa alegria com o seu próximo. Deus se alegrará ainda mais.

Deus é a fonte de toda a alegria. A alegria de Deus é a nossa força, por isso devemos nos alegrar em Deus e não nas circunstâncias. Pois, independentemente de qualquer situação, Deus continua a ser o Senhor na nossa vida!

A alegria que Deus dá é duradoura, brota do Seu amor e não tem fim. O amor de Deus nos alegra e nos motiva a compartilhá-la: a alegria da Salvação em Cristo Jesus.

Assim como tudo na vida, há o momento de se alegrar e o momento para orar. Orar continuamente é buscar a Deus, é relacionar-se com Ele. Assim como nos relacionamos com os nossos familiares, nós devemos buscar esse relacionamento diário com Deus.

O fruto dessa comunhão é o amor, é a alegria de ter um Deus tão presente.

> **PARA ORAR:**
> Deus, Tu és o motivo da minha alegria. Mesmo nos momentos difíceis sei que estás comigo, por isso alegro-me. Tu és soberano e sei que me amas, por isso me sinto seguro nos Teus braços. Muito obrigado, Pai amém.

O CASTIGO QUE NOS TROUXE A PAZ!

16 ABRIL

Mais do que palavras, Jesus entregou-se por nós na cruz: Ele sofreu, foi humilhado e morreu no nosso lugar. **Ele levou sobre Si as nossas dores e transgressões!**

A aparente derrota — com a morte — converteu-se numa grande vitória. No terceiro dia, Jesus Cristo ressuscitou dentre os mortos! A morte já não podia contê-lo, o diabo perdeu, e assim fomos libertos da escravidão do pecado.

Ter consciência dessa vitória torna-nos mais do que vencedores. Reconhecer Cristo como o nosso Salvador permite-nos trilhar uma nova história: um caminho de fé e vida eterna com Ele!

O castigo que Ele suportou foi por você, sim. Ele suportou tudo por você! Usufrua da paz que Cristo lhe proporcionou, valorize o Seu sacrifício na cruz. Lembre-se de que a paz que Cristo oferece ninguém pode dar.

> Mas ele foi traspassado por causa das nossas transgressões, foi esmagado por causa de nossas iniquidades; o castigo que nos trouxe paz estava sobre ele, e pelas suas feridas fomos curados.
> — ISAÍAS 53:5

PARA ORAR:

Jesus, o Teu sacrifício não foi em vão! Muito obrigado por entregares a Tua vida por mim. Ter consciência do Teu amor enche-me de paz e gratidão. Muito obrigado por me salvar e me amar tanto! Amém.

A paz de Cristo

- Leia o Evangelho de João e saiba o quanto Cristo te ama e fez tudo por você.
- Fale com Ele. Jesus quer ouvir a sua voz. Ele está sempre contigo!
- Seja um imitador de Cristo. Seguir os Seus passos nos traz paz e nos conduz à vitória!

17 ABRIL

INTERCEDENDO POR UM IRMÃO

> Amado, oro para que você tenha boa saúde e tudo corra bem, assim como vai bem a sua alma.
>
> — 3 JOÃO 1:2

Ore mais pelos seus irmãos!

- Reserve um tempo todos os dias para orar pelos seus irmãos em Cristo, seja pela manhã, seja à tarde ou à noite.
- Anote os nomes e as necessidades dos seus irmãos regularmente. Isso ajudará a manter o foco e a consistência em suas intercessões.
- Ao encontrar um irmão, pergunte como você pode orar por ele e comprometa-se a fazê-lo imediatamente. Essa prática fortalece os laços de comunhão e cuidado.

Leia também

Estudo bíblico sobre oração

Em um mundo onde cada um só pensa em si, a importância da oração pelos nossos irmãos na fé nunca foi tão vital. O apóstolo João nos ensina em sua carta que a oração é um ato de amor e cuidado mútuo, como nos diz nessa passagem de 3 João 1:2.

Quando nos voltamos para Deus em intercessão pelos nossos irmãos, estamos demonstrando nossa preocupação não apenas com o bem-estar físico, mas também com a saúde espiritual deles. Nossas orações não apenas tocam o corpo, mas também a alma, nutrindo-a com a paz e a graça de Deus.

Oração é um ato poderoso de conexão com Deus. Quando elevamos nossos irmãos diante de Deus, estamos confiando-os aos cuidados do Todo-poderoso, aquele que pode curar, restaurar e abençoar abundantemente.

Em nossas orações, podemos pedir pela saúde física, mental e emocional de nossos irmãos, mas também podemos clamar por sua prosperidade em todas as áreas da vida. Que nossas palavras sejam como incenso suave diante de Deus, buscando não apenas o bem-estar, mas também a verdadeira prosperidade que vem de uma comunhão íntima com Ele.

Que possamos nos comprometer a levantar nossos irmãos em oração, lembrando-nos sempre das palavras de João e do amor que devemos ter uns pelos outros. Que nossas orações sejam um reflexo do amor divino que habita em nosso coração.

> **PARA ORAR:**
>
> Senhor, fortalece-nos para orarmos constantemente pelos nossos irmãos em Cristo. Que nossas intercessões sejam fonte de conforto, cura e fortalecimento espiritual para eles. Amém.

DEUS ESTÁ CONTIGO EM TODAS AS ESTAÇÕES

18 ABRIL

Na vida, as coisas mudam como as estações do ano. Às vezes, tudo parece triste como o inverno, mas então chega a primavera e vemos flores coloridas surgindo. Assim como essas flores, há momentos felizes em nossa vida. Nesse versículo de Cânticos 2:12, fala-se disso.

Quando ouvimos os pombos cantando, sabemos que a primavera chegou. É um lembrete de que coisas boas estão por vir, mesmo depois de tempos difíceis.

Do mesmo jeito, Deus está sempre conosco. Ele nos ajuda nos momentos ruins e nos traz alegria quando precisamos. Às vezes, pode parecer que Ele está quieto, mas Ele está sempre cuidando de nós.

Então, devemos confiar em Deus em todas as fases da vida, tanto nas boas quanto nas ruins. Assim como esperamos pela primavera depois do inverno, podemos esperar pela alegria que Deus nos traz, sabendo que Ele está sempre conosco, dando-nos esperança e conforto.

PARA ORAR:

Senhor, que possamos perceber Tua presença nas pequenas alegrias da vida, como as flores que desabrocham na terra. Dá-nos fé para confiar em Ti, mesmo nos momentos difíceis, sabendo que Tu és nosso refúgio. Que nossa gratidão a Ti seja constante, assim como o arrulhar dos pombos, lembrando-nos de Tua fidelidade. Amém.

> Aparecem flores na terra, e chegou o tempo de cantar; já se ouve em nossa terra o arrulhar dos pombos.
> — CÂNTICOS 2:12

Em todas as estações do ano Deus está presente!

- Aprenda a reconhecer os sinais da presença de Deus ao seu redor, assim como reconhecemos a chegada da primavera pelas flores e o canto dos pássaros.
- Lembre-se de que, assim como as estações mudam, também passaremos por diferentes fases na vida, sempre com a promessa da presença constante de Deus.
- Encontre momentos para louvar e agradecer a Deus, mesmo nos tempos difíceis, lembrando-se de que Ele é digno de louvor em todas as circunstâncias.

Leia também

VERSÍCULOS QUE VÃO MOSTRAR TODA A SUA GRATIDÃO

Bíblia on

19 ABRIL

ELE NUNCA O DEIXARÁ, NUNCA O ABANDONARÁ!

> "O próprio Senhor irá à sua frente e estará com você; ele nunca o deixará, nunca o abandonará. Não tenha medo! Não desanime!"
>
> — DEUTERONÔMIO 31:8

Ele nunca o deixará!

- Esforce-se numa comunhão maior com Deus. Quem O busca acha-O.
- Leia a Bíblia. Quando temos conhecimento das promessas — no que Deus já fez —, aumentamos a nossa fé e a vontade de avançar.
- Se tiver a sensação de estar sozinho, ore. Fale com Deus. Ele está acessível por meio do Seu Filho Jesus.

Esta foi uma palavra declarada por Moisés ao jovem Josué. Imagine liderar um povo na conquista de uma grande promessa! Só de pensar parece ser algo extremamente desafiador. Moisés, ao dirigir essas palavras a Josué, queria deixar bem claro que ele não estaria sozinho, pois o próprio Senhor estaria à sua frente.

Na verdade, essas palavras não são uma profecia, mas, sim, um testemunho. Moisés era testemunha viva de que Deus esteve à frente do seu povo. Desde a saída do Egito — até Canaã —, o Senhor não desamparou o seu povo. Deus é fiel e cumpre tudo o que diz; foi com essa certeza que Moisés incentivou Josué. O mesmo Deus que os tirou da escravidão iria guiá-los na posse da promessa.

Não tenha medo. Deus nunca nos deixará! Às vezes olhamos para trás e nos sentimos sós; na verdade, Deus está bem à nossa frente. Se quisermos seguir os Seus passos, estaremos sempre avançando. Deus não só está conosco, como também quer que avancemos nas Suas promessas. Não desanime, não tenha medo, o próprio Senhor irá à sua frente!

PARA ORAR:

Senhor Deus, Tu és fiel e não abandonas ninguém. Quero Te agradecer por estares comigo em todas as situações. Guia-me em direção às Tuas promessas. Em nome de Jesus, amém!

ELE TEM CUIDADO DE VOCÊ!

20 ABRIL

O dia a dia não é fácil: são tarefas, responsabilidades e prazos para cumprir. Toda essa pressão gera em nós uma expectativa exacerbada, tornando-nos ansiosos. Queremos tudo e "queremos para ontem", mas com Deus tudo tem o seu tempo.

A ansiedade não ajuda a conquistarmos as coisas; na verdade, só aumenta a falsa sensação de que a hora nunca chega. Não temos o controle do tempo, mas servimos ao Senhor, que controla tudo. Por isso, entregar as nossas expectativas a Deus é a melhor escolha que podemos fazer.

Ele é poderoso o suficiente para suportar as nossas angústias, eficaz em nos direcionar para um caminho de segurança e paz. Lance sobre Ele toda a sua ansiedade, porque Ele tem cuidado de você!

PARA ORAR:

Senhor, em Ti sei que posso descansar. Enquanto o mundo nos encurrala, Tu és a saída. Tira de mim a preocupação e a insegurança. Cobre-me com o Teu Espírito e guia-me em segurança. Em nome de Jesus, amém!

> Lancem sobre ele toda a sua ansiedade, porque ele tem cuidado de vocês.
> — 1 PEDRO 5:7

Tirando o peso da ansiedade

- Se o tempo é um problema, Deus é a solução. Busque a Deus, pois Ele agirá no momento certo!
- Quando buscamos a Deus, preenchemos o nosso coração de paz. Olhe para cima, e não para baixo.
- Deus é um refúgio seguro: a Sua Palavra nos dá segurança e afasta a incerteza.

Bíbliaon

21 ABRIL

VENCENDO A DOR DO ABANDONO

> Ainda que me abandonem pai e mãe, o Senhor me acolherá.
>
> — SALMOS 27:10

Receba o amparo de Deus hoje mesmo!

- Ore e coloque perante Jesus Cristo a dor do abandono que você sofreu.
- Procure conforto em Deus, por meio da leitura da Bíblia, da oração e da comunhão numa igreja evangélica séria.
- Se houve falhas ou traição, peça a Deus que o perdoe e que o ajude a perdoar.
- Partilhe com um pastor ou irmão mais maduro na fé a sua experiência e peça ajuda em oração.
- Quem o abandonou está perdendo a oportunidade de conviver com alguém muito especial... Limpe o coração de toda amargura e se alegre no amor de Deus!
- Ter sido rejeitado não o torna uma pessoa inferior ou sem valor. Reconheça o amor de Deus e o sacrifício de Cristo por você. Essa graça o torna muito precioso para o Senhor!

A experiência de ser abandonado é bastante traumática para qualquer pessoa. Infelizmente, em alguma medida, a maioria das pessoas já vivenciou alguma forma de abandono.

Há o abandono social, condição em que muitos menores de rua, pessoas com deficiência ou sem abrigo vivem; o abandono parental, quando os filhos são abandonados pelos pais; o abandono familiar ou nos relacionamentos, quando o cônjuge, noivo ou namorado se afasta sem se importar com a outra parte. Há, ainda, o abandono emocional, quando existe o sentimento de rejeição ou de afastamento daquele que se importava.

Qualquer que seja o tipo e se é essa a sua condição, lembre-se de que **Deus é aquele que o acolhe em qualquer situação**. Jesus Cristo conhece a sua dor, pois Ele também foi rejeitado, foi humilhado e traído pelos seus amigos mais chegados. Ele sofreu a terrível dor do abandono do Pai, na cruz, por mim e por você, por causa do nosso pecado. Cristo suportou essa dor para que hoje nós pudéssemos ser amparados e reconciliados com Deus, o Pai celestial. Por isso, não importa o que aconteceu a você, Deus o ama muito e quer acolhê-lo. Basta Nele crer!

PARA ORAR:

Senhor Deus, ajuda-me, porque fui abandonado e me sinto sozinho. Pai, cura e restaura o meu coração que foi entristecido pela rejeição. Ajuda-me a não me fechar para a vida por causa das más experiências que vivi no passado. Renova a minha fé, esperança e amor. Obrigado, porque aprendo na Tua Palavra que Tu me amas e jamais me abandonarás. Segura-me em Tuas mãos e caminha comigo neste dia. Em nome de Jesus, amém!

AMIGO DE DEUS

22 ABRIL

Ser amigo de Deus é uma bênção e um privilégio! Abraão mudou toda a sua vida desde que creu no Senhor. Isso envolveu uma mudança completa na sua vida: atitudes, esperança, expectativas e planos. Ele precisou exercer a sua fé e obediência para poder tornar-se um verdadeiro amigo do Eterno Deus.

A história de Abraão nos ensina que ter o Deus soberano como amigo significa mais que uma amizade superficial. Não é tentar manipular nem buscar o poder de Deus para o próprio benefício (como muitos amigos interesseiros o fazem!). Ser amigo de Deus implica confiar, amar e obedecer a Ele de coração.

> Cumpriu-se assim a Escritura que diz: "Abraão creu em Deus, e isso lhe foi creditado como justiça", e ele foi chamado amigo de Deus.
> — TIAGO 2:23

PARA ORAR:
Senhor Deus, ajuda-me a ser Teu amigo de verdade. Tu és meu Pai, meu Senhor e Salvador, mas também és meu melhor amigo. Quero corresponder à Tua amizade fiel e misericordiosa com fé, amor e obediência. Ensina-me a ser um bom amigo Teu e daqueles que estão à minha volta. Em nome de Jesus, amém!

Meu Amigo...

- Jesus concede-nos o privilégio de sermos Seus amigos pessoais. Decida responder a esse convite maravilhoso!
- Aproxime-se de Deus com fé e sinceridade — leia Hebreus 11:6.
- Pode confiar! Jesus é o amigo perfeito; com Ele você pode contar sempre!
- Encontre em Deus verdadeiro alento, companhia e amor — faça Dele seu maior e melhor amigo.
- Obedeça à Palavra — Jesus disse que seria nosso amigo se Lhe obedecermos (João 15:14).
- Abra mão da amizade com o mundo e estreite sua amizade com Deus — leia Tiago 4:4.

Bíbliaon

23 ABRIL

SEGUINDO JESUS

> As minhas ovelhas ouvem a minha voz; eu as conheço, e elas me seguem.
> — JOÃO 10:27

Comece a seguir Jesus hoje!

- Dedique sua vida a Jesus, reconhecendo-O como seu Salvador.
- Leia a Bíblia, para ouvir a voz de Deus.
- Tire tempo para orar (isso vai ajudar você a reconhecer a voz de Jesus).
- Peça a orientação de Deus na sua vida.
- Obedeça aos mandamentos de Deus.

Jesus disse que suas ovelhas fazem duas coisas: ouvem-no e o seguem. Deus guia quem é salvo. É um grande privilégio poder ouvir a voz de Deus por meio da Bíblia e do Espírito Santo, mas isso não basta. Precisamos obedecer.

Quando reconhecemos a voz de Deus, devemos prestar atenção ao que Ele diz. Muitas pessoas ouvem a Palavra de Deus, mas escolhem ignorá-la, para continuar a viver no pecado. Quem faz isso não está vivendo como discípulo. Ser discípulo significa ser seguidor de Jesus, assim como uma ovelha segue seu pastor. E, quando seguimos Jesus, nossa vida é transformada!

PARA ORAR:

Senhor, eu sei que Tu és meu pastor, que cuidas de mim. Quero aprender a reconhecer quando estás falando comigo. Por favor, me ajuda a escutar Tua palavra e a obedecer. Mostra-me como devo viver e me dá força para seguir Jesus. Amém.

Bíblia on

O SENHOR DOS EXÉRCITOS ESTÁ CONTIGO

24 ABRIL

Sinta-se fortalecido e encorajado pelo poderoso exército do Senhor que está ao seu lado. Assim como o versículo de Joel 2:11 nos lembra, o Senhor está à frente, liderando e protegendo aqueles que O seguem.

Imagine o poder que está à sua disposição quando você se coloca sob a proteção do Altíssimo. Não há adversidade que possa derrotá-lo quando você caminha com fé e obediência aos mandamentos do Senhor.

Não tema os desafios que possam surgir em seu caminho. Lembre-se de que o dia do Senhor é grande e terrível para aqueles que se opõem a Ele, mas, para aqueles que Lhe obedecem, é um dia de vitória e redenção.

Deixe que a voz do Senhor ecoe em sua vida, guiando-o com sabedoria e discernimento. Esteja confiante de que, com Deus à frente do seu exército, você é mais do que vencedor em todas as batalhas que enfrentar!

Que a sua fé seja renovada e que você encontre forças para prosseguir, sabendo que o Senhor está sempre com você, pronto para capacitá-lo e conduzi-lo à vitória.

> *O Senhor levanta a sua voz à frente do seu exército. Como é grande o seu exército! Como são poderosos os que obedecem à sua ordem! Como é grande o dia do Senhor! Como será terrível! Quem poderá suportá-lo?*
> — JOEL 2:11

O Senhor dos Exércitos está contigo!

- **Busque a liderança de Deus:** Coloque o Senhor à frente de suas decisões e ações, permitindo que Ele guie seu caminho com sabedoria e direção.
- **Obedeça aos mandamentos de Deus:** Esteja pronto para obedecer aos ensinamentos de Deus em sua vida diária, confiando na Sua orientação para enfrentar desafios.
- **Mantenha-se firme na fé:** Cultive uma fé inabalável, lembrando-se do poder e da proteção que o Senhor oferece àqueles que confiam Nele.

Leia também

Proteção de Deus: 4 verdades em nossa vida

PARA ORAR:

Senhor, fortalece-me com Tua sabedoria, guia-me com Tua luz. Que minha fé seja inabalável diante das adversidades. Enche meu coração de amor e compaixão para com o próximo. Que em cada passo eu sinta Tua presença e confie em Tua vontade. Amém.

25 ABRIL

CRESCENDO COM FUNDAMENTO

> Toda a Escritura é inspirada por Deus e útil para o ensino, para a repreensão, para a correção e para a instrução na justiça, para que o homem de Deus seja apto e plenamente preparado para toda boa obra.
> — 2 TIMÓTEO 3:16-17

Crescer na vida com base na Palavra de Deus é seguir um caminho de mudança e felicidade completa. A Bíblia nos dá conselhos e ensinamentos que podem nos ajudar em tudo o que fazemos.

Primeiro, é importante orar e ler a Bíblia todos os dias. Assim como precisamos de comida para crescer, precisamos da Palavra de Deus para alimentar nossa alma. Quando lemos a Bíblia, nos aproximamos de Deus e entendemos o que Ele quer para nós.

A Bíblia nos ensina a confiar em Deus em vez de confiar só na nossa própria inteligência. Devemos pedir a Deus para nos guiar e nos ajudar em tudo que fazemos.

Além disso, aprendemos sobre amor, perdão e ajudar o próximo. Jesus nos disse para amar a Deus e amar as pessoas como amamos a nós mesmos. Isso significa ser gentil e ajudar quem precisa. Aplicar esses fundamentos nos torna seguidores de Jesus.

Quando colocamos esses ensinamentos em prática todos os dias, nossa vida melhora em todos os sentidos: espiritualmente, emocionalmente, no relacionamento e no trabalho. A Palavra de Deus nos guia para viver com propósito e esperança, tornando-nos pessoas melhores e mais felizes.

Crescendo com base

- Ore diariamente e leia a Bíblia para fortalecer sua conexão com Deus e entender Seu propósito para sua vida.
- Confie em Deus em vez de depender apenas da própria compreensão, buscando Sua orientação em todas as decisões.
- Pratique amor, perdão e serviço ao próximo, seguindo o exemplo de Jesus Cristo, ajudando aqueles que precisam.

Leia também

Propósito de Deus: como descobrir e entender o seu (reflexão bíblica)

PARA ORAR:
Senhor, guia-me em cada passo que eu der. Fortalece minha fé, concede-me sabedoria para tomar decisões e amor para com todos. Que minha vida reflita Tua luz e amor, e que eu seja Teu instrumento neste mundo. Amém.

QUEM PASSA PELA PROVAÇÃO É APROVADO

26 ABRIL

Estar vivo é ser frequentemente colocado à prova. As provações podem parecer montanhas intransponíveis, mas cada desafio é uma forma de fortalecermos a nossa fé. A Bíblia nos lembra, ao ler esse versículo de Tiago 1:12, que cada obstáculo que enfrentamos é uma oportunidade para demonstrarmos a nossa confiança inabalável no poder de Deus. É nos momentos mais difíceis que Ele se revela como o nosso refúgio e fortaleza, um socorro bem presente na angústia. Quando nos apoiamos Nele, passamos a reagir inteligentemente, enfrentando os nossos problemas com coragem.

É importante lembrar que as provações não são um sinal de que "Deus nos abandonou", mas uma oportunidade para o nosso amadurecimento espiritual. Assim como o ouro é refinado no fogo, nós também somos aprimorados nas dificuldades. Deus não nos prometeu uma vida isenta de desafios, mas prometeu estar conosco em cada passo do caminho.

Não desanimemos diante das provações, pois sabemos que, por meio delas, estamos sendo preparados para algo maior. Que possamos encarar cada desafio com fé e coragem, confiando plenamente no amor e na soberania de Deus. Pois quem passa pela provação é aprovado, recebendo a coroa da vida que o Senhor prometeu aos que O amam.

> **PARA ORAR:**
> Senhor, fortalece-me nas provações, guia-me com Tua luz, que minha fé se fortaleça em Ti. No poderoso nome de Jesus, amém.

Feliz é o homem que persevera na provação, porque depois de aprovado receberá a coroa da vida, que Deus prometeu aos que o amam.

— TIAGO 1:12

Passe pela provação e seja aprovado!

- **Perseverança na oração:** Durante as provações é fundamental manter uma vida de oração constante.
- **Busque encorajamento na Bíblia:** Passagens que falem sobre fé, esperança e superação podem nos inspirar e fortalecer nossa fé durante os tempos difíceis.
- **Compartilhe suas experiências:** Encontrar apoio e encorajamento em uma comunidade de fé é essencial.

Leia também

VERSÍCULOS BÍBLICOS PARA ENCORAJAR NOS TEMPOS DIFÍCEIS

SÓ VIVE O PROPÓSITO QUEM SUPORTA O PROCESSO (REFLEXÃO BÍBLICA)

Bíblia on

27 ABRIL

AS MISERICÓRDIAS DE DEUS RENOVAM-SE A CADA MANHÃ!

O que seria de nós sem a misericórdia de Deus? Nosso rumo certamente seria a destruição, a condenação eterna. **O amor de Deus é o motivo de não sermos consumidos.**

A cada manhã as misericórdias do Senhor se renovam sobre nós. E é graças ao Seu grande amor que estamos vivos neste dia! Seja grato por mais um dia e confie na fidelidade de Deus.

Ser grato ao Senhor é uma ótima forma de começar o dia. Quando estimulamos o nosso coração a louvar e a agradecer a Deus, estamos reconhecendo tudo o que o Senhor fez por nós.

O reconhecimento é uma forma de louvor, e a gratidão, uma forma de oferta. Deus quer se relacionar conosco e todo dia é dia de falar com Ele!

> Graças ao grande amor do Senhor é que não somos consumidos, pois as suas misericórdias são inesgotáveis. Renovam-se cada manhã; grande é a sua fidelidade!
> — LAMENTAÇÕES 3:22-23

Começando bem o dia

- Ao despertar, faça uma oração agradecendo a Deus pelo momento de descanso e pela oportunidade de se levantar para mais um dia.
- Aproveite o momento do café para fazer uma breve leitura bíblica.
- Comece as tarefas do dia ouvindo um louvor como música ambiente; aproveite e louve também!

PARA ORAR:
Senhor Deus, muito obrigado pelo privilégio de aproveitar mais um dia. Como é bom entrar na Tua presença e falar Contigo. Sei que me ouves e me amas e por isso sou grato a Ti por tudo! Amém.

O QUE PASSA NO SEU CORAÇÃO?

28 ABRIL

Na vida, é fácil perder-se nas correntes das preocupações, dos desafios e das ansiedades que nos cercam. Mas, em meio a isso tudo, o Senhor nos chama para refletir sobre o que realmente está enraizado em nosso coração.

O que tem ocupado o espaço em nosso coração? Será que são preocupações passageiras, ambições vazias ou mesmo mágoas que nos impedem de avançar? Ou será que permitimos que a fé, a esperança e o amor genuíno tenham morada em nosso ser?

É preciso buscar constantemente a presença de Deus. Devemos permitir que Sua Palavra seja a luz que ilumina nossos caminhos, que Seu amor seja o alicerce de nossa vida e que Sua graça nos fortaleça diante das adversidades.

Ao nos dedicarmos a cultivar um coração puro e voltado para Deus, descobrimos uma fonte inesgotável de paz e motivação. Que entreguemos a Ele tudo o que nos perturba e que Sua presença transforme nosso coração, tornando-nos instrumentos de Seu amor e misericórdia neste mundo.

Que a cada batida do nosso coração sintamos a presença amorosa de Deus, guiando-nos e fortalecendo-nos em nossa jornada de fé. Que possamos viver cada dia com gratidão, confiança e esperança, sabendo que Deus está conosco em todos os momentos, cuidando de nós e capacitando-nos a viver uma vida plena em Seu amor.

> **PARA ORAR:**
> Senhor, purifica-me, renova-me e guia-me conforme Tua vontade. Enche-me do Teu amor para que eu possa amar como Tu amas. Concede-me forças para enfrentar os desafios e fé para confiar em Ti em todos os momentos. Amém.

Acima de tudo, guarde o seu coração, pois dele depende toda a sua vida.
— PROVÉRBIOS 4:23

Ocupe o seu coração com Deus!

- Medite na Palavra de Deus para nutrir e fortalecer seu coração espiritualmente.
- Pratique a gratidão, substituindo preocupações por momentos de louvor a Deus.
- Busque o perdão, liberando mágoas e permitindo que o amor de Deus renove seu coração e seus relacionamentos.

Leia também

Versículos lindos sobre o amor de Deus que vão tocar seu coração

Orações para acalmar o coração (e encontrar paz)

Bíblia on

29 ABRIL

DEUS O CAPACITA A LIDAR COM TUDO QUE A VIDA TROUXER

Mas em todas estas coisas somos mais que vencedores, por meio daquele que nos amou.
— ROMANOS 8:37

"**Mais que vencedores...**" Pense na ideia de completude que esse versículo retrata a vitória que recebemos: **"em todas as coisas"**. Não é somente em determinados tipos de problemas, doenças ou lutas, mas em todas as coisas! Que maravilha saber que através do amor de Deus, em Jesus, podemos **vencer tudo que a vida nos trouxer**... Em todas as aflições que surgirem, lembre-se: Jesus venceu na cruz, ressuscitou, o ama e intercede por você!

Ser "mais que vencedor" não significa não ter dificuldades. Significa crer que Jesus está com você no barco, no meio da tempestade... Ele amou-nos, lutou em nosso lugar, venceu e compartilha conosco a Sua vitória. Além disso, Jesus venceu todos os males que poderiam nos separar do Amor de Deus e da Vida Eterna. Toda acusação do inimigo, todo poder das trevas, toda maldição, pecado e dor: Cristo venceu!

Ele o ajuda e lhe dá forças para vencer cada dia novo, cada problema e tribulação. Lembre-se: **nada poderá separar você do amor de Deus, em Cristo Jesus! Creia!**

Você é mais que vencedor!

- A vitória de Jesus é completa, apesar das aflições momentâneas dessa vida.
- Mantenha seu amor, fé e esperança firmes em Deus hoje e sempre!
- Ore e clame a Deus! Apresente-Lhe as suas dificuldades e temores.
- Leia Romanos 8. Medite e reflita sobre como deve ser a sua esperança na vitória.

Leia também

Somos mais que vencedores

PARA ORAR:

Senhor, graças Te dou pela vitória total de Cristo sobre o mundo, o pecado e a morte. Obrigado pelo Teu amor, que é forte, invencível e me conquistou para sempre. Ajuda-me a confiar em Ti todos os dias, e assim experimente vitórias pela Tua graça. Senhor Deus, nunca me deixes esquecer de que me ajudas a vencer todas as dificuldades que eu enfrentar. Te amo e Te louvo, em nome de Jesus. Amém!

COMO É BOM PODER ACORDAR

30 ABRIL

Como é bom poder acordar! A cada manhã, Deus nos dá a oportunidade de começar de novo, de viver mais um dia em Sua presença e experimentar Suas bênçãos. Ao abrir os olhos, somos presenteados com o milagre da vida, algo que muitas vezes tomamos como garantido. Cada despertar é uma nova chance de agradecer a Deus por Seu amor, misericórdia e cuidado.

Acordar significa que Deus ainda tem um propósito para nós. Há tarefas a cumprir, pessoas a amar e desafios a superar. Cada dia é um presente, uma página em branco onde podemos escrever nossa história de fé e serviço ao próximo. Quando entendemos que cada manhã é uma dádiva divina, nosso coração se enche de gratidão e alegria.

A gratidão transforma a maneira como vemos o mundo. Em vez de nos focarmos nas dificuldades, passamos a enxergar as pequenas bênçãos que Deus coloca em nosso caminho. O canto dos pássaros, o sol que brilha, o abraço de um ente querido – todas essas são manifestações do amor de Deus por nós.

Começar o dia com uma oração é uma forma de reconhecer a bondade de Deus. Pedir Sua orientação e proteção nos dá forças para enfrentar as adversidades com fé e esperança. Quando colocamos nosso dia nas mãos de Deus, sentimos uma paz que ultrapassa todo o entendimento.

Que cada manhã seja uma lembrança da fidelidade de Deus e uma oportunidade de retribuir Seu amor. Como é bom poder acordar e saber que somos amados por um Deus tão maravilhoso! Que possamos viver cada dia para a Sua glória, sendo luz e sal neste mundo.

> Este é o dia em que o Senhor agiu; alegremo-nos e exultemos neste dia.
> — SALMOS 118:24

Deus, obrigado por mais um dia

- **Agradeça a Deus:** Comece o dia com gratidão, reconhecendo Suas bênçãos em sua vida.
- **Ore e busque direção:** Peça orientação e proteção a Deus para enfrentar os desafios diários.
- **Espalhe amor e bondade:** Seja uma luz para os outros, mostrando o amor de Deus através de suas atitudes.

Leia também

BOM-DIA ABENÇOADO: 53 MENSAGENS E FRASES COM A PAZ DE DEUS

PARA ORAR:
Senhor, obrigado por mais um dia de vida. Guia meus passos e abençoa minhas ações. Que eu possa refletir Teu amor e graça em tudo que faço. Fortalece minha fé e dá-me sabedoria para enfrentar os desafios. Que eu seja luz e bênção na vida de quem eu encontrar. Em nome de Jesus, amém.

DEVOCIONAL DIÁRIO

MAIO

QUANDO O DESAFIO ESTÁ DENTRO DE CASA

1º MAIO

A vida familiar pode ser repleta de desafios e problemas que parecem insuperáveis. No entanto, não estamos sozinhos nessa jornada. Nos momentos de dificuldade em casa, **Deus está pronto para nos fortalecer e nos sustentar**.

A Palavra de Deus nos encoraja a confiar Nele em todos os momentos, inclusive nas situações familiares difíceis. Quando confiamos em Deus e Lhe entregamos nossas preocupações, Ele nos guia e nos dá sabedoria para enfrentar as adversidades em nosso lar.

Em Filipenses 4:6-7, Paulo nos exorta a "não ficarmos ansiosos, mas em tudo, pela oração e súplica, apresentarmos nossas necessidades a Deus". **A oração é uma poderosa ferramenta para lidar com os problemas familiares.**

Quando enfrentamos desafios em casa, também é importante buscar apoio de outros irmãos na fé. A comunhão com outros cristãos pode trazer encorajamento e bom aconselhamento. Juntos podemos nos fortalecer e ajudar uns aos outros a suportar os problemas em nossas famílias.

Lembre-se de que Deus está ao seu lado em cada batalha familiar. Ele é a nossa fonte de força e refúgio seguro. Ao enfrentar os problemas em casa com fé e confiança em Deus, você encontrará a força necessária para superar cada desafio que surgir em seu caminho.

> *Vinde a mim, todos os que estais cansados e sobrecarregados, e eu vos aliviarei.*
> — MATEUS 11:28

Encontrando força para superar os desafios caseiros

- **Confie em Deus:** Coloque sua confiança em Deus, entregue seus problemas familiares a Ele. Lembre-se de que Ele é o nosso refúgio e fortaleza.
- **Ore sem cessar:** Mantenha uma vida de oração constante, apresentando a Deus suas necessidades e preocupações em relação à sua família. Busque a direção de Deus e peça Sua sabedoria para lidar com os desafios em casa.
- **Busque apoio:** Não tente enfrentar os problemas familiares sozinho. Busque o apoio e a comunhão de outros irmãos na fé.

PARA ORAR:

Querido Deus, obrigado por ser meu refúgio e fortaleza em tempos de dificuldade. Ajuda-me a confiar em Ti em todas as circunstâncias e a buscar Tua orientação. Fortalece-me para suportar os problemas em casa e guia-me para encontrar soluções. Em nome de Jesus, amém.

2 MAIO

CUIDADO COM A FALSIDADE!

> O Senhor diz: "Esse povo se aproxima de mim com a boca e me honra com os lábios, mas o seu coração está longe de mim. A adoração que me prestam é feita só de regras ensinadas por homens".
>
> — ISAÍAS 29:13

Algumas pessoas não se importam de adquirir produtos falsificados. Sentem-se bem em exibir um nome de uma grande marca, mesmo sabendo que aqueles artigos, roupas ou eletrônicos não são originais. Para esses o que importa é a aparência das coisas. Mas há uma área em que, provavelmente, todos somos avessos à falsidade: nos relacionamentos. Ninguém admira amizades falsas. Ficamos tristes quando descobrimos que alguém nos trata falsamente, não é verdade? Mas e o nosso relacionamento com Deus?

Se devemos ser pessoas verdadeiras e honestas nas nossas relações pessoais, muito mais isso deve acontecer na nossa vida com Deus. Não somente porque Ele é o Senhor e merece o melhor que há em nós, mas também porque Ele é a Verdade (João 14:6) e sabe, de fato, se o que falamos é sincero ou não. Deixemos o engano de lado! Adore a Deus e se aproxime Dele em espírito e em verdade, com um coração íntegro e lábios sinceros...

Avaliando a sinceridade do meu coração

- **Faça um balanço pessoal:** Você é uma pessoa verdadeira?
- **Analise as suas orações e seus louvores:** O que você fala ou canta para Deus é verdade?
- Ore e peça para Deus que lhe mostre quem realmente é você.
- Peça perdão se reconhece que não tem sido totalmente sincero com o Senhor.
- É bem provável que, a partir daquilo que descobrir, você precise fazer algumas mudanças internas que ressoarão em mudança de atitude.
- Releia o versículo de hoje e veja também outras passagens que nos alertam sobre **o perigo da hipocrisia** (Salmos 78:35-36; Provérbios 26:23; Ezequiel 33:31-32; Mateus 7:21; Marcos 7:6; Tito 1:16). Medite sobre como evitar falar falsamente (1 Timóteo 6:11).
- Busque aproximar o seu coração a Deus. Isso se faz por meio de uma amizade verdadeira com Ele. Trata-se de uma caminhada diária...

PARA ORAR:

Senhor Deus, reconheço que nem sempre falo com sinceridade. Perdoa-me por isso e ajuda-me a ser uma pessoa verdadeira e honesta. Ensina-me a ser mais semelhante a Jesus Cristo na minha postura, nos meus relacionamentos em casa, no trabalho, na igreja e por onde eu for. Mas principalmente, e acima de tudo, ser leal na minha caminhada Contigo. Ajuda-me a fazer a diferença, com valores e atitudes que te honrem e glorifiquem. Em nome de Jesus, eu oro e agradeço, amém!

Bíbliaon

MANTENHA-SE FOCADO EM DEUS!

3 MAIO

Hoje, mais do que nunca, temos à nossa disposição inúmeros atrativos e distrações, à distância de um clique! Parece que o mundo todo deseja tirar nossa atenção do que é importante, atraindo-a para coisas supérfluas, vãs e sem sentido. Mesmo assim, nada disso é capaz de preencher-nos nem satisfazer os anseios e dificuldades que trazemos no coração...

Por isso, tire suas ideias e confiança das coisas passageiras desta terra e ponha-as no alto, no Altíssimo...

Foque sua mente em Cristo e mantenha-a focada Nele! Tudo mudará em sua vida se olhar para cima; persevere entregando-se ao Senhor com fé e amor. O socorro virá do alto (de Deus!), não deste mundo.

Mas entenda: é difícil pensar nas coisas celestiais quando uma enxurrada de notícias sensacionalistas, *fake news*, entretenimentos, fofocas e tantas informações inúteis chegam até nós. Quando deixamos a nossa mente à deriva na imensidão de informações dispensáveis, corremos o risco de perder de vista o que é principal.

> **PARA ORAR:**
> Senhor nosso Deus, ajuda-me a manter meus pensamentos focados nas coisas do Alto, na Tua Palavra, e não neste mundo mau e passageiro. Que eu possa raciocinar tendo a mente transformada por Teu amor e graça. Limpa-me! E perdoa-me por perder tanto tempo enchendo a cabeça com distrações e coisas tão inúteis. Ensina-me a aproveitar melhor o tempo de vida que me dás, para amar e servir ao Senhor e ao meu próximo... Em nome de Jesus, amém!

> *Mantenham o pensamento nas coisas do alto, e não nas coisas terrenas.*
> — COLOSSENSES 3:2

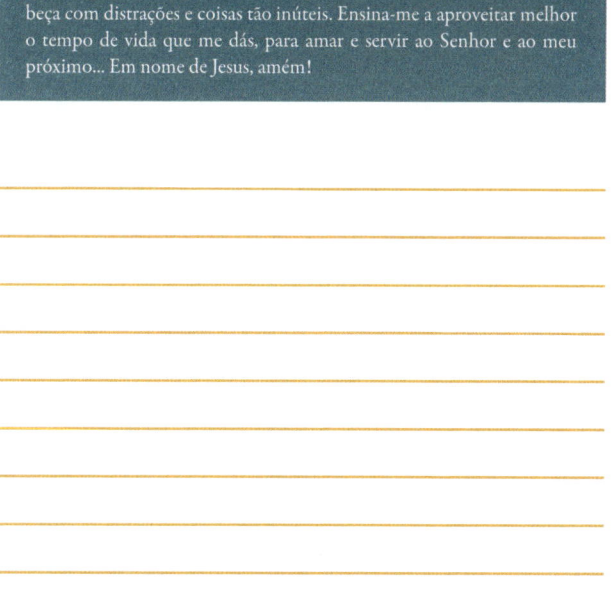

Mantenha seu foco em Jesus!

- **Pense em Cristo!** Esteja focado no Reino de Deus e na Sua Justiça (Mat. 6:33); todo o resto deve ter importância secundária na sua vida.
- **Seja seletivo!** É importante sermos informados e conhecedores das atualidades (até para orar e dialogar com outros). Mas sem excesso! Não fique alucinado com demasiada informação desnecessária.
- **Purifique seus pensamentos!** Veja se o que povoa a sua mente combina com o que ensinam a Bíblia e o Espírito Santo... Se não, descarte logo!
- **Deus em 1º lugar!** Leia a Bíblia e faça dela a sua prioridade no dia. **A fé e o conhecimento provenientes o manterão estabilizado nas tempestades da vida.**
- **Ore mais!** Gaste mais tempo na presença de Deus e menos nas redes sociais. Pense em Deus frequentemente durante o seu dia. **Medite, ore e ouça o Senhor por meio da Sua Palavra.**

Bíbliaon

4
MAIO

PRATICANDO A FRATERNIDADE

> Dediquem-se uns aos outros com amor fraternal. Prefiram dar honra aos outros mais do que a vocês.
> — ROMANOS 12:10

Amando o próximo

- Esteja atento às necessidades dos outros e ofereça ajuda prática sempre que possível, mostrando que você se importa genuinamente com o seu bem-estar.
- Demonstre respeito e honra pelos outros, reconhecendo suas habilidades, conquistas e dignidade como seres humanos criados à imagem de Deus.
- Invista tempo e esforço em construir relacionamentos baseados no amor fraternal, onde haja espaço para apoio nos momentos difíceis.

Leia também

QUEM É O MEU PRÓXIMO SEGUNDO A BÍBLIA

Na vida cristã, somos ensinados a amar as pessoas ao nosso redor como amamos a nós mesmos. Isso significa cuidar, ajudar e respeitar uns aos outros como se fôssemos uma grande família. Esse versículo de Romanos 12:10 nos lembra disso.

Quando amamos as pessoas como irmãos e irmãs, estamos seguindo o exemplo de Jesus, que nos mostrou como fazer isso. Ele nos ensinou a colocar o próximo em primeiro lugar, a valorizar cada pessoa e a tratá-las com respeito e carinho.

Então, devemos tentar sempre ser bons uns com os outros, mesmo quando é difícil. Isso significa ajudar quando alguém precisa e celebrar as vitórias dos outros como se fossem nossas próprias. Quando agimos assim, estamos mostrando ao mundo o amor de Deus em ação.

Lembremo-nos sempre de tratar os outros com gentileza e respeito, porque todos somos importantes aos olhos de Deus. Quando amamos uns aos outros como família, estamos vivendo o propósito que Deus tem para nós e fazendo do mundo um lugar melhor para todos.

PARA ORAR:

Senhor, que o Teu amor guie cada passo do meu caminho. Ajuda-me a amar o próximo como a mim mesmo, a mostrar compaixão e bondade a todos. Capacita-me a honrar e respeitar cada pessoa, refletindo o Teu amor em todas as minhas ações. Amém.

ESPÍRITO DA VERDADE X ESPÍRITO DO ERRO

5 MAIO

Todas as ovelhas conhecem a voz do seu pastor (João 10:27). Quem conhece a Palavra de Deus percebe quando alguma voz soa estranha. Por meio da Bíblia, temos as diretrizes do que procede ou não de Deus.

Quem não tem a Palavra como referência se expõe ao risco de obedecer a qualquer voz. Toda voz que não corresponde à Palavra de Deus pode nos induzir ao erro. Por isso, é muito importante estarmos atentos e discernirmos tudo o que escutamos (Atos 17:11).

Só podemos discernir o espírito do erro se conhecemos o Espírito da verdade.

> Nós viemos de Deus, e todo aquele que conhece a Deus nos ouve; mas quem não vem de Deus não nos ouve. Dessa forma reconhecemos o Espírito da verdade e o espírito do erro.
> — 1 JOÃO 4:6

PARA ORAR:
Senhor, a Tua palavra guia-me em meio à escuridão, a Tua presença afasta-me do engano. Quero continuar a ser guiado pelo Teu Espírito. Em nome de Jesus, amém.

Sendo conduzido pelo Espírito da verdade

- Busque a Verdade, busque a Palavra de Deus.
- Não existem "meias verdades". Caso esteja em dúvida quanto a algo, consulte a Palavra de Deus.
- A luz dissipa a escuridão. A Verdade afasta o engano.

Bíbliaon

6 MAIO

TER A PACIÊNCIA DE JÓ

> Alegrem-se na esperança, sejam pacientes na tribulação, perseverem na oração.
>
> — ROMANOS 12:12

Tenha paciência, persevere e tenha fé em Deus!

- Fortaleça a fé com oração e estudo da Palavra de Deus diariamente.
- Enfrente as adversidades com humildade, confiança e esperança. Deus está no controle!
- Lembre-se de que o sofrimento não é o fim da história; Deus restaura e abençoa.

Leia também

- Reflexão bíblica sobre paciência
- Versículos que mostram que Deus está no controle de tudo
- Frases que mostram que vai dar tudo certo pois Deus está no controle

---

Quem não quer ter a paciência de Jó? Jó, um homem íntegro e temente a Deus, passou por terríveis provações em sua vida. Ele perdeu seus filhos, sua saúde e sua riqueza, enfrentando sofrimentos indescritíveis. No entanto, ele manteve sua fé inabalável e sua paciência diante das adversidades.

A paciência de Jó é um exemplo inspirador de como devemos lidar com as tribulações que surgem em nosso caminho. Em vez de questionar a Deus ou perder a esperança, **Jó se humilhou diante do Senhor e continuou confiando em Sua soberania**. Ele reconheceu que a vida é repleta de altos e baixos, mas sua confiança em Deus permaneceu firme.

A paciência de Jó nos ensina a perseverar na fé, mesmo quando não entendemos os propósitos de Deus. Ela nos lembra de que o sofrimento não é o fim da história, mas apenas uma parte dela. Assim como Jó foi restaurado e abençoado após suas provações, Deus também pode nos restaurar e abençoar abundantemente quando confiamos Nele.

Em meio às dificuldades da vida, busquemos ter a paciência de Jó, mantendo nossa fé e confiando nos planos de Deus. Por meio da paciência, encontramos força, esperança e a promessa de que Deus está trabalhando em nosso favor, mesmo nos momentos mais complicados. Que sigamos o exemplo de Jó e perseveremos, sabendo que **a recompensa da fé está além de qualquer sofrimento que possamos enfrentar**.

PARA ORAR:

Senhor, concede-me paciência para suportar as provações, confiança em Teu plano e humildade para seguir Teus caminhos. Em nome de Jesus, amém.

O PLANO DE DEUS SEMPRE DÁ CERTO!

7 MAIO

Quantas vezes planejamos algo, nos preparamos e no final das contas falhamos? Nem sempre os nossos planos dão certo. O motivo, muitas vezes, é porque não colocamos Deus em nossos planos, assim como lemos nesta passagem de Provérbios 16:3.

Sim, Deus quer ser colocado nos nossos planos e sonhos. Convide-O para fazer parte dos seus projetos. Mais do que participar, Ele quer realizar grandes coisas na sua vida! Os planos de Deus não falham e são melhores que os nossos. Confie em Deus e convide-o para fazer parte dos seus objetivos.

> **Consagre ao Senhor tudo o que você faz, e os seus planos serão bem-sucedidos.**
> — PROVÉRBIOS 16:3

PARA ORAR:
Senhor Jesus, meus sonhos parecem distantes, mas sei que Tu és poderoso para realizá-los. Conduz a minha vida segundo os Teus planos. Sei que os Teus planos são maiores e melhores que os meus, por isso estou nas Tuas mãos. Amém.

Colocando Deus em nossos planos

- Abra o seu coração com Cristo Jesus. Fale dos seus sonhos e desejos. Ele é o seu verdadeiro amigo.
- Permita que Deus conduza a sua vida por meio da Palavra eficaz, a Bíblia.
- Busque comunhão com Ele. Esteja atento à Sua voz.

8 MAIO

RENOVANDO A MENTE E O CORAÇÃO

> Quanto à antiga maneira de viver, vocês foram ensinados a despir-se do velho homem, que se corrompe por desejos enganosos, a serem renovados no modo de pensar e a revestir-se do novo homem, criado para ser semelhante a Deus em justiça e em santidade provenientes da verdade.
>
> — EFÉSIOS 4:22-24

Em Efésios 4:22-24, somos instruídos a abandonar nosso antigo modo de viver, marcado pela corrupção dos desejos enganosos, e a nos renovar na atitude da nossa mente. Esse chamado à renovação não é apenas uma mudança superficial, mas uma transformação profunda que afeta a essência de quem somos.

A Palavra nos exorta a nos despojar do velho homem, corrompido pelos enganos do mundo, e a nos revestir do novo homem, criado à imagem de Deus, na verdadeira justiça e santidade.

"Portanto, se alguém está em Cristo, é uma nova criação. As coisas antigas já passaram; eis que surgiram coisas novas!" — 2 Coríntios 5:17.

2 Coríntios 5:17 nos assegura que, em Cristo, somos novas criaturas; o velho passou, e eis que tudo se fez novo. Essa transformação não é apenas uma troca exterior, mas uma renovação interior que ocorre no âmago da nossa existência. Quando aceitamos Jesus como Senhor e Salvador, Ele inicia um processo de renovação em nós, restaurando-nos à imagem que Deus planejou desde o princípio.

Renovar a mente não é apenas mudar pensamentos, mas permitir que a verdade de Deus permeie nossos pensamentos, atitudes e comportamentos. É um convite para alinhar nossa mente com a Palavra de Deus, deixando que Sua verdade nos molde, purifique e conduza a uma vida que reflita Seu caráter.

Que possamos, diariamente, buscar a renovação da nossa mente em Deus, permitindo que Ele transforme cada aspecto de quem somos. Que a graça de Cristo nos guie na jornada de renovação, para que possamos viver uma vida que glorifica a Deus em justiça e santidade.

Renove a sua mente hoje!

- Dedique tempo diário para estudar a Bíblia. Permita que a Palavra viva permeie sua mente e renove o seu interior.
- Identifique e abandone padrões de vida antigos e corrompidos. A verdadeira renovação começa quando nos despojamos do velho para abraçar o novo em Cristo.
- Fortaleça sua conexão com Deus por meio da oração e comunhão constantes. Busque por santidade e renove a sua vida.

PARA ORAR:

Senhor, ajuda-me a identificar e abandonar os padrões antigos, despojando-me do velho homem. Que minha comunhão Contigo seja constante, fortalecendo minha transformação. Conduze-me, Espírito Santo, para que minha vida reflita Tua justiça e santidade. Em nome de Jesus, amém.

Leia também

- Estudos Bíblicos: estudos evangélicos organizados por tema
- O poder do Espírito Santo em nossa vida (estudo bíblico)

SOSSEGUE O SEU CORAÇÃO...

9 MAIO

Por vezes, atravessamos momentos de grande desespero e agonia. São situações difíceis que ocorrem em nossa vida que trazem grande aperto e aflição. De repente, esquecemos e tentamos resolver do nosso jeito, sem esperar em Deus...

Certa vez, os discípulos de Jesus também enfrentaram um momento semelhante. Estavam num barco, em alto-mar, quando veio uma grande tempestade, a ponto de temerem o pior. Esqueceram que o Senhor, que controla todas as coisas, estava com eles no barco e tudo pode fazer. Mas clamaram por Ele e tudo foi resolvido!

Assim também acontece conosco: se temos Jesus no "barco", não precisamos temer o mal. Se Deus está no controle da nossa vida, podemos confiar e descansar, pois Ele cuida de tudo... Se amamos a Deus, todas as coisas vão cooperar para o nosso bem. Ele é o Deus do impossível que acalma as tormentas e o sustenta para prosseguir. Confie e se alegre em Jesus, pois Ele guiará você ao porto desejado!

> *Reduziu a tempestade a uma brisa e serenou as ondas. As ondas sossegaram, eles se alegraram, e Deus os guiou ao porto almejado.*
> — SALMOS 107:29-30

PARA ORAR:

Senhor, ajuda-me! São tantos os problemas à minha volta, parecem que vão me encobrir e me sufocar... Senhor, sem Ti eu nada posso fazer! Acalma essa tempestade e acalma também o meu coração. Ensina-me a confiar totalmente na Tua Palavra e a sossegar as minhas emoções, pela Tua misericórdia! Não sei como, mas Tu, Jesus, sabes de todas as coisas e podes trazer uma solução para isso tudo. Eu me entrego a Ti, Deus! Estou em Tuas mãos, seguras e poderosas. Guia-me por águas tranquilas, por amor do Teu nome, Jesus. Amém!

Confie em Deus e sossegue o seu coração!

- **Ore** e entregue a Deus as situações difíceis que você tem passado.
- **Confie** que Deus acalma as tempestades da vida e do seu coração.
- Você não consegue sozinho! **Entregue o controle da sua vida a Jesus e descanse no Seu cuidado e amor.**
- **Leia a Bíblia** e encontre nela a fé e a paz de que você tanto necessita.
- Não se esqueça de que **o Senhor está contigo em todo tempo**. Busque-O e encontrará refúgio seguro Nele.

Bíblia on

10 MAIO

NENHUM MAL TE SUCEDERÁ!

> Se você fizer do Altíssimo o seu abrigo, do Senhor o seu refúgio, nenhum mal o atingirá, desgraça alguma chegará à sua tenda.
>
> — SALMOS 91:9-10

O Senhor é o meu abrigo!

- A melhor forma de refugiar-se no Senhor é por meio da oração. Entregue-se, diga as suas aflições e medos. Deus ouve e responde à nossa oração.
- A melhor forma de confiar em Deus é por meio da leitura da Palavra. Nela, tomamos conhecimento das Suas promessas e fortalecemos a nossa fé.
- Independentemente das tempestades, saber que Deus está no nosso barco faz toda a diferença. Por isso, não tema as dificuldades, continue com Deus.

O **Senhor Deus é o nosso melhor refúgio.** Nele nos sentimos protegidos e amparados. É muito bom sentir a proteção de Deus sobre nós; isso nos acalma e nos dá confiança.

Agora, para recebermos a proteção do Senhor, devemos confiar nele de todo o coração. Colocar Deus em primeiro lugar na nossa vida faz parte dessa confiança. Quanto mais colocamos Deus em primazia, mais confiamos Nele.

O resultado dessa confiança é um bom relacionamento com Deus. Dessa forma, não temos medo de confessar tudo a Ele. **Uma oração verdadeira atrai o mover de Deus.** Ele nos ouve e recebemos a sua cobertura; essa proteção divina se estende a nossa família. Uma casa fundada na rocha — que é Cristo — permanecerá sempre firme e protegida!

PARA ORAR:

Senhor, confio em Ti! Guarda-me segundo a Tua palavra e protege-me do mal. Não há nada que resista ao Teu poder; tudo fizeste e tudo podes fazer. Na Tua presença me sinto seguro e amado, por isso Te louvo. Tu és o meu abrigo! Amém!

RENOVANDO A MENTE POR MEIO DE CRISTO

11 MAIO

A vida é cheia de mudanças. Na nossa infância, temos gostos que vão se alterando ao entrarmos na adolescência. Quando adultos, já não temos as mesmas percepções de quando éramos jovens. Crescemos e a nossa mente se transforma.

Quando nascemos de novo (2 Coríntios 5:17), **morremos para o mundo, e a nossa mente mundana também é sepultada.** Vemos além do que os nossos olhos podem ver, vemos com os olhos do espírito. Já não ficamos presos aos desejos do mundo, mas buscamos as coisas do alto (Colossenses 3:2).

Transformar a mente também faz parte do "nascer de novo". Essa transformação é diária e contínua, afastando-se dos velhos hábitos e das coisas que limitam a nossa mente. Ao vivermos a Palavra de Deus, nossa mente é ampliada e experimentamos o real sentido da vida, o amor de Deus.

Renovando a mente por meio de Cristo

- Ser nova criatura é um processo ativo. Abandone velhos hábitos e tudo que o afasta de Deus.
- A Bíblia é o manual para a renovação da nossa mente. Leia-a diariamente.
- Busque a companhia daqueles que também buscam a renovação da mente. Cresça em comunhão.

PARA ORAR:

Senhor Deus, já não tenho a mesma mente de antes; diariamente aprendo mais de Ti. Auxilia-me na transformação da minha mente; quero pensar nas coisas do alto e contribuir para que mais mentes sejam transformadas por Ti. Amém.

Portanto, irmãos, rogo pelas misericórdias de Deus que se ofereçam em sacrifício vivo, santo e agradável a Deus; este é o culto racional de vocês. Não se amoldem ao padrão deste mundo, mas transformem-se pela renovação da sua mente, para que sejam capazes de experimentar e comprovar a boa, agradável e perfeita vontade de Deus. Por isso, pela graça que me foi dada digo a todos vocês: Ninguém tenha de si mesmo um conceito mais elevado do que deve ter; mas, ao contrário, tenha um conceito equilibrado, de acordo com a medida da fé que Deus lhe concedeu.

— ROMANOS 12:1-3

Leia também

Os 9 frutos do Espírito Santo que vão transformar sua vida

12 MAIO

DEUS TEM A ENERGIA DE QUE VOCÊ PRECISA

Até os jovens perdem as forças e se cansam, e os rapazes tropeçam de tão exaustos. Mas os que confiam no Senhor renovam suas forças; voam alto, como águias. Correm e não se cansam, caminham e não desfalecem.

— ISAÍAS 40:30-31

Renovando a energia em Deus

- Reserve momentos regulares para se conectar com Deus por meio da oração e da meditação da Palavra.
- A esperança em Deus é uma força duradoura que sustenta em todas as fases da vida, indo além de impulsos momentâneos.
- Combine sua confiança em Deus com ação prática. Coloque a sua fé em prática.

Leia também

Bom-dia abençoado: 51 mensagens e frases com a paz de Deus

Essa passagem nos assegura que, mesmo quando nossas energias físicas e mentais se esgotam, **Deus é a fonte inesgotável de renovação**. Ele é a força que nos sustenta, mesmo nos momentos mais desafiadores. Ao confiarmos Nele e depositarmos nossa esperança, somos fortalecidos de maneira sobrenatural.

Deus não apenas nos dá a força para enfrentar os obstáculos, mas também nos capacita a superá-los. Confiar no Senhor nos proporciona uma resistência para perseverar diante das adversidades.

Em meio à fadiga e ao desânimo, lembre-se de que Deus é a fonte de energia de que você precisa. Coloque sua confiança Nele, espere Nele e experimente a renovação das suas forças. Como as águias que voam acima das tempestades, você será capacitado a superar os desafios e caminhar com perseverança, confiando na energia divina que flui ininterruptamente.

PARA ORAR:

Senhor, fortalece-me nas adversidades, guia-me nas decisões e concede-me discernimento. Que Tua luz ilumine meu caminho e Tua graça me envolva. Capacita-me a amar, perdoar e ser instrumento de paz. Que a confiança em Ti seja a base sólida da minha jornada. Amém.

EVITE JULGAMENTOS PRECIPITADOS

13 MAIO

Julgamento alheio. Esta é uma atitude que tende a nos afastar do amor do Pai. No grande Sermão da Montanha, Jesus deu a seguinte advertência:

"Não julguem, para que vocês não sejam julgados" — Mateus 7:1.

Na sequência, Ele explicou por que não devemos ter esse tipo de atitude condenatória, já que todos somos falhos:

"Pois com o critério com que julgarem vocês serão julgados; e com a medida com que tiverem medido vocês também serão medidos" — Mateus 7:2.

É impossível não fazermos avaliações na vida. Naturalmente, fazemos julgamentos e temos a nossa opinião sobre coisas e pessoas. Mas aqui Jesus chama a nossa atenção para o pecado de julgar e condenar as pessoas sem ao menos olhar para nós mesmos.

Quando julgamos, estamos exercitando apontar os erros dos outros, mas, por conveniência, nos esquecemos dos nossos próprios. E aí trilhamos o perigoso caminho da hipocrisia e falsidade...

"Porque, se nos julgássemos a nós mesmos, não seríamos julgados" — 1 Coríntios 11:31.

É sempre mais fácil enxergar as falhas nas pessoas do que assumir nossas imperfeições, medos e falhas. O julgamento dos outros serve, muitas vezes, para esconder de nós mesmos que também temos problemas.

PARA ORAR:

Senhor, meu Deus e Pai, perdoa-me pelas vezes que julguei e condenei outras pessoas. Só Tu és o Justo Juiz, que a todos julgará; por isso não tenho esse direito. Guarda os meus lábios e o meu coração! Ajuda-me a olhar para mim mesmo e ver que também sou falho e preciso melhorar. Os maus julgamentos só trazem tristeza e separação; ensina-me a ser manso e humilde, tal como Jesus. Permite que eu guarde essa palavra no coração, para não pecar contra Ti nem contra o meu próximo. Em Teu nome, eu oro agradecido. Amém.

Não julguem, para que vocês não sejam julgados.
— MATEUS 7:1

Não julgue, para não ser julgado!

- Melhor que ter razão é ter paz uns com os outros.
- O julgamento alheio é passível de engano e quase sempre é uma atitude inútil, que só consome tempo e paz interior.
- As diversidades de julgamentos e de opiniões costumam provocar inimizades entre famílias e amigos, divisões nas igrejas e dissensões entre irmãos. Por isso, seja sábio, pense antes de falar de alguém ou com alguém.
- Olhe para dentro de si e tome cuidado para não julgar os atos das outras pessoas. Quando examinamos a nós próprios, o resultado é sempre positivo e frutífero.
- Ore! Deus conhece o seu coração e sabe da situação que está enfrentando. Peça que Ele o ajude a ser mais humilde e moderado, agindo sempre com sabedoria.

Leia também

JULGAR OU NÃO JULGAR? VERSÍCULOS SOBRE JULGAMENTO ALHEIO

Bíbliaon

14 MAIO

RECORRENDO AO PODER DE DEUS

> Recorram ao Senhor e ao seu poder; busquem sempre a sua presença.
> — SALMOS 105:4

Recorrendo ao poder de Deus

- Esforce-se em oração. Dedique um tempo do seu dia para orar e buscar a presença de Deus.
- Alimente a sua alma com a Palavra de Deus. Ela fortalece a nossa fé e dá a direção.
- Procure estar em comunhão com os irmãos em Cristo. Onde há dois — ou mais — em Seu nome, Cristo está presente.

Deus está sempre presente, mas o pecado pode nos afastar da presença Dele. Por isso, para Deus fazer morada no nosso coração, é necessário o esforço de nos afastarmos do pecado.

O primeiro passo é aceitar a Cristo como Salvador. A próxima etapa é crescer espiritualmente. Ao buscarmos o Espírito Santo, passamos por um processo de santificação, em que nos afastamos do pecado.

Buscar o Espírito Santo é recorrer ao poder de Deus e a Sua presença. Quanto mais buscamos, mais íntimos nos tornamos de Deus.

PARA ORAR:
Senhor, a Tua presença é essencial para a minha vida. Faz morada no meu coração e refrigera a minha alma. A Tua presença faz diferença no meu ser! Amém.

Bíblia on

PERDOE E SEJA PERDOADO, AVANCE!

15 MAIO

Esta passagem nos ensina sobre a importância do perdão e como devemos nos relacionar com as pessoas. Mesmo que a nossa queixa possa ter razão, cabe a nós perdoar. Devemos suportar uns aos outros e perdoar as queixas que tivermos uns contra os outros, assim como o Senhor nos perdoou.

Perdoar não é apenas um ato de generosidade, mas também um reflexo do amor e da misericórdia de Deus por nós. Ao perdoar, podemos experimentar a paz e o amor que vêm de Deus. O perdão é um presente que damos a nós mesmos e aos outros, permitindo-nos avançar na caminhada da fé.

Quando perdoamos, crescemos e avançamos. Quando recebemos perdão, renovamos a nossa esperança.

> **PARA ORAR:**
> Senhor, como posso não perdoar, sendo fruto do Teu perdão? Ajuda-me a perdoar, cria em mim um coração disposto a amar o próximo. Quero ser um canal do Seu amor. Em nome de Jesus, amém.

> Suportem-se uns aos outros e perdoem as queixas que tiverem uns contra os outros. Perdoem como o Senhor lhes perdoou.
> — COLOSSENSES 3:13

Perdoe e seja perdoado, avance!

- Cultive a paciência e a empatia, aprenda suportar as diferenças.
- Pratique o perdão, reconhecendo ser preciso liberar o ressentimento e a mágoa para seguir em frente.
- Busque o exemplo de Deus para aprender a perdoar, lembrando-se de que Ele nos ofereceu misericórdia e perdão mesmo quando não merecíamos.

Bíblia on

16 MAIO

ANDANDO NO MESMO SENTIDO

> **Duas pessoas andarão juntas se não estiverem de acordo?**
> — AMÓS 3:3

Filho, vamos andar juntos?

- Andar com Deus é obedecer a Sua Palavra. A Bíblia é o melhor guia para te conduzir segundo a vontade Dele.
- Fale com Deus, busque a Sua presença. Andar junto é estar perto.
- Se andamos com Deus, Ele nos conduz em segurança. Podem surgir tribulações, mas com Deus tudo irá passar.

Quando o profeta Amós proferiu essas palavras, referia-se à veracidade do que profetizava. Ele estava fazendo a vontade de Deus e por obediência profetizava ao povo. Por obedecer ao Senhor, o profeta estava andando no mesmo sentido dele.

Se compararmos ao profeta Jonas, vemos que andar no sentido contrário ao de Deus pode trazer grandes consequências. Primeiro, porque andar ao lado de Deus é a melhor escolha que podemos tomar. Segundo, ao obedecermos a Deus, estamos andando de acordo com Ele. E, terceiro, fazer a vontade de Deus não é ficar parado, mas avançar para o melhor Dele.

Quando andamos no mesmo sentido que Deus, grandes coisas acontecem! É difícil, mas Deus conhece as nossas limitações e vontades. Deus quer, antes de tudo, um coração disposto a andar com Ele.

PARA ORAR:

Senhor Deus, quero andar ao Teu lado e seguir o Teu caminho. Quero a Tua presença e seguir de acordo com a Tua Palavra, que é vida e alegria no Espírito Santo. Amém!

O SENHOR É A MINHA LUZ E A MINHA SALVAÇÃO

17 MAIO

A esperança em Deus emerge como a luz que dissipa as sombras da incerteza e do medo. Este versículo nos lembra que em Deus encontramos não apenas a salvação, mas também a força que sustenta nossa existência. Ele é a rocha inabalável sobre a qual construímos nossa confiança.

A esperança em Deus se revela como um porto seguro. Sabemos que, independentemente do que enfrentamos, Deus está conosco, guiando-nos e fortalecendo-nos. A esperança não é apenas uma expectativa vaga; é a certeza de que Deus é fiel às Suas promessas.

Ao depositarmos nossa esperança em Deus, somos revigorados espiritualmente. Ele renova nossas forças quando nos sentimos fracos e desanimados. A esperança não nega a realidade dos desafios, mas declara que Deus é maior do que qualquer adversidade.

Mantenha-se firme na esperança em Deus. Permita que ela inspire sua jornada diária, lembrando que o Senhor é a sua luz, salvação e fortaleza. Deixe que a esperança em Deus o guie, sustentando-o nos momentos de tribulação e conduzindo-o em direção à vitória que Ele promete aos que confiam Nele.

PARA ORAR:

Senhor, em minha jornada, confio em Tua luz e salvação. Renova minha esperança diante das adversidades. Que a comunhão Contigo fortaleça meu coração. Guia-me, ó Deus, com Tua fidelidade, amenizando as sombras do caminho. Em nome de Jesus, amém.

O Senhor é a minha luz e a minha salvação; de quem terei temor? O Senhor é o meu forte refúgio; de quem terei medo?

— SALMOS 27:1

O Senhor é a minha luz e a minha salvação

- Cultive uma vida de oração, buscando a presença de Deus diariamente para renovar sua esperança e encontrar força nos desafios.
- Dedique tempo à leitura e meditação na Palavra de Deus, lembrando das promessas que sustentam sua fé, fortalecendo assim a esperança.
- Esteja em comunhão com outros cristãos, compartilhando experiências de fé, encorajando uns aos outros e fortalecendo a esperança coletiva na fidelidade de Deus.

Leia também

VERSÍCULOS DE ESPERANÇA PARA SUA VIDA

Bíblia on

18 MAIO

ESPERANÇA PARA ALÉM DA VIDA

> Se a nossa esperança em Cristo se limita apenas a esta vida, somos as pessoas mais infelizes deste mundo.
> — 1 Coríntios 15:19

A ideia expressa neste versículo alerta-nos para uma realidade bastante esquecida: há muito mais do que esta vida que enxergamos aqui. Tal como um feto que vive bem no útero durante nove meses e não sabe o que o aguarda no universo exterior, nós também não fazemos ideia daquilo que está por vir.

O que vivemos aqui na terra será somente um vislumbre daquilo que nos aguarda na eternidade...

Os sofrimentos e as dificuldades que passamos agora não se comparam às maravilhas que viveremos na eternidade ao lado do nosso Senhor. A nossa esperança não deve ser apenas terrena, mas viva e apegada à eternidade!

"Nossa esperança está no Senhor; ele é o nosso auxílio e a nossa proteção. Nele se alegra o nosso coração, pois confiamos no seu santo nome. Esteja sobre nós o teu amor, Senhor, como está em ti a nossa esperança" — Salmos 33:20-22.

E qual é a prova e certeza para essa nossa esperança? A ressurreição de Jesus Cristo! Tal como Ele ressuscitou, podemos crer que tudo que Ele nos disse acontecerá. "Quem crer em Jesus, mesmo que morra fisicamente, viverá para sempre" (João 11:25).

Há muito mais de Deus para você!

- Nunca esqueça: você é um peregrino aqui. Como cristão, o seu alvo é o céu!
- A Palavra de Deus é fonte de esperança! Alimente-se e alegre-se nesta esperança.
- As recompensas da nossa confiança e temor a Deus não cessam quando esta vida acaba.
- A esperança cristã não está limitada às circunstâncias da vida. Ore e entregue as suas dificuldades aos cuidados Daquele que tem o controle de tudo.
- A ressurreição de Jesus é a prova de que Cristo é a Verdade. Por isso a nossa fé não é vã. Confie no Senhor e busque conhecê-Lo diariamente.
- Fale com Deus, busque a Sua presença. Andar junto é estar perto.
- Se andamos com Deus, Ele nos conduz em segurança. Podem surgir tribulações, mas com Deus tudo irá passar.

PARA ORAR:

Senhor Deus, obrigado, porque não vivemos desamparados neste mundo. Graças Te dou pela Tua bondade que sustenta a nossa fé diariamente. Tu morreste no nosso lugar e nos trouxeste a salvação e o perdão. Mas a nossa esperança não foi dizimada na morte. No terceiro dia, Tu ressuscitaste! E porque Tu estás vivo, tenho esperança e posso crer que tempos melhores virão. A minha esperança está em Ti, ó Deus. Ajuda-me a olhar sempre para Ti, aguardando com expectativa a eternidade Contigo! Amém.

Leia também

- Mensagens de fé em Deus para dar força e esperança
- Quero trazer à memória o que pode me dar esperança
- Versículos de esperança para sua vida

DEUS NOS FAZ FELIZES

19 MAIO

Na nossa vida, Deus é como a luz que nos faz felizes. Quando as coisas ficam difíceis, Ele está sempre lá, nos dando conforto e amor. Quando lemos o que Ele diz na Bíblia, sentimos paz. Deus é como uma luz que afasta a escuridão das coisas que não entendemos, e Ele nos mostra caminhos de esperança.

A graça de Deus é como uma força que nos ajuda quando nos sentimos fracos. Sabemos que não estamos sozinhos porque Ele está sempre conosco.

"Porque sou eu que conheço os planos que tenho para vocês", diz o Senhor, "planos de fazê-los prosperar e não de causar dano, planos de dar a vocês esperança e um futuro" — Jeremias 29:11.

Quando as coisas vão bem, é como se Deus estivesse sorrindo para nós, nos abençoando todos os dias. Cada vez que andamos conforme a Sua Palavra, vemos Deus mostrando Seu amor por nós. Mesmo quando as coisas estão ruins, sabemos que Deus está no controle. Ele é a razão pela qual podemos ficar alegres, não importa o que aconteça, porque o amor Dele é para sempre.

Deus nos dá um propósito que vai além das coisas aqui na terra. A nossa alegria não depende do que acontece agora, mas da certeza de que ficaremos com Ele para sempre. Agradecemos a Deus por ser a razão da nossa alegria. Pedimos a Ele que continue iluminando o nosso caminho, nos dando esperança e alegria a cada novo dia!

> **PARA ORAR:**
> Senhor, em Tuas mãos confiamos nossos dias. Agradecemos pelas bênçãos diárias e pelos desafios que nos fortalecem. Guia-nos com Tua sabedoria, iluminando nossos passos. Que possamos sentir Tua presença em cada momento, encontrando alegria em Teu amor constante. Amém.

"Porque sou eu que conheço os planos que tenho para vocês", diz o Senhor, "planos de fazê-los prosperar e não de causar dano, planos de dar a vocês esperança e um futuro".

— JEREMIAS 29:11

Alegrando-se em Deus

- Reserve um momento para agradecer a Deus pelas bênçãos diárias, reconhecendo Seu amor em detalhes simples da vida.
- Dedique tempo à leitura da Bíblia; a compreensão da Palavra de Deus fortalece a fé e traz alegria.
- Mantenha uma comunicação constante com Deus por meio da oração. A intimidade na relação gera contentamento no coração.

Leia também

BOM-DIA ABENÇOADO: MENSAGENS E FRASES COM A PAZ DE DEUS

Bíbliaon

20 MAIO

A SUA GRAÇA NOS SALVOU!

> Não por causa de atos de justiça por nós praticados, mas devido à sua misericórdia, ele nos salvou pelo lavar regenerador e renovador do Espírito Santo.
>
> — TITO 3:5

Somos salvos pela graça de Deus e vivemos por causa do Seu grande amor!

- Não se sinta cobrado, mas, sim, grato a Deus pela salvação.
- Busque a Deus de todo o coração; viva esse amor intensamente.
- Tenha consciência da graça de Deus, busque corresponder.

Por mais que acreditemos que conseguimos realizar grandes coisas, nada conseguiria justificar a nossa salvação. Somos salvos pela graça de Deus. Somente por meio da Sua misericórdia fomos alcançados pelo sacrifício do Seu Filho Jesus.

Jesus verteu o próprio sangue por nós. Nossos atos de justiça só nos mantêm no caminho Dele, e isso já O agrada muito. Se praticamos o bem, é porque entendemos que fomos amados primeiro: o amor de Deus nos salvou!

PARA ORAR:
Senhor, Tua graça me salvou! Sou grato a Ti pelo Teu amor sublime. Quero, por meio da minha vida, corresponder ao Teu amor e obedecer à Tua Palavra. Amém!

HÁ PODER NO NOME DE JESUS

21 MAIO

O poder no nome de Jesus é uma verdade fundamental. Esse nome, cheio de significado e poder, traz esperança, cura e redenção. Desde tempos antigos até hoje, invocar o nome de Jesus é como acender uma luz nas dificuldades, afastando o medo e a desesperança. É o que nos diz esta passagem de Filipenses 2:9-11.

Ao mencionarmos o nome de Jesus, somos tomados pela presença de Deus. Esse nome tem autoridade sobre as adversidades, acalmando corações e guiando almas perdidas. Em momentos difíceis, simplesmente pronunciar esse nome traz conforto e renovação.

A vida de Jesus exemplifica Seu poder redentor. Sua morte na cruz e ressurreição mostram que não há limites para o poder em Seu nome. Ao confiar em Jesus, recebemos a graça transformadora que emana desse nome.

Na oração, exaltamos o nome de Jesus, declarando triunfo sobre as forças malignas. Descobrimos vigor para vencer desafios, perdão para nossos pecados e a promessa da vida eterna em Seu nome.

"Não há salvação em nenhum outro, pois debaixo do céu não há nenhum outro nome dado aos homens pelo qual devamos ser salvos" — Atos dos Apóstolos 4:12.

Assim, podemos avançar com confiança, firmados na convicção de que há poder no nome de Jesus!

> *Por isso Deus o exaltou à mais alta posição e lhe deu o nome que está acima de todo nome, para que ao nome de Jesus se dobre todo joelho, nos céus, na terra e debaixo da terra, e toda língua confesse que Jesus Cristo é o Senhor, para a glória de Deus Pai.*
>
> — FILIPENSES 2:9-11

PARA ORAR:

Pai celestial, em nome de Jesus, agradeço pela esperança, cura e redenção que Seu nome traz. Nas dificuldades, que Sua luz dissipe o medo. Confiamos na graça transformadora de Jesus, proclamando vitória sobre o mal. Que nossa fé seja um testemunho vivo do poder do Seu nome. Amém.

Nesse nome há poder!

- Em meio às dificuldades, a menção do nome de Jesus funciona como uma luz, dissipando o medo e trazendo esperança.
- A prática da oração, no nome de Jesus, não apenas consola, mas também confere autoridade sobre as adversidades.
- A confiança na graça transformadora proveniente do nome de Jesus nos move para grandes conquistas e vitórias.

Leia também

10 FRASES INSPIRADORAS DE JESUS CRISTO

Bíbliaon

22 MAIO

DEUS FAZ TUDO NOVO DE NOVO!

> Aquele que estava assentado no trono disse: "Estou fazendo novas todas as coisas!" E acrescentou: "Escreva isto, pois estas palavras são verdadeiras e dignas de confiança".
> — APOCALIPSE 21:5

A visão do apóstolo João, descrita em Apocalipse, revela-nos um glorioso futuro que aguarda a todos os crentes que amam ao Senhor de todo o coração. Novos céus, nova terra, novo corpo, nova vida em comunhão plena e eterna com Deus. Cristo tem preparado esse lar maravilhoso para estarmos com Ele para sempre. Porém, mesmo antes disso, podemos experimentar coisas novas que Deus faz todos os dias. Já nesta vida, pela fé, podemos viver a nova vida que Cristo dá.

Mas como? O Senhor é especialista em restaurar todas as coisas. Ele não só recupera e emenda. Ele faz tudo novo! Ele renova o que está quebrado ou sem vigor. Reacende a chama do pavio que apenas fumega. Poda e faz brotar a árvore seca e envelhecida. Traz luz onde é apenas escuridão. Restaura o coração quebrantado e a alma ferida... Ele abre um novo caminho onde se levantam muros intransponíveis. Deus dá um novo começo àquilo que pensávamos ter chegado ao fim... Creia nisso!

Viva as novidades de Deus!

- Deixe Deus fazer um novo você! Jesus disse a Nicodemos que era necessário nascer de novo. A nossa velha natureza pecaminosa deve morrer e dar lugar à vida de Cristo em nós.
- Reflita sobre tudo que parece estagnado, escuro ou morto à sua volta. Peça a Deus que traga vida nova e experimente um novo começo.
- Ore e entregue a Deus a(s) área(s) da sua vida que precisa(m) de renovação. Ele quer transformar a realidade da sua vida e família hoje mesmo.
- Renove a mente todos os dias: leia a Bíblia diariamente. Leia também bons livros que o ajudarão a avivar a sua fé.
- Descarregue aos pés da cruz todo o fardo do passado. Deus quer trazer alívio para o seu coração.
- Experimente renovar-se também em outras áreas da vida: aprenda um idioma novo, esvazie o guarda-roupa e a casa de coisas que não usa mais (e doe-as), pratique um novo esporte, melhore a alimentação (cozinhe algo novo), faça novos amigos, faça um novo curso, aprenda tocar um instrumento, leve a esposa e os filhos para passear, sorria mais...
- Arrisque-se a obedecer a Deus em tudo que Ele ensina na Sua Palavra. Ele o surpreenderá todos os dias com as bênçãos que tem preparado para você.

PARA ORAR:

Senhor, muito obrigado pela nova vida que já podemos experimentar com Jesus aqui e agora. Obrigado por aquela vida nova na eternidade, que a nada pode ser comparada! Perdoa-me se vivi entulhando a mente e o coração com coisas ruins do passado. Ajuda-me a viver uma nova história Contigo, Senhor, por meio das coisas novas que tens feito. Dá nova vida e alento ao que desfalece sem esperanças. Traz sobre a minha família, amigos e igreja a novidade de vida que o Senhor tem para nós! Amém.

Bíblia on

HONRANDO A DEUS POR MEIO DA GRATIDÃO

23 MAIO

Agradecer a Deus é uma forma de adorá-Lo. Um coração grato reconhece o que Deus faz. Quando reconhecemos e agradecemos, damos a oportunidade para Deus nos abençoar ainda mais!

Onde há gratidão, há um coração moldável, pronto para ser preenchido pelo Espírito Santo. Em contrapartida, um coração ingrato é duro, áspero e não reconhece as coisas boas que Deus fez. Isso, infelizmente, afasta o favor de Deus. Um coração duro só pode ser amolecido pelo perdão. Depois do perdão, a gratidão é o próximo passo para quem quer andar nos caminhos do Senhor.

Agradecer é uma forma de honrar a Deus. Por isso, seja grato. Ele salvou você.

> *Quem me oferece sua gratidão como sacrifício honra-me, e eu mostrarei a salvação de Deus ao que anda nos meus caminhos".*
> — SALMOS 50:23

PARA ORAR:

Senhor Deus, muito obrigado por amar-me tanto! O meu coração se alegra em saber o quanto sou amado por Ti. Obrigado porque me salvaste dos grilhões do pecado e me deste a oportunidade de escrever uma nova história por meio do Teu Filho. Obrigado, Deus, Tu és a razão da minha vida! Amém.

Oferecendo a gratidão

- Comece o dia agradecendo a Deus. Isso fará diferença no seu dia a dia.
- Conheça mais o que Deus já fez por você: leia a Bíblia regularmente.
- Antes de reclamar de algo, pense no que Deus já fez por você. Em vez de murmurar, persevere em silêncio. Provavelmente, no final dos problemas, Deus será louvado.

Bíblia on

24 MAIO

ESCOLHA PERDOAR

> Suportem-se uns aos outros e perdoem as queixas que tiverem uns contra os outros. Perdoem como o Senhor lhes perdoou.
> — COLOSSENSES 3:13

Tire o peso das suas costas!

- Se está difícil perdoar alguém, fale com Deus. Ele nos ouve e age por meio da oração. O Espírito Santo nos aconselha e nos dá direção.
- Lembre-se de que você foi perdoado primeiro. Quem perdoa ama e é amado por Deus.
- A mágoa nos mantém aprisionados. Pode ser difícil e até doloroso, mas o perdão o livrará do rancor que o atormenta.

Leia também

3 CONSELHOS PARA VENCER A MÁGOA E O RESSENTIMENTO.

Sim, perdoar é uma escolha pessoal: significa largar o desejo de retribuição; é não "pagar na mesma moeda". Perdoar é superar o que passou e dar oportunidade a uma nova trajetória. Quando perdoamos, estamos superando o passado e dando uma nova perspectiva ao próximo e a nós mesmos.

Perdoe, e você será perdoado. Não somos perfeitos, mas seguimos o alvo perfeito, que é Cristo. Se até nós podemos errar, por que não perdoar? O perdão é poderoso e por meio dessa atitude nos livramos do ressentimento e do "peso em nossas costas".

Perdoar não é ser compassivo com a injustiça nem se omitir. Pelo contrário, perdoar é tomar uma atitude de coragem, é estar consciente de que algo de errado aconteceu e estar disposto a superar.

Fomos perdoados primeiro. Jesus perdoou os nossos pecados. Nosso destino era condenação e a morte eterna, mas Jesus fez uma escolha: preferiu nos perdoar. Ele entregou a Si mesmo em nosso favor. Somos fruto do perdão, somos livres do pecado! Não guarde ressentimentos, perdoe.

PARA ORAR:

Senhor, sou fruto do Teu perdão e quero ser livre de ressentimentos. Perdoar é um aprendizado; ensina-me a perdoar. Quero ser igual a Ti, quero amar e ser amado. Sei que o perdão faz parte do amor; ensina-me a amar o próximo. Amém.

JUNTOS SOMOS MAIS FORTES

25 MAIO

A metáfora do "cordão de três dobras" em Eclesiastes 4:12 destaca a importância da comunhão entre irmãos na fé. Similar a um cordão entrelaçado com três fios, a vida cristã se fortalece quando os crentes compartilham experiências, se apoiam e se encorajam mutuamente.

A primeira dobra simboliza as relações horizontais entre os irmãos, solidificando amizades. A segunda dobra representa a presença constante de Deus, o elo central fortalecedor. A terceira dobra simboliza a essência de Deus que une os crentes como uma família. Viver em comunhão, ancorados na presença de Deus, forma um cordão de três dobras que suporta os desafios da vida cristã e fortalece os laços fraternais entre os crentes.

A trindade divina, Pai, Filho e Espírito Santo, exemplifica essa unidade perfeita. O relacionamento com Deus é a base sólida que sustenta nossas relações.

Na vida cristã, enfrentamos desafios, mas permanecer unidos nos fortalece. O versículo nos lembra que a verdadeira força vem da comunhão mútua e da presença de Deus em nossa vida. Por isso, é importante cultivar relacionamentos sólidos, ancorados na fé e no amor de Deus. Assim, formamos um cordão de três dobras que não se rompe facilmente.

PARA ORAR:

Senhor, guia-me com Tua luz e fortalece os laços. Que minha vida seja um testemunho do Teu amor. Em comunhão Contigo e com meus irmãos, que possamos juntos vencer desafios e glorificar Teu nome. Amém.

> Um homem sozinho pode ser vencido, mas dois conseguem defender-se. Um cordão de três dobras não se rompe com facilidade.
> — ECLESIASTES 4:12

Fortalecendo juntos

- Busque ativamente a comunhão com irmãos na fé, compartilhando a vida, orando e apoiando uns aos outros.
- Mantenha uma vida devocional constante, buscando a presença de Deus por meio da oração e da leitura da Palavra.
- Coloque em prática os ensinamentos cristãos no cotidiano, contribuindo para a formação de laços espirituais mais fortes.

Leia também

Versículos curtos para compartilhar a Palavra de Deus

Bíbliaon

26 MAIO

COBERTO PELO AMOR DE DEUS

> Ele o cobrirá com as suas penas, e sob as suas asas você encontrará refúgio; a fidelidade dele será o seu escudo protetor.
> — SALMOS 91:4

Sendo amado todos os dias

- Fale com Deus como faria com um amigo, compartilhando seus pensamentos, agradecimentos e pedidos. A intimidade na oração fortalece o relacionamento, permitindo que você experimente o amor de Deus de maneira mais profunda.
- Busque viver de acordo com os princípios e valores ensinados na Bíblia. A obediência aos mandamentos de Deus demonstra amor e respeito por Ele.
- Ao aplicar os princípios bíblicos na sua vida, você demonstra um desejo sincero de conhecer e seguir a vontade de Deus, atraindo, assim, o Seu amor.

Leia também

REFLEXÃO SOBRE O AMOR DE DEUS (ESTUDO BÍBLICO)

O amor de Deus não está condicionado às nossas ações ou méritos. Ele nos ama com uma profundidade que ultrapassa nossa compreensão, perdoando nossas falhas e nos dando a chance de recomeçar a cada dia. Esse amor é um presente que não podemos merecer, mas que recebemos de braços abertos. Graça de Deus!

Quando nos sentimos desamparados, é reconfortante lembrar que estamos cobertos pelo amor eterno de Deus. Ele conhece nossas lutas e nos oferece força para enfrentar os desafios. Nada pode nos separar desse amor, e nele encontramos esperança e paz.

Que possamos viver cada dia conscientes desse amor que nos cobre, buscando compartilhar esse amor com os outros. Ao nos apoiarmos no amor de Deus, encontramos a verdadeira fonte de alegria e segurança para seguirmos a nossa vida com confiança.

> **PARA ORAR:**
> Querido Deus, envolve-me com Teu amor, guia meus passos nos caminhos da retidão. Que minha vida seja reflexo da Tua graça e compaixão. Perdoa-me, fortalece minha fé e concede-me sabedoria para compreender Teus desígnios.

A FÉ QUE TRANQUILIZA A MENTE

27 MAIO

Deus quer acalmar a sua mente! Em meio à agitação do mundo, encontramos refúgio em Seu amor e graça.

Quando nossa mente está turbilhada com preocupações, medos e ansiedades, Deus estende Suas mãos amorosas para nos acalmar. A Palavra de Deus nos assegura isso nessa passagem de Filipenses 4:6-7.

Isso significa que, quando nos voltamos para Deus em oração e confiamos em Sua providência, Ele nos presenteia com uma paz que vai além de qualquer compreensão humana. Deus também nos promete:

"Venham a mim, todos os que estão cansados e sobrecarregados, e eu darei descanso a vocês" — Mateus 11:28.

Ele entende nossas lutas e preocupações e nos convida a entregar tudo a Ele. Quando entregamos nossos fardos a Deus, Ele acalma nossa mente e nos dá descanso espiritual.

Além disso, a presença constante de Deus em nossa vida nos guia nas tempestades da vida. Ele é o firmamento da nossa fé, nos mantendo firmes quando tudo ao nosso redor parece incerto.

Quando a ansiedade se instalar e a mente parecer tumultuada, lembre-se de buscar a Deus em oração, confiar em Sua promessa de paz e descanso, e permitir que Sua presença constante acalme sua mente. Deus é nosso refúgio e fortaleza, um socorro bem presente nas tribulações, e Ele é o acalmador de nossa mente, sempre pronto para nos trazer paz. Confie Nele e experimente Sua paz que transcende todo o entendimento.

PARA ORAR:
Senhor Deus, em meio às turbulências da vida, rogo que acalmes minha mente, trazendo serenidade, paz e confiança. Tua voz me acalma e Tua Palavra me traz esperança! Amém.

> **Não andem ansiosos por coisa alguma, mas em tudo, pela oração e súplicas, e com ação de graças, apresentem seus pedidos a Deus. E a paz de Deus, que excede todo o entendimento, guardará o coração e a mente de vocês em Cristo Jesus.**
> — ECLESIASTES 4:12

Acalmando a mente em meio às tribulações

- A comunicação com Deus alivia ansiedades e traz paz interior, permitindo que Ele acalme nossas preocupações.
- Saber que Deus está no controle e que Seu plano é perfeito nos dá segurança e serenidade em meio às incertezas.
- Sentir a presença de Deus como nosso refúgio constante nos traz estabilidade emocional e mental, mesmo nas adversidades.

Bíblia on

28 MAIO

PENSAMENTOS QUE ELEVAM E ACALMAM

> Finalmente, irmãos, tudo o que for verdadeiro, tudo o que for nobre, tudo o que for correto, tudo o que for puro, tudo o que for amável, tudo o que for de boa fama, se houver algo de excelente ou digno de louvor, pensem nessas coisas.
>
> — FILIPENSES 4:8

Na correria do dia a dia, muitas vezes nos vemos envolvidos por pensamentos negativos e preocupações que roubam nossa paz. No entanto, a Bíblia nos convida a direcionar nossa mente para coisas boas, alimentando nossos pensamentos com a sabedoria divina.

O apóstolo Paulo, nessa passagem de Filipenses 4:8, nos encoraja a cultivar pensamentos positivos, focando nas virtudes que refletem a natureza de Deus.

Ao meditarmos nas Escrituras, encontramos promessas e princípios que nos inspiram a pensar de maneira edificante. Jesus nos assegura:

"Venham a mim, todos os que estão cansados e sobrecarregados, e eu darei descanso a vocês" — Mateus 11:28.

Essa promessa nos convida a depositar nossas preocupações aos pés de Cristo, confiando que Ele é nosso refúgio seguro.

Portanto, ao enfrentarmos desafios, busquemos inspiração na Palavra de Deus, enchendo nossa mente com pensamentos de esperança, amor e confiança. Ao direcionarmos nossa atenção para aquilo que é verdadeiro e virtuoso, experimentamos a paz que excede todo o entendimento.

Que, a cada dia, possamos renovar nossa mente com a luz da Palavra de Deus, encontrando alegria e conforto no pensamento de que somos amados por um Deus que cuida de nós.

Direcionando a mente para coisas boas

- Cultive o hábito de dedicar um tempo diário para a leitura da Bíblia. Isso nutre a mente com ensinamentos positivos e fortalece a fé.
- Concentre-se nas bênçãos e no amor de Deus. Ao direcionar a mente para a gratidão, é possível cultivar pensamentos positivos e afastar preocupações.
- Compartilhar experiências, louvores e desafios com outros cristãos fortalece o espírito, direcionando a mente para uma perspectiva de esperança e encorajamento.

Leia também

Versículos para controlar as suas emoções

PARA ORAR:

Senhor, elevo minha voz a Ti. Guia-me em Teu caminho, direciona minha mente para o bem e afasta as sombras. Enche-me com Tua luz, para que minha vida seja permeada de amor, compaixão e sabedoria. Em cada passo, que eu reflita Tua graça. Amém.

REDIMA O SEU TEMPO

29 MAIO

Precisamos a cada dia nos lembrar: este pode ser o nosso último dia! É estranho pensar nisso, mas muitas pessoas que acordaram hoje pela manhã vão partir... Por isso precisamos rever a vida, nos autoexaminar e avaliar os nossos passos diariamente. Para isso, temos de ter cuidado com a maneira como vivemos.

Como gastamos o tempo de vida que temos? Deus, o Senhor do tempo, nos mostrou por meio de Cristo como redimir, isto é, salvar o nosso tempo. Jesus andou com prudência e sabedoria, organizando o seu tempo, de modo a priorizar a Sua vida de oração, Sua missão e Seus relacionamentos, cumprindo sempre o propósito do Pai celestial.

Esta é a chave: ser mais parecidos com Jesus! Vivendo intencionalmente, com senso de urgência em proclamar, amar e servir, mas vivendo sem pressa, sem negligenciar Deus, nem as pessoas, nem o trabalho.

Em Eclesiastes 3, a Bíblia nos ensina que **há um tempo determinado para todas as coisas**. Mas, infelizmente, vivemos oscilando entre dois extremos: ora no hiperativismo, na correria do dia a dia, ora na ociosidade, envolvidos pela preguiça e procrastinação. É loucura viver em um ou outro lado do pêndulo, quando Deus nos orienta ao equilíbrio, entre o trabalho dedicado e o descanso.

> *Portanto, vede prudentemente como andais, não como néscios, e sim como sábios, remindo o tempo, porque os dias são maus.*
> — EFÉSIOS 5:15-16

Resgatando o seu tempo

- Lembre-se de que Deus é o Senhor do tempo. Ele está no controle do futuro e do presente.
- Reflita sobre como você usa o seu tempo: contabilize onde e como gasta (ou desperdiça) seu tempo.
- Ore a Deus, peça perdão se tem investido mal o seu tempo, vivendo em desequilíbrio. Tome atitudes significativas: discipline-se, limite o tempo nas telas, ore, leia e medite mais...
- Leia a Bíblia, anote e ore pedindo orientação para gerir melhor o seu tempo.
- Organize-se, priorizando o que é essencial, como Deus e a Sua vontade, os relacionamentos, o trabalho, o descanso, o lazer, hábitos saudáveis etc.

PARA ORAR:

Senhor meu Deus, obrigado por me dares vida e salvação e por me sustentares até aqui. A partir de hoje, ajuda-me a aproveitar melhor o tempo que me resta. Que, ao acordar, o meu coração esteja inclinado a Te ouvir, e ao me deitar que haja satisfação e gratidão por tudo que fizeres. Ajuda-me a empregar melhor o tempo de vida que Tu me dás. Quero aprender com Cristo, por meio das Sagradas Escrituras, como fazer melhores escolhas no meu dia a dia. Dá-me equilíbrio e sabedoria, Pai! Quero viver para glorificar o Teu nome, fazendo o melhor que posso todos os dias, aproveitando ao máximo cada oportunidade. Em nome de Jesus eu oro e Te agradeço! Amém!

Bíblia on

30 MAIO

PURIFICANDO O CORAÇÃO

> Para os puros, todas as coisas são puras; mas, para os impuros e descrentes, nada é puro. De fato, tanto a mente como a consciência deles estão corrompidas.
>
> — TITO 1:15

Purificando a mente e o coração

- Avalie regularmente seus pensamentos e intenções à luz da Palavra de Deus para manter a pureza.
- Ao reconhecer impurezas, busque arrependimento sincero e confesse seus pecados a Deus, permitindo que Ele purifique sua mente e consciência.
- Nutra sua mente com as verdades bíblicas, pois a Palavra de Deus é um guia infalível para discernir o que é puro.

Leia também

Estudo bíblico sobre santidade: sejam santos

Nesse versículo, o apóstolo Paulo destaca a importância da pureza de coração e mente diante de Deus.

A pureza, nesse contexto, não se refere apenas à abstinência de práticas impuras, mas também à integridade interior, à sinceridade e à ausência de maldade nos pensamentos e intenções. A mensagem central é de que a pureza começa no coração e se manifesta em todas as áreas da vida.

Paulo adverte que, para aqueles que são impuros, nada é verdadeiramente puro. Sua mente e sua consciência estão corrompidas, distorcendo a percepção do que é bom e justo. Em contrapartida, os puros, cuja mente é renovada pela fé e pelo temor a Deus, conseguem discernir a pureza em todas as coisas.

Esse versículo nos desafia a cultivar a pureza em nosso coração, buscando constantemente a santidade e a retidão diante de Deus. A pureza de mente e coração reflete um relacionamento genuíno com o Criador, resultando em uma vida que glorifica a Deus em todos os aspectos.

Que possamos, mediante a graça de Deus, manter nosso coração puro, permitindo que a luz de Cristo dissipe toda impureza e corrupção em nossa vida. Que a busca pela pureza seja um reflexo do nosso amor e reverência a Deus, guiando-nos em cada decisão e atitude.

PARA ORAR:
Senhor, purifica meu coração, guia meus pensamentos e fortalece minha fé. Que a Tua luz dissipe toda impureza, conduzindo-me a uma vida que Te glorifica em pureza e santidade. Amém.

APLIQUE A PALAVRA NO SEU DIA

31 MAIO

Na correria da vida, às vezes nos sentimos perdidos e preocupados. Como seguidores de Deus, temos um guia prático: **a Bíblia**. Ela não é apenas um livro religioso, de histórias antigas, mas também uma fonte diária de aconselhamento. É por meio da Bíblia que Deus fala conosco, como nessa passagem de Romanos 12:2, que nos diz para deixar que a Palavra de Deus nos mude, transformando-nos para sermos mais parecidos com Jesus. Ela nos aconselha a deixar esses ensinamentos moldarem como pensamos e agimos.

Assim como um oleiro molda o barro, Deus quer moldar nossa vida segundo Seu plano perfeito. Mas, para isso acontecer, precisamos estar dispostos a seguir a Palavra de Deus com humildade e confiança. Isso envolve dedicar tempo para ler a Bíblia, pedir a Deus entendimento e viver de acordo com o que aprendemos.

A Palavra de Deus é poderosa e pode nos ajudar em momentos difíceis. Ela revela nossos pontos fracos, ilumina nossas sombras e nos guia para a graça de Jesus. Ao permitirmos essa mudança, experimentamos uma renovação que se reflete nas nossas ações.

Então, hoje, faça da Palavra de Deus a base da sua vida. Deixe-a guiar e ser a luz no seu caminho, mesmo nos momentos difíceis. Permita que ela o mude, capacitando-o a viver uma vida que agrada a Deus e reflete o amor de Jesus. Ao seguir a Palavra de Deus, encontramos liberdade e uma vida cheia de significado em Cristo.

PARA ORAR:
Senhor, guia-me com Tua luz e molda-me conforme Tua vontade. Fortalece minha fé, concede discernimento ao ler Tua Palavra. Em cada desafio, que eu reflita Tua graça. Oro por sabedoria para viver segundo Teus princípios e ser reflexo do amor de Cristo. Amém.

> **Não se amoldem ao padrão deste mundo, mas transformem-se pela renovação da sua mente, para que sejam capazes de experimentar e comprovar a boa, agradável e perfeita vontade de Deus.**
> — ROMANOS 12:2

Deixe a Palavra moldar você!

- Reserve um tempo todos os dias para ler a Palavra de Deus. Veja: **10 planos de leitura da Bíblia**
- Além da leitura, tire momentos para meditar sobre o que leu e ore pedindo entendimento. Converse com Deus!
- Aplique os princípios bíblicos em situações específicas, buscando viver de acordo com os ensinamentos de Jesus no seu dia a dia.

Leia também

10 PLANOS DE LEITURA DA BÍBLIA

Bíbliaon

DEVOCIONAL DIÁRIO

JUNHO

DIVINA PAZ

1º JUNHO

A Palavra de Deus é como um suave bálsamo que acalma as tormentas da vida, oferecendo-nos a divina paz que transcende todo entendimento. Em meio às adversidades, encontramos refúgio nas promessas do Senhor, pois Ele é nossa rocha inabalável!

A Palavra de Deus consegue iluminar nosso caminho, dissipando as trevas e revelando a verdadeira fonte de serenidade. Jesus, o Príncipe da Paz, nos convida a depositar nossas preocupações aos Seus pés, garantindo-nos descanso e alívio.

Ao mergulharmos nas Escrituras, descobrimos que a paz divina não é apenas a ausência de conflitos, mas **a presença inabalável do próprio Deus em nossa vida.** A Palavra nos orienta a buscar a paz, cultivar relacionamentos pacíficos e permitir que o Espírito Santo governe nosso coração.

Em Salmos 119:165, somos lembrados de que "os que amam a tua lei desfrutam paz, e nada há que os faça tropeçar". Assim, ao nos ancorarmos na Palavra, experimentamos uma paz que transcende as circunstâncias, pois confiamos no Deus que controla todas as coisas.

Que possamos, como crentes, encontrar consolo e tranquilidade na Palavra de Deus, pois é nela que descobrimos a verdadeira fonte da divina paz que nos sustenta, guiando-nos em todos os momentos da vida.

> **PARA ORAR:**
> Senhor, neste momento, ergo meu coração a Ti. Guia-me em cada passo, ilumina meu caminho com Tua sabedoria. Perdoa minhas falhas e fortalece minha fé. Que Teu amor envolva cada área da minha vida. Sou grato por Tua graça e misericórdia. Em nome de Jesus, amém.

Os que amam a Tua lei desfrutam paz, e nada há que os faça tropeçar.
— SALMOS 119:165

Experimentando a divina paz de Deus

- Desligue-se do tumulto cotidiano, feche os olhos e ore em silêncio. Meditando na presença de Deus, encontramos calma e discernimento.
- Deixe que as Escrituras iluminem sua mente e inspirem seu coração. A meditação na Palavra de Deus fortalece a fé e traz clareza espiritual.
- Mantenha um diário de gratidão, registrando momentos pelos quais você é grato. Essa reflexão constante promove um espírito de louvor e contentamento.

Leia também

ENCONTRE PAZ NESSES 7 VERSÍCULOS

Bíbliaon

2 JUNHO

DEUS TRABALHA PARA O BEM DOS QUE O AMAM

> Sabemos que Deus age em todas as coisas para o bem daqueles que o amam, dos que foram chamados de acordo com o seu propósito.
>
> — ROMANOS 8:28

Romanos 8:28 é um versículo que traz consolo e esperança ao coração dos cristãos, pois nos lembra da soberania e do amor de Deus em meio às circunstâncias da vida.

Nessa passagem de Romanos 8:28, o apóstolo Paulo nos assegura que Deus está constantemente trabalhando em nosso favor, mesmo quando enfrentamos desafios, tristezas ou incertezas. Ele é capaz de transformar cada situação, independentemente de quão difícil possa parecer, para o benefício daqueles que O amam. Isso não significa que todas as experiências serão agradáveis, mas indica que, no plano de Deus, todas as coisas se encaixam para o nosso bem.

Ao confiar nessa promessa, somos chamados a manter uma perspectiva de fé e esperança, sabendo que Deus está no controle de tudo. Em tempos de tribulação, podemos encontrar consolo na certeza de que Deus usa cada desafio para aprimorar nosso caráter, fortalecer nossa fé e nos conduzir ao propósito que Ele tem para nossa vida.

Em meio às adversidades, podemos encontrar consolo na promessa de que Deus está trabalhando ativamente para o nosso benefício, moldando-nos à imagem de Seu Filho e conduzindo-nos para o propósito sublime que Ele tem para cada um de nós.

Ele age por você!

- Priorize uma relação íntima com Deus por meio da oração, estudo da Palavra e práticas que fortaleçam o amor a Ele.
- Lembre-se de que, mesmo nos momentos difíceis, Ele está agindo para moldar seu caráter e direcionar sua vida conforme Seu propósito.
- Ao alinhar suas escolhas com os princípios divinos, você caminhará em direção ao plano de Deus.

Leia também

Tudo coopera para o bem daqueles que amam a Deus (reflexão bíblica)

PARA ORAR:

Pai celestial, concede-me discernimento para enfrentar desafios com fé, sabendo que Tua vontade é boa. Fortalece meu amor por Ti e guia-me no caminho do Teu propósito. Que cada passo seja moldado por Tua sabedoria, e que eu confie na promessa de que, em todas as coisas, Tu ages para o meu bem. Amém.

COM A ESPERANÇA ACESA NA MEMÓRIA

3 JUNHO

Essa passagem de Lamentações nos lembra da importância de manter a esperança mesmo em meio às adversidades. Nossa fé é constantemente desafiada pelos problemas da vida, mas a Palavra de Deus nos assegura que há esperança, independentemente das circunstâncias.

Na caminhada da vida, enfrentamos momentos difíceis que podem nos fazer questionar o propósito e a direção de Deus. No entanto, a recordação de Sua fidelidade e amor nos traz a esperança necessária para perseverar.

O contexto desse versículo revela as lamentações de Jeremias diante da destruição de Jerusalém. Mesmo em meio à desolação, Jeremias encontra esperança ao lembrar-se do Senhor e de Sua misericórdia.

Da mesma forma, em nossas lutas pessoais, podemos encontrar conforto ao lembrar-nos do que Deus fez por nós no passado e confiar que Ele continuará a sustentar-nos no presente e futuro. A esperança que recebemos de Deus transcende as circunstâncias e renova nossas forças para enfrentar cada desafio.

Portanto, que possamos guardar em nosso coração a lembrança da esperança que o Senhor nos oferece, pois nela encontramos fortaleza para superar as tribulações e confiança para seguir adiante com fé.

> **Todavia, lembro-me também do que pode me dar esperança.**
> — LAMENTAÇÕES 3:21

Mantenha a esperança acesa!

- Lembre-se dos momentos em que Deus demonstrou fidelidade e misericórdia, alimentando a esperança diante das adversidades.
- Busque a presença de Deus em oração constante, compartilhando suas preocupações e confiando que Ele é capaz de transformar situações difíceis.
- Encoraje outros com palavras de fé e testemunhos de superação, criando uma comunidade de apoio que fortaleça a esperança mútua em Deus.

Leia também

- Versículos de esperança para sua vida
- Quero trazer à memória aquilo que me dá esperança
- O Vale de Ossos Secos: estudo bíblico sobre a esperança

PARA ORAR:

Senhor, confiamos em Tua graça. Ilumina nossos caminhos, renova nossa esperança e fortalece nossa fé. Capacita-nos a refletir Teu amor, buscando Tua presença em oração constante. Que, ao compartilhar a esperança, possamos inspirar outros a confiar em Ti. Amém.

Bíbliaon

4 JUNHO

O AMOR DE DEUS ACALMA O CORAÇÃO

> "Venham a mim, todos os que estão cansados e sobrecarregados, e eu darei descanso a vocês."
> — MATEUS 11:28

Mergulhe no amor de Deus!

- Reserve um tempo todos os dias para ler a Palavra de Deus. Encontre consolo e orientação nas Escrituras.
- Cultive uma vida de oração, conversando com Deus sobre seus sentimentos, agradecimentos e desafios. Essa prática fortalece a confiança e traz serenidade ao coração.
- Demonstre o amor de Deus aos outros por meio de ações gentis e palavras de encorajamento.

Leia também

- Versículos sobre paz
- Versículos para acalmar o coração

Quando a vida fica difícil e o coração fica todo agitado, é bom saber que o amor de Deus está sempre conosco. É como se Ele fosse um abraço acolhedor que tranquiliza tudo por dentro. Na Bíblia, encontramos mensagens que são como remédios para a nossa alma.

O amor e a fidelidade de Deus sempre estarão conosco, como dito em Provérbios 3:3: "Que o amor e a fidelidade jamais o abandonem; prenda-os ao redor do seu pescoço, escreva-os na tábua do seu coração". Isso é algo incrível porque nos lembra que não estamos sozinhos. Jesus também disse algo especial: "Venham a mim, todos os que estão cansados e sobrecarregados, e eu darei descanso a vocês" (Mateus 11:28).

Quando lemos a Bíblia, percebemos que cada parte dela é como uma mensagem de amor que acalma o nosso coração. A oração, que é como conversar com Deus, se torna um momento de tranquilidade. Saber que somos amados de um jeito único nos dá uma confiança especial.

Mesmo quando as coisas estão difíceis, podemos descansar sabendo que o amor de Deus é um porto seguro. A Bíblia é como uma âncora que segura nosso coração, convidando-nos a viver a paz que só Deus pode dar. Ao nos entregarmos ao amor Dele, encontramos uma paz verdadeira, que é difícil de explicar, mas que faz a gente se sentir bem por dentro.

PARA ORAR:

Senhor, acalma meu coração. Que Tua paz, que excede todo entendimento, envolva. Fortalece minha fé, recordando-me do Teu amor inabalável. Guia-me em tranquilidade, para que eu saiba que estás no controle. Amém.

MEDITANDO NO AMOR DE DEUS

5 JUNHO

Meditar no amor de Deus é uma prática essencial para fortalecer nossa fé e nutrir um relacionamento mais profundo com o Criador. Ao contemplarmos Sua infinita misericórdia e amor incondicional, encontramos conforto e direção para nossa vida.

Cantarei ao Senhor toda a minha vida; louvarei ao meu Deus enquanto eu viver. Seja-lhe agradável a minha meditação, pois no Senhor tenho alegria. —, como nos diz essa passagem de Salmos 104:33-34.

Ao começar o dia, reserve um momento para refletir sobre a grandiosidade do amor de Deus. Reconheça que, mesmo diante de nossas falhas, Deus nos ama incondicionalmente. Essa compreensão nos capacita a lidar com desafios com fé renovada, sabendo que somos sustentados por um amor sublime.

O amor de Deus também nos incentiva a praticar o perdão e a compaixão. Assim como somos perdoados, somos chamados a estender esse amor aos outros. Ao meditar na magnanimidade divina, somos inspirados a amar nossos semelhantes de maneira mais profunda e genuína.

Cada dia é um presente de Deus, cheio de oportunidades para amar e servir. Ao reconhecer as bênçãos em nossa vida, cultivamos um coração agradecido, alimentando uma atitude positiva e generosa.

Meditar no amor de Deus não é apenas uma reflexão, mas uma prática que transforma nosso modo de viver. Ao internalizar esse amor, tornamo-nos agentes de compaixão, perdão e gratidão.

PARA ORAR:

Senhor, agradeço por Tuas bênçãos diárias. Em cada amanhecer, percebo Tua misericórdia renovada. Que minha vida seja uma expressão constante de gratidão, refletindo Teu amor e guiada por Tua sabedoria. Amém.

Cantarei ao Senhor toda a minha vida; louvarei ao meu Deus enquanto eu viver. Seja-lhe agradável a minha meditação, pois no Senhor tenho alegria.

— SALMOS 104:33-34

Motivos para você meditar no amor de Deus

- O amor de Deus traz tranquilidade em meio às dificuldades, lembrando-nos de que somos amados incondicionalmente, independentemente das circunstâncias.
- Meditar desenvolve discernimento para decisões em conformidade com princípios de Deus, fortalecendo nossos relacionamentos.
- Meditar no amor de Deus promove gratidão e generosidade. Reconhecendo o amor divino, somos motivados a expressar gratidão diariamente.

Leia também

Frases de gratidão a Deus (um coração cheio de gratidão ao Senhor)

7 mensagens inspiradoras do Salmo 23 (para meditação bíblica)

Bíblia on

6 JUNHO

LEMBRE-SE DO QUE DEUS JÁ FEZ

> Deem graças em todas as circunstâncias, pois esta é a vontade de Deus para vocês em Cristo Jesus.
>
> — 1 TESSALONICENSES 5:18

Lembre-se do que Deus já fez!

- Reserve alguns minutos diariamente para escrever em um diário as bênçãos recebidas de Deus.
- Dedique tempo para expressar reconhecimento por tudo que Deus já fez. Isso fortalece a conexão espiritual e alimenta um coração grato.
- Incentive a prática de expressar gratidão com as pessoas ao seu redor. Quando agradecemos a Deus, em grupo, aumentamos o nosso louvor.

Leia também

- Versículos de Gratidão a Deus
- 3 formas de mostrar sua gratidão a Deus

Esse versículo nos direciona a recordar as obras de Deus em nossa vida e a nutrir um coração grato. Conforme orienta a Bíblia, devemos expressar gratidão em todas as circunstâncias.

É comum, devido à agitação cotidiana, esquecermos das bênçãos diárias. Trazer à memória o que Deus já fez revela o cuidado Dele em cada etapa, sustentando-nos nas adversidades, consolando-nos nas tristezas e guiando-nos nas indecisões.

Ao recordar o que Deus já fez, somos relembrados de Seu amor incondicional, graça abundante e fidelidade constante. A gratidão torna-se fundamental para manter a paz e a alegria, independentemente das circunstâncias.

"Mudaste o meu pranto em dança, a minha veste de lamento em veste de alegria, para que o meu coração cante louvores a ti e não se cale. Senhor, meu Deus, eu te darei graças para sempre" — Salmos 30:11-12.

Cada despertar deve ser acompanhado de agradecimento a Deus pela dádiva da vida e pelas inúmeras bênçãos concedidas. O cultivo de um coração grato transforma atitudes e relacionamentos, tornando cada dia uma oportunidade para expressar a gratidão a Deus.

Que a nossa memória inspire um espírito grato a Deus, moldando nossas atitudes e relacionamentos. Que a gratidão seja a melodia que ressoa em nosso coração, glorificando o nome do Senhor.

PARA ORAR:

Senhor, agradeço por Tuas bênçãos diárias. Concede-me um coração grato, que reconhece Tua presença em cada momento. Fortalece minha fé e guia-me para viver em gratidão, refletindo Teu amor. Em nome de Jesus, amém.

O AMOR DE MUITOS ESFRIARÁ

7 JUNHO

Esse versículo faz parte do discurso escatológico de Jesus, no qual Ele fala sobre os sinais do Fim dos Tempos. Jesus profetizou o que já temos visto em todo mundo e também à nossa volta: o esfriamento do amor. De fato, as guerras, o egoísmo, a violência e agressividade das pessoas são sinais do estado de humanidade caótica nos últimos dias.

Deus é amor, e, quanto mais nos afastamos Dele, perdemos a Sua essência. Essa é a principal razão para a frieza do amor e para a multiplicação da prática do mal no mundo. Aqui, o amor refere-se não apenas ao amor humano, mas também ao amor a Deus e à relação espiritual com Jesus Cristo.

O crescimento exponencial da iniquidade, conforme mencionado por Jesus, pode ser confirmado nos noticiários, nas redes sociais, nas complicadas relações entre as pessoas, num mundo em decadência que se afasta cada vez mais dos princípios divinos. E a consequência direta disso, como assistimos, é o aumento da maldade, além de uma sociedade doente, em pânico e sem esperança. Mas a solução para todo esse mal está disponível àqueles que creem e buscam **o amor de Deus**. É somente por meio desse amor que alcançamos a graça de Jesus Cristo e o consolo do Espírito Santo.

Aqueça o amor no seu coração!

- Pratique o amor diariamente. Somente o Amor, que é a essência do cristianismo, é capaz de enfrentar desafios diante do aumento do pecado e da injustiça no mundo.
- Fique firme na presença de Deus. Somente Nele manteremos a nossa capacidade de amar.
- Ame a Deus acima de tudo e ao próximo como a si mesmo. Essa é a solução para travar o aumento do crescimento da maldade neste mundo.
- Fortaleça sua comunhão com Deus por meio de uma vida de oração e estudo da Palavra. A busca constante não apenas nos aproxima do Senhor, mas também nos capacita a viver em amor, mesmo em meio à crescente maldade.
- Testemunhe o verdadeiro Amor: quando vivemos vidas transformadas pelo amor de Cristo, podemos ser testemunhas impactantes. Nosso testemunho pode inspirar outros a resistirem ao esfriamento do amor, buscando mais ao Senhor, para refletir as Suas virtudes, na prática.

PARA ORAR:

Senhor Deus, mantém a chama do Teu amor acesa e ardente em meu coração! Tem misericórdia de todos os Teus filhos no mundo, para que se mantenham firmes em Ti, enlaçados no Teu bondoso amor. Diante da frieza neste mundo, e cercados por tanta maldade e pecados, buscamos a Tua graça, Pai. Capacita-nos a manter os Teus mandamentos e a obedecer a eles, pois assim iremos transmitir a Tua essência a todos quantos encontrarmos. Que o nosso testemunho seja transformador, refletindo o amor que recebemos de Ti a todos os que ainda não Te conhecem, Senhor. Em nome de Jesus, oramos. Amém.

> E, por se multiplicar a maldade, o amor se esfriará de quase todos.
> — MATEUS 24:12

Leia também

- ESTUDO BÍBLICO — AMAR A DEUS DE CORAÇÃO, ALMA E FORÇAS
- REFLEXÃO BÍBLICA SOBRE 1 CORÍNTIOS 13: O AMOR TUDO SUPORTA
- 7 VERSÍCULOS LINDOS SOBRE O AMOR DE DEUS QUE VÃO TOCAR SEU CORAÇÃO
- QUAL A IMPORTÂNCIA DE AMAR O PRÓXIMO?

Bíbliaon

8 JUNHO

PRIORIZE AS PRIORIDADES

> Busquem, pois, em primeiro lugar o Reino de Deus e a sua justiça, e todas essas coisas serão acrescentadas a vocês.
>
> — MATEUS 6:33

Colocando Deus em primeiro lugar

- Dedique tempo diário para refletir sobre suas prioridades. Avalie ações e decisões, alinhando-se à vontade de Deus.
- Priorize o Reino de Deus em todas as áreas da sua vida. Ao tomar decisões, questione-se sobre como cada escolha reflete os valores do Reino.
- Confie em Deus. Ao priorizá-Lo, você libera a ansiedade excessiva sobre as preocupações materiais.

Leia também

- Buscai primeiro o Reino de Deus (Estudo Bíblico)
- Significado de Buscai Primeiro o Reino de Deus e a Sua Justiça

---

Vivemos em um mundo repleto de distrações, onde as demandas diárias podem facilmente desviar nossa atenção do que realmente importa. A passagem de Mateus 6:33 nos lembra da importância de priorizar as prioridades em nossa vida. Ao buscar primeiro o Reino de Deus e Sua justiça, somos guiados a colocar a nossa vida na perspectiva de Deus.

A vida nos confronta com escolhas constantes, desde as mais simples até as mais significativas. **É crucial discernir entre o essencial e o supérfluo.** Ao priorizarmos as prioridades, somos desafiados a examinar nossas ações, motivações e decisões à luz da vontade de Deus.

Ao direcionarmos nossos esforços para o Reino de Deus, experimentamos uma transformação interior que impacta todas as áreas de nossa vida. Essa busca não é apenas um ato isolado, mas um compromisso contínuo de alinhar nossa vida com os valores do céu.

Ao seguir esse princípio, descobrimos que as preocupações terrenas encontram seu devido lugar, e as ansiedades são substituídas pela confiança na providência de Deus. A promessa de que "todas essas coisas serão acrescentadas a vocês" nos assegura que, ao priorizarmos Deus, Ele cuidará dos detalhes da nossa vida.

Que possamos, diariamente, avaliar nossas prioridades à luz da Palavra de Deus, buscando Sua vontade em todas as áreas de nossa vida e experimentando a paz que vem ao colocar o Reino de Deus em primeiro lugar.

PARA ORAR:

Senhor, guia-me em cada passo. Dá-me sabedoria nas decisões, compaixão nas interações e força nos desafios. Que Tua luz ilumine meu caminho, inspirando-me a viver com amor, bondade e fé. Em Teu nome, amém.

ANDEM NO AMOR!

9 JUNHO

No livro de 2 João 1:6, aprendemos que o amor é fundamental para os cristãos. João destaca que amar significa obedecer aos mandamentos de Deus. Deus nos deu regras para seguir, e, quando obedecemos a essas regras, estamos mostrando amor verdadeiro.

Amar não é apenas falar bonito, mas agir no dia a dia. Significa comprometer-se a viver de acordo com o que Jesus ensinou, amando as outras pessoas como amamos a nós mesmos. Ao obedecer aos mandamentos de Deus, mostramos que amamos a Ele e aos outros.

O amor é a base do cristianismo, e obedecer aos mandamentos de Deus é a maneira de demonstrar esse amor em nossa vida. Jesus é o exemplo perfeito de amor e obediência, e Ele nos convida a seguir Seu exemplo, vivendo de acordo com a vontade de Deus.

Vamos buscar, com humildade, viver o amor todos os dias, seguindo os ensinamentos eternos da Bíblia. Assim, poderemos refletir o amor de Deus para o mundo ao nosso redor.

> *E este é o amor: que andemos em obediência aos seus mandamentos. Como vocês já têm ouvido desde o princípio, o mandamento é este: Que vocês andem em amor.*
>
> — 2 JOÃO 1:6

Viva o amor de Deus!

- Coloque em prática os ensinamentos bíblicos, agindo com bondade, paciência e perdão, refletindo assim o amor de Deus em suas ações.
- Ao amar o próximo, você cumpre o mandamento de Deus e testemunha o poder transformador do amor.
- Comprometa-se a estudar regularmente a Bíblia para compreender os mandamentos de Deus.

Leia também

- Significado de amor na Bíblia (estudo)
- Versículos sobre obedecer

PARA ORAR:

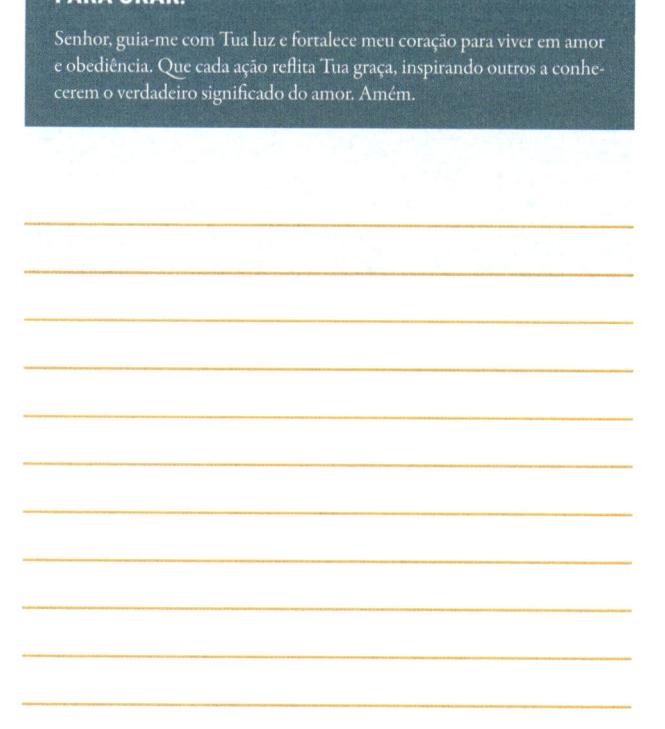

Senhor, guia-me com Tua luz e fortalece meu coração para viver em amor e obediência. Que cada ação reflita Tua graça, inspirando outros a conhecerem o verdadeiro significado do amor. Amém.

10 JUNHO

CONFIE NO PAI

"Portanto eu digo: Não se preocupem com sua própria vida, quanto ao que comer ou beber; nem com seu próprio corpo, quanto ao que vestir. Não é a vida mais importante que a comida, e o corpo mais importante que a roupa? Observem as aves do céu: não semeiam nem colhem nem armazenam em celeiros; contudo, o Pai celestial as alimenta. Não têm vocês muito mais valor do que elas? Busquem, pois, em primeiro lugar o Reino de Deus e a sua justiça, e todas essas coisas serão acrescentadas a vocês."

— MATEUS 6:25, 26 E 33

Jesus nos ensina a confiar no Pai celestial de todo o coração. Ele nos lembra que não devemos nos preocupar com o amanhã, mas buscar primeiro o Reino de Deus, pois o amanhã pertence a Ele. Podemos lançar nossas ansiedades a Deus em oração, sabendo que Ele cuidará de nós.

O Pai celestial é amoroso, generoso e deseja nos abençoar de verdade. A confiança em Deus nos liberta da ansiedade e nos permite viver em paz, sabendo que Ele está no controle de todas as coisas.

Confiemos Nele, pois Ele é fiel e cuidará de todas as nossas necessidades.

Todas essas coisas serão acrescentadas a vocês, basta confiar!

- **Priorize o Reino de Deus:** Coloque Deus em primeiro lugar em sua vida, buscando Sua vontade e Seu propósito acima de tudo.
- **Entregue suas preocupações em oração:** Fale com Deus sinceramente, expressando suas necessidades e confiando que Ele é capaz de cuidar de cada uma delas.
- **Lembre-se das promessas de Deus:** Estude a Palavra de Deus para conhecer Suas promessas. Lembre-se delas nos momentos de incerteza, fortalecendo assim sua fé e confiança em Deus.

PARA ORAR:

Senhor, as aves do céu voam sem planos, sem preocupação e ainda são alimentadas por Ti. Cria em mim um coração que confia sem medo. Afasta de mim tudo aquilo que me impeça de ter clareza sobre a Tua soberania. Quero me entregar totalmente a Ti, amém!

Leia também

- 7 razões para confiar em Deus nas dificuldades
- Entrega o teu caminho ao Senhor (Estudo Bíblico sobre confiar em Deus)
- Cuidado de Deus: 8 formas como Deus cuida de tudo

O AMOR QUE NUNCA NOS DEIXA

11 JUNHO

Nessa passagem do livro de Romanos 8,38-39, encontramos um ensinamento incrível que nos fala sobre o amor de Deus. O apóstolo Paulo compartilha algo que é como um abraço espiritual. Ele nos diz que nada, absolutamente nada, pode nos separar do amor de Deus, que está em Jesus.

Então, pense nisto: nem mesmo a morte, nem a vida, nem os anjos, nem as coisas de hoje, nem as coisas que vão acontecer, nem os poderes lá do céu ou lá embaixo na terra, nem qualquer outra criatura pode nos afastar desse amor incrível que Deus tem por nós!

Nada pode nos separar do amor de Deus. É um amor que nos dá paz, mesmo quando tudo parece complicado. É como se Deus nos abraçasse e dissesse: "Estou aqui, e meu amor é mais forte do que qualquer problema".

Com essas palavras, Deus nos deixa um convite para vivermos cada dia com a certeza de que Ele nos ama de um jeito especial, nos guiando e segurando nossa mão em todas as situações. Que possamos lembrar sempre desse amor que nunca nos deixará!

> *Pois estou convencido de que nem morte nem vida, nem anjos nem demônios, nem o presente nem o futuro, nem quaisquer poderes, nem altura nem profundidade, nem qualquer outra coisa na criação será capaz de nos separar do amor de Deus que está em Cristo Jesus, nosso Senhor.*
>
> — ROMANOS 8:38-39

PARA ORAR:

Deus, estou aqui Contigo. Ajuda-me no meu dia a dia, fortalece-me quando as coisas ficarem difíceis. Guia o meu caminho, protege-me. Que a Tua paz encha meu coração e que possa mostrar Teu amor em tudo que fizer. Agradeço, Deus. Em nome de Jesus, amém.

Vivendo o amor inseparável

- **Reflita diariamente no amor de Deus:** Reserve um tempo todos os dias para meditar na Palavra de Deus, recebendo paz, confiança e amor diariamente.
- Lembre-se da promessa de que nada pode nos separar do amor de Deus. Em vez de se deixar abater pelas dificuldades, confie na presença constante do amor Dele.
- Cultive um coração agradecido, reconhecendo o amor de Deus por você. Um coração grato agrada a Deus.

Leia também

REFLEXÃO SOBRE O AMOR DE DEUS (ESTUDO BÍBLICO)

Bíbliaon

12 JUNHO

DEUS PODE ANIMAR O SEU DIA

> Por isso não tema, pois estou com você; não tenha medo, pois sou o seu Deus. Eu o fortalecerei e o ajudarei; eu o segurarei com a minha mão direita vitoriosa.
>
> — ISAÍAS 41:10

Deus é capaz de animar o seu dia

- Reserve tempo para oração, entregando seu dia a Deus. Deixe-O conduzir o seu dia.
- Diariamente, medite em passagens bíblicas encorajadoras.
- Encare cada novo dia como uma oportunidade para experimentar o amor de Deus.

Leia também

Versículos para animar a alma

Versículos de fé e esperança que vão alegrar seu dia

Hoje, compartilhamos uma verdade transformadora: o poder de Deus capaz de animar o seu dia a dia. No meio das adversidades, é reconfortante saber que temos um Deus sempre ao nosso lado, pronto para fortalecer e encorajar, como nos assegura esta passagem de Isaías 41:10.

Uma promessa reconfortante, evidenciando que Deus não apenas está conosco, mas também nos capacita a superar os desafios. Quando o peso do dia se fizer presente, recorde-se de Filipenses 4:13: "Posso todas as coisas naquele que me fortalece". Não enfrentamos os desafios sozinhos; o Senhor nos habilita a superar qualquer situação.

Além disso, a cada manhã, a misericórdia de Deus se renova (Lamentações 3:22-23), proporcionando-nos um novo dia repleto de oportunidades para experimentar o amor e o encorajamento divino.

Portanto, entregue seu dia nas mãos do Senhor. Comunique-se com Ele em oração, medite em Sua Palavra e confie que Ele animará seu coração. Com Deus ao seu lado, nenhum dia é insuportável.

Que a paz de Deus, que ultrapassa todo entendimento, anime seu coração e guie seus passos hoje e sempre.

> **PARA ORAR:**
> Senhor, em Tua presença, entrego este dia. Fortalece-me nas adversidades, guia meus passos com Tua luz. Que Tua paz reine em meu coração, e que eu possa refletir Teu amor em cada ação. Amém.

VOCÊ PEDE CORRETAMENTE?

13 JUNHO

Imagine o cenário de uma criança pedindo um tênis novo ao seu pai, após chegar da escola. O pai, intrigado pelo pedido do filho, se pergunta: "Será que seus tênis estão velhos? Será que estão furados?". Diante disso, ele pergunta ao filho o motivo desse pedido, mas se surpreende com a resposta: "É para fazer inveja aos meus colegas".

Diante desse cenário, qual você acha que seria a atitude correta do pai? Dar o tênis ou não? Certamente ele não daria por esses motivos, e ainda conversaria com a criança sobre essa situação.

Quando você faz seus pedidos ao Senhor, Ele vê as intenções do seu coração. Ainda que você não Lhe diga, Ele sabe quais são. Tiago ensina que nós não recebemos nossos pedidos porque pedimos por motivos errados, egoístas e pecaminosos. Examine seu coração antes de fazer seus pedidos e peça as coisas corretas!

> *Quando pedem, não recebem, pois pedem por motivos errados, para gastar em seus prazeres.*
> — TIAGO 4:3

PARA ORAR:
Senhor Jesus, ilumina o meu coração para enxergar quais têm sido as razões por trás dos meus pedidos. Estou pedindo errado? Por favor, meu Senhor, ajuda-me e ensina-me a orar como se deve. Assim Te peço, em nome de Jesus, amém!

Faça um pedido!

- Veja quais são seus principais pedidos a Deus, aqueles para os quais você passa mais tempo orando.
- Agora veja quais são os motivos por trás deles, se é por status, por prazer, por orgulho ou por real necessidade.
- Peça orientação do Espírito para identificar isso, para iluminar as razões do seu coração.

14 JUNHO

JESUS É O MELHOR PRESENTE QUE DEUS NOS DEU

Porque Deus tanto amou o mundo que deu o seu Filho Unigênito, para que todo o que nele crer não pereça, mas tenha a vida eterna.

— JOÃO 3:16

Jesus é o melhor presente que Deus nos deu. Ele nasceu de maneira simples para mostrar que ama a todos, especialmente os mais humildes. Mesmo sendo o Filho de Deus, Jesus veio ao mundo de forma humilde, em um lugar simples.

Ele não escolhe as pessoas pela sua condição social ou riqueza. Ele quer estar em nosso coração, ser nosso amigo e guia. Assim como essa passagem de João 3:16 nos alerta, Jesus é o presente que nunca acaba, está sempre conosco.

Quando aceitamos Jesus em nossa vida, sentimos um amor que preenche tudo. Ele é a luz que ilumina os momentos difíceis, dando esperança e sentido à nossa existência.

Jesus é o caminho para uma vida plena e feliz, nos mostrando o amor e a misericórdia de Deus. Que possamos entender que, mesmo nas coisas complicadas da vida, Jesus é a verdadeira riqueza que transforma tudo. Vamos seguir o caminho que Ele nos ensina, vivendo em amor e comunhão com Deus Pai.

Abra o coração para Jesus!

- Permita que Jesus entre em sua vida diariamente, buscando Sua presença por meio da oração e reflexão, cultivando um relacionamento íntimo e pessoal.
- Pratique o amor ao próximo, independentemente de sua condição social. Seja solidário, ajudando os menos favorecidos e promovendo a inclusão.
- Cultive a gratidão, lembrando-se sempre do presente eterno que é Jesus.

Leia também

- A história de Jesus
- Provas do amor de Deus por você
- As 9 mais belas palavras de conforto de Jesus na Bíblia

PARA ORAR:

Senhor Jesus, abre meu coração para Tua presença diária. Que eu ame e sirva a todos, sem distinção, seguindo Teu exemplo de amor incondicional. Que a simplicidade guie meu viver, valorizando as pequenas coisas. Cultiva em mim a gratidão, lembrando sempre que és o presente eterno. Amém.

A PAZ QUE JESUS TRAZ

15 JUNHO

Em um mundo tumultuado, marcado por crises e conflitos, a paz que Jesus oferece é um farol de esperança. Ele não apenas proclamou a paz, mas também a concedeu mediante Seu amor redentor. Na agitação da vida cotidiana, encontrar a verdadeira paz pode parecer um desafio intransponível. No entanto, ao olhar para Jesus, descobrimos que Ele é a fonte da paz, assim como está escrito nesta passagem de João 14:27.

A paz de Jesus não é apenas a ausência de conflitos, mas uma tranquilidade profunda que transcende as circunstâncias. Ela brota da certeza de que, independentemente dos desafios, estamos seguros em Seu cuidado. Ao aceitarmos Sua graça, somos reconciliados com Deus, experimentando a paz que só Ele pode oferecer.

A proposta prática que Jesus nos deixa é simples, mas transformadora: **confiar Nele e viver de acordo com Seus ensinamentos.** Ao entregarmos nossas preocupações e ansiedades a Ele, permitimos que Sua paz governe nosso coração. Além disso, o amor ao próximo e a prática do perdão são alicerces fundamentais para manter essa paz em nossa vida.

Que possamos, hoje, escolher seguir o caminho da paz que Jesus nos apresenta. Que a paz de Jesus guie nossa vida, irradiando luz em meio à escuridão, para que todos experimentem a transformadora paz que só Ele pode proporcionar.

> *Deixo a paz a vocês: a minha paz dou a vocês. Não a dou como o mundo a dá. Não se perturbe o seu coração, nem tenham medo.*
> — JOÃO 14:27

Desfrutando da paz de Jesus

- Reserve momentos diários para se conectar com Deus por meio da oração. Ao compartilhar suas preocupações e agradecimentos, permita que a paz de Jesus preencha seu coração.
- Meditar nas promessas divinas fortalece a fé e reforça a confiança na paz que Ele oferece, independentemente das circunstâncias.
- Liberte-se do peso do ressentimento, praticando o perdão incondicionalmente, promovendo a harmonia em seus relacionamentos.

Leia também

- VERSÍCULOS PARA COMEÇAR BEM O DIA
- SALMOS PODEROSOS PARA LER E MEDITAR

PARA ORAR:
Amado Deus, em humildade e gratidão, venho a Ti. Que Tua graça preencha cada lacuna em meu coração, guiando-me com Tua luz. Capacita-me a amar como Tu amas, a perdoar como Tu perdoas e a viver em paz, confiante em Tua soberania. Em nome de Jesus, amém.

16 JUNHO

A INUTILIDADE DE RESISTIR A DEUS

> Porque nisto consiste o amor a Deus: em obedecer aos seus mandamentos. E os seus mandamentos não são pesados.
>
> — 1 JOÃO 5:3

Siga firme com a sua dieta e não resista a Deus!

- Reveja como se tem relacionado com Deus. Caso tenha sido desobediente, peça perdão a Ele.
- Tire da sua mente que obedecer a Deus sempre será um "supertrabalho"... tenha a Sua vontade como uma oportunidade.
- Pode parecer estranho, mas como lidamos com as regras e desafios no dia a dia reflete em como nos relacionamos com Deus. Reveja seus atos.

Leia também

- Adore a Deus com todas as suas forças (estudo bíblico)
- Boaz na Bíblia: o exemplo de um homem de Deus

Por que resistir a um chocolate é tão difícil e resistir a Deus é tão fácil?

Imagine a seguinte situação: você está seguindo uma dieta há alguns dias e, sem querer, descobre uma caixa cheia de bombons na despensa. Tentador, não é mesmo? O simples fato de saber que os bombons estão ali pode mudar a maneira como você lida com a sua dieta. De certa forma, essa descoberta começa a trabalhar contra você.

Chega um momento da noite e você não resiste: pega um bombom e come, aliás, "o que é um bombom se antes da dieta comia vários", questiona-se. Então, mais uma vez, você quebrou a sua dieta.

Agora, pense em outra situação: alguns irmãos o convidam para participar de um evento evangélico à noite. Ao pensar no horário, você percebe que será um grande esforço participar depois do trabalho. Então, os irmãos lembram que o próximo dia é feriado, e você se lembra de que precisa jantar cedo.

Os irmãos sugerem que você jante com eles, mas você é irredutível e diz que tem evitado comer fora. Após insistirem por trinta minutos, você acaba desistindo e não vai ao evento evangélico.

Você se identifica com as situações descritas acima? Resistir à tentação de comer um doce pode parecer fácil, mas muitas vezes falhamos. Em contrapartida, resistir a Deus pode parecer inútil, mas ainda assim tentamos competir em força. **Fazer a vontade de Deus pode trazer benefícios para nós, mas requer um grande esforço contra os desejos de nossa carne.**

Um exemplo disso pode ser visto na história de Jonas, que, mesmo "fazendo a vontade de Deus", queria que fosse feito da sua maneira. Essa luta inútil o levou a um estado de desespero, mas mesmo assim Deus continuou sendo misericordioso, não só com ele, mas também com o povo de Nínive.

Embora fazer a vontade de Deus possa ser um desafio, isso é benéfico a nós mesmos. A obediência gera amor e gratidão, e, quanto mais obedecemos, mais confiamos em Deus, deixando de lado nossa resistência inútil a Ele. Enquanto resistir a Deus nos leva a lugar nenhum, obedecer a Ele nos conduz a um caminho virtuoso de bênçãos. Vale a pena perseverar e escolher a obediência a Deus!

PARA ORAR:

Senhor, peço perdão por resistir à Tua vontade. Quero aprender a obedecer-Te com alegria e ser moldado segundo a Tua vontade, reconhecendo que é sempre o melhor para mim. Amém.

DEUS NÃO ABANDONOU VOCÊ

17 JUNHO

O Salmo 22 é uma preciosidade poética que expressa os sentimentos mais profundos de abandono, solidão e angústia, mas também é um testemunho poderoso da presença e fidelidade de Deus, mesmo nos momentos mais sombrios da vida. É uma oração à fé e à esperança, lembrando-nos de que, mesmo quando nos sentimos perdidos e desamparados, Deus está sempre ao nosso lado.

As palavras iniciais do Salmo 22, "Meu Deus, meu Deus, por que me abandonaste?", ressoam em muitos corações que já experimentaram o desespero e a sensação de que Deus os deixou de lado. No entanto, à medida que o Salmo avança, o salmista começa a recordar as maneiras pelas quais Deus esteve presente em sua vida, desde o ventre materno até os momentos de dificuldade. Ele se lembra da fidelidade de Deus no passado e da confiança de que, mesmo nas piores circunstâncias, o Senhor não o abandonaria.

Essa reflexão nos convida a olhar para nossa própria vida e lembrar dos momentos em que Deus esteve ao nosso lado, nos guiando, sustentando e fortalecendo. Mesmo quando tudo parece desmoronar, Deus não nos abandona. Ele é nosso refúgio e fortaleza, nosso socorro bem presente na hora da angústia.

Portanto, não importa quão sombrias as circunstâncias possam parecer, lembre-se de que Deus não abandonou você. Ele está conosco mesmo quando não O sentimos. Confie em Sua fidelidade e permita que a esperança e a fé o conduzam através das tempestades da vida. A escuridão pode ser profunda, mas a luz de Deus sempre brilhará no final.

> **Meu Deus! Meu Deus! Por que me abandonaste? Por que estás tão longe de salvar-me, tão longe dos meus gritos de angústia?**
> — SALMOS 22:1

Ele não abandonou você!

- **Prova de amor eterno:** Deus nos ama incondicionalmente, demonstrando Sua presença constante em nossa vida, guiando-nos com Seu amor.
- **Promessas cumpridas:** A fidelidade divina se manifesta nas promessas que Ele cumpre, demonstrando que está sempre ao nosso lado, cumprindo Sua Palavra.
- **Força nas adversidades:** Deus nos fortalece nas horas mais difíceis, capacitando-nos a superar desafios e nos sustentando quando nos sentimos fracos.

Leia também

- Versículos bíblicos para encorajar nos tempos difíceis
- Reflexão Bíblica: 14 mensagens de fé e esperança em Deus
- Salmo 22 completo

PARA ORAR:

Amado Deus, reconheço Tua presença constante em minha vida e Te agradeço pelo Teu amor eterno, que nunca me abandona. As provas diárias do Teu amor me fortalecem e me lembram de Tua fidelidade. Cumpriste Tuas promessas, e isso enche meu coração de esperança. Em meio às adversidades, confio em Tua força que me sustenta, capacitando-me a superar desafios. Que eu possa sempre sentir Tua presença, amor e fidelidade, confiando que nunca me deixarás. Amém.

Bíbliaon

18 JUNHO

FAÇA TUDO PARA A GLÓRIA DE DEUS

> Assim, quer vocês comam, quer bebam, quer façam qualquer outra coisa, façam tudo para a glória de Deus.
>
> — 1 CORÍNTIOS 10:31

Você pode dar glória a Deus com estas atitudes simples:

- Seja honesto no seu trabalho (ou nos seus estudos).
- Agradeça a Deus por sua comida.
- Seja amável com as pessoas com quem você cruza durante o dia.

O que significa viver para Deus? Será que é preciso abandonar sua vida normal e viver sempre na igreja, orando e jejuando todos os dias? Não! A vida cotidiana também pode refletir a glória de Deus.

O que nos marca como cristãos é a forma como vivemos a cada dia. Rejeitamos o pecado e procuramos imitar Jesus, até nas coisas mais simples, como comer e beber. Vivemos a vida normal de maneira sobrenatural.

PARA ORAR:

Senhor, por favor me ensina a ser mais como Jesus em minha vida diária. Mostra-me como posso refletir a luz de Jesus em tudo que faço. Quero dar glória a Ti com minha vida. Amém.

SAIBA O QUE É BOM E FAÇA O BEM

19 JUNHO

O versículo de Tiago 4:17 nos lembra de uma verdade fundamental na fé — a importância de agirmos de acordo com o que sabemos ser certo aos olhos de Deus. Em nossa vida, somos constantemente confrontados com escolhas, entre o bem e o mal, entre a justiça e a injustiça. Tiago nos adverte de que não é suficiente apenas saber o que é correto; devemos agir de acordo com esse conhecimento.

Fazer o bem é uma expressão do amor e da obediência a Deus. Ao ignorar o chamado para fazer o bem, pecamos. Esse versículo nos lembra que o pecado não se limita apenas às ações erradas, mas também inclui a omissão de fazer o que é certo. Portanto, nossa fé deve se manifestar por meio de nossas ações benevolentes, de palavras gentis e gestos de compaixão.

Ao vivermos de acordo com esse princípio, estamos alinhando nossa vida com a vontade de Deus. Devemos sempre nos lembrar de que Deus nos dá a capacidade de fazer o bem e que, pelas nossas ações, podemos ser um testemunho vivo de Sua graça e amor. Que Tiago 4:17 seja um lembrete constante de que **a nossa fé é autenticada pelo que fazemos, não apenas pelo que acreditamos.**

PARA ORAR:
Senhor, ajuda a agir com amor e justiça, não apenas a saber o que é certo. Que minhas ações reflitam a minha fé em Ti. Amém.

> Portanto, pensem nisto: Quem sabe que deve fazer o bem e não o faz comete pecado.
> — TIAGO 4:17

Faça o bem!

- Pratique a bondade diariamente, buscando oportunidades para ajudar e fazer o bem a outras pessoas, sendo um reflexo do amor de Deus em ação.
- Seja atento à sua consciência e ao conhecimento das Escrituras, agindo em conformidade com os princípios cristãos, evitando a omissão do bem.
- Ore por orientação e força para agir de maneira justa, permitindo que a fé em Cristo se manifeste não apenas em palavras, mas também em ações concretas.

Leia também

Versículos sobre fazer o bem

Vença o mal com o bem (estudo bíblico)

20 JUNHO

RECARREGANDO-SE PARA UM NOVO DIA

> Cria em mim um coração puro, ó Deus, e renova dentro de mim um espírito estável.
> — SALMOS 51:10

O dia que passou pode ter sido difícil e atribulado, mas, em Cristo, encontramos consolo na certeza de que a cada novo dia somos chamados a renovar nossas forças em Deus. O Senhor é nossa fonte inesgotável de energia e ânimo, pronto para nos recarregar para os desafios que surgem a cada amanhecer.

Na Palavra de Deus, em Isaías 40:31, encontramos a promessa que nos inspira:

"Mas aqueles que esperam no Senhor renovam as suas forças. Voam alto como águias; correm e não ficam exaustos, andam e não se cansam". — Isaías 40:31.

Essa passagem nos lembra que, ao depositarmos nossa confiança no Senhor, Ele nos capacita a enfrentar cada dia com vigor e fé.

Ao despertar, reconheçamos a importância de nos conectar com Deus por meio da oração e da leitura da Sua Palavra. Esses momentos são como uma recarga espiritual que nos prepara para os desafios que enfrentaremos. Enquanto buscamos a presença do Senhor, Ele nos fortalece e nos conduz com sabedoria.

Que, em cada novo dia, possamos experimentar a renovação que só o amor de Deus proporciona. Que a certeza da Sua presença nos impulsione a voar alto, correr sem desfalecer e caminhar sem nos cansar. Assim, recarregados em Seu poder, enfrentaremos cada desafio com a confiança de que somos mais que vencedores em Cristo Jesus. Amém.

Renove-se com a Palavra de Deus!

- Cultive o hábito de dedicar um tempo diário à leitura da Bíblia. Permita que as Escrituras permeiem sua mente, renovando sua perspectiva e fortalecendo sua fé.
- Não apenas leia, mas medite na Palavra de Deus. Reflita sobre os significados, aplique princípios à sua vida.
- Estabeleça uma comunicação constante com Deus por meio da oração. Compartilhe seus anseios, alegrias e desafios.

Leia também

- Bom-dia com Deus: mensagens bíblicas
- Esforça-te e tem bom ânimo: Deus está contigo (Josué 1:9)

PARA ORAR:

Senhor, em Tua graça infinita, peço orientação e força. Guia-me nos caminhos da retidão, concede-me sabedoria para os desafios. Envolva-me com Tua paz, renova minhas forças e inspira-me a viver segundo Teus propósitos. Em nome de Jesus, amém.

RENDENDO GRAÇAS AO SENHOR

21 JUNHO

A gratidão se revela como um poderoso elo entre o coração humano e o coração de Deus. No livro de Salmos, capítulo 92, versículo 1, somos exortados a render graças ao Senhor. A gratidão não é apenas uma emoção, mas uma atitude que transforma a maneira como encaramos cada dia.

A gratidão nos conecta ao amor do Senhor, que nos cerca diariamente com Suas bênçãos. Ao acordar de manhã, respiremos profundamente e expressemos gratidão por mais um dia de vida, um presente de Deus. Em cada passo dado, lembremo-nos de agradecer pelo caminho que Ele traçou para nós.

Ao olhar para trás, reflitamos sobre os momentos desafiadores que enfrentamos. A gratidão nos permite enxergar a mão do Senhor nos guiando e sustentando. Ele é a fonte de força nas nossas fraquezas, e por isso somos gratos.

A gratidão não é seletiva; ela nos chama a agradecer não apenas pelas vitórias óbvias, mas também pelos desafios que moldam nosso caráter. Em meio às dificuldades, agradecemos pela oportunidade de crescer e confiar no Senhor.

Agradeçamos ao Senhor pelo Seu amor incondicional, pela graça que nos cobre e pela esperança que encontramos Nele. Que a gratidão permeie cada aspecto da nossa vida, fazendo-nos viver em constante louvor a Deus!

> **Como é bom render graças ao Senhor e cantar louvores ao teu nome, ó Altíssimo.**
> — SALMOS 92:1

Dando graças a Deus!

- Ao despertar, respire profundamente e agradeça a Deus pela dádiva da vida. Estabeleça o hábito de começar o dia reconhecendo Sua presença e bondade.
- Cultive a gratidão mesmo nos momentos difíceis, reconhecendo que Deus está presente nas provações, moldando seu caráter e fortalecendo sua fé.
- Antes de dormir, reserve um momento para refletir sobre as bênçãos do dia. Agradeça ao Senhor por Suas graças, expressando gratidão por cada detalhe da jornada.

Leia também

Significado bíblico de gratidão (com exemplos)

Frases e mensagens de gratidão a Deus

PARA ORAR:
Senhor, meu coração transborda de gratidão por Tuas bênçãos diárias. Agradeço pela vida, pela graça que me envolve e pelos desafios que fortalecem minha fé. Obrigado pelo amor incondicional, pela esperança que encontramos em Ti. Que minha vida seja um constante louvor à Tua grandiosa presença. Amém.

22 JUNHO

SENHOR, ENSINA-NOS A ORAR!

Jesus estava orando em certo lugar e, quando terminou, um dos seus discípulos lhe pediu: "Senhor, ensine-nos a orar como também João ensinou os discípulos dele".

— LUCAS 11:1

Como orar corretamente? De fato, essa é uma dúvida legítima de muitas pessoas. Apesar de a oração ser algo central no relacionamento dos cristãos com o Senhor, muitos discípulos desconhecem como fazê-lo. Mas algo maravilhoso que descobrimos nesse versículo é que: é possível aprender a orar com Cristo.

Jesus orava constantemente. Os discípulos viam-no a falar sempre com o Pai celestial. E isso despertou neles o desejo de também aprenderem a orar. Naqueles tempos, era comum os mestres judeus e rabinos ensinarem orações para os seus discípulos, tal como João Batista teria ensinado.

Contudo, **Jesus é o nosso maior modelo** de dependência, amor, comunhão e submissão na oração. Você só aprenderá a orar corretamente se aprender com Jesus, fazendo Dele o seu maior exemplo pessoal na oração.

Peça a Deus para ensiná-lo a orar!

- Ore mais e deseje aprender com Jesus todos os dons disponíveis para o povo de Deus.
- Jesus já havia ensinado como orar no Sermão da Montanha (Mateus 6:9-13); mesmo assim, com ternura e bondade, Ele ensina novamente a simplicidade de orar — Pai-nosso.
- As nossas orações só serão aceitáveis perante Deus se as aprendermos com Ele mesmo.
- À semelhança de Jesus, viva uma vida de constante oração (1 Tess. 5:17).

PARA ORAR:

Pai nosso que estás no céu, ensina-me a orar! Ajuda-me a ser mais semelhante ao Senhor Jesus Cristo e a Te buscar com todo amor e reverência, como Ele mostrou. Ensina-me a abrir o coração, orando sempre conforme a Tua Palavra nos orienta. Ensina-me a confiar em Ti e a perdoar os que me ferem. Fica comigo, Pai, e que o teu nome seja glorificado, agora e sempre! Amém.

Leia também

- Oração do Pai-nosso explicada
- Estudo bíblico sobre oração
- Versículos sobre o poder da oração

A PALAVRA DISSIPA O MEDO

23 JUNHO

A Palavra de Deus é a luz que dissipa as trevas da dúvida e do medo, guiando-nos em direção à esperança e à segurança, assim como declara essa passagem de Salmos 119:105.

Quando confiamos na Palavra de Deus, construímos uma fundação inabalável. As promessas de Deus são âncora para nossa alma, firmando-nos na certeza de que Deus é fiel para cumprir o que prometeu. Ao meditar diariamente em Sua Palavra, somos fortalecidos em nossa fé, e a confiança se torna uma resposta natural ao amor inigualável de nosso Pai celestial.

Que a nossa confiança esteja enraizada na rocha eterna da Palavra de Deus, pois nela encontramos a promessa de vida abundante e a segurança eterna em Seu amor infinito.

PARA ORAR:

Senhor, envolve-me com Tua graça, guia-me com Tua luz. Concede-me força nas lutas, sabedoria nas escolhas. Que Tua paz reine em meu coração, e que minha vida reflita Tua glória. Sou grato por Teu amor incondicional. Amém.

> **A tua palavra é lâmpada que ilumina os meus passos e luz que clareia o meu caminho.**
> — SALMOS 119:105

Ganhando confiança por meio de Deus

- Dedique tempo diário à meditação na Palavra de Deus. A meditação constante nutre a confiança em Deus.
- A aplicação prática da Palavra de Deus fortalece nossa confiança e testemunha Sua fidelidade.
- Ao testemunhar sobre o impacto da Palavra em sua vida, você não só fortalece a própria confiança, mas também inspira e encoraja os outros.

Leia também

- Versículos sobre a paz de Jesus para vencer o medo
- Palavras da Bíblia para superar o medo
- Versículos de coragem

Bíblia on

24 JUNHO

APRENDA A FAZER O BEM

> "Lavem-se e purifiquem-se! Tirem da minha presença a maldade dos seus atos; parem de fazer o mal! Aprendam a fazer o bem; busquem a justiça, repreendam o opressor; garantam o direito dos órfãos, defendam a causa das viúvas."
> — ISAÍAS 1:16-17

Leia também

- Versículos sobre fazer o bem
- Vença o mal com o bem
- Reflexão sobre amar e orar pelos inimigos

Na reflexão de hoje somos convidados a muitas atitudes que nos direcionam a viver mais perto do Senhor e dos Seus princípios, nos colocando, ao mesmo tempo, mais afastados do pecado.

1. **"Lavar-se e purificar-se"**: A nossa natureza corrompida está manchada de pecado. Felizmente, temos um Salvador que nos purifica: Jesus é o Cordeiro de Deus que tira o pecado do mundo...

2. **"Retirar as maldades dos nossos atos"**: Esta é uma atitude intencional que cada pessoa convertida precisa tomar: agir sem maldade, sem engano, injustiça e corrupção.

3. **"Parar de fazer o mal"**: A aplicação prática é parar! Abandone comportamentos prejudiciais e busque a transformação pelo arrependimento. Devemos nos afastar de práticas pecaminosas, ou que induzam ao erro e ao mal.

4. **"Aprenda a fazer o bem"**: Aqui a instrução é agir de maneira justa e compassiva. Fazer o que é correto e bom. Veja e imite boas lições. Busque oportunidades para praticar boas ações e demonstrar amor ao próximo.

5. **"Buscar a justiça"**: Várias vezes Deus, em Sua Palavra, nos alerta para a necessidade de buscar o Seu Reino e Sua Justiça. Precisamos defender a justiça e agir com equidade em todas as situações.

6. **"Repreender o opressor"**: Não tolerar a opressão e confrontar aqueles que oprimem os outros.

7. **"Garantir e defender o direito dos órfãos e das viúvas"**: Defender os direitos das pessoas vulneráveis, como órfãos, viúvas e outros necessitados, assegurando que sejam tratados com justiça, demonstrando-lhes amor, compaixão e cuidado.

São muitos os desafios, mas em todos podemos contar com a ajuda do nosso Deus!

PARA ORAR:

Senhor Deus, Tu és o Deus de toda bondade, justiça e retidão! Ajuda-me a viver de uma maneira que Te agrada. Pai, lava-me no precioso sangue de Cristo e purifica a minha vida de toda maldade. Dá-me forças para rejeitar o pecado e não fazer o mal. Ensina-me a fazer o bem corretamente. Dá-me coragem para buscar a justiça do Senhor e não concordar com os opressores deste mundo. Ajuda-me a amar e ajudar as pessoas mais necessitadas a verem o teu amor através da minha vida. Em nome de Jesus, eu oro. Amém!

DESFRUTANDO DAS BÊNÇÃOS DE DEUS

25 JUNHO

Contemple a mais extraordinária bênção que poderia imaginar para sua vida. No entanto, vá além, pois essa visão está longe de se equiparar ao que Deus deseja generosamente proporcionar!

É natural nos limitarmos pelos nossos próprios sonhos e aspirações, mas as Escrituras nos incentivam a confiar nos planos de Deus, que são imensamente superiores aos nossos. Quando confiamos em Deus, abrimos nosso coração para uma dimensão de bênçãos que vai além da nossa imaginação.

Na vida, lembre-se de que cada desafio é uma oportunidade para Deus agir de maneiras extraordinárias. Não permita que as adversidades obscureçam sua visão do amor de Deus. O Senhor não apenas atende a nossas expectativas; Ele as supera abundantemente.

Ao reconhecer que Deus faz infinitamente mais do que podemos conceber, nossa fé se fortalece. Este é um convite para vivermos uma vida cheia de esperança, fé e gratidão. Abra-se para o ilimitado amor de Deus, confiante de que Seus planos para você são cheios de prosperidade. Que sua fé continue a crescer, permitindo-se experimentar as maravilhas das bênçãos ilimitadas de Deus.

PARA ORAR:

Deus, ajuda-me a confiar mais em Ti. Quando as coisas ficarem difíceis, me lembra que é uma chance de ver Tua grandeza. Obrigado por tudo, mesmo pelo que não consigo ver. Amém.

A tua palavra é lâmpada que ilumina os meus passos e luz que clareia o meu caminho.

— SALMOS 119:105

Experimentando o melhor de Deus

- **Cultive a confiança:** Desenvolva uma confiança sólida nos planos de Deus, supere as limitações pessoais e abrace as oportunidades, confiante de que Ele supera qualquer expectativa.
- **Enfrente desafios com esperança:** Encare os desafios como chances para Deus manifestar Sua grandiosidade. Mantenha uma perspectiva otimista, lembrando que Ele ultrapassa as adversidades.
- **Viva com gratidão diária:** Pratique a gratidão constante. Reconheça as bênçãos diárias, confiando que Deus opera constantemente em sua vida, superando até mesmo seus sonhos mais ousados.

Leia também

Ensinamentos da Bíblia sobre a verdadeira prosperidade

Versículos de prosperidade

Bíblia on

26 JUNHO

ELE ILUMINA O SEU CAMINHO

> O Senhor é a minha luz e a minha salvação; de quem terei temor? O Senhor é o meu forte refúgio; de quem terei medo?
>
> — SALMOS 27:1

A luz de Jesus é fonte que ilumina cada passo do nosso caminho, dissipando sombras da vida. Em meio a incertezas, essa luz é como farol seguro, guiando nos momentos de escuridão.

Na Palavra de Deus, encontram-se conforto e encorajamento, assim como lemos dessa passagem de Salmos 27:1.

Essa promessa ressoa, lembrando que, com Jesus como luz, não há temor no desconhecido.

Jesus não é luz distante; habita em cada um, irradiando amor e sabedoria. Cristo nos ilumina de dentro para fora. Sua luz revela verdades e dissipa mentiras. Nas encruzilhadas da vida, encontramos direção na Sua Palavra.

Sua luz também brilha nos momentos de alegria, iluminando gratidão e enchendo corações de louvor. Cristo é luz inesgotável, mesmo nas noites mais escuras.

Declare com confiança: a luz de Jesus é esperança inabalável, fonte de caminho e verdade, guiando a cada dia a sua vida!

Vivendo iluminado

- Reserve tempo diariamente para ler a Bíblia. Aprofundar-se nas Escrituras fortalece a conexão com Deus, trazendo clareza e direção à sua vida.
- Fale com Deus. Ao buscar Sua orientação e agradecer, você fortalece a relação, permitindo que Sua luz guie seus passos.
- Viva de acordo com os ensinamentos de Jesus, praticando o amor ao próximo. Ao refletir o amor divino, você se torna um reflexo da luz de Deus no mundo ao seu redor.

PARA ORAR:

Senhor, guia-me com Tua luz em cada passo da jornada. Que Tua sabedoria ilumine minhas escolhas, e que Teu amor inspire minhas ações. Concede-me força nas adversidades e gratidão nas alegrias. Que eu seja reflexo de Tua luz, irradiando amor e compaixão. Amém.

Leia também

Não desanime, estes 8 versículos vão fortalecer a sua fé

HOJE É O SEU MELHOR DIA!

27 JUNHO

Nesse dia abençoado, receba uma mensagem de esperança e fé: hoje é o seu melhor dia! Não importa as circunstâncias que o cercam, Deus está presente para guiar seus passos e transformar cada desafio em oportunidade de crescimento.

Na Palavra de Deus, encontramos promessas que nos recordam do amor incondicional que Ele tem por cada um de nós. O Salmos 118:24 nos lembra: "Este é o dia em que o Senhor agiu; alegremo-nos e exultemos neste dia".

Hoje, deixe que a fé guie seus pensamentos e ações. Lembre-se de que Deus tem um plano maravilhoso para sua vida, cheio de esperança e alegria. Mesmo diante dos desafios, confie que Ele está ao seu lado, capacitando-o a superar qualquer obstáculo.

Agradeça a Deus por cada respiração, cada conquista e aprendizado. Hoje é o dia em que você pode experimentar a graça divina de maneira renovada. Permita que a paz de Cristo preencha seu coração e que a alegria do Senhor seja a sua força.

Que a presença de Deus esteja com você em cada passo do caminho, guiando-o para um futuro cheio de bênçãos. Creia que hoje é o seu melhor dia porque você está nas mãos amorosas do Pai celestial, e Ele cuida de você com um amor eterno.

> **PARA ORAR:**
> Senhor, hoje agradeço pelo dom da vida. Enche-me de gratidão, capacita-me a enfrentar desafios com fé inabalável e guia-me para manifestar Teu amor em cada ação. Que eu seja um reflexo da Tua luz e que este dia seja testemunha da Tua graça. Amém.

> *Este é o dia em que o Senhor agiu; alegremo-nos e exultemos neste dia.*
> — SALMOS 118:24

Aproveite melhor o seu dia!

- **Cultive gratidão diária:** Ao acordar, agradeça a Deus pelo novo dia. Enfoque nas bênçãos, cultivando um coração grato, fortalecendo sua conexão espiritual.
- **Enfrente desafios com fé:** Encare os desafios com a certeza de que Deus está contigo. Mantenha a fé inabalável, confiando que Ele capacita você para superar qualquer obstáculo.
- **Seja instrumento de amor:** Manifeste o amor de Deus em suas interações. Estenda compaixão e gentileza, refletindo a luz de Cristo. Hoje é uma oportunidade para impactar vidas.

Leia também

- Frases bíblicas para status
- Bom dia abençoado: 51 mensagens e frases com a paz de Deus
- Frases e palavras de Deus para uma semana abençoada

Bíbliaon

28 JUNHO

UM NOVO DIA, UMA NOVA CHANCE

> Graças ao grande amor do Senhor é que não somos consumidos, pois as suas misericórdias são inesgotáveis. Renovam-se cada manhã: grande é a sua fidelidade!
>
> — LAMENTAÇÕES 3:22-23

Estas palavras são um lembrete poderoso da compaixão inabalável de Deus. Ele nos ama de maneira tão profunda que, apesar das nossas fraquezas e falhas, Sua misericórdia nos sustenta a cada amanhecer. O Senhor não nos trata conforme merecemos, mas, em vez disso, nos envolve em Seu amor e compaixão.

A renovação diária das Suas misericórdias destaca o caráter extraordinário de Deus. Cada manhã é uma nova oportunidade, uma expressão renovada do Seu amor e fidelidade. Quando nos sentimos consumidos pelas dificuldades da vida, a promessa de Deus nos assegura que o Seu amor é maior do que qualquer adversidade.

A fidelidade do Senhor é um alicerce sólido, uma rocha em que podemos confiar. Seu amor é constante, independentemente das circunstâncias. Portanto, ao começar cada dia, podemos fazê-lo com gratidão, sabendo que somos sustentados pelo grande amor e misericórdia de um Deus fiel, cuja compaixão é tão vasta quanto inesgotável.

Renove-se!

- Desperte a cada manhã com agradecimento, reconhecendo as misericórdias renovadas de Deus.
- Enfrente desafios com confiança, lembrando que o amor inesgotável de Deus supera qualquer dificuldade, oferecendo esperança e fortaleza.
- Inspire-se na fidelidade divina para nutrir relacionamentos e compromissos, refletindo o amor e a constância de Deus em suas ações diárias.

PARA ORAR:

Senhor, agradeço por Tuas misericórdias renovadas a cada amanhecer. Dá-me gratidão diária, confiança na adversidade e capacidade de refletir Tua fidelidade em meus relacionamentos. Que meu viver seja um testemunho do Teu amor inesgotável. Amém.

Leia também

- Versículos para ler ao acordar
- Bom dia abençoado: mensagens e frases com a paz de Deus

PAZ COM DEUS

29 JUNHO

Em meio a todo o tumulto e todas as turbulências pelas quais o nosso mundo atravessa, as pessoas em todos os lados anseiam por paz verdadeira...

Nas grandes instâncias, a paz é constantemente negociada em encontros e acordos internacionais nos quais os grandes governantes da terra ponderam o melhor meio para as nações conviverem em paz. No nosso dia a dia, particularmente, também nós tentamos apaziguar uma ou outra situação de conflito. No interior da família, lidamos com desavenças entre filhos, brigas entre irmãos, crises entre casais, atritos entre pais e filhos, pequenas discussões com vizinhos, relações difíceis com colegas de trabalho, e a lista não para por aqui...

Essa guerra constante reflete um pouco da condição interna do coração humano. A Bíblia nos diz que os piores e maiores conflitos ainda acontecem com aqueles que mantêm uma inimizade com o próprio Deus. Quando estamos distantes Dele, desprezando-O, somos como seus inimigos.

Felizmente, Deus nos convida à reconciliação consigo mesmo, por meio de Jesus Cristo. Deus oferece paz de uma vez por todas e para sempre. Há perdão e justificação através da vida, morte e ressurreição do Seu Filho Jesus. Essa oferta de paz excede a nossa compreensão (Filipenses 4:7) e afeta toda a nossa vida, família e a vida das pessoas que nos rodeiam. Ele é a nossa paz, e a paz que Ele oferece ninguém no mundo pode dar.

> **PARA ORAR:**
>
> Senhor, ajuda-me a receber a Tua paz neste dia. Em cada situação difícil, que eu possa desfrutar da Paz que excede todo entendimento. Ajuda-me também em todos os momentos de conflito poder agir como um pacificador. Obrigado pela Paz que posso ter Contigo e pela reconciliação que fez comigo por meio de Jesus Cristo. Amém!

> "Tendo sido, pois, justificados pela fé, temos paz com Deus, por nosso Senhor Jesus Cristo..."
> — ROMANOS 5:1

Para ter Paz com Deus:

- Se ainda não tem Paz com Deus, ore pedindo que Ele o perdoe, e que o ajude a reconciliar-se consigo mesmo, por meio de Jesus Cristo.
- Creia que Jesus Cristo é o Filho de Deus que veio ao mundo para conceder vida plena de paz, perdão para os pecados e para salvar de toda condenação.
- Confie que Deus poderá conceder Paz ao seu coração em toda e qualquer situação de conflito.
- Busque conhecer mais a Deus e a Sua vontade através da Bíblia, encontrando paz e descanso nas Suas Palavras.
- Procure compartilhar com outro cristão nos seus momentos mais difíceis e peça oração.

Leia também

VERSÍCULOS SOBRE PAZ

Bíbliaon

30 JUNHO

DAMOS-TE GRAÇAS, Ó DEUS!

> Damos-te graças, ó Deus, damos-te graças, pois perto está o teu nome; todos falam dos teus feitos maravilhosos.
>
> — SALMOS 75:1

Damos-te graças!

- **Cultive a gratidão diariamente:** Pratique a gratidão, reconhecendo as bênçãos de Deus em sua vida, e agradeça por elas regularmente.
- **Busque a presença de Deus:** Esteja consciente da proximidade de Deus em sua vida, confiando Nele em momentos de necessidade e alegria.
- **Compartilhe suas experiências:** Testemunhe as maravilhas que Deus fez em sua vida, inspirando outras pessoas a reconhecer Sua grandeza.

Leia também

- Frases de gratidão a Deus (um coração cheio de gratidão ao Senhor)
- Salmos de agradecimento a Deus

Esse trecho de Salmos 75:1 é um poderoso lembrete da soberania de Deus em nossa vida. Neste verso, somos chamados a render graças a Deus duas vezes, enfatizando a importância da gratidão em nossa relação com o Senhor.

Primeiramente, a gratidão é a atitude certa em direção a Deus. Quando reconhecemos que tudo o que temos e somos vem Dele, nossa resposta natural é render graças. Agradecer a Deus não apenas nos coloca em um estado de humildade, mas também abre nosso coração para Sua bênção e graça contínuas.

Além disso, esse salmo nos lembra que o nome de Deus está próximo. Ele não é um Deus distante ou inacessível, mas está sempre perto de nós. Podemos invocá-Lo em oração, buscar Sua orientação e encontrar conforto em Sua presença constante.

Somos desafiados a contar as maravilhas de Deus. Cada um de nós tem experiências pessoais das maravilhas que Deus realizou em nossa vida. Compartilhar essas histórias não apenas fortalece nossa fé, mas também inspira outros a reconhecerem a grandeza de Deus.

Ao meditar em Salmos 75:1, que possamos ser um povo grato, reconhecendo a proximidade de Deus em nossa vida e compartilhando as maravilhas que Ele tem feito. Que nossa gratidão seja um testemunho vivo de Sua grandeza e amor eterno.

PARA ORAR:

Senhor, a Ti rendemos graças por Tua proximidade constante em nossa vida. Enche-nos de gratidão e capacita-nos a compartilhar Tuas maravilhas, sendo testemunhas vivas de Teu amor e poder. Amém.

DEVOCIONAL DIÁRIO

JULHO

1º JULHO

ADORANDO AO REI JESUS

> O teu trono, ó Deus, subsiste para todo o sempre; cetro de justiça é o cetro do teu reino.
>
> — SALMOS 45:6

Louvando ao rei Jesus

- Inclua no seu dia a leitura diária da Palavra de Deus.
- Escolha músicas que mostram que Jesus é Deus. Celebre o fato de Ele ser eterno e supremo, usando isso como motivo para adorá-Lo com todo o coração durante os momentos de louvor.
- Todos os dias, agradeça a Jesus por ser Deus. Reconheça que Ele é um Rei que dura para sempre e agradeça por trazer justiça ao Seu Reino.

Leia também

- Versículos sobre a divindade de Jesus Cristo
- A história de Jesus
- Deus e Jesus são a mesma pessoa? A Bíblia explica

Nesse trecho de Salmos 45:6, encontramos uma expressão sublime da divindade de Jesus Cristo, o Messias prometido.

Ao se referir a Jesus como Deus e descrever Seu trono como eterno, esse salmo revela a natureza única do Filho de Deus. Ele não é apenas um rei terreno, comum, mas o próprio Deus encarnado. O cetro de justiça que Ele segura simboliza não apenas autoridade, mas também a justiça divina que caracteriza Seu reinado.

A profecia contida nesse salmo encontra seu cumprimento pleno em Jesus, que estabeleceu Seu Reino espiritual, não limitado pelo tempo ou espaço. Ele reina com justiça e amor, cumprindo as promessas divinas de redenção e salvação. Portanto, ao meditar sobre Salmos 45, somos convidados a reconhecer a divindade incontestável de Jesus Cristo, nosso Senhor e Salvador, cujo trono é eterno, e cujo reinado é sustentado pela perfeição da Sua justiça.

"Eu e o Pai somos um" — João 10:30.

PARA ORAR:

Senhor Jesus, todos os dias sou grato pela Tua divindade, como revelado na Tua Palavra. Reconheço que és o Rei eterno, soberano e salvador da minha vida. Amém.

Bíblia on

A MENTALIDADE DE CRISTO É VIDA!

2 JULHO

Ter a mente de Cristo implica caminhar e agir de acordo com Sua Palavra, a Bíblia. Quando obedecemos a essa Palavra, não se trata apenas de uma obediência cega, mas Deus deseja que entendamos o propósito por trás de nossas ações. **Isso é resultado de uma fé e obediência baseadas no amor, e não no medo.**

Quando compreendemos o nosso propósito diante de Deus, desenvolvemos uma mentalidade que prioriza o espiritual e passamos a ter a mente do Espírito. Logo, as armadilhas de uma mentalidade terrena — sucesso, dinheiro e poder desenfreado — deixam de nos contaminar.

Ter a mentalidade de Cristo é procurar entrar em harmonia com a Palavra de Deus, dessa forma agindo e refletindo a face de Cristo em nossas atitudes. Quanto mais buscamos, mais nos aproximamos de Deus e passamos a ter uma mentalidade que prioriza o que realmente importa.

PARA ORAR:
Senhor Jesus, quero agir conforme a Tua Palavra, quero buscar as coisas do alto. Sei que tudo que o mundo me oferece tem prazo de validade, mas o Teu amor e a Tua paz são eternos! Amém!

A mentalidade da carne é morte, mas a mentalidade do Espírito é vida e paz.
— ROMANOS 8:6

Ter a mente de Cristo

- Para ter a mente de Cristo, é necessário conhecer a Cristo. Podemos ter o conhecimento por meio dos Evangelhos.
- Mais do que imitar, devemos compreender os atos de Jesus, agindo conforme Ele.
- Procure agir segundo a Palavra de Deus por amor, e não por medo. O medo supõe castigo, e Deus é amor.

Bíbliaon

3 JULHO

HORA DE RECOMEÇAR

> Portanto, se alguém está em Cristo, é nova criação. As coisas antigas já passaram; eis que surgiram coisas novas!
>
> — 2 CORÍNTIOS 5:17

Recomece agora!

- Reconheça os seus erros diante de Deus, arrependa-se.
- Convide-O nesse recomeço. Deixe Jesus fazer parte desse recomeço.
- Volte a caminhar segundo a Palavra de Deus.

Leia também

- 70x7 — Estudo Bíblico sobre o Perdão
- 4 versículos sobre a importância do arrependimento
- O Vale de Ossos Secos — estudo bíblico sobre a esperança

A decisão pode ser imediata, mas recomeçar é um longo caminho. Tudo começa com o arrependimento, reconhecendo os próprios erros diante de Deus. Ainda assim, existe outro desafio: superar as consequências dos nossos atos.

Outro passo é esquecer o passado, ser liberto das amarras da culpa e da acusação. Jesus é fundamental nesse processo. **Sem Cristo não há recomeço.** Quando recomeçamos com Jesus, reaprendemos a viver. Ele nos aconselha e nos conduz a uma nova perspectiva, como lemos nessa passagem de 2 Coríntios 5:17.

Recomeçar requer esforço e iniciativa pessoal. Mas um verdadeiro recomeço somente é possível com Jesus. Chame-O, deixe-O reescrever a sua história hoje!

PARA ORAR:

Senhor Deus, quero recomeçar, mas não sei por onde. Ajuda-me nesse longo processo. Limpa o meu coração, perdoa-me. Quero trilhar um novo caminho que condiga com a Tua Palavra. Amém.

Bíblia on

EM JESUS, TEMOS A UNIDADE

4 JULHO

A Bíblia diz que aqueles que estão em Cristo são novas criaturas. Temos uma nova maneira de pensar, de ver o mundo ao nosso redor. Temos a mesma visão: que o amor e a salvação só há em Cristo. Ele é a nossa única fonte de verdade e esperança. Estamos unidos a Cristo e podemos viver com alegria e propósito, pois Ele nos deu a vida eterna.

Podemos ter nossas diferenças e particularidades, mas, em Jesus, convergimos nossas ações. Somos parte de um único corpo, do qual Cristo é a cabeça. Ele nos une como irmãos e nos dá a oportunidade de servirmos uns aos outros, como membros de um único corpo. Somos chamados à união para podermos glorificar a Deus juntos e cumprir Sua vontade.

"Há um só corpo e um só Espírito, assim como a esperança para a qual vocês foram chamados é uma só; há um só Senhor, uma só fé, um só batismo, um só Deus e Pai de todos, que é sobre todos, por meio de todos e em todos" — Efésios 4:4-6.

Essa unidade nos fortalece; nos amamos, nos ajudamos mutuamente e crescemos em graça. Um corpo unido requer sincronia e cumplicidade. Você é muito importante para Deus, assim como os seus irmãos. Quando você ajuda um irmão, está ajudando a si mesmo e amando a Deus... tudo está em sincronia.

O Evangelho é coletivo, todos em um, todos em Jesus Cristo!

> **PARA ORAR:**
> Senhor, como é bom entrar em Tua presença! Quero fazer parte do Teu corpo, quero participar e praticar a Tua Palavra com meus irmãos. Ensina-me a amar o próximo, dá-me empatia, transforma o meu coração. Em nome de Jesus, amém.

Se por estarmos em Cristo nós temos alguma motivação, alguma exortação de amor, alguma comunhão no Espírito, alguma profunda afeição e compaixão, completem a minha alegria, tendo o mesmo modo de pensar, o mesmo amor, um só espírito e uma só atitude.
— FILIPENSES 2:1-2

Em Jesus, nós somos um!

- Procure refletir no modo como age coletivamente. Irmãos e irmãs, fazemos parte de um único corpo.
- Exercite a compaixão, procure ajudar aqueles que estão ao seu redor. Um dia você poderá receber ajuda.
- Pratique a comunhão, seja ativo. Participe das atividades da sua igreja.

Leia também

Versículos de Unidade

7 versículos sobre o valor da união entre os irmãos

7 versículos que mostram como é importante amar o próximo

Bíblia on

5 JULHO

CRISTO, AMIGO DAS FAMÍLIAS

> *Jesus amava Marta, a irmã dela e Lázaro.*
> — JOÃO 11:5

Jesus ama a sua família

- **Convide Cristo para o seu lar.** A família foi instituída por Deus, desde o princípio da criação. Ela é o berço do amor, fé, amizade e consagração que Cristo deseja desenvolver em cada um dos seus.
- **Não desista de clamar pela sua família.** Ore com seus familiares e busque ao Senhor pelos que estão longe Dele.
- **Deus pode todas as coisas.** Ele não desistiu da sua família. Por mais que a situação seja difícil, coloque tudo em Suas poderosas mãos.
- **Construa valores bíblicos dentro de sua casa.** Leia a Bíblia com a família; estudem, cantem louvores e façam oração juntos. Essas práticas produzirão frutos espirituais na vida de todos.

Jesus ama as famílias! Ele se importa com cada um dos seus familiares e deseja que a sua casa tenha as portas sempre abertas para recebê-Lo com amor! O Senhor deseja fazer parte dos nossos lares, ser acolhido com amor, louvor e adoração.

O versículo de hoje nos afirma que Jesus amava uma pequena família de Betânia composta de três irmãos: Marta Maria e Lázaro. Esses irmãos serviam com afeto e hospitalidade a Jesus e aos seus discípulos, sempre que passavam por aquela região, recebendo-os em sua casa com carinho. Marta era excelente em servir, Maria era fervorosa adoradora, e Lázaro acolhia com prontidão.

Quando essa família enfrentou um terrível momento com a doença e morte de Lázaro, Jesus foi ao seu encontro. Ele consolou o coração das irmãs e fez algo que era impossível aos homens, trazendo Lázaro de volta à vida! E assim também Ele pode fazer na sua família.

Jesus é a ressurreição e a vida. Ele pode dar vida ao seu casamento destroçado, pode libertar os aprisionados em vícios, pode restaurar relacionamentos quebrados, pode curar as dores da alma, pode carregar o seu fardo pesado e árduo de carregar. Confie no Senhor, nem tudo está perdido!

PARA ORAR:

Pai celestial, é maravilhoso saber que Tu te importas com cada familiar, com todos os entes queridos que nos cercam. Obrigado, Jesus, porque cuidas de todos: pais, filhos, cônjuges, irmãos, avós, netos, tios etc., com Teu amor e graça. Renova os relacionamentos abalados, transforma os corações feridos, liberta os cativos e salva aqueles que estão longe dos Teus caminhos. Visita a cada um e ajuda nas suas necessidades, Pai de amor. Que a Tua Palavra nos guie até à Tua presença e que Tu encontres sempre morada em nossa casa, tal como no coração de todos. Fica conosco, Senhor, e faz o que ninguém mais pode fazer! Nós cremos no Teu amor e no Teu poder! Em nome de Jesus oramos e agradecemos! Amém.

CONHEÇA E TORNE CRISTO CONHECIDO

6 JULHO

O conhecimento de Deus não é algo exclusivo de pessoas especiais ou "iluminadas". O Senhor se dá a conhecer a todos os que de coração buscam conhecê-lo pessoalmente, com humildade e fé. Isso é tão maravilhoso! Perante Jesus estamos todos num mesmo nível: não existem prediletos entre os filhos de Deus. Mas há aqueles filhos que se apegam e amam conhecê-Lo mais na jornada da vida.

Esse é o convite que a Bíblia nos faz: **Conheça a Deus e O torne conhecido no mundo!** Conhecer e continuar conhecendo Jesus é um privilégio e também um compromisso de cada cristão fiel. Além disso, também é um presente libertador que podemos partilhar com todos os que conseguirmos. Jesus é o caminho de paz e amor genuíno. Ele é a esperança que não falha e a verdade de que o mundo tanto necessita.

Seja um eterno aprendiz do Senhor da Vida e transmita a Sua Luz ao mundo!

> Conheçamos e prossigamos em conhecer o Senhor! Como o amanhecer, a sua vinda é certa; ele descerá sobre nós como a chuva, como chuva fora de época que rega a terra.
> — OSEIAS 6:3

PARA ORAR:

Senhor Deus, ajuda-me a conhecer-Te a cada dia e a prosseguir Te conhecendo mais e mais. Ensina-me a crescer na graça e no conhecimento do Senhor Jesus. E que eu possa partilhar o Teu amor e o Teu poder a todos com quem me encontrar. Amém!

Prosseguindo em conhecer

- Use as capacidades que Deus lhe deu para conhecê-Lo melhor. Ore, ouça, estude, leia e aprofunde mais o conhecimento sobre a Palavra do Senhor.
- Motive sua mente, coração e forças para prosseguir conhecendo a Jesus.
- Há sempre algo novo! Nunca pense que já sabe o suficiente, ou que é cedo ou tarde demais para aprender mais de Deus.
- Compartilhe sua experiência pessoal de Deus com outras pessoas. Fale do que Ele lhe tem feito e como seu conhecimento tem transformado a sua vida.
- Conhecer a Deus implica viver em conformidade com esse conhecimento. Leia: Tito 1:16.

7 JULHO

OUÇA A VOZ DE DEUS

> Se alguém tem ouvidos para ouvir, ouça. Então lhes disse: "Prestem bem atenção no que vocês ouvem".
>
> — MARCOS 4:23-24A

Diversas vezes as Escrituras chamam a nossa atenção sobre a necessidade de escutar Deus. E, aqui, o sentido de ouvir não se trata de uma mera ação física e involuntária, de captar sons pelos ouvidos. Quando Deus chama o Seu povo a ouvir a Sua mensagem, isso implica escutar com atenção, com consciência da importância da mensagem, tentando compreender o que está sendo comunicado.

No conhecido "Shemá Israel", no Antigo Testamento, o chamado a escutar ao único Deus verdadeiro é imperativo:

"Ouve, Israel, o Senhor, nosso Deus, é o único Senhor." (Deuteronômio 6:4).

No Novo Testamento, vemos Jesus chamando a atenção dos ouvintes, como, por exemplo, antes de contar a Parábola do Semeador:

"Escutem! Eis que o semeador saiu a semear" (Marcos 4:3).

E, até ao final da Bíblia, vemos inúmeras vezes o alerta expresso:

"Quem tem ouvidos, ouça o que o Espírito diz às igrejas" (Apocalipse 3:13).

Essas muitas declarações enfatizam a importância de ouvir e obedecer aos mandamentos divinos. A palavra "Shemá" ("ouvir" em hebraico) destaca a chamada para prestar atenção, ouvir de coração e obedecer ao Deus único e soberano Criador.

Quatro passos para aprender a ouvir a Deus

- **Pare por um tempo.** Priorize ao Senhor e a Sua Palavra. Dê a devida importância ao Jesus, Verbo de Deus, e ao que Ele tem a lhe dizer por meio das Escrituras.
- **Silencie as outras vozes.** Ponha em modo "mudo" todas as vozes que tentam competir pela sua atenção. Tanto vozes externas (redes sociais, telas etc.) como internas (pensamentos irrelevantes, preocupações e ansiedade).
- **Ouça.** Mantenha ouvidos, olhos, mente e coração atentos ao que o Espírito Santo lhe diz e ensina por meio da Bíblia Sagrada. Ouvir também implica guardar e praticar o que foi ensinado.
- **Ore com gratidão!** Toda vez que nós ouvimos a Deus, aprendemos algo importante sobre Ele, sobre nós próprios ou sobre o mundo. Agradeça por Suas lindas promessas, Seus mandamentos, Sua verdade, avisos e encorajamentos.

PARA ORAR:

Senhor, perdoa-me se não tenho dado ouvidos ao Senhor da maneira como deveria. Não permitas que eu me prenda às vozes deste mundo, que trazem ansiedade, medo e preocupações, perdendo a preciosidade de ouvir a Tua doce voz. Ajuda-me a focar em Ti e a estar atento ao que Tu dizes na Tua Palavra. Muito obrigado por me ensinares tantas verdades maravilhosas que transformam vidas! Ajuda-me a Te ouvir, pois só conseguirei ter fé para obedecer e praticar a Palavra de Cristo se primeiramente Te ouvir com atenção. Fala, Senhor, quero te ouvir com todo o meu coração! Amém.

Leia também

- 7 MANEIRAS COMO DEUS FALA CONOSCO
- DEUS, FALA COMIGO HOJE
- VEJA O QUE DEUS DIZ PARA VOCÊ HOJE

CONFIANÇA QUE NÃO FALHA

8 JULHO

Quais são as coisas em que você confia? No dinheiro? No emprego? Na família? Na saúde? Todas essas coisas falham! Mas existe uma coisa que nunca falha: o amor de Deus por você.

O fundamento para uma vida sólida é a confiança em Jesus. Ele tem todo poder e nunca muda. Outras pessoas confiam em coisas terrenas a acabam por cair, mas, se você confia em Deus, não vai ser destruído. As dificuldades virão, mas o fundamento de sua vida estará seguro.

PARA ORAR:

Senhor Jesus, quero pôr toda minha confiança em Ti. Eu creio que és o único fundamento sólido para minha vida. Ajuda-me a viver para Ti, em obediência a Deus, sem colocar minha fé em coisas que falham. Sê minha segurança nas dificuldades. Amém.

> Alguns confiam em carros e outros em cavalos, mas nós confiamos no nome do Senhor, o nosso Deus. Eles vacilam e caem, mas nós nos erguemos e estamos firmes.
> — SALMOS 20:7-8

Firme sua vida em Jesus!

- Entregue sua vida a Jesus, crendo que Ele é seu Salvador.
- Ore a Deus por ajuda nas dificuldades.
- Obedeça aos mandamentos de Deus que estão na Bíblia.

Bíblia on

9 JULHO

DEUS É O SEU ESCUDO!

> Senhor, meu Deus, em ti me refugio; salva-me e livra-me de todos os que me perseguem.
>
> — SALMOS 7:1

Buscando refúgio em Deus

- Cultive uma vida de oração constante, compartilhando seus anseios, agradecimentos e confiando em Deus para encontrar refúgio nos momentos de necessidade.
- Dedique tempo diário à leitura e à meditação nas Escrituras, absorvendo os ensinamentos e recebendo a proteção de Deus.
- Busque a comunhão com outros crentes, compartilhando experiências de fé. Deus está presente entre os irmãos.

Leia também

- Verdades sobre a proteção de Deus
- Versículos que mostram que Deus é nosso refúgio

Em Salmos 7:1, o salmista expressa sua confiança inabalável no Deus Altíssimo, clamando:

"Senhor, meu Deus, em ti me refugio; salva-me e livra-me de todos os que me perseguem".

Essa passagem nos recorda a importância de buscar refúgio no Senhor em meio às adversidades da vida. Em tempos de perseguição e desafios, podemos confiar que o nosso Deus é um escudo protetor, pronto para nos salvar. Ele é a nossa fortaleza, e Nele encontramos consolo e segurança.

O pedido do salmista reflete a certeza de que, ao nos refugiarmos em Deus, encontraremos salvação. Ele é a fonte de nossa redenção e o libertador de nossas angústias. Em nossos próprios momentos de aflição, podemos elevar nosso coração a Ele, sabendo que Ele é fiel para ouvir e responder às nossas súplicas.

Assim, nós somos convidados a crer nessa promessa, a confiar plenamente no Senhor em todos os momentos. Que a nossa fé se fortaleça ao nos refugiarmos na graça e no amor de Deus, confiantes de que Ele é capaz de nos livrar de todas as perseguições que possam surgir em nossa jornada.

Que o Espírito Santo nos guie e nos encha de paz, sabendo que, em Deus, encontramos um refúgio seguro. Amém.

PARA ORAR:

Pai, refugio-me em Tua presença, confiante em Teu amor e poder. Guia-me, Senhor, em cada passo, fortalece minha fé e concede-me discernimento. Envolva-me em Tua paz, protegendo-me de todo o mal. Que Tua graça sustente meu coração. Amém.

DEUS NÃO TE CRIOU POR ACASO

10 JULHO

O versículo de Jeremias 29:11 nos revela o coração amoroso de Deus e Seu propósito profundo para cada um de nós. Deus não nos criou por acaso, mas com um plano específico. Ele nos conhece intimamente e sabe exatamente o que é melhor para nós.

O propósito de Deus para nossa vida é um plano de prosperidade, não apenas material, mas também espiritual e emocional. Ele deseja que tenhamos uma vida plena e abundante, cheia de alegria e paz, independentemente das circunstâncias ao nosso redor. Deus não deseja causar dano, mas nos guiar em direção à Sua vontade, que é perfeita e boa.

Deus também nos promete esperança e um futuro. Ele nos dá a promessa de um amanhã cheio de possibilidades e oportunidades, em que podemos crescer em nossa fé e nos tornar mais semelhantes a Ele. Ele nos convida a confiar em Sua orientação e sabedoria, sabendo que Ele tem o melhor caminho para nós.

Às vezes, pode parecer que estamos perdidos ou enfrentando desafios insuperáveis, mas podemos encontrar consolo e segurança na certeza de que Deus está no controle. Ele está sempre trabalhando em nossa vida, mesmo quando não compreendemos Seus planos.

PARA ORAR:
Senhor Deus, sei que Teus planos são maiores que os meus; por isso, quero entregar a minha vida nas Tuas mãos. Guia-me segundo a Tua Palavra e segundo o Teu propósito. Em nome de Jesus, amém.

"Porque sou eu que conheço os planos que tenho para vocês", diz o Senhor, "planos de fazê-los prosperar e não de causar dano, planos de dar a vocês esperança e um futuro".

— JEREMIAS 29:11

Creia, confie nos planos de Deus e siga o seu propósito!

- **Oração constante:** Busque orientação divina por meio da oração diária para entender e seguir os planos de Deus.
- **Estudo da Palavra:** Explore a Bíblia regularmente para conhecer os princípios de Deus e aplicá-los em sua vida.
- **Confiar na providência:** Creia que Deus está no controle, mesmo quando as circunstâncias parecem desafiadoras.

Leia também

Versículos sobre propósito

Os planos de Deus são maiores que os seus

Versículos para tomar decisões segundo a vontade de Deus

Bíbliaon

11 JULHO

INVOQUE O NOME DO SENHOR E SEJA SALVO

> E todo aquele que invocar o nome do Senhor será salvo, pois, conforme prometeu o Senhor, no monte Sião e em Jerusalém haverá livramento para os sobreviventes, para aqueles a quem o Senhor chamar.
>
> — JOEL 2:32

Invoque o nome do Senhor e seja salvo!

- Cultive uma vida de oração constante, lembrando-se de que a promessa de salvação está acessível a todos os que invocam o nome do Senhor.
- Em vez de se deixar consumir pelo medo, confie que clamar ao nome do Senhor é o caminho seguro para a salvação. Essa confiança é um escudo contra a incerteza.
- Seja um instrumento de encorajamento para outros, lembrando-os de que, independentemente das circunstâncias, todos têm acesso à salvação ao clamar pelo nome do Senhor.

Leia também

- Deus, me ajuda neste momento
- Deus, fala comigo agora!
- Deus cuida de mim!

Nesse versículo, o profeta Joel convida-nos a buscar a salvação em nome do Senhor. Num mundo muitas vezes tumultuado, onde todos estamos fadados à condenação, somos lembrados de que há um refúgio seguro no simples ato de clamar ao nome do Senhor.

A promessa não é apenas para alguns, mas para **todos os que ousarem invocar Seu nome.** Não importa quão profundo seja o desespero, quão intensa seja a escuridão ao nosso redor, o convite de Deus permanece: "Clame e será salvo". Essa é uma verdade eterna e imutável, uma âncora para a alma em meio às tormentas.

Em nossos momentos mais desafiadores, podemos encontrar conforto e esperança ao lembrar que o Senhor está sempre pronto para ouvir nosso clamor. É uma expressão do amor incomparável de Deus, que nos estende Sua graça redentora. Assim, em confiança e fé, erguemos nossa voz em clamor, certos de que o Senhor é nosso refúgio seguro, nosso libertador infalível.

Clame, invoque o nome do Senhor ainda hoje. Busque a Sua presença, receba a paz e a alegria que só Ele pode oferecer!

PARA ORAR:

Senhor, persistimos em oração, confiantes na promessa de salvação ao clamar Teu nome. Que nossa vida de oração seja constante, fortalecendo-nos diante das adversidades. Concede-nos a confiança inabalável e capacita-nos a compartilhar a esperança contida na Tua Palavra, para que, juntos, possamos testemunhar o poder redentor do Teu nome. Amém.

DEUS É TUDO DO QUE A GENTE PRECISA

12 JULHO

Em meio às tribulações e desafios da vida, muitas vezes nos encontramos perdidos, buscando respostas e conforto para nossa alma inquieta. É nesses momentos que podemos encontrar refúgio na certeza de que Deus é tudo do que a gente precisa.

Deus é a fonte inesgotável de amor, graça e misericórdia. Ele nos criou à Sua imagem e semelhança, e o vazio em nosso coração só pode ser preenchido por Ele. Quando nos aproximamos Dele com humildade e fé, encontramos paz e alegria que transcendem qualquer circunstância.

Nas Escrituras, encontramos inúmeras promessas que confirmam a suficiência de Deus em nossa vida. Em Filipenses 4:19, lemos: "O meu Deus suprirá todas as vossas necessidades segundo as suas riquezas na glória em Cristo Jesus". Essa promessa nos assegura que **Deus cuidará de nós em todas as áreas de nossa vida, desde as necessidades físicas até as espirituais.**

Quando enfrentamos dificuldades, podemos confiar que Deus é nosso refúgio e fortaleza, um socorro bem presente na angústia (Salmos 46:1). Ele é o nosso consolador nos momentos de tristeza, nosso guia nas encruzilhadas da vida e nossa força quando nos sentimos fracos.

Deus é tudo do que a gente precisa, pois Ele nos ama incondicionalmente e nos oferece a salvação por meio de Jesus Cristo. Ao entregarmos nossa vida a Ele, encontramos significado, esperança e a promessa de uma eternidade ao Seu lado.

Não importa o que esteja acontecendo em nossa vida, podemos ter confiança de que Deus é suficiente para nos sustentar. Ele é nosso refúgio, nossa fortaleza e nossa fonte inesgotável de amor. Em Deus, encontramos tudo do que precisamos para viver uma vida plena e abundante.

> "Porque sou eu que conheço os planos que tenho para vocês", diz o Senhor, "planos de fazê-los prosperar e não de causar dano, planos de dar a vocês esperança e um futuro".
> — FILIPENSES 4:19

Deus é suficiente!

- Deus é suficiente ao nos orientar por meio de Sua Palavra, ajudando-nos a tomar decisões sábias e alinhadas com Seus princípios.
- Sua presença nos consola e fortalece, proporcionando paz em meio às adversidades que enfrentamos.
- Deus é suficiente ao nos revelar nosso propósito na vida e oferecer a esperança da salvação eterna por meio de Jesus Cristo.

Leia também

- Mensagens de Deus para mim
- Versículos que mostram como você é especial para Deus

PARA ORAR:

Obrigado, Deus, por seres suficiente na minha vida. Tu és tudo para mim e todas as coisas provêm de Ti. Muito obrigado pela Tua presença e pelo Teu amor. Amém.

13 JULHO

VEM REINAR EM MIM, SENHOR!

> O teu reino é reino eterno, e o teu domínio permanece de geração em geração. O Senhor é fiel em todas as suas promessas e é bondoso em tudo o que faz. O Senhor ampara todos os que caem e levanta todos os que estão prostrados. Os olhos de todos estão voltados para ti, e tu lhes dás o alimento no devido tempo. Abres a tua mão e satisfazes os desejos de todos os seres vivos.
> — SALMOS 145:13-16

Deus exerce um governo soberano sobre todo o universo. Isso é irrefutável. Quer creiamos Nele, quer não, como Criador e Sustentador de todas as coisas, Deus reina sobre tudo e todos! Ele nos revelou isso no modo como conduziu a História das nações, ao longo dos tempos até hoje.

A Sua bondade, Seus atos de justiça, Seu amor, domínio e poder serão contados de uma a outra geração, até que, finalmente, toda língua, tribo e nação se dobrará e confessará o nome do Senhor Majestoso!

Mas, de maneira muito especial e cuidadosa, Deus governa a vida de todos os que lhe confiam a vida completamente. Ele não é um rei tirano, usurpador, ganancioso ou desleal. O Reino de Deus não se rege por egoísmo, ganância e ostentação, como vemos nos reinos deste mundo. O Seu amparo alcança cada súdito pecador que, arrependido, se volta humildemente para a cruz, aceitando o convite para se achegar perante o Seu Trono de glória.

Reina sobre nós, Jesus!

- Busque o Reino de Deus e a sua justiça em primeiro lugar!
- Se ainda não convidou o Filho de Deus para reinar sobre o seu coração, faça isso agora mesmo! Se você já faz parte do Reino de Deus, louve e agradeça por esse privilégio maravilhoso.
- Peça perdão se não confia que o Senhor governa com bondade a sua vida.
- Ore e entregue o comando dos seus planos nas mãos de Deus. Lembre-se, diariamente, de que é o Senhor quem lidera a sua existência.
- Viva como um filho adotivo do Rei — siga a justiça, a paz e a alegria no Espírito (Rom. 14:17).

Leia também

- Buscai primeiro o Reino de Deus (estudo bíblico)
- Versículos sobre o Reino de Deus

PARA ORAR:

Senhor nosso Deus, Tu és o Rei de toda a terra! Faz brilhar a Tua luz sobre todos os povos e concede graça e perdão aos perdidos. Rei soberano, governa o meu coração e me orienta sempre para viver conforme os padrões do Teu Reino. Obrigado pela Tua misericórdia e por satisfazer os nossos desejos e necessidades mais básicas. Ajuda-me a confiar que o Senhor está no controle e sempre faz o melhor. Reina sobre a minha vida e sobre a minha casa! A Ti entrego todos os meus planos, hoje e sempre. Amém!

Bíbliaon

ELE ESTÁ CONTIGO!

14 JULHO

Deus, em Sua infinita misericórdia, não apenas nos criou, mas também se compromete a nos acompanhar em toda a nossa jornada, assim como lemos nessa passagem de Êxodo 33:14.

Deus promete estar sempre conosco, o que nos faz sentir seguros e confortáveis. Mesmo quando a vida está cheia de incertezas, é reconfortante saber que Deus está ao nosso lado, não apenas nos observando de longe, mas se envolvendo de perto em cada parte da nossa vida.

Além disso, Deus mostra que se importa muito com as pessoas ao prometer dar a elas descanso. Num mundo cheio de correria e preocupações, o Senhor nos oferece um descanso que não é só para o corpo, mas também para a alma. Podemos encontrar tranquilidade não apenas quando paramos um pouco, mas ao ter a certeza de que podemos descansar nos cuidados de Deus, confiando que Ele está no comando.

Assim, ao pensar sobre o que está escrito em Êxodo 33:14, lembramos que não estamos sozinhos. Deus nos convida a confiar que Ele está sempre conosco e a descansar sabendo que Ele nos ama para sempre. Vamos seguir com fé, tendo a certeza de que o Senhor é nosso amigo leal, nos dando descanso mesmo quando a vida fica complicada.

PARA ORAR:
Senhor, confio em Tua presença constante em minha vida. Ajuda-me a reservar momentos para descansar, buscando paz no Teu amor eterno. Que, com fé, eu encare os desafios diários, encontrando força e descanso em Ti. Amém.

Respondeu o Senhor: "Eu mesmo o acompanharei e lhe darei descanso".
— ÊXODO 33:14

Ele está contigo!

- Confie em Deus. Ele é um companheiro fiel em todas as situações.
- Reserve momentos para descansar não apenas fisicamente, mas nas emoções, confiando que o amor eterno de Deus oferece paz e tranquilidade.
- Encare os desafios diários com fé, sabendo que Deus está no controle.

Leia também

15 COISAS QUE DEUS DIZ PARA VOCÊ HOJE

REFLEXÕES BÍBLICAS ORGANIZADAS POR TEMAS

SALMO DE VITÓRIA: PASSANDO DA ANGÚSTIA PARA A VITÓRIA

Bíbliaon

15 JULHO

NÃO SE CANSE DE FAZER O BEM!

> E não nos cansemos de fazer o bem, pois no tempo próprio colheremos, se não desanimarmos.
>
> — GÁLATAS 6:9

Fazer o bem faz bem

- Converse com Jesus. Fale com Ele o que passa no seu coração. Ele é a fonte de todo o bem!
- Faça todas as coisas como se estivesse fazendo para Deus. Mesmo sem o reconhecimento dos homens, Deus vê todas as coisas e o recompensará no tempo certo!
- Renove suas forças lendo a Palavra de Deus. Ela é o combustível certo para continuar andando com fé e praticando o bem!
- Pratique o bem sem esperar nada em troca. Isso o deixará leve e Deus o surpreenderá.

Podemos nos cansar de fazer o bem? Pode parecer estranho, mas, sim, podemos. O mundo oprime toda boa ação que aponta para Cristo. Como? Por meio de ingratidão, deboche, injustiça e falta de reconhecimento. Toda vez que não somos correspondidos por ajudar alguém, nos desmotivamos e logo queremos "chutar o balde". Calma, lembre-se de que toda recompensa é dádiva de Deus, e não dos homens. Somos salvos por Sua graça e não pelos nossos feitos.

Quando medimos o quanto vamos ajudar, medimos nossas bênçãos. Jesus fez o bem maior, não fez acepção de pessoas nem mediu esforços de quem poderia ajudar. Quando fazemos o bem sem esperar nada em troca, estamos verdadeiramente fazendo o que Jesus faria. Ele orientou seus discípulos a praticar o bem sem alardes, a fim de serem honrados pelos outros. Muitos poderão não o reconhecer, mas Deus, que tudo vê, o recompensará. Ele é justo, fiel e permitirá colhermos na hora certa. Continue fazendo o bem!

PARA ORAR:

Senhor meu Deus, confesso que às vezes tenho ficado cansado e até mesmo desanimado. Pai, quero continuar praticando o bem e ajudando o meu próximo. Acende em mim uma chama que me estimule a fazer mais e mais pelas pessoas que necessitam de ajuda. De Ti vêm toda a força, todo o amor, toda a bênção, e é em Ti que eu espero. Quero fazer o bem, como fazes bem a todos, em nome de Jesus. Amém.

DEUS NÃO QUER PERDER VOCÊ

16 JULHO

A situação mais desesperadora que uma pessoa pode passar é perder um filho de vista e não o achar. Pense que terrível! Não deve haver sentimento pior do que perder aquilo que é tão precioso. Acontece que os Filhos de Deus se desviaram, fugiram de sua presença por causa do pecado.

Para resgatá-los, Deus pagou o preço de uma vida, a vida de Jesus. Deus tem uma missão a ser cumprida: resgatar seus filhos perdidos. Para isso, o Senhor enviou seu Filho para morrer na cruz.

Quando um Filho de Deus volta aos braços de seu Pai Celestial, os céus cantam de alegria! Um filho que estava perdido foi encontrado. Volte ao rebanho de Cristo, tome sua decisão de segui-Lo. Se não se perdeu, tome cuidado para não se desviar do caminho correto ao longo desta vida.

PARA ORAR:

Senhor Deus, meu santo e amado Pai, protege-me das tentações do diabo, desvia-me dos maus caminhos! Jesus é meu Senhor e guia para todo o sempre, protege-me eternamente! Em nome de Jesus, amém.

"O que acham vocês? Se alguém possui cem ovelhas, e uma delas se perde, não deixará as noventa e nove nos montes, indo procurar a que se perdeu? E, se conseguir encontrá-la, garanto que ele ficará mais contente com aquela ovelha do que com as noventa e nove que não se perderam. Da mesma forma, o Pai de vocês, que está nos céus, não quer que nenhum destes pequeninos se perca."

— MATEUS 18:12-14

Volte ao Pai!

- Encontre o caminho de volta: a fé em Jesus é a volta ao seu Pai.
- Desfrute da presença divina, esteja em constante louvor e oração.
- Aprenda de seu Pai: leia a Bíblia constantemente.

Bíbliaon

17 JULHO

SEGUINDO A CRISTO COM ALEGRIA

> E não nos cansemos de fazer o bem, pois no tempo próprio colheremos, se não desanimarmos.
>
> — GÁLATAS 6:9

Seguindo a Cristo com alegria

- **Busque uma relação íntima com Jesus:** Para ser alegre seguindo a Jesus, é essencial cultivar um relacionamento pessoal com Ele por meio da oração, da leitura da Bíblia e da comunhão com outros cristãos.
- **Pratique a gratidão:** Reconhecer as bênçãos de Deus em nossa vida e agradecer por elas nos ajuda a manter uma perspectiva positiva. A gratidão nos lembra do cuidado e da fidelidade de Deus, mesmo em meio às dificuldades, e nos leva a enxergar o lado bom das situações.
- **Viver em obediência aos ensinamentos de Jesus:** Seguir os princípios e valores que Jesus nos ensinou traz paz e alegria ao coração. Amar ao próximo, perdoar, praticar a bondade e viver uma vida de integridade nos aproxima da natureza divina e nos enche de contentamento.

Seguir a Jesus é um convite para uma vida de alegria verdadeira. Quando abraçamos Seus ensinamentos e permitimos que Ele guie nossos passos, descobrimos a plenitude da felicidade.

Jesus nos ensina a amar, perdoar, servir, e nos mostra o caminho da paz verdadeira. Ao segui-Lo, encontramos propósito e significado em cada dia. Mesmo diante dos desafios, a alegria do Senhor é nossa força. Ele nos capacita a enfrentar as dificuldades com coragem e esperança.

A alegria de ser um discípulo de Jesus é contagiosa, irradiando-se em nosso viver e impactando aqueles ao nosso redor. Portanto, sigamos a Jesus com alegria, compartilhando Sua luz e amor em tudo o que fazemos.

Lembrando que a alegria em Cristo não está isenta de tristezas e desafios, mas é uma alegria profunda que vem do Espírito Santo e transcende as dificuldades. Por isso, alegre-se em Cristo!

PARA ORAR:

Querido Deus, peço que renoves minha fé em Ti. Ajuda-me a seguir a Jesus com alegria, buscando um relacionamento íntimo Contigo, praticando gratidão e vivendo em obediência aos Teus ensinamentos. Que a alegria em Cristo transborde em minha vida. Amém.

EM PAZ ME DEITO E LOGO PEGO NO SONO

18 JULHO

E você, consegue dormir bem? Com que regularidade você desfruta de uma noite descansada, com sono tranquilo? O versículo de hoje nos mostra que a confiança e a segurança em Deus podem ser a chave para ter noites de paz e sossego.

Infelizmente, muitas pessoas enfrentam várias dificuldades do sono, não conseguindo dormir bem, devido ao estresse, ansiedade e até problemas médicos. Contudo, a Bíblia nos ensina que **manter toda a confiança em Deus e entregar os problemas** em Suas poderosas mãos é um passo fundamental para conseguir dormir em paz. A fé em Jesus Cristo será sua aliada, quando você confiar toda a sua vida e dificuldades Naquele que é poderoso para fazer infinitamente mais do que tudo aquilo que pedimos e pensamos.

> Em paz me deito e logo adormeço, pois só tu, Senhor, me fazes viver em segurança.
> — SALMOS 4:8

PARA ORAR:

Senhor meu Deus e Pai, obrigado por cuidares sempre de mim. Cuida do meu coração, guarda a minha mente e corpo para que eu possa dormir bem e ter um bom sono, hoje e sempre. Que nenhuma ansiedade e aflição retire o sossego e a paz do meu coração. Repreende os pesadelos e angústias noturnas. Ajuda-me a descansar em Cristo... Ao deitar, ao levantar, ao dormir e despertar, continua trabalhando por aqueles que confiam em Ti. Amém!

Durma em paz, confiando sua vida e futuro ao Senhor!

- Sabemos que o sono é um aspecto fundamental da nossa vida e saúde; por isso, ore sempre antes de dormir, entregando a Deus sua vida, família, sonhos e preocupações.
- Peça ao Senhor que lhe conceda noites descansadas, diariamente.
- Confie que nada foge do controle de Deus. Nas mãos Dele a sua vida estará sempre segura.
- Leia e medite: Salmos 37:5-7, Filipenses 4:7, Mateus 11:28-30.
- Durma e descanse em paz! Jesus Cristo está contigo e Ele jamais irá te desamparar!

Leia também

Salmos para dormir tranquilo e em paz

Oração da noite: orações para fazer antes de dormir

Versículos para ler antes de dormir

Bíblia on

19 JULHO

SALTANDO MURALHAS

> Tu és a minha lâmpada, ó Senhor! O Senhor ilumina-me as trevas. Contigo posso avançar contra uma tropa; com o meu Deus posso transpor muralhas.
>
> — 2 SAMUEL 22:29-30

Ultrapassando muralhas com Deus

- **Mantenha a fé:** Confie em Deus e lembre-se de que Ele é seu refúgio nas dificuldades, dando-lhe força para enfrentar muralhas.
- **Busque orientação:** Esteja em comunhão com Deus em oração e leitura da Bíblia para receber direção em momentos desafiadores.
- **Persevere na esperança:** Não desanime diante das adversidades, pois, com Deus, você é mais que vencedor.
- **Compartilhe a mensagem de Deus:** Compartilhe essa promessa com outros, oferecendo encorajamento e apoio em suas jornadas de fé.

Leia também

Mensagens de fé em Deus para dar força e esperança

Frases que mostram que vai dar tudo certo pois Deus está no controle

---

A vida, às vezes, nos coloca diante de desafios que parecem intransponíveis, como grandes muralhas. Podem ser problemas financeiros, questões de saúde, relacionamentos difíceis ou qualquer outra adversidade que nos pareça imensa. No entanto, a Palavra de Deus nos assegura que, com Ele ao nosso lado, não há muralha que não possamos superar.

Quando confiamos em Deus e buscamos a Sua orientação, Ele nos fortalece e nos dá a força necessária para enfrentar qualquer obstáculo. Ele é o nosso refúgio, a nossa rocha segura, e a Sua presença nos capacita a superar todas as dificuldades.

Portanto, não importa o quão alta, larga ou impenetrável seja a muralha que você enfrenta, lembre-se de que, com Deus, você é mais que vencedor. A fé e a confiança em Deus nos capacitam a derrubar as barreiras que se erguem diante de nós.

Em momentos de desafio, recorde-se desse versículo e permita que a promessa de Deus lhe encha de esperança. Ele é o nosso grande aliado, e com Ele não há obstáculo que possa nos derrotar. Com o nosso Deus, verdadeiramente, podemos transpor muralhas.

"Tudo posso naquele que me fortalece" — Filipenses 4:13.

Que essa mensagem lhe traga conforto e confiança. Continue buscando a presença de Deus em todas as áreas de sua vida e saiba que Ele está sempre ao seu lado. Deus o abençoe abundantemente.

PARA ORAR:

Senhor, confiamos em Tua promessa de que, Contigo, podemos superar muralhas. Fortalece nossa fé, guia-nos e ajuda-nos a inspirar outros com essa verdade. Que nunca percamos a esperança diante dos desafios, sabendo que, Contigo, somos mais que vencedores. Amém.

JESUS: O LEÃO DE JUDÁ

20 JULHO

Jesus é conhecido como o leão da tribo de Judá; essa poderosa referência nos revela a majestade, a força e a autoridade que Ele possui. Quando falamos em um leão, logo nos vem à mente um animal corajoso, valente e dominante. Assim também é nosso Senhor Jesus!

Jesus, o Leão de Judá, é aquele que venceu a morte e conquistou a vitória para todos nós. Sua voz é como um rugido que abala os céus e a terra. Seu amor é feroz e inabalável, capaz de nos resgatar do pecado e nos reconciliar com Deus.

Ao olharmos para Jesus como o Leão de Judá, somos lembrados de que Ele é o nosso defensor, aquele que luta em nosso favor. Ele não apenas nos protege dos ataques do inimigo, mas também nos capacita a enfrentar as adversidades com coragem e fé.

PARA ORAR:

Querido Jesus, Leão de Judá, fortalece-nos, dá-nos ousadia e autoridade para vivermos como verdadeiros discípulos, testemunhando Teu amor ao mundo. Em Teu nome, amém!

Em paz me deito e logo adormeço, pois só tu, Senhor, me fazes viver em segurança.

— SALMOS 4:8

Inspire-se no Leão de Judá!

- **Fortaleza:** Assim como um leão é forte e destemido, devemos nos revestir da força que vem de Cristo.
- **Ousadia:** Um leão não teme enfrentar desafios. Da mesma forma, devemos ser ousados em nossa fé, proclamando o evangelho e testemunhando o amor de Jesus em nosso meio.
- **Autoridade:** Assim como o rugido de um leão impõe respeito, devemos exercer a autoridade que Cristo nos deu sobre as obras do inimigo. Não permitamos que o mal prevaleça.

Bíbliaon

21 JULHO

CONFISSÃO, ORAÇÃO E AMOR

> Portanto, confessem os seus pecados uns aos outros e orem uns pelos outros para serem curados. A oração de um justo é poderosa e eficaz.
>
> — TIAGO 5:16

Comunhão a partir da oração

- Esteja atento às necessidades dos seus irmãos em Cristo. Interceda por eles espontaneamente.
- Precisamos estar abertos para ouvir as necessidades dos nossos irmãos em Cristo e atender às suas demandas, sendo instrumentos da paz e do amor de Deus em sua vida.
- Para sermos considerados justos diante de Deus, precisamos confessar nossos pecados e pedir perdão, buscando sempre a santificação em nossa vida.

Essa passagem nos ensina que a oração pode curar e transformar as situações ao nosso redor. Ao orarmos por nossos irmãos, estamos demonstrando amor e fortalecendo a nossa fé. É importante lembrar que a oração não é uma prática apenas para momentos difíceis, mas deve ser constante em nossa vida. Ore quando as coisas estiverem difíceis, mas ore também quando estiver tudo bem.

Devemos buscar sempre a vontade de Deus em nossas orações e estar abertos para ouvir e atender às necessidades dos nossos irmãos em Cristo, sendo instrumentos do amor de Deus. Que possamos nos inspirar no trecho bíblico de Tiago 5:16 e praticar a oração em nossa vida diária, buscando cura e transformação não só para nós mesmos, mas também para todos ao nosso redor.

PARA ORAR:

Senhor, ajuda-nos a orar uns pelos outros. Que sejamos instrumentos do Teu amor e da Tua paz em todas as circunstâncias. Capacita-nos a viver em santidade e a nos aproximar cada vez mais de Ti. Amém.

INSPIRE-SE COM O AMOR DE DEUS

22 JULHO

Deixe-se inspirar por este poema que exalta o amor de Deus por nós e permita que essa mensagem ilumine o seu dia. É um lembrete reconfortante da graça e da força que encontramos nesse amor sublime! Inspire-se com o amor de Deus.

No amor de Deus, encontramos graça e luz.
É o dom de Deus que nos conduz.
Nos momentos sombrios, na dor e aflição,
Seu amor nos abraça, traz consolação.
Em cada aurora, Sua misericórdia brilha,
Como o sol radiante que emana calor.
Em nosso coração, Ele planta a esperança,
Nos dando força para a nossa jornada avançar.
O amor de Cristo, incondicional e sem medida,
Nunca desaparece, não se esgota, não se desdobra.
Ele nos acolhe com ternura, com calor e cuidado,
Nunca nos abandona, sempre ao nosso lado.
É o amor que nos redime, que nos purifica,
Que nos leva ao Pai, com graça e harmonia,
Nosso Salvador, Jesus, em Sua cruz de dor,
Venceu e demonstrou o Seu grandioso amor.
Oh, que maravilha é o amor de Deus por nós,
Um presente divino, inefável e grandioso,
Que nos guia, nos guarda, nos faz renascer,
Em Seu amor eterno, sempre iremos florescer.

O amor de Deus nos inspira pela Sua infinita bondade, acalma nossas aflições e guia nosso caminho com esperança e paz. Leia a Bíblia, alimente-se diariamente com esse amor.

PARA ORAR:
Senhor, inspira-nos a sermos melhores, fortalece-nos nas lutas e revela Teu propósito. Com Teu amor, encontramos coragem, esperança e transformação. Obrigado por nos amar incondicionalmente. Amém.

> No amor de Deus, encontramos graça e luz. É o dom de Deus que nos conduz. Nos momentos sombrios, na dor e aflição, seu amor nos abraça, traz consolação.
> — SALMOS 4:8

Inspire-se!

- O amor de Deus nos inspira a sermos pessoas melhores, guiando-nos a cultivar virtudes como compaixão, perdão e humildade, promovendo uma transformação em nossa vida.
- A consciência do amor de Deus nos inspira a enfrentar adversidades com coragem, fortalecendo-nos para superar obstáculos e dificuldades.
- O amor de Deus inspira um profundo senso de propósito, nos lembrando que somos amados incondicionalmente e que há um plano para cada um de nós. Isso nos dá esperança e motivação para viver com significado e alegria.

Leia também

7 PROVAS DO AMOR DE DEUS POR VOCÊ

VERSÍCULOS LINDOS SOBRE O AMOR DE DEUS QUE VÃO TOCAR SEU CORAÇÃO

Bíbliaon

23 JULHO

NÃO SE ABORREÇA COM O SUCESSO DOS OUTROS

> Descanse no Senhor e aguarde por ele com paciência; não se aborreça com o sucesso dos outros nem com aqueles que maquinam o mal.
>
> — SALMOS 37:7

Espere no Senhor e seja grato pelo que já tem

- Quem é grato pelo que já tem não precisa se preocupar com o sucesso dos outros. Veja quantas coisas Deus já fez por você! Seja grato a Ele.
- Procure se alegrar com a vitória dos seus amigos e irmãos. Quando reconhecemos as conquistas do nosso próximo, temos com quem compartilhar as nossas conquistas.
- Se as conquistas dos outros realmente o incomodam, peça a Deus para que o seu coração possa ser transformado. Leia a Palavra e busque a Deus, pois somente dessa forma terá condições de curar um coração amargurado.

Hoje, com o uso das redes sociais, podemos acompanhar a vida dos nossos amigos e conhecidos. Com essa "facilidade" surgem algumas consequências. Talvez a mais recorrente seja a sensação de que "tudo está dando certo" na vida dos outros e a nossa vida segue estagnada. Em vez de nos ajudar — em muitos casos —, as redes sociais acabam nos oprimindo e alimentando um comportamento que nos afasta de Deus: a inveja.

Quando olhamos somente para a vida dos outros, deixamos de perceber o que Deus tem feito na nossa vida. Na vida haverá momentos de júbilo, luto, persistência, aprendizado e choro. Todos esses momentos têm a sua devida importância, acredite, e as redes sociais não irão ajudar você a atravessar essas fases. Esses mecanismos só valorizam o que é possível ser registrado por imagens, e boa parte da nossa vida não é algo que possa ser retratado.

Por isso não se aborreça com a vida dos outros; entenda que as redes sociais não retratam a vida de alguém na sua integridade. Não seja um refém do que se passa ao redor. Antes, descanse no Senhor, seja grato a Ele com atos, e não apenas com fotos. Nosso Deus não está nas redes sociais, mas está em todos os lugares. Conecte-se a Ele!

PARA ORAR:
Senhor, quero agradecer por tudo que tem feito na minha vida. Quero celebrar a cada dia a vitória dos meus irmãos e me alegrar com eles. Tira do meu coração todo espírito de inveja. Em nome de Jesus, amém.

CONECTADO COM DEUS

24 JULHO

No mundo acelerado em que vivemos, é fácil ficarmos presos nas redes sociais, nos jogos, na música e em todas as distrações que a vida moderna nos oferece. Mas, como cristãos, é essencial nos lembrarmos desse versículo de Jeremias 33:3.

A tecnologia nos permite estar conectados ao mundo, mas, às vezes, esquecemo-nos de nos conectar com Deus. Ele está sempre pronto para ouvir nossas orações, responder às nossas dúvidas e nos revelar maravilhas que vão além da compreensão humana. A oração é a nossa conexão direta com Deus.

Conectar-se com Deus não significa que devemos abandonar nossa vida cotidiana, mas, sim, que devemos incluí-Lo em todos os aspectos dela. Ao começar o dia com uma oração, ao agradecer por Suas bênçãos, ao buscar Sua orientação em momentos de dúvida e ao compartilhar Sua mensagem de amor e esperança com os outros, estamos verdadeiramente conectados com Deus.

À medida que buscamos essa conexão profunda com Deus, descobrimos um propósito maior em nossa vida. Lembre-se sempre de manter essa conexão viva, pois é por meio dela que encontramos significado, força e alegria em nossa jornada de fé. Conecte-se com Deus hoje e experimente as maravilhas que Ele tem reservadas para você.

PARA ORAR:
Senhor, inspira-nos a sermos melhores, fortalece-nos nas lutas e revela Teu propósito. Com Teu amor, encontramos coragem, esperança e transformação. Obrigado por nos amar incondicionalmente. Amém.

> Clame a mim e eu responderei e direi a você coisas grandiosas e insondáveis que você não conhece.
> — JEREMIAS 33:3

Conectando-se com Deus

- **Ore diariamente:** Dedique tempo todos os dias para conversar com Deus em oração, compartilhando seus pensamentos, agradecimentos e preocupações.
- **Leitura da Bíblia:** Estude a Palavra de Deus regularmente para conhecer Sua vontade e aplicá-la em sua vida.
- **Comunidade cristã:** Participe de grupos de estudo bíblico e cultos na igreja para fortalecer sua fé em conjunto com outros irmãos.

Leia também

- DEUS, FALE COMIGO AGORA!
- DEUS, ME AJUDE NESTE MOMENTO!

Bíbliaon

25 JULHO

COMEÇANDO BEM O DIA

> Faze-me ouvir do teu amor leal pela manhã, pois em ti confio. Mostra-me o caminho que devo seguir, pois a ti elevo a minha alma.
>
> — SALMOS 143:8

Começando bem o dia

- Ao levantar, agradeça a Deus. Comece o dia com o coração grato.
- Procure um momento de comunhão com Deus logo pela manhã. Faça um estudo bíblico devocional.
- Reflita durante o dia a palavra que recebeu pela manhã. Deixe o Senhor conduzi-lo.

Leia também

- Palavra do dia
- Salmo do dia
- Versículo do dia

Nada melhor que levantar da cama e começar bem o dia. As primeiras horas da manhã interferem diretamente na forma como enfrentaremos toda a nossa jornada. Por isso, **iniciar o dia na presença de Deus é fundamental!**

Da mesma forma que tomamos o nosso café da manhã, devemos alimentar o nosso espírito, buscando a Deus logo no início do dia. Agradeça-Lhe pela oportunidade de vivenciar mais um dia, permita que Deus conduza o seu dia. Outra forma de começar bem a manhã é realizar um devocional ou um momento de leitura bíblica. Esse momento de comunhão com Deus fortalece a nossa fé e nos dá a disposição necessária para mais um dia.

Coloque Deus na sua rotina diária! Comece bem o dia com as nossas pílulas diárias de fé. Veja:

- Palavra do dia
- Salmo do dia
- Versículo do dia

PARA ORAR:

Senhor, como é bom entrar na Tua presença logo pela manhã! Muito obrigado pelo sono tranquilo; conduze-me conforme a Tua graça. Como sou grato por mais um dia de vida! Obrigado, Pai! Em nome de Jesus, amém.

DORMINDO EM PAZ...

26 JULHO

Davi passou por inúmeros momentos difíceis em sua vida, desde enfrentar feras, o gigante Golias, exércitos, o rei Saul, até mesmo ser perseguido pelo próprio filho, Absalão.

E nós, quando atravessamos fases difíceis, quais são as atitudes mais comuns que revelamos? Perda de sono? Desânimo, frustração? Desespero?

Nesse salmo, Davi revela uma atitude completamente diferente. Diante de grandes dificuldades, problemas graves ou inimigos ameaçadores, ele descansava em Deus. O coração de Davi transbordava de paz e segurança, porque confiava plenamente no Senhor, que tem o controle de todas as coisas. Assim ele conseguia dormir em paz e tranquilidade...

PARA ORAR:
Senhor, muito obrigado pelo Teu cuidado e proteção neste dia. Confio que Contigo estou seguro, porque Tu és maior que todas as ameaças e problemas que surgirem. Ajuda-me a descansar e repousar em paz, crendo que cuidas de mim em todo o tempo. Amém.

> Em paz me deito e logo adormeço, pois só tu, Senhor, me fazes viver em segurança.
> — SALMOS 4:8

Como conseguir dormir em paz hoje?

- Ore ao Senhor entregando as suas preocupações, problemas e dificuldades a Ele.
- Creia que somente Deus pode garantir uma vida segura para você.
- Leia a Bíblia e descubra como a proteção de Deus é permanente sobre os Seus filhos.
- Tenha fé e confiança que Jesus cuida de você!

Bíbliaon

27 JULHO

ALEGRANDO-SE NO SENHOR MESMO NAS DIFICULDADES

> Alegrem-se sempre no Senhor. Novamente direi: Alegrem-se!
>
> — FILIPENSES 4:4

Alegrando-se em Deus

- Encontrar alegria em Deus significa apreciar Seu amor incondicional. Ele nos ama independentemente de nossas falhas, oferecendo consolo e segurança emocional.
- A alegria em Deus surge da confiança em Sua orientação durante tempos difíceis. Ele é nosso refúgio, fortalecendo-nos para enfrentar desafios com esperança e coragem.
- Descobrimos alegria ao reconhecer que Deus nos criou com propósito. Servir a Ele e aos outros dá significado à vida, preenchendo-nos com uma alegria profunda e duradoura.

Leia também

- Versículos sobre alegria
- Estudo bíblico sobre alegria

O versículo Filipenses 4:4 nos lembra da importância de encontrar a alegria em Deus, independentemente das circunstâncias que possamos enfrentar. Paulo nos encoraja a nos regozijarmos sempre no Senhor. Isso vai além da felicidade passageira baseada em situações externas, alcançando uma alegria profunda e duradoura que tem sua raiz na nossa relação com Deus.

Ao nos exortar a regozijar-nos sempre, Paulo destaca a natureza constante da alegria que encontramos em Deus. Não é algo condicional, mas algo que podemos experimentar independentemente das lutas, desafios ou incertezas que enfrentamos na vida. Essa alegria não é limitada pelas circunstâncias, porque está fundamentada na presença e no amor de Deus.

Ao direcionar nosso regozijo para o Senhor, somos convidados a reconhecer que Ele é a fonte da nossa alegria. Quando fixamos nossos olhos em Deus e cultivamos um relacionamento profundo com Ele, descobrimos uma alegria que transcende as situações temporais.

Assim, mesmo em meio às dificuldades, podemos encontrar uma alegria duradoura ao nos conectarmos com Deus e nos alegrarmos na Sua presença constante em nossa vida.

"Que o Deus da esperança os encha de toda alegria e paz, por sua confiança nele, para que vocês transbordem de esperança, pelo poder do Espírito Santo" — Romanos 15:13.

PARA ORAR:

Senhor, agradeço pelo Teu amor incondicional, fonte de alegria. Guia-me nas adversidades, sê meu refúgio. Revela Teu propósito em minha vida, para que, ao Te servir e aos outros, eu encontre uma alegria profunda e duradoura. Amém.

MEMÓRIA — HÁ GRAÇA EM RECORDAR E EM ESQUECER

28 JULHO

Você já pensou como seria a vida se não tivéssemos o poder de lembrar? Ou, ainda, imagine se não conseguíssemos esquecer de nada que nos aconteceu? Tanto em um como no outro caso, seria extremamente difícil lidar com essas realidades.

Se não nos lembrássemos de nada que nos aconteceu, a nossa mente permaneceria para sempre numa condição vazia, como da primeira infância, quando ainda não temos impressão nenhuma daquilo que passou antes. Em contrapartida, se nos lembrássemos de tudo, seria insuportável lidar com o acúmulo de informações, sentimentos e efeitos que o passado causaria.

Mas, graças a Deus, pelo maravilhoso processo de memorização da nossa mente, Ele nos deu uma memória eficiente, capaz de reter o que é necessário e descartar aquilo que já não é preciso. Na Bíblia, encontramos orientações nos dois sentidos:

"Quero trazer à memória o que pode me dar esperança" — Lamentações 3:21.

Lembre-se e esqueça!

- Ore e permita que Deus aja em sua memória, tanto para fazê-lo lembrar (as bênçãos) quanto para ajudá-lo a esquecer (as dores).
- Esqueça a aflição do passado e não se apegue aos ressentimentos, naquilo que lhe aconteceu de mal.
- Todo sofrimento do passado o ajudou a amadurecer e a experimentar a graça de Deus na superação.
- Lembre-se de todas as bênçãos, mesmo as mais simples, e encha o coração de paz e gratidão.
- Faça um exercício de se lembrar e de se esquecer, a partir da leitura e reflexão destas passagens: Isaías 46:9, João 16:21, Isaías 44:21, Lucas 24:8, Isaías 49:15, Provérbios 3:1.

> Irmãos, quanto a mim, não julgo havê-lo alcançado, mas uma coisa faço: esquecendo-me das coisas que ficam para trás e avançando para as que estão diante de mim, prossigo para o alvo, para o prêmio da soberana vocação de Deus em Cristo Jesus.
>
> — SALMOS 4:8

Quero trazer à memória aquilo que me dá esperança (Reflexão bíblica)

O choro pode durar uma noite, mas a alegria vem pela manhã

Versículos de esperança para sua vida

PARA ORAR:

Pai celestial, obrigado pela Tua bondade de nos dar mecanismos tão impressionantes como a memória, o raciocínio, as emoções e outras habilidades em nosso interior. Obrigado por nos dotar com uma mente inteligente, desenhada com a memória e sua capacidade extraordinária de gerir aquilo que é importante ou não em nossa vida. Ensina-me, Senhor, a esquecer de coisas que passaram e que me fazem mal; isso não acrescenta paz a minha vida. Da mesma maneira, ensina-me a me lembrar daquilo que realmente importa e que pode me dar esperança, gratidão e paz. Ajuda-me a ter na memória sempre o Senhor e a Tua Palavra, porque assim me manterei livre das dores do passado e grato pelas bênçãos recebidas. Em nome de Jesus, eu oro e Te agradeço. Amém.

Bíblia on

29 JULHO

ENCONTRANDO FORÇA E CONSOLO EM CRISTO

> Pois assim como os sofrimentos de Cristo transbordam sobre nós, também por meio de Cristo transborda a nossa consolação.
> — 2 CORÍNTIOS 1:5

A presença de Deus é nosso melhor consolo

- **Significado dos desafios:** Sofrimentos redimidos em Cristo trazem crescimento espiritual.
- **Presença na dor:** Cristo nos consola em tristezas, lembrando Sua presença.
- **Força nas tribulações:** Seu amor nos guia, oferecendo consolo eterno e coragem.

Leia também

- Palavras de consolo da Bíblia para tempos de tristeza
- Versículos bíblicos para encorajar nos tempos difíceis
- Salmo de vitória: passando da angústia para a vitória

Nas palavras inspiradoras de 2 Coríntios 1:5, somos lembrados de que, assim como compartilhamos nos sofrimentos de Cristo, também experimentamos consolo e conforto por meio dele. Em nossa jornada de fé, podemos enfrentar dificuldades, tristezas e desafios, mas essas aflições não são em vão. Assim como Cristo sofreu por amor a nós, **nossos próprios sofrimentos podem encontrar significado e propósito em Sua graça**.

Quando enfrentamos momentos de dor, não estamos sozinhos. A consolação de Cristo flui em nosso coração, acalmando nossas dores e nos lembrando de que Ele está conosco em cada passo do caminho. Ele conhece nossos fardos e oferece descanso. Seu amor inabalável nos sustenta, nos fortalece e nos guia durante as tempestades.

Que possamos encontrar conforto na verdade de que, assim como os sofrimentos de Cristo transbordaram por nós, sua consolação também transborda em nossa vida. Que possamos olhar além das tribulações deste mundo e fixar nossos olhos no Salvador, que nos oferece esperança e paz.

Que essa promessa nos inspire a enfrentar cada desafio com coragem, confiando que, em Cristo, encontramos a força e a certeza de um consolo eterno.

> **PARA ORAR:**
> Amado Deus, que nossos desafios encontrem significado em Cristo, que Tua consolação nos fortaleça na dor e nos inspire a enfrentar tribulações com coragem, confiando em Teu amor eterno. Amém.

O ENSURDECEDOR SILÊNCIO DE DEUS

30 JULHO

Parece paradoxal, mas não há nada mais ensurdecedor que o **silêncio de Deus**. Às vezes entendemos equivocadamente o silêncio como abandono, mas, na verdade, o silêncio de Deus tem muito a nos dizer. É nesses momentos que nossa fé é testada e o que professamos deve ser colocado em prática.

Deus sempre fala conosco, até quando não diz nada. Podemos entender o silêncio como: "Agora é com você, meu filho amado". Deus quer ver o nosso crescimento, quer que tenhamos autonomia e uma fé genuína. Nesses momentos é hora de agir e colocar em prática tudo o que aprendemos dele.

O silêncio de Deus não dura para sempre, mas o suficiente para tomarmos um posicionamento. Deus quer o seu bem e até o silêncio coopera para o seu crescimento espiritual.

PARA ORAR:

Senhor, Tua voz acalma a minha alma. Neste momento — que estás em silêncio —, sinto-me desafiado a continuar praticando os Teus mandamentos. A Tua Palavra me guia; quero voltar a ouvir a Tua voz. Em nome de Jesus, amém.

Irmãos, quanto a mim, não julgo havê-lo alcançado, mas uma coisa faço: esquecendo-me das coisas que ficam para trás e avançando para as que estão diante de mim, prossigo para o alvo, para o prêmio da soberana vocação de Deus em Cristo Jesus.

— SALMOS 4:8

Aprendendo com o silêncio de Deus

- Não entenda o silêncio de Deus como uma apatia. Ele sempre quer o seu bem. Reflita nesse momento.
- Deus quer e vai ajudar você. O silêncio pode ser uma forma de motivá-lo a sair da inércia.
- O silêncio de Deus não é eterno. Ele irá falar no momento certo.

MEU DEUS, ME AJUDA!

VERSÍCULOS SOBRE COMO DEUS SE PREOCUPA COM VOCÊ

MENSAGENS DE DEUS PARA MIM

Bíbliaon

31 JULHO

INSPIRAÇÃO PARA TODO DIA

Tudo posso naquele que me fortalece.
— FILIPENSES 4:13

Inspire-se em Deus!

- Reserve tempo para meditar nos versículos mencionados, fortalecendo sua fé e lembrando-se da presença constante de Deus.
- Ao enfrentar desafios, aplique os princípios da Palavra de Deus, confiando na força divina para superar obstáculos.
- Compartilhe esses versículos inspiradores com outros, espalhando a luz da Palavra e fortalecendo a fé na comunidade cristã.

Leia também

- BOM-DIA COM DEUS: 71 MENSAGENS BÍBLICAS
- 51 MENSAGENS E FRASES COM A PAZ DE DEUS
- SALMOS COM MENSAGENS DE BOM-DIA

Em meio aos desafios diários, buscamos constantemente fontes de inspiração que alimentam nossa alma e fortalecem a nossa fé. A Bíblia é um tesouro repleto de versículos que nos guiam e nos encorajam. Quatro desses versículos destacam-se como faróis de inspiração para enfrentar cada dia com confiança e esperança.

"Tudo posso naquele que me fortalece" — Filipenses 4:13.

Esse versículo nos lembra que, com a força que vem de Deus, somos capazes de superar qualquer obstáculo que se apresente em nosso caminho.

"Por isso não tema, pois estou com você; não tenha medo, pois sou o seu Deus. Eu o fortalecerei e o ajudarei; eu o segurarei com a minha mão direita vitoriosa" — Isaías 41:10.

Aqui, somos confortados pela presença constante de Deus, que nos sustenta e nos ampara em todos os momentos.

"A tua palavra é lâmpada que ilumina os meus passos e luz que clareia o meu caminho" — Salmos 119:105.

A Palavra de Deus é nossa bússola, guiando-nos em cada passo e iluminando nosso caminho com sabedoria divina.

"Porque sou eu que conheço os planos que tenho para vocês", diz o Senhor, "planos de fazê-los prosperar e não de causar dano, planos de dar a vocês esperança e um futuro" — Jeremias 29:11.

Esse versículo nos lembra que Deus tem planos de esperança e um futuro cheio de prosperidade para cada um de nós.

Que esses versículos sirvam como inspiração diária, recordando-nos da presença constante de Deus em nossa vida. Que possamos enfrentar cada desafio com a certeza de que somos fortalecidos por Ele, guiados por Sua Palavra e sustentados por Seu amor incondicional. Que Deus seja a luz que guia nossos passos todos os dias!

PARA ORAR:

Capacita-me, Senhor, a enfrentar desafios sabendo que posso tudo Contigo. Que Tua Palavra seja minha luz e guia, iluminando cada passo. Que, ao aplicar esses princípios, eu testemunhe Tua fidelidade. Capacita-me a compartilhar essa esperança, sendo um reflexo do Teu amor. Em nome de Jesus, amém.

DEVOCIONAL DIÁRIO

AGOSTO

1º AGOSTO

NÃO DESANIME: SEJA RENOVADO EM JESUS!

Diariamente, você pode ser renovado por Jesus em todas as áreas da sua vida. Mas, para isso, você precisa perseverar e não desanimar!

A ajuda bondosa de Deus se manifesta por meio da sua graça e misericórdia. Ele é o maior tesouro que promove novo ânimo e paz integral. Nunca se esqueça: o Senhor está sempre no controle da vida dos que creem em Jesus. Com Ele sempre haverá uma saída, um consolo, um refúgio, até a vitoriosa glória na eternidade!

> **PARA ORAR:**
> Senhor meu Deus, renova a minha fé, alegria e amor. Sei que Jesus pode me dar a força de que eu preciso para lidar com essa situação. Ajuda-me a prosseguir rumo à eternidade, sem desanimar. Todos os dias quero confiar no Senhor e na Tua Palavra. Em nome de Jesus. Amém!

Por isso não desanimamos. Embora exteriormente estejamos a desgastar-nos, interiormente estamos sendo renovados dia após dia, pois os nossos sofrimentos leves e momentâneos estão produzindo para nós uma glória eterna que pesa mais do que todos eles.

— 2 CORÍNTIOS 4:16-17

Não duvide nem desanime!

- Não viva condicionado pelas circunstâncias, mas confie em Jesus, apesar das dificuldades.
- A graça de Deus é suficiente para você! Creia que Cristo sustentará a sua fé.
- As lutas, apesar de difíceis, são leves e momentâneas. Isto não se compara à tamanha glória que virá na eternidade.
- Permaneça firme e constante...
- Deus não o abandonará!

Bíblia on

CRER VAI ALÉM DAS PALAVRAS

2 AGOSTO

Crer vai além das palavras; é um compromisso vivo que transcende a mera expressão verbal. A fé genuína se manifesta nas ações cotidianas, refletindo a luz da verdade divina. A Bíblia, nossa bússola espiritual, não é apenas um livro de palavras, mas um guia para uma vida transformada.

Ao crer, somos desafiados a viver segundo os princípios que abraçamos. É fácil proferir palavras de amor, compaixão e perdão, mas a verdadeira fé se revela na prática desses ensinamentos. Jesus, nosso modelo supremo, não apenas pregou o amor, mas também viveu uma vida de sacrifício e serviço.

A importância de praticar o que lemos na Bíblia reside na construção de um caráter alinhado aos valores divinos. Não somos chamados apenas a crer teoricamente, mas também a agir de maneira que o mundo veja a luz de Deus em nós. As palavras da Escritura ganham vida quando se refletem em nosso comportamento diário.

Assim, crer vai além da confissão verbal; é um compromisso ativo de viver em conformidade com a vontade de Deus. Que nossa vida seja testemunho vivo da fé que professamos, revelando que a verdadeira transformação ocorre quando as palavras da Bíblia se tornam ação concreta em nosso viver.

PARA ORAR:
Senhor, guia-me na oração constante, fortalece meu coração para viver Teus princípios. Inspira-me a demonstrar amor por meio de ações, refletindo Tua compaixão. No estudo da Tua Palavra, capacita-me a aplicá-la, transformando-me para glorificar Teu nome. Amém.

> **Sejam praticantes da palavra, e não apenas ouvintes, enganando vocês mesmos.**
> — TIAGO 1:22

Creia e pratique!

- **Oração contínua:** Mantenha uma conexão constante com Deus, buscando orientação e força para viver os princípios bíblicos no cotidiano. A oração fortalece a comunhão e sustenta a prática da fé.
- **Ações de amor:** Demonstre amor ao próximo por meio de ações. Seja compassivo, perdoe e sirva, refletindo o amor também de Cristo em suas relações diárias. O amor em ação é um testemunho poderoso.
- **Estudo bíblico:** Não apenas leia, mas estude a Bíblia com a intenção de aplicar seus ensinamentos. Identifique áreas em sua vida que precisam de transformação e tome medidas práticas para alinhar-se a esses princípios.

Versículos sobre crer

O poder da fé: 4 versículos de como a fé move o coração de Deus

Bíbliaon

3
AGOSTO

TRÊS MOTIVOS PARA BUSCARMOS MAIS A DEUS

> Eu te busco de todo o coração; não permitas que eu me desvie dos teus mandamentos.
>
> — SALMOS 119:10

À medida que caminhamos nesta jornada de fé, há três motivos essenciais pelos quais devemos buscar mais a Deus:

1. Primeiro, porque Ele é nosso Criador e Salvador, aquele que nos conhece intimamente e tem um plano perfeito para nossa vida. Ao buscá-Lo, descobrimos nossa verdadeira identidade e propósito.

2. Segundo, a busca constante de Deus nos conecta com Sua presença poderosa. Em Sua intimidade, encontramos consolo em tempos de aflição, orientação em meio à confusão e paz em meio ao caos. Ele é nossa rocha inabalável, pronto para nos sustentar e nos fortalecer em todas as circunstâncias.

3. Terceiro, buscar a Deus nos permite experimentar Seu amor transformador. Sua graça nos liberta da culpa e do pecado, capacitando-nos a viver uma vida abundante e cheia de esperança. Ao nos achegarmos a Ele, somos moldados e renovados, refletindo Seu amor aos outros ao nosso redor.

Ao buscarmos a Deus, encontramos nosso propósito, experimentamos Sua presença e somos transformados pelo Seu amor. Que nossa busca seja constante e intensa, para vivermos uma vida plena em comunhão com Ele. Amém!

PARA ORAR:

Ó Deus misericordioso, ajuda-me a perseverar na busca da Tua presença, porque sei que em Ti encontro a verdadeira plenitude. Derrama Tua graça sobre mim e capacita-me a ser luz neste mundo, levando esperança aos perdidos e consolo aos aflitos. Em nome de Jesus, amém.

VIVENDO O AMOR DE DEUS DIARIAMENTE

4 AGOSTO

O amor de Deus nos envolve a cada dia, como o abraço caloroso de um pai carinhoso. Sua bondade se manifesta de formas simples e profundas em nossa jornada diária. A cada amanhecer, Ele nos presenteia com a luz do sol, lembrando-nos de Sua constante presença em nossa vida. Nos momentos difíceis, Ele é o refúgio seguro para nossas preocupações e medos.

No amor de Deus, encontramos inspiração para estender a mão aos outros. Um sorriso amável, um gesto de compaixão ou uma palavra gentil refletem Seu amor por meio de nós. O perdão que Ele nos oferece nos incentiva a perdoar e a curar relacionamentos em nossa vida.

O amor de Deus nos guia em decisões e nos fortalece quando enfrentamos desafios. Ele nos anima a ser pacientes e amorosos, mesmo quando o mundo ao nosso redor parece caótico. Pela oração, podemos sentir Seu amor nos envolvendo e nos dando paz.

Que possamos reconhecer e celebrar o amor de Deus em cada momento do nosso dia. Que esse amor nos inspire a viver de maneira mais generosa e altruísta, compartilhando Seu amor com todos ao nosso redor. Pois, em cada detalhe da vida, o amor de Deus nos acolhe e nos conduz, enchendo nosso coração de gratidão e esperança.

PARA ORAR:
Querido Deus, guia-me para orar diariamente, espalhar amor com gestos gentis e perdoar como Tu perdoas. Que minha vida reflita Teu amor. Amém.

O Senhor é compassivo e misericordioso, muito paciente e cheio de amor.
— SALMO 103:8

Vivendo o amor de Deus diariamente

- **Oração constante:** Reserve momentos diários para conversar com Deus, compartilhar suas alegrias e preocupações. Isso fortalece a conexão e lembra do Seu amor.
- **Atos de bondade:** Demonstre amor ao próximo por meio de pequenos gestos: um sorriso, ajudar alguém necessitado. Refletir o amor de Deus no mundo real.
- **Perdão e compaixão:** Pratique o perdão e trate os outros com compaixão. Espelhe a misericórdia de Deus, renovando relacionamentos e promovendo a paz.

VERSÍCULOS SOBRE O AMOR DE DEUS

O AMOR INCONDICIONAL DE DEUS — ESTUDO BÍBLICO

Bíblia on

5 AGOSTO

DEUS AGE EM TODAS AS COISAS PARA O SEU BEM

> Sabemos que Deus age em todas as coisas para o bem daqueles que o amam, dos que foram chamados de acordo com o seu propósito.
> — ROMANOS 8:28

Creia que Deus age para o seu bem

- Mantenha a fé em tempos difíceis; Deus trabalha em segundo plano para transformar desafios em bênçãos.
- Busque a vontade de Deus em oração, confiando que Ele tem um plano perfeito para sua vida.
- Cultive a gratidão, reconhecendo que Deus age para o seu bem, mesmo quando as circunstâncias são desafiadoras.

Leia também

- Mensagens de fé em Deus para dar força e esperança
- Tudo coopera para o bem daqueles que amam a Deus (reflexão bíblica)
- Versículos bíblicos para encorajar nos tempos difíceis

Esse versículo é um lembrete reconfortante de que Deus age em todas as coisas para o nosso bem. Às vezes, em meio às dificuldades e desafios da vida, podemos nos sentir perdidos, mas devemos lembrar que Deus está no controle.

Deus é um mestre em transformar situações aparentemente ruins em bênçãos. Ele pode usar as lutas, as tristezas e até mesmo os fracassos para nos ensinar lições valiosas e nos fazer crescer espiritualmente. Quando confiamos em Deus e buscamos a Sua vontade, Ele trabalha nos bastidores, orquestrando eventos de maneira que, no final, nos levará a um lugar melhor.

Nossa vida é como um quebra-cabeça, e muitas vezes não conseguimos ver o quadro completo. Mas Deus vê. Ele tem um plano perfeito para cada um de nós, e cada peça se encaixará no momento certo. A chave é manter a fé, mesmo quando as circunstâncias parecem sombrias. Crer que Deus age para o nosso bem nos dá esperança e confiança.

Quando você se deparar com desafios, lembre-se desse versículo. Saiba que Deus está trabalhando em seu favor, e que tudo o que acontece em sua vida faz parte de Seu plano soberano. Confie Nele, busque-O em oração e esteja aberto para receber as bênçãos que Ele tem reservadas para você. Deus age em todas as coisas para o seu bem, e isso é motivo para regozijo e gratidão.

> **PARA ORAR:**
> Senhor, em meio às adversidades, mantenho minha fé em Ti. Confio que Tua obra transforma desafios em bênçãos. Ajuda-me a buscar Tua vontade e cultivar gratidão, sabendo que ages para o meu bem, mesmo nas dificuldades. Amém.

PROVAI E VEDE QUE O SENHOR É BOM!

6 AGOSTO

Como saber se Deus é bom? O versículo de hoje nos coloca este descomplicado convite: **prove e veja!** Simples assim: se queremos ver e viver a bondade de Deus, precisamos experimentá-la. Deus é o Senhor, e por isso não está disponível para ser testado num laboratório, mas se disponibiliza para relacionamentos pessoais.

Tal como na culinária, quando ouvimos falar de um prato delicioso, ficaremos muito mais inteirados se soubermos quais são os ingredientes usados. Aumentará ainda mais o nosso palpite sobre aquela comida (se é realmente boa!) se lermos a receita e conhecermos todo o passo a passo. Contudo, nada se compara à percepção "degustativa" daquele prato maravilhoso. Mesmo que tenhamos uma fotografia belíssima do prato finalizado, só saberemos o quão excelente é se o provarmos.

Com Deus é semelhante. Precisamos prová-Lo. Não no nível do paladar, mas por meio da nossa mente, corpo, alma e espírito. Há que apreciá-Lo em uma experiência própria, real e verdadeira para, assim, desfrutarmos da doçura da Sua bondade e graça incomparáveis.

Naturalmente, a maioria de nós espera ter essas coisas de maneira instantânea: querem primeiro ver (desfrutar) de Deus para depois se unir a Ele e apreciá-Lo. Contudo, a lógica aqui se apresenta num sentido invertido: antes de ver, precisamos provar e crer em Deus. Pelas palavras de Cristo: "Creia e verá a glória de Deus" (João 11:40).

PARA ORAR:

Querido Deus, quero provar a realidade da Tua bondade na minha vida. Ajuda-me a confiar, obedecer a Ti e Te amar, Senhor, por tudo que és e por tudo que tens feito. Ensina-me os Teus caminhos, para que, dia após dia, possa Te reconhecer e ver a Tua benignidade aonde eu for. Pai celestial, ajuda o Teu povo a crer e a encontrar refúgio em Ti, saboreando a Tua Palavra na Tua presença, diariamente, com atenção e apreciação. Só assim, Senhor, seremos mais que felizes, conforme a Tua Palavra nos diz. Em nome de Jesus, eu oro e Te agradeço por estas coisas. Amém.

Provem e vejam que o Senhor é bom; bem-aventurado é quem nele se refugia.
— SALMOS 34:8

Aquele que prova Deus encontra Nele refúgio e por isso é feliz!

- **Descubra Deus, pessoalmente!** É bom ouvir testemunhos e biografias que nos remetem a milagres da bondade de Deus. Mas creia e busque a Cristo para também vê-Lo na sua vida.
- Provar Deus não é mecânico ou legalista. Não há uma receita fixa, mas certamente envolve **conhecê-Lo na Palavra** (razão), em **relacionamento pessoal** (consciência) de **amor, fé e obediência** (espírito e verdade)...
- Mais que aceitar que Deus é bom, pelo conhecimento intelectual (ou pelas histórias dos outros), **experimente Deus se relacionando com Ele pessoalmente**.
- Pelo conhecimento profundo da **Palavra** e pela prática da **Oração**, aproxime-se Dele; então, agrade-se do Senhor e veja a Sua bondade e misericórdia o seguirem sempre!
- **Deus é bom em todo tempo!** Em todo tempo Deus é bom!

VERSÍCULOS SOBRE A BONDADE DE DEUS

DEUS É BOM O TEMPO TODO

VERSÍCULOS PARA COMEÇAR BEM O DIA

Bíbliaon

7 AGOSTO

O AMOR DE JESUS ALCANÇOU VOCÊ E A TODOS

> Sabemos que Deus age em todas as coisas para o bem daqueles que o amam, dos que foram chamados de acordo com o seu propósito.
>
> — ROMANOS 8:28

O amor de Jesus é uma luz que brilha intensamente sobre toda a humanidade. Sua mensagem de amor, perdão e redenção não conhece limites, não faz distinção de raça, religião ou *status* social. Ele veio ao mundo para reconciliar a humanidade com Deus, e Seu amor é uma fonte inesgotável de esperança e Salvação.

Jesus demonstrou seu amor de maneira inigualável. Ele curou os doentes, alimentou os famintos e confortou os aflitos. Sua vida exemplar e suas palavras de Salvação ressoam pelos séculos, alcançando corações em todos os cantos do mundo.

O amor de Jesus é um convite à transformação. Ele acolhe os pecadores de braços abertos, oferecendo o perdão e a graça. Seu sacrifício na cruz é a expressão máxima desse amor, pois deu a própria vida para que todos tivessem a oportunidade de viver eternamente ao lado de Deus.

Não importa quão longe alguém tenha se afastado, o amor de Jesus está sempre disponível, pronto para acolher, restaurar e renovar. Sua graça é um presente que não pode ser merecido, apenas aceito de coração aberto.

Portanto, que nos possamos lembrar diariamente do amor de Jesus, e que Ele nos inspire a amar e servir uns aos outros, independentemente de nossa origem, crenças ou circunstâncias. Sejamos canais desse Amor, compartilhando a mensagem de esperança e de redenção que alcança a todos. Em Jesus, encontramos a verdadeira expressão do amor que transcende barreiras e nos guia para a vida eterna.

Desfrute e compartilhe esse amor!

- Mantenha uma relação íntima com Deus por meio da oração diária, buscando Sua orientação e aprofundando seu entendimento do amor Dele.
- Explore as Escrituras para entender como Deus revela Seu amor e Sua vontade, encontrando inspiração e direção para a vida.
- Demonstre o amor de Deus ao servir os outros, sendo compassivo, generoso e cuidando das necessidades daqueles ao seu redor.

Leia também

- Significado de amor na Bíblia (Estudo)
- Quem é o meu próximo segundo a Bíblia
- Versículos que mostram como é importante amar o próximo

PARA ORAR:

Senhor, obrigado por Teu amor incondicional. Ajuda-me a viver esse amor, orar, estudar Tua Palavra e servir aos outros, refletindo Tua graça e compaixão. Amém.

PREPARE-SE E ENSINE

8 AGOSTO

Quando Jesus ensinou o Sermão da Montanha, disse que aquele que pratica o que ouviu é sábio, enquanto o que não pratica é insensato. O sábio prosperará, enquanto o insensato verá sua ruína diante de si. Agora, pense em como isso se aplica ao versículo em destaque.

Veja: para que você, seus filhos e seus netos tenham vida longa e prosperem, é necessário que obedeçam aos ensinamentos do Senhor. Essa prosperidade não é imediata, nem é só para você, mas você é chamado a transmitir isso para sua próxima geração.

Será que você já conhece e pratica os ensinamentos de Deus o suficiente para ensinar seus filhos? Busque, medite e pratique; só dessa forma você conseguirá abençoar suas futuras gerações, ensinando-lhes o caminho do Senhor.

Desse modo vocês, seus filhos e seus netos temerão o Senhor, o seu Deus, e obedecerão a todos os seus decretos e mandamentos, que eu lhes ordeno, todos os dias da sua vida, para que tenham vida longa.

— DEUTERONÔMIO 6:2

PARA ORAR:

Senhor Deus, meu Pai e Senhor, peço que me ensines a seguir Tua Palavra. Peço que me dês forças para ser fiel aos Teus mandamentos e a guardar Tua Lei, que está escrita em meu coração. Que minha vida seja cheia de frutos de justiça, como convém àqueles que Te pertencem, Deus. Assim Te peço, em nome de Jesus.

Busque e pratique

- Separe um tempo no seu dia ou na sua semana para ler a Bíblia em profundidade.
- Guarde no seu coração os versículos que lhe parecem mais importantes, que mais falam contigo.
- Anote seus pensamentos, guarde aquilo que você aprendeu, para que um dia possa transmitir isso aos seus filhos e netos.

Bíblia on

9 AGOSTO

ANDAMOS PELO QUE CREMOS, NÃO PELO QUE VEMOS

> O Senhor lutará por vocês; tão somente acalmem-se". Disse então o Senhor a Moisés: "Por que você está clamando a mim? Diga aos israelitas que sigam avante".
>
> — ÊXODO 14:14-15

Imagine se ver sem saída, entre o mar e os egípcios. Da mesma forma, podemos nos encontrar em dificuldades e tribulações que parecem não ter saída. Nessas horas, constatar os problemas não ajuda em nada.

Assim como o povo de Israel, já temos uma palavra da parte de Deus, por isso devemos avançar sob a orientação do Senhor:

"Porque vivemos por fé, e não pelo que vemos" — 2 Coríntios 5:7.

Vivemos porque cremos e assim devemos continuar: a saída passa pela fé em Deus. Não precisamos de uma justificativa lógica para avançar... **precisamos do sim de Deus!**

Quando avançamos e obedecemos a Deus, o mar se abre, o que era impossível acontece, e aumentamos a nossa intimidade com Ele.

Acalme-se, avance por meio da fé em Cristo Jesus!

Para frente é que se anda!

- Se está perdido, sem saída, recorra a Deus, ore, Ele lhe mostrará uma direção.
- Se Deus lhe indicou uma saída, não duvide, obedeça.
- Deus não vai guiá-lo por um caminho de destruição. Confie Nele!

Leia também

História e biografia de Moisés segundo a Bíblia

Reflexão bíblica: 14 mensagens de fé e esperança em Deus

PARA ORAR:

Senhor Deus, sinto-me sem saída. Dá-me a Sua direção e me conduz de forma que o Teu nome seja glorificado. Sei que estás acima dos problemas, por isso confio na Tua Palavra. Amém.

O AMOR DE DEUS PARA COM SEU POVO

10 AGOSTO

O versículo de Oseias 11:4 revela a natureza compassiva e amorosa de Deus para com Seu povo. A imagem dos "laços de bondade humana e de amor" retrata a delicadeza divina ao guiar-nos em nosso caminho. Deus não apenas nos direciona, mas o faz de maneira afetuosa, utilizando laços que refletem Sua própria bondade.

A remoção do jugo do pescoço simboliza a libertação das cargas que pesam sobre nós. Deus, em Sua misericórdia, não apenas nos resgata, mas também alivia nossos fardos. Ele se inclina para nos alimentar, demonstrando um cuidado íntimo e pessoal. Nesse gesto, percebemos a proximidade de Deus, como um pastor que se inclina para alimentar suas ovelhas.

Esse verso ressalta a relação íntima entre Deus e Seu povo, destacando Sua disposição em agir com amor e graça. Ao meditar sobre essa passagem, somos convidados a reconhecer a generosidade divina em nossa vida, a libertação que Ele proporciona e a maneira como Ele nos nutre espiritualmente.

Que respondamos a essa expressão de amor de Deus com gratidão e entrega, permitindo que os laços de bondade de Deus nos guiem em nossa jornada, confiando plenamente em Sua provisão e experimentando a verdadeira liberdade que vem apenas por meio do Seu amor.

> **PARA ORAR:**
> Senhor, em Tuas mãos deposito minhas preocupações. Guia-me com laços de bondade, liberta-me de fardos e nutre minha alma. Com humildade, recebo Teu amor. Amém.

> *Eu os conduzi com laços de bondade humana e de amor; tirei do seu pescoço o jugo e me inclinei para alimentá-los.*
> — OSEIAS 11:4

Você faz parte desse povo amado

- Cultive uma consciência constante da bondade de Deus, reconhecendo Seu amor ao guiar e aliviar fardos, promovendo gratidão diária.
- Busque libertação das cargas emocionais, entregando a Deus preocupações e receios, confiando em Sua providência amorosa.
- Desenvolva uma vida de intimidade com Deus, assim como um pastor cuida de suas ovelhas com carinho e proximidade.

Leia também

- Reflexão sobre o amor de Deus (estudo bíblico)
- As 5 características do amor segundo a Bíblia

Bíbliaon

11 AGOSTO

SUA PALAVRA É O NOSSO REFÚGIO

> Como é precioso o teu amor, ó Deus! Os homens encontram refúgio à sombra das tuas asas.
>
> — SALMO 36:7

Encontre refúgio na Palavra de Deus

- Dedique tempo todos os dias para ler a Bíblia, absorvendo suas mensagens e encontrando orientação em sua vida.
- Reflita sobre as passagens bíblicas, buscando aplicá-las às suas circunstâncias, permitindo que a Palavra de Deus molde seu pensamento e ação.
- Use a oração como um diálogo com Deus, pedindo entendimento e força para viver de acordo com Sua Palavra, buscando Sua orientação constante.

Leia também

- 4 verdades sobre a proteção de Deus
- Salmo 27: estudo bíblico sobre a proteção e livramento de Deus

A palavra "refúgio" evoca a ideia de um lugar sereno, onde encontramos paz, tranquilidade e sossego. É o abrigo seguro que nos resguarda das ameaças que a vida pode trazer. No entanto, o verdadeiro sentido dessa palavra nos direciona a Jesus, que se revela como o nosso refúgio supremo nos momentos de angústia. Nele, encontramos proteção, paz e um amor sublime que ultrapassa qualquer compreensão humana.

Em meio aos desafios e tribulações que enfrentamos, a nossa âncora é Jesus Cristo. Por meio do Espírito Santo, Ele nos oferece a paz que transcende a compreensão e a segurança que só pode ser encontrada Nele. É na confiança em Deus e no refúgio que Ele proporciona que descobrimos força para enfrentar as tempestades da vida.

A Bíblia, Sua Palavra inspirada, é o mapa que nos conduz a esse refúgio. Nela encontramos orientações, promessas e a presença constante de Deus. Quando nos refugiamos na Sua Palavra, somos fortalecidos e guiados por Sua sabedoria e amor inabalável.

Não importa quão tumultuado o mundo possa parecer, lembremo-nos de que em Deus encontramos o nosso refúgio verdadeiro. Descansamos em Sua proteção, experimentamos Sua paz e somos envolvidos pelo Seu amor eterno. Confiar em Deus e refugiar-se Nele é a chave para enfrentar as adversidades da vida com fé e coragem.

PARA ORAR:

Senhor, clamo por Tua proteção. Cubra-me com Tua graça e sê meu guardião, afastando todo o mal. Sê meu refúgio seguro, guarda-me em Teu amor eterno. Amém.

OS PERIGOS DO AMOR AO DINHEIRO

12 AGOSTO

O versículo 1 Timóteo 6:10 nos adverte sobre os perigos do amor ao dinheiro, destacando que ele é a raiz de todos os males. Essas palavras têm profunda relevância, lembrando-nos de que nosso foco deve ser a busca do Reino de Deus e Sua justiça, não a acumulação de riquezas.

O amor ao dinheiro pode facilmente nos desviar da fé, pois, quando a riqueza se torna nossa prioridade, nosso coração se afasta de Deus. A ganância e a cobiça nos levam por caminhos tortuosos, nos distanciando do amor e da compaixão que o cristianismo nos ensina a cultivar.

Além disso, o versículo alerta que o amor ao dinheiro pode nos atormentar com muitos sofrimentos. Isso se deve ao fato de que, quando colocamos o dinheiro no centro de nossa vida, nossa felicidade se torna dependente de circunstâncias financeiras voláteis. Buscamos constantemente mais, nunca nos sentimos satisfeitos e, por fim, experimentamos a angústia da insaciabilidade.

A solução está em encontrar o equilíbrio entre as necessidades materiais e as necessidades espirituais, colocando Deus em primeiro lugar e usando nossos recursos para abençoar os outros. A generosidade e a gratidão são antídotos poderosos para o amor ao dinheiro.

Portanto, como cristãos, devemos nos lembrar de que o verdadeiro tesouro está no relacionamento com Deus e na prática do amor e da bondade para com os outros. Ao fazê-lo, podemos evitar as armadilhas do amor ao dinheiro e encontrar a verdadeira paz e contentamento em nossa vida.

PARA ORAR:
Senhor, ajuda-me a priorizar o reino de Deus, a cultivar gratidão e a praticar a generosidade. Que eu encontre contentamento em Ti e equilíbrio em minhas finanças. Amém.

> **Pois o amor ao dinheiro é a raiz de todos os males. Algumas pessoas, por cobiçarem o dinheiro, desviaram-se da fé e se atormentaram com muitos sofrimentos.**
> — 1 TIMÓTEO 6:10

Controle seus recursos

- **Desenvolva a gratidão:** Cultive uma mentalidade de gratidão, reconhecendo as bênçãos que você já tem em vez de focar no que falta.
- **Pratique a generosidade:** Compartilhe seus recursos com os necessitados e apoie causas altruístas para evitar a ganância e fortalecer sua fé.
- **Estabeleça limites financeiros:** Defina um orçamento baseado em princípios bíblicos, evitando dívidas e gastos excessivos, para manter o equilíbrio entre as necessidades e desejos materiais.

Leia também

O QUE DIZ A BÍBLIA SOBRE EMPRESTAR DINHEIRO A JUROS

VERSÍCULOS SOBRE DINHEIRO

Bíblia on

13 AGOSTO

OLHA A BOCA!

> Se alguém se considera religioso, mas não refreia a sua língua, engana-se a si mesmo. Sua religião não tem valor algum!
> — TIAGO 1:26

Uma fonte de água boa

- Preste atenção em todos os momentos, em especial nos difíceis: veja se você está resmungando, xingando ou amaldiçoando, e segure-se!
- Em vez de amaldiçoar, olhe para cima e peça a ajuda divina.
- Antes de falar da vida do próximo, pense no que essa pessoa sentiria se o ouvisse nesse momento.

Deus se importa com as coisas que você diz, porque você deve ter responsabilidade sobre isso. Aquela pessoa que fala tudo o que pensa ou que sai ofendendo todo mundo é insensata, não pensa no próximo, mas só em si mesma.

O que esse versículo está dizendo é que qualquer um que diga seguir a Deus deve ter uma atitude diferente dessa acima, senão será apenas um hipócrita. Quem segue a Deus deve ter responsabilidade sobre o que diz, **sua boca deve ser fonte de vida, sabedoria e cura para as outras pessoas**.

Será que você tem sido cuidadoso com a sua língua? Ou será que você diz tudo o que pensa e o problema é de quem se ofendeu? Se você realmente quer ser filho de Deus, seguidor de Jesus, precisa tomar cuidado com o que diz. **Seja uma fonte de bênção, não de maldição.**

PARA ORAR:

Deus meu e meu Pai, Te peço que me perdoes por todas as vezes que falhei e xinguei. Perdoe-me, Deus, por ser fofoqueiro e por amaldiçoar pessoas em situações difíceis. Peço que Teu Santo Espírito esteja em meu coração, pronto para me alertar e ajudar nesses momentos de tentação. Assim Te peço em nome de Jesus Cristo, amém!

SERENIDADE NA ESPERA

14 AGOSTO

Vivemos num mundo em que a velocidade é cada vez mais priorizada. Somos a geração do "fast food", queremos os meios de transportes, a internet e até relacionamentos mais rápidos. Gostamos de ter as informações em tempo real, os serviços de urgência, entregas rápidas, enfim, vivemos numa era mais acelerada, que parece ter se esquecido do valor da espera.

Parece ultrapassado, mas lembre-se de que também há preciosidades em saber esperar. Não somente porque assim podemos saborear pratos mais elaborados e saborosos ou por solidificar relacionamentos mais confiáveis e duradouros, mas principalmente por **tornar o nosso coração mais sereno e perseverante**.

Quando buscamos a Deus, precisamos aprender a desacelerar as nossas expectativas, sabendo que Ele é Senhor do tempo e que sempre faz o melhor por nós. **Espere com tranquilidade em Deus; Ele é bom e cuida de você!**

PARA ORAR:
Senhor meu Deus, ajuda-me a esperar com tranquilidade em Ti. Ensina-me a esperar com paciência no Teu grande amor e cuidado. Tudo à minha volta parece tão acelerado, mas eu preciso descansar o coração na Tua Palavra. Ajuda-me a confiar e buscar sempre pela Tua vontade. Senhor, Tu és bom em todo tempo! Em nome de Jesus, eu Te agradeço, amém!

> O Senhor é bom para com aqueles cuja esperança está nele, para com aqueles que o buscam; é bom esperar tranquilo pela salvação do Senhor.
> — LAMENTAÇÕES 3:25-26

Espere com paciência em Deus!

- Ore e entregue a Deus as suas vontades e planos.
- Confie em Jesus de todo o coração.
- Espere com serenidade, paciência e resiliência.
- Busque diariamente renovar as suas forças pela Palavra de Deus.
- Descanse nos cuidados do Senhor Jesus. Ele sabe o que é melhor para você.
- Traga à sua memória tudo que Deus já fez por você. Acredite e tenha esperança, pois Ele continua sendo bom!

Bíblia on

15 AGOSTO

DO MUNDO NÃO LEVAMOS NADA!

> O homem sai nu do ventre de sua mãe, e como vem, assim vai. De todo o trabalho em que se esforçou nada levará consigo.
> — ECLESIASTES 5:15

Busque por valores maiores!

- **Priorize valores eternos:** Concentre-se em cultivar relacionamentos, amor e compaixão, pois essas virtudes são duradouras.
- **Seja um bom administrador:** Use seus recursos com sabedoria, ajudando os necessitados e praticando a generosidade.
- **Lembre-se da fugacidade da vida:** Mantenha a humildade, lembrando que você não pode levar riquezas materiais consigo após a morte.

Leia também

Buscai primeiro o Reino de Deus (Estudo Bíblico)

Deus trabalha em nosso favor (Reflexão Bíblica e Versículos)

O versículo de Eclesiastes 5:15 nos oferece uma profunda reflexão sobre a efemeridade da vida terrena e a futilidade de acumular riquezas materiais. Ele nos lembra que, ao nascermos, somos desprovidos de qualquer possessão e, ao partirmos deste mundo, não podemos levar conosco nada do que acumulamos ao longo de nossa vida.

Essa passagem bíblica nos chama à humildade e à reflexão sobre nossas prioridades. Com frequência, somos tentados a buscar a felicidade na busca implacável por riquezas, poder e sucesso material. No entanto, o livro de Eclesiastes nos lembra que essas buscas são fúteis, pois tudo o que conquistamos nesta vida é transitório.

Em vez de nos concentrarmos na acumulação de bens materiais, somos chamados a investir em coisas eternas, como o amor, a compaixão, a bondade e a justiça. Devemos buscar um relacionamento profundo com Deus e com nossos semelhantes, pois essas relações perdurarão para sempre.

Além disso, a passagem nos convida a sermos bons administradores dos recursos que Deus nos confiou, usando-os para abençoar os outros e fazer o bem. Devemos lembrar que **somos apenas administradores temporários desses recursos, e um dia prestaremos contas de como os utilizamos.**

Esse versículo nos lembra que a verdadeira riqueza não está nas coisas que acumulamos, mas nas escolhas que fazemos e nas vidas que tocamos com amor e generosidade. Devemos viver com gratidão, humildade e consciência de que, ao final de nossa jornada terrena, o que realmente importa é o legado espiritual que deixamos para trás.

PARA ORAR:

Senhor, ajuda-nos a focar no que realmente importa, a cultivar amor e a sermos bons administradores de nossos recursos, lembrando sempre da efemeridade da vida terrena. Amém.

SENHOR, NÃO SE IMPORTA QUE AFUNDEMOS?

16 AGOSTO

Imagine que, em vez desse, o registro desta história tivesse sido assim:

"Surgiu uma grande tempestade etc., mas os discípulos, acreditando que seu Mestre não permitiria que eles perecessem, observaram-no até que Ele acordasse. E, quando Jesus se levantou, Ele disse: 'Grande é a vossa fé'; e Ele os salvou" (Ilustrador Bíblico).

Imagine que alegria essa memória teria trazido ao coração dos discípulos nos anos posteriores!

Contudo, essa ilustração nos mostra como nós também poderíamos reagir diante de Deus nas dificuldades da vida. Às vezes, tentamos controlar o barco da nossa vida como pescadores experientes; outras vezes, como os discípulos, clamamos a Jesus em desespero. No entanto, o que Ele deseja de nós é uma fé genuína. Deus espera que tenhamos a confiança de que, se Ele está presente conosco, tudo se resolverá bem, independentemente dos perigos.

> **PARA ORAR:**
> Obrigado, Pai, pela Tua presença gloriosa em minha vida. Ajuda-me a confiar em Ti, mesmo quando enfrento ameaças e aflições. Sei que o Senhor está no controle de tudo, governa a terra e os céus e tudo que neles habita. Acalma o meu coração para não ficar desesperado diante de nenhuma dificuldade da vida. Senhor Jesus, quero confiar em Ti, com todo o meu coração, agora e para sempre! Amém.

> Ora, levantou-se grande temporal de vento, e as ondas se arremessavam contra o barco, de modo que o mesmo já estava se enchendo de água. E Jesus estava na popa, dormindo sobre o travesseiro. Os discípulos o acordaram e lhe disseram: "Mestre, o senhor não se importa que pereçamos?".
> — MARCOS 4:37-38

Jesus está no seu barco?

- Os discípulos se desesperaram diante daquela tempestade terrível, suspeitando que Jesus não se importava com eles. Como você reage diante das situações difíceis?
- Ore a Deus, entregue a Ele todas as suas preocupações, tudo que lhe provoca desespero e ansiedade.
- Saiba que a aparente indiferença do Senhor é somente aparente. Ele se importa com você!
- Deus nos ama profundamente. Ele tem um verdadeiro cuidado pelos Seus filhos nos momentos em que parece estar distante ou dormindo.
- Se você tem Jesus em sua vida, nunca duvide da Sua presença, poder e autoridade.

VERSÍCULOS PARA TE ENCORAJAR NOS TEMPOS DIFÍCEIS

PALAVRAS DE FORÇA PARA MOMENTOS DIFÍCEIS DA VIDA

Bíblia on

17 AGOSTO

NÃO TENHA MEDO DOS PROBLEMAS, DEUS É A SOLUÇÃO!

> O homem sai nu do ventre de sua mãe, e como vem, assim vai. De todo o trabalho em que se esforçou nada levará consigo.
> — ECLESIASTES 5:15

Deus é a solução!

- Mantenha uma busca constante em Deus por meio da oração, compartilhando seus medos e buscando Sua orientação.
- Memorize versículos bíblicos que falem sobre o cuidado de Deus e recite-os quando o medo surgir.
- Agradeça a Deus pelas bênçãos já recebidas, lembrando-se de como Ele já o ajudou a superar desafios. Isso fortalecerá sua fé.

A vida está cheia de problemas que podem nos fazer sentir medo e incerteza. Mas lembre-se sempre: **não importa o tamanho dos obstáculos que você enfrenta, Deus é a solução para todos eles.**

A Bíblia nos diz em Isaías 41:10: "Não tenha medo, pois estou com você; não tenha medo, pois sou o seu Deus. Eu o fortalecerei e o ajudarei; Eu o segurarei com a minha mão direita vitoriosa". Essas palavras nos lembram que Deus está sempre ao nosso lado, pronto para nos dar força e orientação.

Quando você se sentir sobrecarregado pelos problemas da vida, ore a Deus. Converse com Ele como você falaria com um amigo, e Ele ouvirá suas preocupações. Lembre-se de que Deus é o Criador do universo, e nada está além do Seu poder.

Além disso, lembre-se de que os problemas podem ser oportunidades disfarçadas. Deus pode usar as dificuldades que você enfrenta para ensiná-lo, fortalecê-lo e moldá-lo da maneira como você nunca imaginou. Confie em Seu plano para a sua vida.

Não tenha medo dos problemas. Lembre-se de que Deus é a solução. Ele é o seu refúgio e fortaleza, um socorro bem presente nas tribulações (Salmos 46:1). Confie Nele, obedeça a Sua Palavra, e você encontrará paz e vitória.

PARA ORAR:
Senhor, em meio aos problemas, oro para manter minha fé firme, lembrando-me de Tuas promessas, agradecendo pelas bênçãos que já recebi. Amém.

SEJA PERSISTENTE NA SUA FÉ

18 AGOSTO

Diariamente, somos alvo de obstáculos, críticas e oposições à nossa fé. Infelizmente muitos se sentem desencorajados, incomodados e até desistem devido às dificuldades para seguir a Jesus. Mas o exemplo do cego Bartimeu nos inspira a perseverar, mesmo nas situações mais difíceis.

Bartimeu era cego e tinha ouvido falar de Jesus e dos seus milagres. Isto produziu fé no seu coração. Quando ele soube que Jesus estava passando, não perdeu a chance de clamar pelo Senhor. A repreensão o intimidava a não incomodar o Mestre. Mas a fé o impulsionava a buscar a sua transformação. Aquele que tudo pode fazer não se ressentiria da sua fé sincera.

O poderoso Deus não o julga por buscá-Lo com persistência e fé nem o desmerece pela sua condição. Jesus é compassivo e atento às nossas necessidades. Ele se importou com o cego que O chamava e também se importa com você. Busque a Jesus, ainda que tudo à sua volta diga que não. Insista, sua fé determinada o levará a um encontro transformador com Jesus!

> Quando Bartimeu soube que Jesus de Nazaré estava perto, começou a gritar: "Jesus, Filho de Davi, tenha misericórdia de mim!". Muitos lhe diziam aos brados: "Cale-se!". Ele, porém, gritava ainda mais alto: "Filho de Davi, tenha misericórdia de mim!".
>
> — MARCOS 10:47-48

PARA ORAR:

Senhor, ainda que o mundo tente me silenciar, ajuda-me a perseverar na fé que tenho em Ti. Ajuda-me a não ter medo ou vergonha e a não desistir de buscar a Tua presença. Como Tu te moveste de íntima compaixão pelo cego Bartimeu, sei que também te compadeces de todos os que acreditam e clamam por Tua ajuda. Hoje, sou eu que Te peço, amado Jesus, Filho de Davi, tem misericórdia de mim e transforma a minha vida! Em Teu nome eu peço e agradeço. Amém!

Persevere, chame por Jesus Cristo!

- Mais que motivação positiva, a Palavra de Deus quer gerar uma **fé genuína** em você. Leia mais!
- Se você crê em Jesus Cristo, desenvolva uma **vida de devoção constante** — busque a Ele em oração e estudo da Bíblia.
- A fé e a persistência podem nos levar à **presença de Jesus**, onde encontramos renovação e vida transformada.
- Aumente a sua fé e o seu amor por Jesus. Quando **clamamos a Ele com fé**, Ele nos responde.
- **Não tenha medo de críticas, rejeição ou oposição** do mundo. Estar na presença de Jesus vale a pena!

Exemplos de persistência na Bíblia

Mensagens de Deus para mim hoje

Versículos de perseverança

Bíbliaon

19 AGOSTO

SENDO A LUZ DE CRISTO NAS REDES SOCIAIS

Ser cristão nas redes sociais é um desafio diante da multidão de vozes e opiniões. Compartilhe palavras com sabedoria, trazendo amor, esperança e encorajamento.

Use as redes com sabedoria, para que as suas postagens reflitam a graça de Cristo, promovendo a unidade e inspirando outros a conhecerem a verdade que nos guia.

Inspirado em Eclesiastes 5:15, que a sua presença nas redes sociais seja uma luz que brilha em meio às trevas, testemunhando a transformação que Jesus realiza na sua vida.

Três dicas de como ser um bom *influencer* nas redes sociais

1. Autenticidade: Seja autêntico em sua fé nas redes sociais. Compartilhe suas experiências pessoais, testemunhos e momentos de crescimento espiritual. Mostre quem você é como cristão, sem medo de expressar sua devoção e valores, mas sempre com respeito e amor ao interagir com os outros.

2. Discernimento: Exerça discernimento ao compartilhar conteúdos. Verifique a fonte e a veracidade das informações antes de compartilhá-las. Evite entrar em debates infrutíferos ou alimentar polêmicas desnecessárias. Foque em edificar, encorajar e inspirar os outros, usando a Palavra de Deus como guia para suas postagens.

3. Amor e graça: Manifeste amor e graça em todas as interações. Seja gentil, compassivo e respeitoso, mesmo quando houver discordâncias. Evite julgamentos e críticas severas. Mostre empatia e compreensão, lembrando-se de que todos estão em diferentes estágios de fé. Seja um instrumento de paz e reconciliação, buscando sempre a unidade e o amor cristão nas redes sociais.

PARA ORAR:

Senhor, guia-me nas redes sociais para que eu seja autêntico na fé, discernidor ao compartilhar e transborde amor e graça. Que minhas palavras sejam luz, inspirando outros a conhecerem Tua verdade, e que minha presença seja um reflexo do Teu amor. Amém.

Porque outrora vocês eram trevas, mas agora são luz no Senhor. Vivam como filhos da luz, pois o fruto da luz consiste em toda bondade, justiça e verdade; e aprendam a discernir o que é agradável ao Senhor.

— ECLESIASTES 5:15

Leia também

- 185 FRASES BÍBLICAS PARA STATUS
- 100 FRASES CRISTÃS PARA LEGENDAR SUAS FOTOS
- VERSÍCULOS PARA BIO DO INSTAGRAM QUE FARÃO PARAR E PENSAR
- 60 FRASES DE SALMOS PARA STATUS: PROTEÇÃO E LOUVOR A DEUS

DEIXE DEUS ESCREVER A SUA HISTÓRIA!

20 AGOSTO

Na vida, temos planos, metas e vontades. E, mesmo quando planejamos bem a nossa vida, temos a sensação de faltar algo para alcançar alguns objetivos.

Com o tempo, percebemos haver fatores ao nosso redor que interferem em nossa vida, ou seja, não temos total controle sobre nossos planos: podemos planejar, mas o planejamento não é sinal de sucesso.

Diferentemente da nossa capacidade, os planos de Deus dão certo sempre! Se Deus determinou, há de ser cumprido. Então, por que não entregarmos os nossos planos a Ele? Confie, envolva Deus nos seus planos. Ele quer participar dos seus sonhos e conduzi-los à vitória, assim como diz esta passagem de Jeremias 29:11.

Deixe Deus escrever a sua história! Permita que Ele conduza a sua vida para um caminho de Salvação e bênção. Seus planos são maiores que os nossos, então não há o que temer. **O plano de Deus para a sua vida dará certo!**

> "Porque sou eu que conheço os planos que tenho para vocês", diz o Senhor, "planos de fazê-los prosperar e não de causar dano, planos de dar a vocês esperança e um futuro".
> — JEREMIAS 29:11

Coloque seus planos nas mãos de Deus!

- Compartilhe seus sonhos e desejos a Deus em oração. Convide-o para fazer parte dos seus planos.
- Alinhe os seus planos à Palavra de Deus. Priorize a vontade do Pai.
- Entregue seus objetivos nas mãos do Senhor e continue trabalhando. Deus agirá quando você menos esperar.

Mensagens de Deus para mim

Razões para confiar em Deus nas dificuldades

Versículos para aumentar sua confiança em Deus

PARA ORAR:
Senhor, quero entregar a Ti os meus planos; conduz-me segundo a Tua Palavra. Sei que os Teus planos são maiores que os meus, por isso entrego os meus planos nas Tuas mãos. Que a Tua vontade seja a minha prioridade, pois sei que tens o melhor para mim. Em nome de Jesus, amém.

Bíblia on

21
AGOSTO

A SUA MISERICÓRDIA SE RENOVA A CADA MANHÃ!

> Graças ao grande amor do Senhor é que não somos consumidos, pois as suas misericórdias são inesgotáveis. Renovam-se a cada manhã; grande é a sua fidelidade!
>
> — JEREMIAS 3:22-23

Deus é o Senhor de toda misericórdia!

Misericórdia significa exercer bondade e perdão, não dando o castigo merecido a alguém. É assim que Deus age desde o princípio. Se Ele aplicasse a sentença que a humanidade realmente merece, todos já teríamos sido consumidos. Mas, pelas Suas misericórdias, Deus permanece ao nosso lado, pacientemente suportando as nossas falhas, curando as feridas e nos ensinando amorosamente como ser melhores.

É difícil entender tal atitude que não espera nada em troca, apenas ama, com empatia, importando-se com a nossa miséria, sofrimento e dor...

Mais que todos, o Senhor é incansável em perdoar e não sente rancor do mal que cometemos contra Ele. Ele provou ser o Pai das misericórdias quando nos enviou Jesus para levar na cruz a dor, a angústia e a punição da culpa que todos nós merecíamos. Cristo morreu a nossa morte, para hoje vivermos a vida com esperança eterna. A cada manhã, renove a sua fé e esperança, pois a misericórdia de Deus se renova sobre você!

Suas misericórdias não têm fim!

- Quando acordar, lembre-se do amor e da misericórdia de Deus. Confie Nele de verdade e assim terá forças para viver mais um dia.
- Entregue-se ao Senhor e deposite aos pés da cruz o seu fardo pesado!
- Deixe a ansiedade diante de Deus. Ele cuida de você.
- Ore e clame pela misericórdia do Senhor, com oração incessante. Fale com Deus silenciosamente várias vezes ao dia! Deus está sempre presente e nos ouve...
- Leia a Bíblia. Veja como Deus é sempre bondoso pelas Sagradas Escrituras.
- Não desanime na caminhada da fé, se você anda lentamente ou se caiu, entristecendo ao Pai. Deus é misericordioso e o ajuda a avançar!

PARA ORAR:

Senhor Deus, graças Te dou pelas tuas misericórdias infinitas. É pelo Teu grande amor que estamos vivos mais um dia! Tem misericórdia da nossa situação e ajuda-me a avançar! Quero sempre agradecer por Tua graça revelada em Jesus. Muito obrigado por sustentar e guardar a nossa vida até aqui! Te louvo porque Tu és bom em todo tempo! Amém.

Leia também

Razões para confiar em Deus nas dificuldades

JESUS TEVE COMPAIXÃO DE SUAS OVELHAS

22 AGOSTO

O ministério de Jesus, pregando, ensinando e curando, era motivado por um sentimento muito simples. Ele não fez isso por fama, atenção ou dinheiro. O que motivava Jesus era sua **compaixão** pelas pessoas.

O fato de as multidões não conhecerem verdadeiramente o Deus Pai, de estarem sem liderança espiritual, de estarem mergulhadas em seus pecados e enfermidades, levou Cristo a agir. A situação das pessoas não é muito diferente hoje. A verdade é que muitos continuam tão miseráveis quanto estavam antes, mas nem **sequer enxergam isso**.

Você precisa agir! A misericórdia precisa convencê-lo a sair do lugar e ajudar as pessoas ao seu redor. Seja como Cristo e tenha compaixão dos pobres, fracos, perdidos e pecadores. Ele deu Sua vida pela salvação deles. **Leve essa mensagem adiante!**

> **PARA ORAR:**
> Senhor, meu Deus amado, Deus de misericórdia, peço que molde o meu coração para que eu consiga ver como Jesus viu. Não quero ter um coração de pedra, insensível e desconectado de Ti. Antes, quero viver Teus mandamentos como fonte de vida. Faça a Tua obra em mim, em nome de Jesus, amém!

Jesus ia passando por todas as cidades e povoados, ensinando nas sinagogas, pregando as boas-novas do Reino e curando todas as enfermidades e doenças. Ao ver as multidões, teve compaixão delas, porque estavam aflitas e desamparadas, como ovelhas sem pastor.

— MATEUS 9:35-36

Levante-se e ajude!

- Tenha misericórdia! Lembre-se de que você é alvo da misericórdia divina também; reconheça o que Deus fez na sua vida.
- Veja que o próximo também necessita de misericórdia; ajude-o como puder.
- No mínimo, ore por aqueles ao seu redor. Quem faz mais do que você é Deus, e Ele faz muito.

Bíbliaon

23 AGOSTO

UM REFÚGIO PARA UM CORAÇÃO SIMPLES

> Este é o meu consolo no meu sofrimento:
> A tua promessa dá-me vida.
> — SALMOS 119:50

Encontrando segurança em Deus

- **Oração diária:** Comunicar-se com Deus fortalece o vínculo e acalma ansiedades, construindo confiança.
- **Estudo bíblico:** Explorar a Palavra revela Seu caráter, inspirando confiança em Suas promessas e orientação.
- **Gratidão constante:** Reconhecer Suas bênçãos passadas reforça a fé no cuidado contínuo, fortalecendo a confiança.

Na jornada da vida cristã, a fé e a esperança em Deus se revelam como alicerces sólidos que sustentam o coração humilde. A Bíblia nos ensina que a fé é a certeza daquilo que não vemos, e a esperança é a expectativa confiante daquilo que ainda não se concretizou. Esses valores se entrelaçam, oferecendo conforto e direção àqueles que confiam no amor de Deus.

A esperança, por sua vez, é um horizonte que nos convida a perseverar. Ela nos lembra que **as tribulações atuais não definem nosso destino final**. A promessa da vida eterna e da restauração completa em Cristo nos dá motivo para enfrentar desafios com coragem e gratidão, sabendo que Deus está trabalhando em todas as coisas para o nosso bem.

Para nutrir essa fé e esperança, a oração e a Palavra de Deus são fontes inesgotáveis de conforto e direção. Pela oração, o coração simples se conecta com o Pai, encontrando força para entregar suas preocupações e alegrias. A Palavra de Deus é como um mapa seguro, oferecendo sabedoria para a vida diária e revelando o caráter amoroso de Deus.

Em um mundo repleto de dificuldades, a fé e a esperança em Deus são presentes preciosos. Elas transformam o medo em confiança, a tristeza em alegria e a ansiedade em paz. Como cristãos, somos convidados a depositar nossa confiança no Senhor, lembrando-nos sempre de que Ele é nosso refúgio seguro e nossa fortaleza inabalável.

> **PARA ORAR:**
> Querido Deus, fortalece minha fé. Entrego-me a Ti e me sinto seguro. Em gratidão, confio em Tuas promessas. Nas provações, sinto Teu amor constante. Amém.

A MISSÃO DA IGREJA É PREGAR

24 AGOSTO

Numa parábola dita por Jesus, Ele ensina que o Reino dos Céus é como um grande tesouro. A pessoa que o encontra, escondido num terreno, vende tudo que possui para adquirir essa terra e, consequentemente, o tesouro lá enterrado. De fato, o Reino dos Céus é como um grande tesouro, uma fortuna de valor inestimável!

Quando Jesus ensinou essa parábola, quis mostrar o tamanho da felicidade que devemos ter ao encontrar o Reino. Porém seu objetivo não era que pensássemos que esse tesouro era exclusivo, secreto e seleto. Noutras passagens, descobrimos que esse tesouro deve ser compartilhado!

Os Apóstolos tiveram o privilégio de encontrar esse tesouro primeiro, de sentar aos pés de Cristo todos os dias. Ainda assim, não o guardaram para si, mas compartilharam com as outras pessoas. Não pense que a igreja é um clube secreto que serve a você e a seus interesses. Vá e compartilhe o evangelho; traga pessoas ao maravilhoso Reino de Deus.

> *Eles saíram e pregaram ao povo que se arrependesse.*
> — MARCOS 6:12

Saia e pregue!

- Reconheça o valor da salvação em Cristo Jesus.
- Olhe ao seu redor, todas essas pessoas precisam desse prêmio gracioso.
- Tome coragem e compartilhe o evangelho.

PARA ORAR:

Senhor Jesus, ajuda-me a reconhecer o valor da Tua salvação. Meu Senhor, dá-me coragem para compartilhar do Teu evangelho com meus amigos, colegas e famílias. Assim Te peço, em nome de Jesus, amém!

Bíblia on

25 AGOSTO

CONFIANDO EM DEUS NAS SOMBRAS

> Mas, se esperamos o que não vemos, com paciência o aguardamos.
> — ROMANOS 8:25

Encontre Deus nas sombras

- Quando passar pelo "vale de sombras", confie que Deus está presente! Ele é o seu sustento.
- Aproveite o período nos "bastidores" da vida para se apegar mais a Deus e fortalecer a sua fé. Ore, busque ao Senhor e à Sua Palavra.
- Nem sempre entendemos o propósito de Deus nessas fases sombrias. Mantenha-se firme na Palavra de Cristo. Ele lhe ensinará preciosas lições, longe das vistas dos outros.
- Creia que a luz de Jesus dissipará todo medo, incerteza e lhe indicará o caminho a seguir.
- Espere em Deus com paciência e aguarde pelo Seu agir, de acordo com a Sua boa vontade.

Há períodos na vida em que parece que aguardamos o agir de Deus de dentro de uma caverna sombria, sem muitos recursos, sem clareza. São períodos em que aprendemos o valor da espera por coisas que ainda não podemos ver. Sem muitos holofotes, andamos como que nas sombras, tal como José, Davi, Elias, Paulo e o próprio Senhor Jesus.

Estes e outros também viveram dias cinzentos, regados com lágrimas, espera e decepções, tal como nós. Dias sem sorrisos, que não fotografamos nem publicamos nas redes sociais. Infelizmente, a nossa cultura incentiva justamente o oposto: exibicionismo da imagem e o exagero de expressões, mesmo que não retratem a realidade.

A Bíblia, porém, nos encoraja a desfrutar da presença de Deus mesmo nessas fases escuras da vida. Aquiete o seu coração e espere Nele! Viva todos os momentos (bons e ruins) confiando e aguardando o mover de Deus. Ele está no controle de todas as coisas e, pela fé, conduzirá a sua vida à Vitória.

PARA ORAR:

Ó Senhor, ajuda-nos a confiar em Ti! Amamos milagres grandiosos e testemunhos excepcionais, mas esquecemos que nos dias sem sol, sem muitas certezas, Tu continuas soberano sobre tudo. Tu és o meu Deus Todo-poderoso; ajuda-me a enxergar a Tua luz, mesmo quando o meu olhar falhar. Ensina-me a confiar e a esperar com paciência no Senhor e não permita que minhas forças se acabem. Em nome de Jesus, amém!

APROVEITANDO BEM O TEMPO

26 AGOSTO

Nesses pequenos versículos encontramos dois preciosos conselhos: **viva como sábio** e **aproveite bem o tempo**! No primeiro ponto somos alertados sobre a necessidade de obter sabedoria, isto é, prudência, diligência, e isto vem de Deus para nós. Somente o Senhor nos auxilia a desenvolver com sabedoria as múltiplas inteligências com a capacidade de fazer conexões criativas para crescer e servir em amor.

A segunda recomendação tem relação direta com o **tempo**. Este se refere a cada oportunidade que surge na vida. Infelizmente desperdiçamos muito do nosso tempo sem trazer nenhum benefício para nós próprios, para os outros e, principalmente, para o Reino de Deus.

Uma das traduções bíblicas do versículo 16 (como a ARA, p.ex.) traz a expressão **"remir o tempo"**, e isso remete à necessidade de se "resgatar", ou "comprar de volta", o tempo perdido. Tal como Jesus fez conosco, também nós precisamos pagar o preço para libertar o nosso tempo dos poderes malignos que andam escravizando o mundo. Busque a sabedoria em Deus para gerir o seu tempo, agora mesmo!

> *Portanto, tenham cuidado com a maneira como vocês vivem, e vivam não como tolos, mas como sábios, aproveitando bem o tempo, porque os dias são maus.*
> — EFÉSIOS 5:15-16

Remindo o tempo com diligência

- Leia Tiago 1:5, 3:17 e Eclesiastes 3:1-7.
- Reflita e avalie como e onde você "perde" mais tempo no seu dia. Anote isso e se policie!
- Não perca tempo com coisas banais!
- Resgate tempo desperdiçado nas telas, redes sociais e outras distrações sem sentido.
- Faça alguma coisa útil para Deus e para a sociedade. Estude, trabalhe, aprenda um novo idioma, a tocar um instrumento, um ofício, faça voluntariado, envolva-se na obra de Deus, avance!
- Reprograme-se e seja intencional, tendo consciência de onde empreende (investe) o seu tempo.
- Todos temos um tempo determinado concedido por Deus; não perca o seu com coisas que não trazem nenhum proveito eterno.

Quer saber mais sobre tempo e sabedoria? Leia também:

RAYNOR, Jordan. **Redimindo o seu tempo.** Sete princípios bíblicos para ser intencional, presente e extremamente produtivo. Pilgrim, 2022.

PARA ORAR:

Senhor Deus, ajuda-me a viver com sabedoria e aproveitar melhor o meu tempo. Ensina-me a ser sábio como Jesus, para viver mais produtivamente, para Tua glória. Ajuda-me a não perder tempo tão precioso em coisas sem valor. Ensina-me a olhar para Jesus e aprender com Ele como usar melhor o tempo que me deste para cumprir a Tua vontade. Santo Espírito, por favor, me auxilia e me mostra quando estiver perdendo tempo com coisas que não valem a pena. Que eu possa resgatar o meu tempo para empregá-lo da melhor forma, para Te servir e acrescentar coisas boas a este mundo, Pai. Em nome de Jesus, eu oro. Amém!

27 AGOSTO

PAZ QUE EXCEDE O ENTENDIMENTO...

> Deixo a paz a vocês; a minha paz dou a vocês. Não a dou como o mundo a dá. Não se perturbe o seu coração, nem tenham medo.
>
> — JOÃO 14:27

Desfrute da Paz de Cristo!

- Ore a Deus e entregue o seu coração totalmente a Ele. Somente sob os Seus cuidados você terá verdadeira paz.
- Não tenha medo dos problemas que vierem. Confie que a Paz de Deus guardará seu coração e mente em Cristo.
- Deus é digno de toda confiança! Não busque caminhos alternativos para preencher seu coração de paz.
- Nos momentos de temor e aflição, ore e peça a Deus para que preencha sua alma da Paz de Cristo.
- Leia a Bíblia, buscando conhecer mais a Deus. Ele lhe fará desfrutar da vida abundante.
- Partilhe e deseje a Paz de Cristo a todos que estão aflitos e perturbados à sua volta.

❝ E a paz de Deus, que excede todo o entendimento, guardará o coração e a mente de vocês em Cristo Jesus" — Filipenses 4:7.

Para muitos, paz é ausência de conflito ou um estado mental de tranquilidade e calmaria. Muitos a buscam em religiões, aulas de ioga, práticas Zen, na meditação contemplativa, na espiritualidade, nos astros, nas rochas, na natureza, no dinheiro etc. Mas essa "paz" que o mundo aparentemente pode dar é passageira e insuficiente.

Infelizmente, muitas pessoas que buscam a paz verdadeira e não a encontram é porque estão buscando no lugar errado. Desconhecem que a verdadeira paz é mais que um simples sentimento momentâneo e superficial. A paz verdadeira é um estado de plenitude, é um dom, uma porção dada por Jesus aos que creem no Seu amor e na Sua suficiência.

O Príncipe da Paz concedeu-nos a Sua paz. Uma Paz real e incomparável. E, mesmo que as circunstâncias à nossa volta sejam desesperadoras, a nossa alma pode desfrutar de paz perene e completa por confiar no Senhor.

PARA ORAR:

Senhor Deus, obrigado por nos concederes a Tua Paz infinita. Ajuda-me a viver a paz de Cristo todos os dias, mesmo naqueles momentos mais difíceis em que os problemas surgem subitamente. Ensina-me a confiar acima das circunstâncias e descansar em Ti. Obrigado pela paz que excede o raciocínio humano! Pela Tua Palavra eu reconheço que és o Príncipe da Paz; vem reinar sobre a minha vida! Em nome de Jesus, amém!

DÊ GRAÇAS A DEUS PELO QUE VOCÊ TEM!

28 AGOSTO

Na vida, temos planos, metas e vontades. E, mesmo quando planejamos bem a nossa vida, temos a sensação de faltar algo para alcançar alguns objetivos.

Com o tempo, percebemos haver fatores ao nosso redor que nos interferem, ou seja, não temos total controle sobre nossos planos: podemos planejar, mas o planejamento não é sinal de sucesso.

Diferentemente da nossa capacidade, os planos de Deus dão certo sempre! Se Deus determinou, há de ser cumprido. Então, por que não entregarmos os nossos planos a Ele? Confie, envolva Deus nos seus planos. Ele quer participar dos seus sonhos e o conduzir à vitória.

"Porque sou eu que conheço os planos que tenho para vocês", diz o Senhor, "planos de fazê-los prosperar e não de causar dano, planos de dar a vocês esperança e um futuro." — Jeremias 29:11

Deixe Deus escrever a sua história! Permita que Ele conduza a sua vida para um caminho de Salvação e bênção. Seus planos são maiores que os nossos, então não há o que temer. **O plano de Deus para a sua vida dará certo!**

PARA ORAR:

Senhor Deus, graças Te dou por tudo que eu tenho! Obrigado pela vida, pela saúde, pela família, pelo sustento, pelos amigos, pelo trabalho, mas principalmente graças por Teu grande amor, revelado em Jesus! Obrigado pela Tua Palavra que me fortalece e encoraja dia após dia... Por mais difícil que a vida esteja, Tu não desamparas os Teus filhos. Ajuda-me a confiar mais em Ti e a focar menos nas circunstâncias ruins. Tu estás no controle. Sei que podes multiplicar o pouco que tenho, para ter também para compartilhar com outros. Senhor, eu olho para o céu e Te glorifico por tudo que tenho e sou. Em nome de Jesus, Te agradeço. Amém!

Ele, porém, respondeu: "Deem-lhes vocês algo para comer". Eles disseram: "Temos apenas cinco pães e dois peixes — a menos que compremos alimento para toda esta multidão". (...) Tomando os cinco pães e os dois peixes, e olhando para o céu, deu graças e os partiu. Em seguida, entregou-os aos discípulos para que os servissem ao povo. Todos comeram e ficaram satisfeitos, e os discípulos recolheram doze cestos cheios de pedaços que sobraram.

— LUCAS 9:13,16,17

Não foque nas suas necessidades, dê graças pelo que você já tem!

- Agradeça, louve e busque a Deus, de coração, por tudo que você tem!
- A começar pelo ar que você respira, seja grato ao Senhor, que o sustenta.
- Mesmo que não tenha posses ou recursos deste mundo, saiba que no céu há um tesouro que o espera!
- Lembre-se: tudo o que você tem, mesmo que seja pouco, já é o bastante para agradecer. Pela fé, Cristo pode fazer multiplicar e superabundar Sua graça em todas as áreas da sua vida.

Bíbliaon

29 AGOSTO

PARA APRENDER A TEMER O SENHOR

Na época de Moisés, e por muito tempo ainda, a maioria das pessoas não tinha acesso às Leis de Deus. Somente os sacerdotes do templo e o rei de Israel tinham o direito de tê-las. É verdade que era função dos sacerdotes ler a Lei para o povo em momentos específicos, mas tê-la para ler à vontade era um luxo enorme.

Para os reis, Moisés instruiu que eles tivessem uma cópia para si, para ler todos os dias da vida, para aprender a temer o Senhor e conseguir cumprir Seus mandamentos. Essa era a importância de possuir as Escrituras naquele tempo, para proporcionar esse tipo de coisa aos seus leitores.

Hoje vivemos em tempos diferentes. Todos possuem a Bíblia ou têm acesso fácil a ela. Veja o que a leitura diligente das Escrituras pode lhe proporcionar — temer o Senhor, cumprir Seus mandamentos, ser fiel a Deus. Não perca mais tempo, dedique-se às Escrituras Sagradas.

> Trará sempre essa cópia consigo e terá que lê-la todos os dias da sua vida, para que aprenda a temer o Senhor, o seu Deus, e a cumprir fielmente todas as palavras desta lei, e todos estes decretos.
> — DEUTERONÔMIO 17:19

Abra o livro e leia!

- Nossa rotina pode ser muito corrida, mas busque encaixar a leitura da Bíblia, nem que seja apenas cinco minutos.
- A leitura das Escrituras não é um peso, é um prazer.
- Tem tempo de sobra no fim de semana? Avance na sua leitura e entenda melhor quem é o seu Deus!

PARA ORAR:
Senhor Deus, eu Te agradeço, Pai, pela dádiva e honra que é ter as Escrituras. Te agradeço por te revelares a nós, por te apresentares a mim por meio da Bíblia. Ajuda-me a lê-la com disciplina e constância, para que eu possa Te conhecer e Te temer com todo o meu ser. Assim Te peço, em nome de Jesus, amém!

A CRIATIVIDADE DE DEUS ESTÁ EM VOCÊ!

30 AGOSTO

Deus é o Criador supremo, e Sua criatividade é infinita! Olhe ao redor e veja o mundo que Ele fez — as flores delicadas, os pássaros que cantam, as cores deslumbrantes do pôr do sol. Tudo isso é um testemunho da incrível criatividade de Deus.

Nós, seres humanos, somos o ápice dessa criatividade. Deus nos fez à Sua imagem e semelhança, e isso significa que carregamos um pedaço da Sua criatividade em nós. Ele nos deu dons e talentos únicos para usarmos para Sua glória.

Quando usamos nossa criatividade para fazer o bem, estamos refletindo a imagem de Deus. Podemos criar obras de arte, escrever músicas inspiradoras, resolver problemas complexos e auxiliar os necessitados. Cada vez que fazemos algo bom e belo, estamos mostrando ao mundo a grandeza do nosso Criador.

No entanto, também precisamos lembrar que somos mordomos da criatividade de Deus. Ele nos deu esses dons para cuidarmos e usarmos com responsabilidade. Devemos usá-los para abençoar os outros e para cumprir o propósito que Deus tem para nós.

Portanto, inspirado nessa passagem de Efésios 2:10, lembre-se de que você é uma manifestação da criatividade de Deus. Use seus dons para fazer o bem e glorificar a Ele, pois assim você estará vivendo segundo o propósito que Ele tem para sua vida.

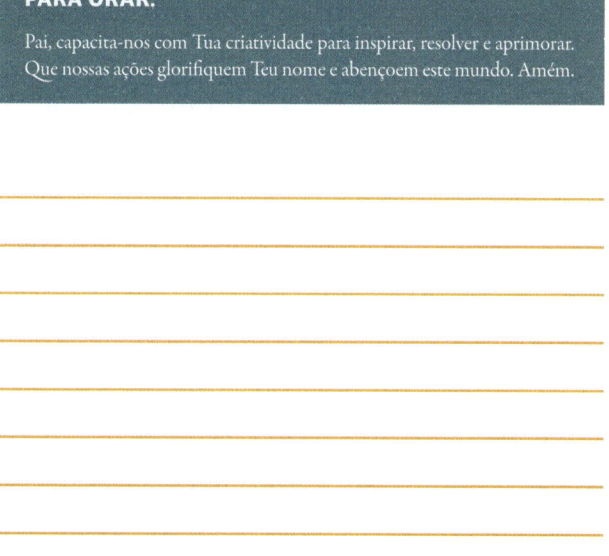

> **PARA ORAR:**
> Pai, capacita-nos com Tua criatividade para inspirar, resolver e aprimorar. Que nossas ações glorifiquem Teu nome e abençoem este mundo. Amém.

Porque somos criação de Deus realizada em Cristo Jesus para fazermos boas obras, as quais Deus preparou antes para nós as praticarmos.

— EFÉSIOS 2:10

A criatividade de Deus está em você!

- Use sua criatividade para inspirar os outros por meio de palavras ou ações que promovam amor, esperança e compaixão.
- Encare desafios com uma mente criativa, buscando soluções inovadoras e eficazes para as situações que encontrar.
- Desenvolva seus dons criativos, aprimorando suas habilidades e aplicando-as em projetos que glorificam a Deus e beneficiam a humanidade.

Bíbliaon

31 AGOSTO

MEDITAR NA PALAVRA DE DEUS

> Como é feliz aquele que não segue o conselho dos ímpios, não imita a conduta dos pecadores, nem se assenta na roda dos zombadores Ao contrário, sua satisfação está na lei do Senhor, e nessa lei medita dia e noite.
>
> — SALMOS 1:1-2

Meditando dia a dia

- A meditação bíblica deve andar de mãos dadas com a **oração e o estudo bíblico**.
- **Desligue-se das distrações** e dedique um tempo do seu dia para estar a sós com Deus. Se queremos ter uma experiência pessoal com Deus, precisamos passar tempo aprendendo, refletindo e meditando na Sua Palavra.
- **Ore**, concentre-se em Deus e no que Ele ensina.
- **Louve a Deus** pela Sua Palavra e pela alegria de descobri-la dia a dia.
- Buscar conhecer a Deus em profundidade nos leva a **pensar Nele**, desejar saber mais sobre Ele e dedicar tempo para estar juntos e conectados a Ele.

O estilo de vida do cristão deve ter em alta estima a Palavra do Senhor. Isso se deve porque a nossa maior alegria e satisfação deve estar em Deus. Um passo fundamental que vemos neste salmo é a meditação constante na Bíblia Sagrada.

A prática da meditação bíblica nos permite mergulhar mais profundamente na Palavra de Deus, compreendendo seus princípios para aplicá-los em nossa vida diária. A meditação, aliada à oração e ao estudo bíblico, também nos ajuda a discernir a vontade de Deus, a encontrar orientação em momentos de dúvida e a fortalecer nossa fé.

Além disso, meditar na Bíblia nos conecta espiritualmente com o Senhor, fortalece nosso relacionamento com Ele e nos capacita a viver conforme os Seus ensinamentos. É uma disciplina espiritual que nutre nossa alma e nos ajuda a crescer em sabedoria e fé. Busque conhecer mais a Deus, reflita mais profundamente nos Seus ensinamentos e em como poderá aplicá-los na sua vida.

> **PARA ORAR:**
>
> Senhor Deus, ajuda-me a cada dia a meditar na Tua Palavra, para aprender como viver da maneira que Te agrada. Quero refletir de verdade naquilo que é importante para Ti. Ajuda-me a não perder tempo com coisas inúteis. Preciso remir o tempo e pensar profundamente naquilo que nos ensinaste em Cristo Jesus. Que o Teu Santo Espírito me ensine os Teus caminhos e que me transforme todos os dias para Tua glória e louvor. Em nome de Jesus, eu oro. Amém.

DEVOCIONAL DIÁRIO

SETEMBRO

1º SETEMBRO

VOCÊ COLHE O QUE PLANTA!

> Não se deixem enganar: de Deus não se zomba. Pois o que o homem semear isso também colherá.
>
> — GÁLATAS 6:7

Comece a plantar boas sementes hoje!

- Observe que tipo de semente você tem semeado. Se você tem plantado mal e tem colhido o que não lhe agrada, talvez seja a hora de mudar de atitude. Peça perdão a Deus.
- Reveja como tem agido (com Deus, com a família, trabalho, amigos etc.) e busque plantar sempre boas sementes, movido por Deus.
- Ore para que as suas sementes possam abençoar a vida de outras pessoas além de você mesmo.
- Semeie boas sementes hoje de forma prática (seja gentil, seja grato, ajude alguém, perdoe, demonstre amor).
- Busque na Bíblia como deverá plantar de forma a agradar a Deus.
- Converse com irmãos em Cristo e busque compartilhar a sua vontade de produzir bons frutos para Deus.

O grande alerta desse versículo chama a nossa atenção para o engano de pensarmos que podemos trapacear a Deus. A lei da semeadura tem um ensinamento muito claro: todos recebem os frutos daquilo que plantaram. A cada novo dia temos a oportunidade de agir bem, de plantar coisas boas, movidos pelo Espírito de Deus. Mas ser assim ou não é uma decisão pessoal...

A Bíblia nos mostra inúmeros exemplos da justiça e das consequências que as atitudes de cada um trazem. Para semear bem, precisamos decidir quais sementes e em qual solo iremos plantar. É tudo uma questão de escolha! Plante boas sementes em solo fértil, e é certo que você colherá bons frutos.

PARA ORAR:

Amado Deus, eu sei que o Senhor conhece as minhas atitudes. Ninguém pode esconder-se de Ti e não há como Te enganar. Perdoa as minhas más intenções e as decisões erradas até aqui. Ajuda-me a plantar sempre boas sementes. Que eu aproveite sempre as oportunidades de semear coisas boas na vida de outras pessoas. Obrigado por me ajudar e ensinar a colher bons frutos que Te agradem. Em nome de Jesus, amém.

ENFRENTE O SEU DILEMA COM OBEDIÊNCIA

2 SETEMBRO

Os anfitriões daquela cerimônia enfrentavam um problema: a festa já tinha começado, os convidados estavam presentes, os noivos e familiares em celebração, mas o vinho acabou. O vinho nas festas de casamento daquela época era como o bolo nas nossas festas de aniversário: era essencial. O vinho simbolizava a alegria, e não o oferecer poderia parecer desconsideração pelos convidados.

Maria reagiu ao dilema da falta do vinho, recorrendo a Jesus. Ele respondeu a ela com a autoridade de quem sabe que não está sujeito às instruções de sua mãe. Ele agiria no tempo certo e conforme a vontade do Seu Pai Celestial. Mas Maria acabou dando um bom conselho aos servos: "Façam tudo o que Ele mandar!". Eles obedeceram a Jesus e assistiram a um grande milagre: água transformada num excelente vinho.

> **PARA ORAR:**
> Senhor meu Deus, obrigado porque sempre me ajudas nos meus dilemas diários... Ajuda-me a entregar todos meus problemas em Tuas mãos, confiando que Tu fazes a Tua vontade em minha vida, no Teu precioso tempo. Tu és um Deus de milagres! Ensina-me a Te obedecer em tudo que mandas e ensinas na Tua Palavra! Em nome de Jesus, eu Te peço. Amém!

Tendo acabado o vinho, a mãe de Jesus lhe disse: "Eles não têm mais vinho". Respondeu Jesus: "Que temos nós em comum, mulher? A minha hora ainda não chegou". Sua mãe disse aos serviçais: "Façam tudo o que ele mandar".
— JOÃO 2:3-5

Desate os "nós" da vida obedecendo a Jesus!

- **Identifique o seu problema.** É o primeiro passo a dar para resolvê-lo.
- **Ore a Deus!** Sempre que enfrentar um problema diário, apresente-o a Jesus.
- Confia e espera Nele. **Submeta-se à vontade e ao tempo de Deus.** Ele quer ajudar você.
- **Busque ouvir a Palavra do Senhor** (leia, medite e aplique em sua vida).
- **Obedeça!** Faça o que Ele disser e O verá agir em seu favor.

Bíblia on

3 SETEMBRO

COMPANHEIRO DO PEREGRINO

> Eis que eu estou com você e o guardarei por onde quer que você for. Farei com que você volte para esta terra, porque não o abandonarei até que eu cumpra aquilo que lhe prometi.
> — GÊNESIS 28:15

Provavelmente você já ouviu falar do livro *O Peregrino*, de John Bunyan. Esse clássico da literatura cristã traz analogias interessantes da caminhada de fé do cristão rumo ao céu. De certa maneira, todos somos peregrinos na terra. Nossa vida é uma viagem, com desafios, companhia e destino corretos.

Deus caminha ao nosso lado. Se confiamos em Jesus e na Sua palavra, podemos estar certos da Sua maravilhosa presença conosco. Mesmo que você não reconheça o que virá na sequência do seu percurso, Deus cuidará de tudo e estará lá, firme ao seu lado.

Deus o acompanha na sua jornada

- Agradeça ao Senhor, por nunca te abandonar.
- Ore e entregue a Deus a ansiedade e a preocupação com os problemas do percurso.
- Se, no seu caminho, você não consegue enxergar muito além, lembre-se: o seu Salvador vê e sabe de tudo.
- Confie sempre em Deus como seu Pai, amigo, guia, conselheiro e protetor. Mais que a sua melhor companhia, Ele é o caminho que você precisa seguir (Jo. 14:6).
- Junte-se a outros peregrinos na fé. Caminhe lado a lado com Jesus e acompanhe outros irmãos, encorajando-os a ficarem firmes no caminho.

PARA ORAR:
Senhor Deus, Tu és o meu guia e protetor. Obrigado por ser meu maior amigo e Companheiro em todo tempo. Ainda que no percurso me aguardem surpresas ou sofrimentos, estou certo de que Tu, Senhor, estás sempre ao meu lado e me sustentarás até o fim. Fica sempre conosco, junto do Teu povo, Pai. Ajuda ao Teu povo na caminhada, pois sozinhos não conseguimos prosseguir. Te peço e agradeço, em nome de Jesus. Amém.

DO QUE DEPENDE A SUA VIDA?

4 SETEMBRO

A nossa vida, longevidade e bem-estar dependem de uma coisa apenas: da obediência a Deus. Esse é o custo da nossa vida junto da presença de Jesus. Não podemos esquecer que nosso relacionamento com Deus se baseia no amor e no compromisso com a Sua vontade. Se rejeitarmos obedecer a Ele, poremos em risco tudo que é mais importante na vida.

Esse também era o custo para se viver na terra prometida: obedecer ao Senhor. Por mais que achassem que a Lei era rígida, que eram muitas regras, ou que eram muito difíceis, os mandamentos foram dados para proteger e ajudar o povo a manter-se no caminho.

Da mesma forma, em nossa vida os mandamentos de Deus são bons, nos orientam e são para o nosso bem. Eles nos permitem viver na presença de Deus e em paz uns com os outros. A vida de bênçãos que Deus deseja nos dar está atrelada à obediência que lhe prestamos, no amor.

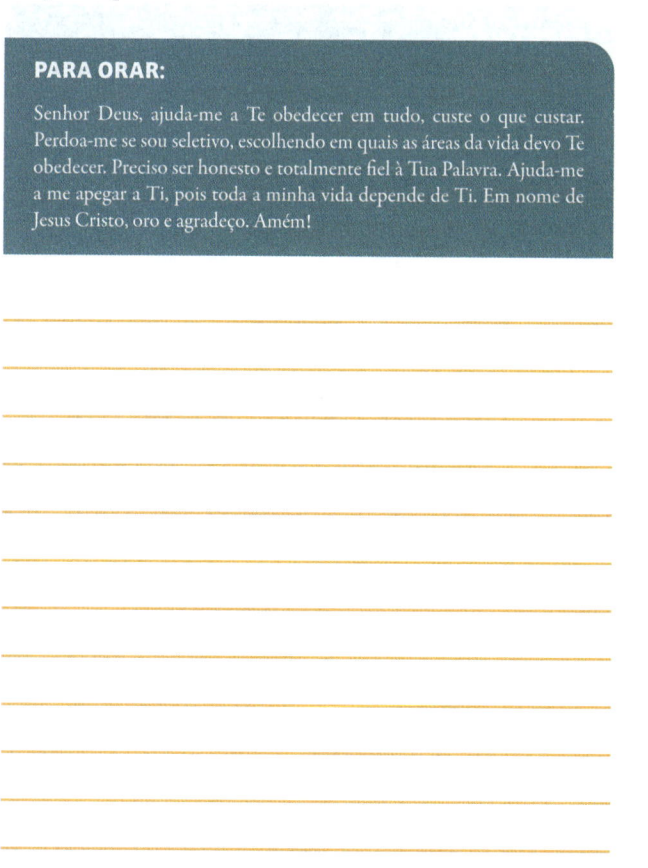

PARA ORAR:

Senhor Deus, ajuda-me a Te obedecer em tudo, custe o que custar. Perdoa-me se sou seletivo, escolhendo em quais as áreas da vida devo Te obedecer. Preciso ser honesto e totalmente fiel à Tua Palavra. Ajuda-me a me apegar a Ti, pois toda a minha vida depende de Ti. Em nome de Jesus Cristo, oro e agradeço. Amém!

> Amando o Senhor, seu Deus, dando ouvidos à sua voz e apegando-se a ele; pois disto dependem a vida e a longevidade de vocês. Escolham a vida, para que habitem na terra que o Senhor, sob juramento, prometeu dar aos pais de vocês, a Abraão, Isaque e Jacó.
>
> — DEUTERONÔMIO 30:20

São muito maiores os benefícios da obediência

- Ore e peça perdão a Deus, se tem sido desobediente à Sua Palavra.
- Reflita: "É melhor obedecer do que sacrificar" (1 Samuel 15:22).
- Obedecer é uma decisão pessoal. Cuidado para não seguir maus exemplos e a influência de desobedientes.
- Deus não quer o seu mal. Pelo contrário, a obediência ao que Ele determina será o melhor para você.
- "Antes devemos obedecer a Deus do que aos homens" (Atos 5:29). Tenha prioridades.

Bíblia on

5 SETEMBRO

COMO VOCÊS PODEM DIZER ISSO?

> No Senhor me refugio. Como então vocês podem dizer-me: "Fuja como um pássaro para os montes"?
>
> — SALMOS 11:1

Pratique a justiça!

- Leia Salmos 11 inteiro.
- Avalie-se e julgue: veja se é um justo ou um ímpio.
- Ore e confie que Deus lhe trará justiça.

Leia também

Leia o Salmo 11 inteiro

Quando o salmista põe toda a sua confiança em Deus, fica seguro de que nenhum de seus inimigos poderá sair impune. Davi, autor do salmo, não pensa que é simplesmente imbatível, assim como não devemos achar isso de nós mesmos, pois todo dia carrega o próprio mal. Mas ele está escrevendo acerca da justiça de Deus, pois **Ele ama os justos e detesta os ímpios.**

Ainda que soframos muito na nossa vida, por pessoas terríveis, e sejamos prejudicados, podemos descansar em Deus. Isso porque **Ele é o justiceiro, o justo juiz de toda realidade.** Seu trono está nos céus e de lá vê tudo que acontece aqui.

Se alguém o roubou, humilhou, xingou ou o prejudicou de alguma maneira, se não se arrepender, Deus o levará a julgamento. Da mesma forma conosco, a menos que nos arrependamos dos nossos pecados e creiamos em Cristo Jesus.

PARA ORAR:

Senhor Deus, meu Pai, e Jesus Cristo meu salvador, Te peço que me protejas e me guardes de todo o mal. Quando os ímpios me ameaçam e aterrorizam minha paz, que eu esteja protegido sob Tuas asas, a salvo dos ataques maus. Que eu e meus inimigos nos arrependamos dos nossos pecados e estejamos eternamente ao Teu lado, Senhor, pois em Cristo os pecados de toda a humanidade foram pagos. Em nome de Jesus, amém.

DEUS QUER RENOVAR A SUA VIDA

6 SETEMBRO

Todos sabemos que não somos perfeitos. Apesar de termos Jesus Cristo em nossa vida, estamos longe de ser as pessoas perfeitas. Não somos os filhos perfeitos, nem os pais perfeitos, nem os amigos impecáveis, nem o cônjuge perfeito, muito menos cristãos sem nenhum defeito.

A cada dia precisamos **abandonar coisas que desagradam a Deus**. Esses costumes são atitudes, pensamentos e hábitos que ainda pertencem à antiga natureza, corrompida pelos desejos impuros e pelo engano. Precisamos deixar o **Espírito Santo renovar nossos pensamentos e atitudes**. Só assim iremos nos revestir da sua nova natureza, criada para ser verdadeiramente justa e santa como Jesus Cristo.

PARA ORAR:

Renova-me, Senhor Jesus, já não quero ser igual. Renova-me, Senhor Jesus, põe em mim o Teu coração... Porque tudo que há dentro de mim necessita ser mudado, Senhor. Porque tudo que há dentro do meu coração necessita mais de Ti... Amém.

Quanto à antiga maneira de viver, vocês foram ensinados a despir-se do velho homem, que se corrompe por desejos enganosos, a serem renovados no modo de pensar e a revestir-se do novo homem, criado para ser semelhante a Deus em justiça e em santidade provenientes da verdade.

— EFÉSIOS 4:22-24

São muito maiores os benefícios da obediência

- Embora muitos queiram ver uma transformação externa e instantânea, Deus age conforme a Sua vontade. Ele começa a operar no nosso interior, pela Palavra, e age no seu devido tempo.
- Permita que Deus aja na sua vida, por meio do Seu Espírito, moldando o seu coração.
- Deus pode tornar tudo novo em você. Abandone o pecado, apegue-se ao Senhor, vivendo a novidade de vida que Cristo lhe concede.

Bíblia on

7 SETEMBRO

RECEBA A PAZ DE TODAS AS FORMAS!

> O próprio Senhor da paz dê a vocês a paz em todo o tempo e de todas as formas. O Senhor seja com todos vocês.
>
> — 2 TESSALONICENSES 3:16

No dia a dia temos uma rotina desgastante de trabalho árduo e correria. Tudo que queremos depois desses dias é um momento de paz e refrigério. Por vezes, quando voltamos para casa, parece que nos cansamos ainda mais. É nesta hora que devemos pedir auxílio Àquele que acalmou o mar bravio, Jesus.

Nosso Deus é a fonte de toda a paz, na sua Palavra encontramos refrigério e direção para acalmar o nosso coração. Pacificar a nossa casa, nosso ambiente de trabalho, começa por nós mesmos. Por isso a importância da Palavra de Deus; ela nos alimenta e o Espírito Santo nos molda, nos dando a oportunidade de agir diferente.

Ao recorrer ao Rei da Paz, que você possa descansar Nele. Que o Senhor possa derramar a paz na sua casa, no seu ambiente de trabalho e no seu relacionamento com as pessoas. Que Deus esteja contigo e que a sua paz seja duradoura e cubra todas as áreas da sua vida!

Experimentando a paz de todas as formas

- Peça ao Espírito Santo que molde seu comportamento, transformando-o em um instrumento de paz e não de guerra, de conciliação e não de divisão.
- Destine uma hora do seu dia para meditar e orar. A oração e a meditação na Palavra de Deus nos alimentam e confortam.
- Reflita de que maneira você pode promover um ambiente pacífico e conciliador com suas atitudes. A paz contagia, e quem a procura não entra em guerra.

PARA ORAR:

Senhor Jesus, peço que a Tua paz e Teu espírito venham sobre mim. Que a Tua unção de amor e a Tua paz possam contagiar a minha vida, o ambiente do meu lar e por onde eu passar. Te agradeço, em nome de Jesus. Amém.

A SUA VIDA TEM VALOR INESTIMÁVEL E O PREÇO FOI PAGO COM AMOR

8 SETEMBRO

Quem poderia pagar o preço de uma vida? Que valor uma vida tem? Certamente, o valor da vida vai além do que poderíamos pagar, mas Deus pagou esse preço e nos resgatou da morte.

Jesus entregou-se por nós como um pagamento: vida por vida. Ao se colocar em sacrifício no nosso lugar, Jesus nos livrou da condenação eterna (Isaías 53:5). Ninguém mais poderia pagar esse preço senão o próprio Deus.

Deus não nos cobra a vida, mas quer que reconheçamos o que Ele já fez. Ao crermos no Seu sacrifício, aceitando Jesus como o nosso Salvador, passamos a usufruir desta vida infindável gratuitamente.

Graças a Ele recebemos a vida eterna, e tudo isso por amor!

PARA ORAR:

Senhor Jesus, muito obrigado pelo Teu amor e graça. Pagaste um preço pela minha vida, o qual nem eu nem ninguém poderia pagar. O Teu sacrifício salvou-me, por isso Te louvo com a minha vida! Obrigado, Jesus! Amém.

> Homem algum pode redimir seu irmão ou pagar a Deus o preço de sua vida, pois o resgate de uma vida não tem preço. Não há pagamento que o livre para que viva para sempre e não sofra decomposição.
> — SALMOS 49:7-9

A sua vida tem valor e o preço já foi pago por Jesus!

- Leia a Bíblia. Nela, passamos a ter conhecimento do nosso valor para Deus.
- Reconheça o sacrifício que Jesus fez por você. Agradeça-lhe por isso.
- Fale do sacrifício de Jesus ao próximo. Todos têm valor para Ele.

Bíblia on

9 SETEMBRO

CUIDE DO SEU IRMÃO!

> Sempre dou graças a meu Deus por vocês, por causa da graça que dele receberam em Cristo Jesus.
> — 1 CORÍNTIOS 1:4

Contribua edificando a fé do seu irmão!

- Procure edificar a fé do seu irmão por meio da Palavra de Deus. Compartilhe o alimento essencial da fé!
- Exorte quando necessário, mas também se regozije com as vitórias do seu irmão.
- Dedique um tempo do seu dia intercedendo pelos seus irmãos. Isso fará grande bem ao seu irmão e a você.

Nesse versículo, podemos perceber a preocupação do apóstolo Paulo em incentivar os seus irmãos. A igreja de Corinto passava por problemas, mas a postura de Paulo foi surpreendente: ele inicia a epístola agradecendo a Deus pela vida dos irmãos daquela região.

Paulo tinha um coração grato, pois sabia que Jesus também morrera por eles. Se Deus derramou a sua graça a eles, por que não continuar sendo um canal de bênção na edificação dos irmãos?

O apóstolo compreendia que toda boa semente necessita de cuidados: precisa ser regada, podada, para então frutificar. Apesar das falhas dos irmãos em Corinto, Paulo entendia que para "podar" era necessário que a semente brotasse e ganhasse forma. Cuidar não é só exortar, mas também agradecer.

PARA ORAR:

Senhor Jesus, quero agradecer pela vida de (nome do seu irmão). Tua graça o alcançou e sou grato a Ti por essa dádiva. Que a Tua presença seja ainda maior na vida dele. Em nome de Jesus, amém!

ELE NOS AMA DESDE SEMPRE!

10 SETEMBRO

Deus nos criou e nos amou desde o princípio. Antes de percebermos quem somos, já éramos amados por Ele. **O amor de Deus não tem barreiras físicas nem temporais, Ele nos ama desde sempre!**

Ao sabermos que somos amados por Deus – e reconhecermos a prova de amor encarnada em Jesus –, a nossa vida ganha outra perspectiva. Somos atingidos por uma onda de gratidão. Daí pensamos: o que fizemos para receber tanto amor? Se procurarmos uma razão que se justifique em nós, não encontraremos. **Deus escolheu nos amar porque Ele é Deus!**

Recebemos o seu amor gratuitamente e devemos retribuí-lo da mesma forma. Ame a Deus incondicionalmente. Retribua o amor de Deus amando-O. Essa "via dupla" chama-se relacionamento. Amar e ser amado, esse é o relacionamento que Deus quer de nós.

> **PARA ORAR:**
> Senhor, como é bom ser amado por Ti! A Tua graça me alcançou e só tenho a agradecer por esse amor sublime. Muito obrigado, Pai, amém!

Portanto, se o Filho os libertar, vocês de fato serão livres.
— JOÃO 8:36

Veja como retribuir o amor de Deus:

- Amando a Deus (1 Crônicas 16:34 e Deuteronômio 6:5).
- Amando o próximo (Mateus 22:36-40 e 1 João 4:19-21).
- Obedecendo à Sua Palavra (João 14:15 e João 14:21).
- Compartilhando esse amor (Mateus 28:19-20 e Marcos 16:15).

Experimente amar a Deus de todas essas maneiras; permaneça no Seu amor! Ele ama você e quer estar ao seu lado em todos os momentos.

Bíbliaon

11 SETEMBRO

DEUS É A FONTE DA REAL BELEZA

> A beleza é enganosa, e a formosura é passageira; mas a mulher que teme o Senhor será elogiada.
> — PROVÉRBIOS 31:30

Bela aos olhos de Deus

- Lembre-se de que a beleza é passageira, mas a sabedoria nos torna ainda mais belas.
- Evite usar a beleza como critério para uma amizade ou relacionamento, pois as aparências enganam.
- Deus nos protege como à menina dos Seus olhos; busque-O.

Atualmente, a aparência transformou-se num elemento primordial na sociedade. Estar bonita e arrumada tornou-se quase uma obrigação. E para se manter "na moda" são necessários recursos, o que infelizmente nem todos têm. Ter uma boa aparência pode ser importante, mas há um limite: toda a aparência é superficial e passageira.

A beleza estética pode ser alcançada com recursos e produtos, mas a real beleza, essa não é possível alcançá-la com dinheiro. **Essa beleza não vem da formosura, mas, sim, dos bons atos.** Uma mulher temente a Deus sempre será elogiada e será uma referência para todos.

O temor do Senhor é o princípio da sabedoria (Provérbios 9:10) e uma mulher sábia edifica a sua casa (Provérbios 14:1). Procure atrair os olhos de Deus e seja uma referência no seu meio.

PARA ORAR:

Senhor, muito obrigada pelo Teu carinho. Sinto-me como uma princesa em Tuas mãos, protegida e amada. Quero aprender mais de Ti e crescer espiritualmente. Amém!

ANTES EU TE CONHECIA DE OUVIR FALAR...

12 SETEMBRO

Se fosse hoje, a história de Jó provavelmente seria noticiada em todos os jornais, noticiários e redes sociais conhecidas. "Um homem perde de uma só vez: os seus 10 filhos, bens, patrimônios e fica doente...". Realmente, não conseguimos imaginar tamanha dor daquele coração.

Se olharmos para o livro todo, encontraremos um longo diálogo entre Jó e seus amigos e, no fim, entre Jó e Deus. As palavras de Jó nem sempre soam tranquilas. Muito mais após ser acusado (pelos próprios amigos) de ter cometido algum mal para receber tamanha tragédia. Jó não compreendia o porquê da sua dor. Mas Deus não condenou a sua ira nem seus questionamentos. Ao contrário de nós, Deus fala e deixa-nos falar...

Ele não fica ressentido com as nossas palavras, mas ajuda-nos a conhecê-Lo melhor. Nesse versículo vemos que Jó pôde conhecer a Deus mais de perto depois de ter passado o que passou. Deus relembrou que os **Seus caminhos nem sempre são compreensíveis aos homens. Nem sempre Ele nos dá uma explicação plena sobre a razão de coisas ruins acontecerem a pessoas boas. Tudo que você precisa lembrar é que Ele é o Criador Todo-poderoso, sustentador de tudo e de todos. Confie no Senhor!**

> *Antes, eu só te conhecia de ouvir falar; agora, eu te vi com meus próprios olhos.*
> — Jó 42:5

Orem!

- Ore e peça ajuda ao Senhor para que possa conhecê-lo melhor por meio das adversidades.
- Permita que Deus lhe fale por meio da Sua Palavra — leia mais, estude, reflita e pratique!
- Deseje confiar em Deus, ainda que não entenda tudo que Ele faz.
- Seja sincero com Deus, ore, clame e aprofunde o seu relacionamento com Ele.

PARA ORAR:
Senhor meu Deus, a Ti entrego todas as minhas aflições e dificuldades. Que eu não tente entender tudo que me acontece, mas que possa aquietar o meu coração e confiar em Ti. Que as experiências da vida, sejam boas ou ruins, todas me conduzam para mais perto de Ti. Ajuda-me a Te conhecer melhor, não só de ouvir falar, mas de andar Contigo. Em nome de Jesus, amém!

13 SETEMBRO

OS POBRES NÃO PODEM TE RECOMPENSAR, MAS DEUS O FARÁ!

> Pois eu tive fome, e vocês me deram de comer; tive sede, e vocês me deram de beber; fui estrangeiro, e vocês me acolheram; necessitei de roupas, e vocês me vestiram; estive enfermo, e vocês cuidaram de mim; estive preso, e vocês me visitaram.
>
> — MATEUS 25:35-36

Cuidar dos necessitados é uma expressão de amor direta ao Senhor. Essa passagem bíblica ajuda-nos a compreender que, quando ajudamos as pessoas excluídas e carentes, estamos fazendo isso para o próprio Deus. Como qualquer ser humano, os necessitados possuem uma dignidade vinda do Pai celestial.

Cristo se identifica com os mais fragilizados. E todos nós podemos servir melhor a Cristo, quando fazemos isso a nossos irmãos. A beneficência prática, a caridade sincera e o amor nobre aos mais necessitados são evidências claras de devoção, amor e serviço ao Senhor. Portanto, precisamos amá-los e ajudá-los, como se estivéssemos cuidando do próprio Senhor.

Ajude a quem precisa!

- Ore e peça a Deus um coração bondoso e disposto a ajudar.
- Ajude conforme as suas condições, com liberalidade e sabedoria. Com Deus, o pouco se torna muito. Leia: Mateus 25:31-42.
- Aproveite todas as oportunidades que a vida lhe der para estender a mão às outras pessoas, sabendo que Deus vê e recompensará.
- Mas não tenha como foco somente a recompensa. Que as suas boas obras não sejam egoístas, nem uma forma de investimento perante Deus. Ajude por amor e empatia, para glória de Deus e bênção dos outros.
- Ser servo da humanidade é ser servo de Cristo. Esteja atento às necessidades à sua volta.

PARA ORAR:

Senhor, meu Deus, grande e fiel é Teu Amor! Tu és a solução para as necessidades deste mundo, tão carente de Ti. Usa-me e ajuda-me a ajudar aqueles que mais necessitam. Que os meus olhos estejam atentos, que as minhas mãos estejam abertas e que o meu coração esteja disposto para amar e servir ao próximo, da mesma forma como recebo o Teu grandioso amor! Em nome de Cristo, eu oro e Te peço essas coisas. Amém!

GRAÇA PARA CADA DIA

14 SETEMBRO

Já agradeceu a Deus pelo sustento diário? Então, não perca esta oportunidade! O Senhor tem para você o suficiente para as necessidades de cada dia. Você não deve ficar preocupado com o que vai precisar nos próximos dias. Isso só o deixará ansioso e inquieto... Apenas peça a Deus aquilo de que necessita no dia de hoje. Ele sabe, ouve e dá graça a cada dia novo. "As Suas misericórdias renovam-se a cada manhã" (Lamentações 3:22-23).

O povo de Israel provou o que é viver confiando em Deus, cada dia. Enquanto caminhavam no deserto, o Senhor supria as suas necessidades todos os dias com o maná do céu, com água, com luz e calor nas noites frias e com uma nuvem que providenciava sombra fresca para os dias no deserto escaldante. Experimente também viver pela fé, um dia de cada vez! Confie a sua vida a Deus, a cada dia, e comprove que a graça de Deus é suficiente para você.

PARA ORAR:

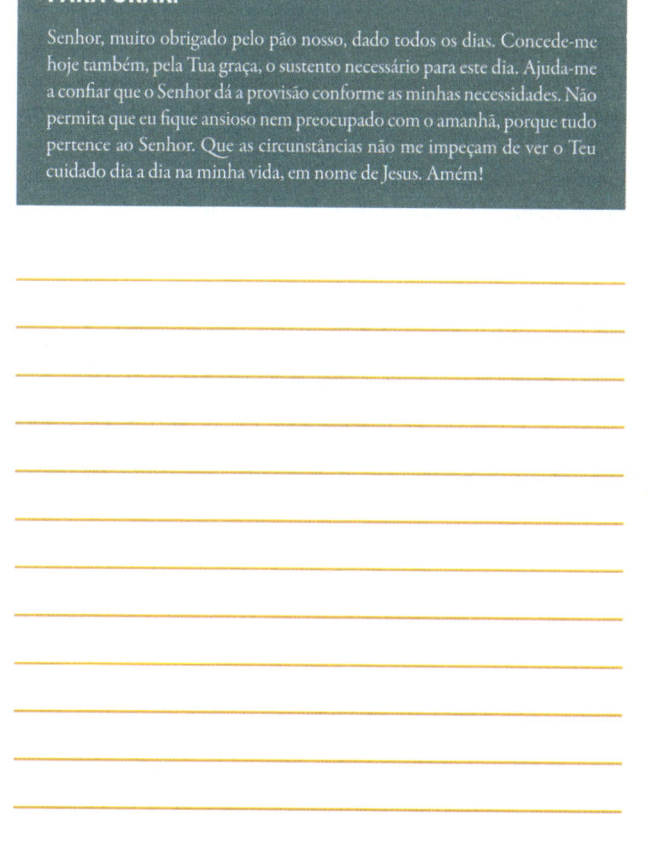

Senhor, muito obrigado pelo pão nosso, dado todos os dias. Concede-me hoje também, pela Tua graça, o sustento necessário para este dia. Ajuda-me a confiar que o Senhor dá a provisão conforme as minhas necessidades. Não permita que eu fique ansioso nem preocupado com o amanhã, porque tudo pertence ao Senhor. Que as circunstâncias não me impeçam de ver o Teu cuidado dia a dia na minha vida, em nome de Jesus. Amém!

Dá-nos hoje o nosso pão de cada dia.
— MATEUS 6:11

Experimente a graça de Deus neste dia!

- Não fique ansioso pelo dia de amanhã. Apresente a Deus as suas necessidades neste dia, em oração.
- Confie na providência do Senhor! Ele não se esquece, mas cuida de você todos os dias.
- Deus não prometeu riquezas neste mundo, mas dá o suficiente para sua provisão diária.
- Busque conhecer mais a Deus por meio da leitura e do estudo da Bíblia: "Não só de pão (material) vive o homem, mas de toda a Palavra de Deus (pão espiritual)" — Mateus 4:4.
- Seja grato por tudo que o Senhor tem feito na sua vida diariamente.
- Compartilhe hoje com alguém aquilo que graciosamente Deus tem dado a você.

Bíblia on

15 SETEMBRO

AMAR A DEUS POR MEIO DE BONS ATOS

> Ame o Senhor, o seu Deus, de todo o seu coração, de toda a sua alma e de todas as suas forças.
> — DEUTERONÔMIO 6:5

Amando a Deus na prática

- **Encontre oportunidades diárias para servir os outros:** esteja disposto a ajudar alguém em dificuldades.
- **Pratique o perdão:** Escolha liberar ressentimentos e perdoar aqueles que o magoaram.
- **Busque viver uma vida justa e obediente:** Tome decisões sábias, trate os outros com bondade e seja íntegro em todas as áreas da sua vida.

Leia também

- Quem é o meu próximo segundo a Bíblia
- Amai-vos uns aos outros, como eu vos amei na Bíblia
- Versículos que mostram como é importante amar o próximo

Amar a Deus é mais do que apenas ter sentimentos profundos em nosso coração. É uma expressão de devoção que se manifesta em nossas ações diárias. Deus nos chama a amá-Lo com todo o nosso ser: coração, alma e força. **Deus deseja que nosso amor transborde por meio de nossos atos e não apenas por palavras.**

Quando entendemos o amor de Deus por nós, somos inspirados a compartilhar esse amor com aqueles ao nosso redor. Jesus nos ensinou a amar o próximo como a nós mesmos e a fazer aos outros o que gostaríamos que fizessem conosco. Essas ações demonstram nosso amor a Deus por meio de nosso amor aos outros.

Um dos exemplos mais poderosos de amar a Deus por meio de bons atos é servir aqueles que estão em necessidade. Quando estendemos a mão aos pobres, cuidamos dos doentes, alimentamos os famintos e consolamos os aflitos, estamos expressando nosso amor a Deus. Jesus disse:

"O Rei responderá: 'Digo a verdade: O que vocês fizeram a algum dos meus menores irmãos, a mim o fizeram'" — Mateus 25:40.

Que nosso amor por Deus seja evidente em nossas ações diárias. Que nossa vida seja um reflexo de Seu amor incondicional por nós. Que cada bom ato que pratiquemos seja uma expressão tangível de nosso amor a Ele. E, acima de tudo, que nosso amor a Deus seja a base de tudo o que fazemos, sendo a motivação para glorificá-Lo em tudo o que somos e fazemos.

PARA ORAR:

Senhor, mostra-me como servir aqueles que estão em necessidade, como perdoar aqueles que me ofenderam e viver uma vida de retidão diante de Ti. Que meu amor por Ti seja evidente em todas as áreas da minha vida. Em nome de Jesus, amém.

O MELHOR LUGAR DO MUNDO...

16 SETEMBRO

Na ocasião em que Pedro fez essa declaração, Jesus estava ensinando, rodeado de muitos outros discípulos. Alguns deles começaram a segui-Lo por terem visto muitos milagres e curas. Outros O seguiam porque foram alimentados na grande multiplicação dos pães e peixes. Apesar disso, muitos desses discípulos ainda não criam em Jesus e começaram a abandoná-Lo por considerarem o Seu ensino muito duro.

Jesus, então, perguntou aos doze discípulos se também não queriam ir. Pedro, como alguns que já criam no Senhor, sabiam que não tinham para onde ir... Não há outro lugar no mundo melhor do que estar na presença de Jesus. Só Ele tem as palavras de vida eterna, capazes de satisfazer a maior fome da sua existência. Quem conhece verdadeiramente o amor de Deus sabe que não há outro lugar melhor para se estar senão junto do Salvador!

> Simão Pedro lhe respondeu: "Senhor, para quem iremos? Tu tens as palavras de vida eterna. Nós cremos e sabemos que és o Santo de Deus".
> — JOÃO 6:68-69

PARA ORAR:

Senhor Deus, muito obrigado pelo melhor lugar em que eu poderia estar: em Cristo! Obrigado, porque nada neste mundo é melhor do que andar lado a lado com o Senhor e aprender de Deus. Ajuda-me a crer e a permanecer na presença de Jesus todos os dias da minha vida, e assim saberei que todo o resto estará bem. Fica comigo hoje e sempre. Em nome de Jesus, amém!

Esteja no melhor lugar ainda hoje!

- Você crê no Senhor? Para isso, precisa conhecer a Deus e Seu amor por meio da Bíblia.
- Independentemente do que tenha levado você a seguir a Cristo, que a fé e o amor o mantenham junto Dele todos os dias.
- Confie diariamente em Jesus para a sua provisão diária.
- Ore buscando estar na presença de Deus quando se sentir longe dos Seus caminhos.
- Se sente que ainda não é um discípulo fiel de Jesus, procure orientação com um cristão mais maduro ou com um pastor de uma igreja cristã evangélica.
- Agradeça a Deus, porque em Jesus você terá mais que milagres e bênçãos: com Cristo você obterá conhecimento para a Vida eterna.

Bíbliaon

17 SETEMBRO

LIBERDADE X LIBERTINAGEM

> Irmãos, vocês foram chamados para a liberdade. Mas não usem a liberdade para dar ocasião à vontade da carne; ao contrário, sirvam uns aos outros mediante o amor.
> — GÁLATAS 5:13

Seja livre!

- Use a sua liberdade para buscar a Deus. Louve-O, adore-O!
- A nossa liberdade custou um alto preço. Leia o Evangelho e conheça mais sobre Jesus.
- Use a sua liberdade para libertar outras pessoas. Anuncie as Boas-novas do Senhor; compartilhe a Palavra que liberta o homem do pecado.
- Leia a Palavra de Deus e esteja atento às armadilhas da libertinagem.

Quando aceitamos a Cristo, livramo-nos das algemas opressoras do pecado. Não há nada melhor do que se sentir livre e reconhecer o preço que foi pago pela nossa liberdade: o sangue de Jesus. **A nossa liberdade é fruto do amor de Deus por nós!**

Para se manter livre, é necessário ter na memória o preço da Salvação e estar atento às armadilhas do Diabo. Até Jesus foi tentado por Satanás para que usasse a sua liberdade de forma a desobedecer ao Pai. **A nossa liberdade deve nos aproximar de Deus, não nos afastar, como aconteceu com o Diabo.**

Permanecer obediente à Palavra de Deus é o segredo para se manter livre do pecado. A liberdade não está em "andar onde quiser", mas em saber que há lugares em que podemos perder a nossa liberdade. Uma das principais armadilhas do Diabo é induzir a nossa liberdade à libertinagem.

A libertinagem é o uso indevido da liberdade. Quando extrapolamos a liberdade, damos espaço às vontades da carne. O resultado dessa falta de autocontrole é cair em pecado. Quando os nossos atos nos afastam de Deus, é sinal de que já perdemos a liberdade e estamos caindo na armadilha da libertinagem.

Por isso, mantenha sempre a Palavra de Deus como o seu "GPS" e use a sua liberdade para se dedicar ainda mais a Deus!

> **PARA ORAR:**
> Senhor Jesus, como é bom ser livre para Te adorar! Muito obrigado por tudo que fizeste por mim. O Teu sangue me alcançou. Quero continuar livre para Te louvar e anunciar a Tua Palavra que liberta. Em nome de Jesus, amém!

FAÇA DA SUA BOCA UM CANAL DE BÊNÇÃO!

18 SETEMBRO

Nossa boca é um importante instrumento para levar a palavra de libertação. E, justamente por isso, devemos medir o que falamos e refletir se a nossa boca é um canal de bênção ou maldição.

Com a nossa língua podemos curar ou ferir. Cabe a nós escolher o que amplificamos com a nossa boca. Ciente dessa responsabilidade, devemos controlar a nossa boca para falar apenas o que realmente queremos dizer. A Bíblia pode nos ajudar em como podemos desenvolver o nosso autocontrole. Mais do que uma fonte de sabedoria, a Bíblia contém palavras que curam e salvam o homem.

Quando nos alimentamos da Palavra de Deus, passamos a falar do que o nosso coração está cheio. Mais do que isso, passamos a agir conforme a Palavra e não dizemos com a nossa boca, mas com os nossos atos. Que a sua boca seja um canal de bênção!

> **PARA ORAR:**
> Senhor, torna-me um instrumento nas Tuas mãos. Usa a minha boca como um canal das Tuas boas-novas. De Ti recebo bênçãos; que eu possa — com a minha boca — compartilhar o Teu amor e favor. Amém!

> Nenhuma palavra torpe saia da boca de vocês, mas apenas a que for útil para edificar os outros, conforme a necessidade, para que conceda graça aos que a ouvem.
> — EFÉSIOS 4:29

Sendo um canal de bênção

- Evite falar demasiadamente; procure pensar antes de falar. Quanto mais escolhemos o que vamos dizer, mais agimos com sabedoria.
- Esqueça a "crítica construtiva", procure falar palavras que levantem o seu irmão. Para construir não é necessário criticar, mas, sim, indicar soluções.
- A Bíblia é a maior fonte de sabedoria que você pode encontrar. Quem se alimenta das suas palavras é um canal de bênçãos: com Cristo você obterá conhecimento para a Vida eterna.

Bíbliaon

19 SETEMBRO

QUANDO O MEU EU DIMINUI, DEUS CRESCE!

> Convém que Ele cresça e que eu diminua.
> — JOÃO 3:30

Coloque Deus em primeiro lugar!

- Dedique-se em fazer a vontade de Deus e Ele o surpreenderá.
- Lembre-se: nosso crescimento é para tornar o nome de Jesus ainda maior.
- Seja voluntário na sua igreja local. Ajude a obra de Deus na sua região.

É normal do ser humano ter o desejo de ser bem-sucedido. Agora, quando estamos fazendo a vontade de Deus, o nosso desejo pessoal deve estar em segundo plano. **Na obra de Deus, o principal é o seu Reino.** Por isso, quando estamos ajudando na obra de Deus, convém que a nossa vontade diminua.

Buscar o Reino de Deus não é uma corrida pelo sucesso, mas uma missão que nos exige entrega. É justamente quando nos entregamos à vontade de Deus que Ele nos surpreende e nos abençoa mais e mais. Quando diminuímos, Deus cresce em nossa vida e a Sua presença nos satisfaz.

Diminuir não quer dizer que sucumbiremos; pelo contrário, quando deixamos de lado as nossas vontades, atraímos os olhos de Deus e recebemos a sua proteção.

PARA ORAR:
Senhor, quero fazer a Tua vontade. Ensina-me como ser um bom servo. Teu Reino vem primeiro e a Tua vontade me faz feliz. Amém!

DEFENDA O EVANGELHO!

20 SETEMBRO

Já em sua velhice e perto da morte, o apóstolo Paulo disse a Timóteo para estar "preparado a tempo e fora de tempo", e lhe adiantou os problemas que deveriam ocorrer no futuro. Esse conselho não veio sem a experiência, pois o próprio apóstolo viveu situações em que, de maneira inesperada, precisou defender a verdade.

Na carta aos gálatas, Paulo relata o momento em que encontrou Pedro, um apóstolo mais antigo e que caminhou com Cristo por anos. Ele poderia estar intimidado ou apreensivo para repreendê-lo, mas o fez mesmo assim, teve coragem para isso.

Da mesma maneira, nós não devemos nos intimidar por quem quer que seja, mas, sim, defender a verdade. Para tanto, devemos também nos capacitar e estar preparados a tempo e fora de tempo.

> **PARA ORAR:**
> Senhor, meu Deus e Pai, oro a Ti para que me dê sabedoria para me posicionar nos momentos em que a verdade está sendo desvirtuada. Dá-me, Pai, coragem para me posicionar diante dos descrentes e pregar o evangelho. Ajuda-me, Espírito Santo de Deus, a estar preparado a tempo e fora de tempo, em nome de Jesus, amém.

Quando vi que não estavam andando de acordo com a verdade do evangelho, declarei a Pedro, diante de todos: "Você é judeu, mas vive como gentio e não como judeu. Portanto, como pode obrigar gentios a viverem como judeus?"

— GÁLATAS 2:14

Preparado

- Esteja pronto a tempo e fora de tempo, leia a Bíblia todos os dias.
- Ore a Deus e peça que Ele se revele a você; aprofunde seu relacionamento com o Pai.
- Posicione-se como cristão nos lugares que frequenta.

21 SETEMBRO

COMUNHÃO COM A PALAVRA

> Proclamamos o que vimos e ouvimos para que vocês também tenham comunhão conosco. Nossa comunhão é com o Pai e com seu Filho Jesus Cristo.
>
> — 1 JOÃO 1:3

Tenha comunhão com Deus neste dia!

- Conecte-se: Deus está presente, mesmo quando você não está consciente disso!
- Fale com Ele: oração, louvor, agradecimento e pedidos são boas maneiras de se comunicar com Deus.
- Esteja ligado na Palavra: Leia, medite, entenda e pratique! Busque conhecer a Deus por meio da Bíblia sagrada.
- Ande nos passos dos primeiros discípulos. Estude e compreenda o Novo Testamento.
- Reúna-se em uma comunidade cristã: tenha comunhão com outros crentes. Encoraje irmãos, partilhe a fé, conviva com amor!

É interessante o modo como Deus se interessa em ter comunhão com a sua criação. A Bíblia diz que Ele não abandonou o universo que fez, mas o sustenta e dele cuida constantemente. Além disso, o Senhor se dispôs a ter comunhão com os homens, de uma forma muito especial. Desde o princípio, Ele ia ao jardim conviver com Adão e Eva. Depois, veio na pessoa de Jesus Cristo, conviveu com seus discípulos, habitou no meio de nós... E deu aos filhos o Espírito Santo, consolador que habita com aqueles que creem em Jesus (João 14:26).

No versículo de hoje, João testemunha que os apóstolos compartilharam conosco o evangelho, tudo o que viram e ouviram de Jesus. A comunhão que eles mantiveram com Deus é hoje repassada a nós por meio da Palavra. Que essa comunhão com Deus, com o evangelho e entre os cristãos de todo o mundo seja mantida também com você.

PARA ORAR:

Senhor, eu Te agradeço pela Tua Palavra! Ela é viva, eficaz e transforma a nossa vida. Ajuda-me a ler, compreender e praticá-la com dedicação e empenho. Que eu cresça e permaneça em comunhão Contigo todos os dias, por meio do conhecimento de Jesus Cristo. Que a Palavra seja luz para minha vida e sempre me dirija para estar mais junto do Senhor. Em nome de Jesus! Amém.

LANCE A SEMENTE PELA FÉ!

22 SETEMBRO

Já dizia um velho ditado: "Que planta colhe"... A verdade é que semear não é um processo fácil. É preciso ter em mãos boas sementes, uma terra preparada, água suficiente, disponibilidade para trabalhar e confiança que a colheita virá com fartura.

Talvez você, como a maioria das pessoas, não vivencie de perto o dia a dia da lida nas lavouras. Mesmo assim, podemos imaginar que, para um lavrador comum, enterrar parte do seu sustento, com esperança de que aquilo se multiplicará mais tarde, é mesmo um grande passo de fé! O agricultor faz com que todo o esforço empreendido na preparação, no plantio e na rega da plantação possa fazer crescer o seu ganho e trazer benefícios também a outros. **Mas lembre-se de que, apesar de todo o esforço, quem faz nascer e dá o crescimento é Deus.**

Assim também acontece em nossa vida: temos muitos alvos e objetivos, mas para alcançá-los é preciso semeá-los em Deus. Preparamos o terreno e lançamos as sementes, pela fé, confiantes de que os nossos propósitos se realizarão. **Mas isso acontecerá somente se eles estiverem de acordo com a vontade do Senhor.** A nossa confiança precisa estar firmada em Deus, que torna possíveis todas as coisas.

Viva pela fé!

- Sonhe, planeje, se esforce, mas entregue tudo, pela fé, Àquele que faz nascer e dá o crescimento.
- Leia Eclesiastes 11. Lançar o pão sobre as águas pode se referir à prática de lançar sementes sobre áreas alagadas ou comercializar sementes por meio de embarcações. Fato é que é necessário investir (tempo, trabalho, recursos, fé!) nos nossos projetos. Dedique-se e semeie pela fé, confiando no Senhor, que o sustenta sempre.
- Não cruze os braços esperando realizações virem do céu. Deus lhe concede forças, sabedoria e ânimo para trabalhar diligentemente, como se fosse para o Senhor. Semeie para a glória de Deus.
- Não confie que o seu esforço e talento alcançarão benefícios para você. Sem Deus nada podemos fazer.
- Tenha um coração agradecido. Seja grato pela provisão diária que Deus concede aos que creem na Sua Palavra.
- Os versículos de hoje também se aplicam ao evangelho. Compartilhe o Pão vivo que desceu do céu. Há muitos famintos à sua volta precisando recebê-Lo. Trabalhe sem desanimar, e mais tarde haverá bons resultados, pela fé!

> *Atire o seu pão sobre as águas, e depois de muitos dias você tornará a encontrá-lo. Plante de manhã a sua semente, e mesmo ao entardecer não deixe as suas mãos ficarem à toa, pois você não sabe o que acontecerá, se esta ou aquela produzirá, ou se as duas serão igualmente boas.*
> — ECLESIASTES 11:1 E 6

PARA ORAR:

Senhor Deus, Tu és o amparo da minha vida! Eu sei que todo o meu sustento vem de Ti. Obrigado, porque posso confiar que concedes muito mais do que Te pedimos ou que pensamos precisar. Ajuda-me a semear com fé em Ti, que dá a colheita farta, no Teu tempo. Que a Tua provisão seja sobre a vida de todos que confiam em Ti. Em nome de Jesus, amém.

23 SETEMBRO

VIVENDO COM PODER!

> Mas ele me disse: "Minha graça é suficiente para você, pois o meu poder se aperfeiçoa na fraqueza". Portanto, eu me gloriarei ainda mais alegremente em minhas fraquezas, para que o poder de Cristo repouse em mim.
>
> — 2 CORÍNTIOS 12:9

Viva com poder pela graça de Deus

- Se você se sente fraco, debilitado, "quebrado" física ou emocionalmente, reúna todas as suas forças para crer em Deus, de todo o coração.
- Ore e clame ao Senhor quando passar por aflições. Ele lhe dá graça e poder para vencer!
- O Espírito Santo lhe dá poder para vencer o pecado e autoridade para testemunhar acerca de Cristo (At. 1:8).
- Aproveite os seus problemas para desenvolver uma amizade mais profunda com Deus.
- Agradeça pela graça de Deus e pela Sua presença na sua vida. Ele o faz forte!

Quando pensamos numa vida de poder, imaginamos alguém forte, inabalável, cheio de autoridade e capacidades, certo? Sim, normalmente é o que todos consideram, mas a realidade não é bem assim... Por vezes, só descobrimos uma grande força quando estamos mais frágeis... É intrigante como a lógica de Deus parece confundir a nossa compreensão natural de força e poder. Mas, quando estamos fracos, da nossa própria força, aí é que somos fortes, na força de Deus.

Nesse versículo lemos a resposta dada por Deus a Paulo, depois de ter orado três vezes pedindo que lhe fosse afastado um grande sofrimento. A graça de Deus é o que basta! E o Seu poder é aperfeiçoado em nós quando estamos fracos. O "espinho na carne" de Paulo serviu para ativar a sua total confiança na força de Deus. Assim também nós, quando somos fragilizados pelos sofrimentos da vida, aí encontramos o maior poder que provém de Jesus Cristo. Só poderemos viver com poder de verdade quando nos apoiarmos na força de Deus, e não em nós mesmos...

PARA ORAR:

Senhor Deus, ajuda-me a viver com poder por meio da graça de Jesus Cristo! Eu sou pequeno e fraco, Pai... Sem Ti nada posso fazer! Só a Tua graça me basta. Tu és bom, és o Deus Todo-poderoso... Ensina-me a confiar em Ti, nos momentos de maior fraqueza e sofrimento que eu enfrentar. Agradeço pela Tua presença que me renova a cada dia. Fica comigo, agora e sempre, Deus! Em nome de Jesus, Te peço, amém!

CHAME QUEM FAZ A DIFERENÇA!

24 SETEMBRO

Há momentos em que parece que estamos à deriva, tudo parece culminar para o insucesso. Por mais que nos esforcemos, as coisas não vão bem. É nessas horas que devemos parar de olhar para as "soluções terrenas" e voltar os nossos olhos para o alto!

Será que estamos colocando Deus em nossas lutas, ou só clamamos a Ele quando esgotamos todas as nossas alternativas de tentar resolver os nossos problemas? Mesmo com dedicação e força de vontade, **a nossa vitória vem de Deus!** Podemos ter força, talento — até condição financeira —, mas sem Deus não há garantia de salvação.

Deus é fiel para nos proteger, mesmo em períodos de escassez. Confie Nele, pois o Senhor protege aqueles que O temem!

PARA ORAR:
Senhor, cuida de mim! Sem Ti, tudo que faço não tem segurança. Minhas forças são limitadas e somente a Tua presença pode fazer a diferença na minha vida. Guia-me com a Tua poderosa mão. Em nome de Jesus, amém!

O cavalo é vã esperança de vitória; apesar da sua grande força, é incapaz de salvar. Mas o Senhor protege aqueles que o temem, aqueles que firmam a esperança no seu amor, para livrá-los da morte e garantir-lhes vida, mesmo em tempos de fome.

— SALMOS 33:17-19

Chame quem faz a diferença!

- Busque a presença de Deus, peça a Sua direção.
- Ter boas condições não é sinal de que estamos bem. Busque Deus ainda mais!
- Se as coisas não vão bem, clame a Ele! Deus está pronto para ouvir a sua voz e quer operar grandes coisas na sua vida. Não deixe para depois.

Bíblia on

25 SETEMBRO

NADA VAI LHE FALTAR!

> Temam o Senhor, vocês que são os seus santos, pois nada falta aos que o temem. Os leões podem passar necessidade e fome, mas os que buscam o Senhor de nada têm falta.
> — SALMOS 34:9-10

O que lhe falta?

- Dependa mais do Provedor que da provisão.
- Leia Mateus 6:25-34. O que Jesus lhe ensina com essas palavras?
- Reflita por uns instantes na vida: o que você tem é suficiente? Tenho ar para respirar, tenho algo para comer, beber e vestir?
- Ore, peça a Deus pelo "pão" do dia de hoje e agradeça. Amanhã e depois repita a oração.
- Você não precisa acumular bens para ser próspero e feliz. A maior riqueza da vida é ter Deus e desfrutar da Sua provisão diariamente.
- Peça a Deus que o ajude a usar os recursos que você tem à disposição. Lute com as armas que Deus lhe deu!
- Compartilhe com os necessitados o que Deus lhe dá. Com Cristo o pouco é muito. Ele multiplica quando dividimos!
- Procure algum irmão maduro na fé, diga o que o preocupa e peça que ore com você. Você não está sozinho!
- Jesus pode transformar a falta em bonança. Entregue a Ele a sua causa e dependa do Senhor.

Pela fé, nada de que você realmente necessite vai lhe faltar!

Deus exerce o Seu cuidado e provisão mesmo nos tempos mais difíceis da nossa vida. Lembre-se de que, nos dias mais sombrios, o sol continua brilhando atrás das nuvens. Não o vemos, mas ele está lá brilhando... Nossos olhos não conseguem ver, mas Deus continua no Seu santo trono no céu; tudo vê e tudo pode fazer. Ele também está ao seu lado, basta crer! Ele é bom, sustenta aqueles que confiam e descansam Nele.

No deserto, o povo de Israel se queixou da falta da variedade de comida que havia no Egito. Mas podiam desfrutar diariamente de água e do maná, o pão do céu, que Deus enviava. Esqueceram-se de agradecer pelo que já tinham e, já que aquela fase no deserto era passageira, ficariam bem se não murmurassem tanto...

O Pai celestial sempre cuida de Seus filhos. Ainda que você não tenha "tudo" aquilo que gostaria de ter, seja grato pelo que tem agora. Deus lhe dá o suficiente para hoje e o ajuda a prosseguir. Creia que essa fase mais difícil vai passar! Esteja satisfeito com Jesus, o Pão vivo que desceu do céu, e confie que Ele é o Deus de milagres!

PARA ORAR:

Meu Senhor e meu Deus, eu confio na Tua provisão! Ajuda-me sempre a depender de Ti e a confiar na Tua Palavra. Obrigado pelo que tenho, meu Deus. Mesmo sendo pouco, Tu não tens deixado faltar o essencial. Eu confio em Ti, agora e sempre! Olha para a nossa condição, Pai, e abençoa-nos, para Tua glória! Te agradeço por tudo, em nome de Jesus, amém!

RUMO AO ALVO!

26 SETEMBRO

Quando o apóstolo Paulo escreveu esse trecho aos Filipenses, ele confrontou dois tempos: o passado e o futuro. Diante disso ele tomou uma posição, esqueceu o passado e prosseguiu rumo a um futuro com Cristo.

Ninguém mais do que Paulo teria motivos para se culpar e ficar preso ao passado. Quando era chamado de Saulo, perseguira os cristãos, o que resultou na morte de muitos deles. Manter esse passado na memória colocaria Paulo preso às decisões que tomou enquanto Saulo e o impediria de seguir em frente, rumo ao alvo, fazendo a vontade de Deus e experimentando a genuína transformação em Cristo Jesus.

Esquecer esse passado só foi possível com uma verdadeira conversão em Cristo — que gera os frutos do espírito — e com uma transformação total da mente. Só dessa forma Paulo foi capaz de experimentar e comprovar a boa, agradável e perfeita vontade de Deus na vida dele. Assim como Paulo, se você está em Cristo, é uma nova criatura. As coisas velhas já passaram; eis que tudo se fez novo!

> **PARA ORAR:**
> Senhor Jesus, quero Te agradecer por transformar a minha vida. Quero prosseguir rumo ao alvo, crescendo em espírito e em verdade. Afasta de mim as setas malignas da acusação. Em Ti encontrei o perdão e a salvação, por isso sou grato! Em nome de Jesus, amém!

> *Irmãos, não penso que eu mesmo já o tenha alcançado, mas uma coisa faço: esquecendo-me das coisas que ficaram para trás e avançando para as que estão adiante, prossigo para o alvo, a fim de ganhar o prêmio do chamado celestial de Deus em Cristo Jesus.*
> — FILIPENSES 3:13

Esquecendo

- O sentimento de culpa nos impede de prosseguir. Peça perdão a Deus pelos seus pecados e não olhe para trás. Jesus já pagou o preço; vá e não peque mais.
- Evite situações que o façam relembrar o passado afastado de Jesus. Nesses casos, lembre-se da sua conversão e do quanto essa decisão o transformou.

Prosseguindo

- Leia a Palavra de Deus. Ela é estimulante, alimenta a alma e fortifica a sua fé. A Bíblia é o alimento necessário para prosseguir em frente, rumo ao alvo.
- Coloque Deus nos seus planos. Busque primeiramente a Ele e certamente todas as outras coisas serão supridas.

Bíbliaon

27 SETEMBRO

UMA NUVEM TÃO PEQUENA QUANTO A MÃO DE UM HOMEM

"Na sétima vez o servo disse: "Uma nuvem tão pequena quanto a mão de um homem está se levantando do mar". Então Elias disse: "Vá dizer a Acabe: Prepare o seu carro e desça, antes que a chuva o impeça".
— 1 REIS 18:44

Vai chover!

- Mais do que ter fé é necessário perseverar em Deus. Sem perseverança a fé não tem durabilidade. Persevere na Palavra de Deus!
- Esteja atento, peça a Deus por sabedoria e discernimento.
- Se Deus declarou algo em sua vida, vai se cumprir! Vá ao encontro da palavra que recebeu, coloque a sua fé em ação.
- Jesus pode transformar a falta em bonança. Entregue a Ele a sua causa e dependa do Senhor.

Grandes coisas surgem por meio de singelos detalhes. Quando Elias declarou a palavra do Senhor a Acabe, Israel passava por três anos de seca. Deus já tinha se revelado por meio de Elias — humilhando os profetas de Baal —, e a promessa de chuva trazia uma grande expectativa.

Quando o profeta declarou essa palavra, o céu estava limpo. Após conferir sete vezes o tempo, eis que surge uma pequena nuvem — do tamanho da mão de um homem — vindo do mar. Esse sinal foi suficiente para que Elias pedisse ao rei Acabe que saísse do Monte Carmelo antes da tromba-d'água.

O profeta estava atento aos detalhes. Elias não precisou pedir a Deus por grandes sinais e provas de que cumpriria a Sua promessa. Esse ensinamento é poderoso: **se Deus profetizou algo em sua vida, não aguarde por grandes sinais, esteja atento aos detalhes.**

Até as grandes árvores vieram de pequenas sementes. A promessa que Deus declarou em sua vida vai frutificar. Permaneça com ela, pois vai acontecer!

PARA ORAR:

Senhor Deus, muito obrigado pela Tua presença na minha vida. Tua Palavra transforma e vivifica. Quero pautar a minha vida em Tuas promessas e quero viver o extraordinário nestes dias. Dá-me sabedoria e discernimento. Em nome de Jesus, amém!

O ESPÍRITO SANTO NOS GUIA!

28 SETEMBRO

Todo aquele que aceitou a Cristo tem dentro de si o **Espírito Santo de Deus.** É o Espírito Santo que nos auxilia e nos dá direção para uma vida plena e abençoada. Por meio da Sua presença, podemos discernir o que não conseguimos ver.

O Espírito Santo aperfeiçoa-nos; quanto mais o buscamos, mais criamos intimidade com Deus. Ao buscarmos a luz, automaticamente nos afastamos das trevas, e é nessa trajetória que o Espírito Santo nos guia: rumo à vida eterna.

PARA ORAR:

Senhor, derrama sobre mim o Teu Espírito. Enche-me do Teu poder e guia-me segundo a Tua Palavra. Em nome de Jesus, amém!

> Pois todos os que são guiados pelo Espírito de Deus são filhos de Deus.
> — ROMANOS 8:14

Deixe o Espírito Santo guiar você!

- Busque uma experiência genuína com o Espírito Santo. Santifique-se.
- Antes de tomar qualquer decisão, coloque a sua situação diante de Deus. Deixe o Espírito Santo guiar você.
- Procure orar continuamente. A oração nos conecta com o Espírito Santo.

Bíblia on

29 SETEMBRO

A MINHA GRAÇA TE BASTA...

Mas ele me disse: "Minha graça é suficiente a você, pois o meu poder se aperfeiçoa na fraqueza". Portanto, eu me glorificarei ainda mais alegremente em minhas fraquezas, para que o poder de Cristo repouse em mim.

— 2 CORÍNTIOS 12:9

Graça reconfortante em meio à dor

- Ore e entregue-se a Deus, com todos os seus "espinhos" e aflições. Ele o ouve e ajuda.
- Confie que a graça e a presença de Deus estão contigo, agora mesmo e aonde quer que você vá.
- Louve! Apesar da aflição, creia que em Jesus Cristo há alívio para todo o sofrimento.
- Leia a Bíblia e busque conhecer mais a Deus. A Sua Palavra aumentará a sua fé e renovará a sua esperança.
- Não perca a fé! Busque ao Senhor! Jesus é a sua fortaleza; na presença dele há salvação e vitória!

Graça é o favor imerecível que Deus tem para conosco. Essa bondade proporciona a quem crê em Jesus uma segurança eterna, maravilhosa, superior a tudo que podemos imaginar. O apóstolo Paulo recebeu essa palavra de Deus quando por três vezes orou para ser curado de uma enfermidade, que ele chamou de "espinho na carne".

"A minha graça é suficiente para você!", esta foi a resposta que ele obteve do Pai. Talvez esperasse a cura ou a recuperação imediata, mas, naquele caso, o maior milagre foi Paulo reconhecer que Deus cuidava dele e lhe fortalecia dia após dia. Fosse como fosse, Cristo estava presente com ele!

Muitas vezes, não conseguimos entender o porquê de alguns sofrimentos em nossa vida. Mas certo é que eles nos mostram que somos fracos, limitados e dependentes Daquele que nos criou. Quando todos os nossos recursos pessoais se acabam, temos confiança em que a força do Pai será aperfeiçoada a cada dia... Em meio às tribulações da vida, Ele renova o seu vigor! Busque e confie totalmente na bondade e misericórdia de Jesus!

PARA ORAR:

Senhor Deus, revigora a minha fé quando passo por lutas, dores e aflições. Quando as minhas forças se vão, sei que o Teu poder permanece inabalável para sempre! Segura firme a minha vida e me sustenta, Pai. Abraça-me e consola-me quando tudo está difícil, pois só tenho a Ti, meu Deus! Molda a minha vida com o Teu querer e me ensina a confiar, que a Tua graça me basta. Em nome de Jesus, amém!

DESFRUTANDO DA PAZ DE DEUS

30 SETEMBRO

Vivemos num mundo conturbado, competitivo, em que é necessário a todo momento tomar uma posição e defendê-la. Isso gera estresse e cansaço.

Jesus, quando declarou essas palavras aos discípulos, passava por um grande momento de perseguição e tribulação. Em meio a um cenário angustiante, Jesus derramou a Sua paz.

Somente Cristo pode derramar a paz em meio à guerra. Só Ele pode nos dar a paz que excede todo o entendimento e acalmar o nosso espírito. A paz que o mundo dá é inconstante e passageira, mas a paz de Deus é confortante e eterna.

Receba a paz de Deus e acalme o seu coração, pois Aquele que venceu o mundo está do seu lado!

PARA ORAR:
Senhor Jesus, somente a Tua paz pode acalmar a minha alma. Confio no Teu poder e na Tua Palavra. Quero desfrutar da Tua paz; derrama o Teu espírito sobre mim. No Teu poderoso nome, amém.

Deixo a paz a vocês; a minha paz dou a vocês. Não a dou como o mundo a dá. Não perturbem o seu coração, nem tenham medo.
— JOÃO 14:27

Recebendo a paz de Deus

- Deus nos deu acesso a sua paz; busque-O por meio da oração. Derrame os seus medos e angústias a Deus, pois somente Ele pode confortar o nosso coração.
- A Palavra de Deus conforta a alma e nos dá direção. Quando sentimos Deus nos guiando, nosso coração se acalma. Busque a Palavra de Deus.

Bíbliaon

DEVOCIONAL DIÁRIO

OUTUBRO

SER CONHECIDO NO CÉU...

1º OUTUBRO

Muitos têm o sonho de conhecer pessoas famosas. Astros midiáticos, artistas, cantores, jogadores de futebol, líderes etc. estão no topo das listas de muitos fãs pelo mundo todo. Mas muito mais notório que conhecer uma celebridade é ser conhecido pessoalmente por alguém muito importante. Saber que somos conhecidos por alguém de alto prestígio confere-nos alguma relevância e satisfação.

O que dizer, então, do fato de sermos conhecidos pelo Deus de toda a terra e céu?

Que maravilhoso! Descobrir que somos conhecidos pelo Senhor Jesus Cristo, o Deus supremo e soberano, Rei dos reis que governa todo o universo e sustenta toda a criação, traz-nos confiança e segurança Nele... Que grande alegria conhecer e ser conhecido pelo nosso Deus! Que esse conhecimento gracioso nos motive a ouvir a Sua voz e segui-Lo sempre...

> **As minhas ovelhas ouvem a minha voz; eu as conheço, e elas me seguem.**
> — JOÃO 10:27

PARA ORAR:

Senhor Deus, obrigado, porque, mesmo sendo tão grande, o Senhor me conhece e cuida de mim com amor. Obrigado por me fazer Teu filho, ovelha do Teu rebanho. Ajuda-me a viver para agradar-Te, ouvindo a Tua voz e Te seguindo sempre. Que outras pessoas que não Te conhecem também sejam alcançadas por Ti. Em nome de Jesus, amém!

Viva como um bom filho conhecido de Deus...

- Ore e agradeça a Deus por saber que Ele o conhece e cuida de você.
- Seja genuíno na sua relação com Deus. Ele sabe quando somos íntegros ou hipócritas. Se sabe que não tem sido sincero, arrependa-se de verdade e confesse a Jesus.
- Procure agradar mais a Deus que aos homens com as suas atitudes e palavras. Que tudo que fizer seja para a glória do Senhor.
- Descanse no Senhor e confie Nele. Lembre-se: Ele o conhece e deseja ter um relacionamento pessoal com você.
- Busque ouvir a Deus por meio da Sua Palavra; dedique-se a conhecer mais Aquele que o conhece por completo.
- Compartilhe com outros sobre a sua fé em Deus, que nos salvou, nos conhece e nos ama.

Bíbliaon

2 OUTUBRO

AUMENTE O SEU AMOR

> Esta é a minha oração: que o amor de vocês aumente cada vez mais em conhecimento e em toda a percepção, para discernir o que é melhor, a fim de serem puros e irrepreensíveis até o dia de Cristo, cheios do fruto da justiça, fruto que vem por meio de Jesus Cristo, para glória e louvor de Deus.
>
> — FILIPENSES 1:9-11

Essa é uma linda oração feita pelo apóstolo Paulo aos filipenses e, indiretamente, ela também chegou a cada um de nós. Nela, ele pede que o amor aumente em duas coisas fundamentais:

1. conhecimento
2. percepção

O aumento do amor é algo fundamental nos dias atuais. Mas não se trata de algo nominal nem superficial. O amor implica conhecimento e toda percepção (discernimento, estar atento). Isso significa que precisamos conhecer mais o objeto do nosso amor: Deus em primeiro lugar, e ao próximo como a nós mesmos.

Além disso, também precisamos estar atentos, com toda a percepção, para amar mais e melhor. Isso significa deixar de ser insensíveis e alienados para prestar atenção no outro e nas necessidades alheias. Lembre-se, você foi e é amado pelo maior Amor do mundo. Por isso, também pode demonstrar maior amor por Deus e pelos outros.

Amor em ação

- Ser amado e amar muda a compreensão da nossa existência; também deve mudar a nossa postura diante de tudo e todos.
- Busque formas de conhecer mais a Deus, por meio de um relacionamento pessoal com Ele. Procure também conhecer a realidade de outras pessoas. Envolva-se, participe, encontre formas de amar mais.
- Ore mais e conheça melhor a Bíblia — leitura, pregações, estudos e cursos bíblicos são bons caminhos.
- Olhe também à sua volta, como o "bom samaritano". Veja em que você pode ser útil hoje.
- Peça a Deus que aumente o seu amor (e de toda a Igreja), para amar com conhecimento e também com uma boa compreensão e sensibilidade.

PARA ORAR:

Senhor nosso Deus, ajuda-me a amar mais. Ensina-me a amar-Te fielmente sobre todas as coisas, e a amar também aqueles que são alvo do Teu amor. Que eu possa notar aqueles que sofrem pelo caminho e estender os braços para o aflito. Aumenta o conhecimento e uma boa compreensão da vida, para que o Teu amor se reflita em mim e alcance a outros à minha volta. Em nome de Jesus Te peço e Te agradeço por tudo. Amém!

Bíblia on

DAR É MELHOR DO QUE RECEBER

3 OUTUBRO

A vida cristã nutre-se de generosidade, graça e amor. Esta é uma lógica diferente da que estamos habituados a ver no mundo, onde a ambição gananciosa dita as regras nas relações, deixando muitos cegos pelo poder, riquezas e desejo de ganhar vantagens. Mas na Bíblia entendemos que:

- É PERDENDO (coisas passageiras da vida), que se GANHA a Cristo (eternidade com Deus) – Lucas 17:33.
- Devemos AMAR os inimigos e ORAR pelos que nos maltratam – Mateus 5:44.
- Precisamos PERDOAR aqueles que erram recorrentemente contra nós – Mateus 18:22.
- É melhor DAR que RECEBER – Atos 20:35.

É mais abençoado dar do que receber!

Os cristãos são convidados a exercer este estilo de vida: ser mais parecidos com Cristo. Ele, graciosamente, deu tudo por nós! Na contramão do mundo, faça como Ele, entregue-se demonstrando amor, perdão, humildade e generosidade. Seguindo os Seus passos, doe e invista nos outros.

Lembre-se: no Reino de Deus, já recebemos o BEM mais precioso em Cristo. E, quanto mais damos daquilo que Ele nos dá, mais recebemos de volta. O Senhor recompensa aos generosos (Provérbios 19:17).

> Em tudo o que fiz, mostrei-lhes que mediante trabalho árduo devemos ajudar os fracos, lembrando as palavras do próprio Senhor Jesus, que disse: "Há maior felicidade em dar do que em receber".
> — ATOS 20:35

PARA ORAR:
Senhor, ajuda-me a ser generoso sem reservas, investindo sempre no Teu Reino. Assim como Tu nos deste tudo, ensina-me a doar com amor e liberalidade aos que têm necessidade. Que Tu cresças e eu diminua, Pai. Transforma o meu caráter e desperta em mim um maior desejo de dar do que receber. Em nome de Jesus, amém!

Bíblia on

4 OUTUBRO

ESCONDI A TUA PALAVRA NO MEU CORAÇÃO

> Guardei no coração a tua palavra para não pecar contra ti.
> — SALMOS 119:11

Guarde a Palavra e pratique-a!

- Esconder a Palavra no coração pressupõe estar em contato constante com ela. **Leia, estude, busque conhecer e amar verdadeiramente a Bíblia sagrada.**
- Para guardar os ensinamentos das Escrituras **você pode memorizar, registrar ou estudar versículos e histórias bíblicas.**
- **Decore pelo menos um versículo por semana.** No final de um ano você verá quanto da Palavra terá interiorizado.
- Cante a Palavra. Busque ouvir e aprender canções que falem da mensagem bíblica.
- Busque ouvir a pregação da Palavra, releia, medite e viva o que você aprendeu.

Somos inclinados ao erro desde que nascemos. Ninguém ensina uma criança a fazer chantagem, birra, desobedecer ou ser egoísta com seus brinquedos, por exemplo. Mesmo assim ela age dessa forma desde os primeiros anos de sua vida. O pecado é esse mal invisível, colado ao nosso gene, que nos leva a pecar mesmo quando não queremos agir assim.

Quando Jesus entrou na história da nossa vida, Ele nos salvou da terrível maldição do pecado. Éramos escravos de um impiedoso senhor, que nos condicionava a pensar, sentir e agir de acordo com a cobiça e maldade do nosso coração. Contudo, por Jesus Cristo, a Palavra que se fez carne (João 1:14), nós podemos guardar no coração a Verdade que liberta, para não pecar contra Deus.

PARA ORAR:

Senhor, obrigado pela Tua Palavra que me ensina, purifica e liberta de todo pecado. Ajuda-me a guardar tudo que tenho aprendido para não Te entristecer, fazendo o que Te desagrada. Ensina-me a ser mais parecido com Teu Filho Jesus Cristo em amor e atitudes. Que eu esteja sempre disposto a amar, ler, estudar e praticar a Tua Palavra, todos os dias da minha vida. Em nome de Jesus! Amém.

Bíbliaon

EM QUE TIPO DE ALICERCE VOCÊ ESTÁ FIRMADO?

5 OUTUBRO

Em que fundamento você alicerça a sua vida? Muitas pessoas "perdem o chão" quando algo inesperado acontece em suas vidas. Ser despedido, o fim de um relacionamento, uma doença ou mudança repentina pode dizer-nos muito sobre o que ou quem sustenta as nossas vidas. Às vezes é uma pessoa, um recurso financeiro ou você mesmo?

Se compararmos à construção dos dois fundamentos da ilustração narrada por Jesus, podemos avaliar se as nossas vidas estão baseadas na prudência ou na insensatez. Numa construção que se deseja sólida e segura, você precisa ter alicerces fortes e resistentes. Se colocarmos alguém ou circunstâncias, que são vulneráveis, como sustentação das nossas vidas certamente vamos sofrer com a queda...

PARA ORAR:

Senhor, me ensina a ser sensato, ouvindo e praticando aquilo que Tu ensinas na Tua Palavra. Ajuda-me a ter o Senhor como rocha da minha vida para me sentir sempre seguro, mesmo nas tribulações. Que eu guarde o amor, a fé e a esperança em Ti, em todas as circunstâncias, por toda a minha vida. Amém!

Todo aquele, pois, que escuta estas minhas palavras, e as pratica, assemelhá-lo-ei ao homem prudente, que edificou a sua casa sobre a rocha; (...) E aquele que ouve estas minhas palavras, e não as cumpre, compará-lo-ei ao homem insensato, que edificou a sua casa sobre a areia;

— MATEUS 7:24 E 25

Tenha alicerces sólidos: ouvindo e praticando a Palavra de Deus...

- Ore e reflita se, de acordo com a história contada por Jesus, você tem sido prudente ou irresponsável.
- Faça do Senhor a sua fortaleza. Por mais que tempestades venham é bom contar com o eterno e indestrutível Deus.
- A Palavra de Deus é rocha inabalável. Faça dela o seu alimento e sustento diário. Ouça, leia, estude e pratique-a!
- Se está passando por dificuldades, não se desespere! Busque a Deus e à Sua Palavra para sustentar a sua vida.
- Nos momentos de incerteza, confie e dependa mais da Palavra do Senhor do que das palavras dos homens.
- Confie no amor de Jesus por você. Ele está sempre presente, nos bons e maus momentos.

Bíbliaon

6 OUTUBRO

SATISFAÇÃO EM CRISTO

> Jesus respondeu: Eu sou o pão da vida. Quem vem a mim jamais terá fome, e quem crê em mim jamais terá sede.
> — JOÃO 6:35

Quem o satisfaz?

- Reflita por um momento: quem ou o que satisfaz o seu coração?
- Ore e busque a Jesus, assim como um faminto busca por alimento...
- Lembre-se: provisões terrenas podem trazer algum conforto, mas nunca a satisfação plena.
- Jesus é o bem maior capaz de preencher todo o vazio da sua vida.
- Hábitos pecaminosos dão a falsa sensação de felicidade, mas as suas consequências serão amargas. Ser feliz mesmo, só com Jesus!

Jesus é quem satisfaz a nossa sede e fome espiritual. No Seu ensino sobre o "Pão da Vida", uma multidão O buscava porque tinha visto o milagre da multiplicação e ficou satisfeita com os pães e peixes.

Mas Jesus mostrou que mais importante do que o pão que dá vida ao corpo mortal é o Pão que dá vida eternamente. Infelizmente, esse ensino pareceu "duro" demais para muitos ouvintes (João 6:60-66). Alguns ficaram escandalizados com as palavras do Senhor e deixaram de segui-lo.

As suas expectativas contavam apenas com o interesse natural imediato: a comida. Esqueceram-se do seu estado de inanição espiritual e morte longe de Deus.

De maneira semelhante, muitos vão até Cristo hoje em busca de soluções rápidas para seus problemas pessoais, esquecendo-se de que o mais importante é ir até Jesus e crer Nele, para uma satisfação completa e eterna...

PARA ORAR:

Senhor Deus, obrigado pelo Pão vivo que enviaste do céu para nos alimentar com Vida em abundância! Jesus é a fonte de toda satisfação. Ajuda-me a ir a Ele com fé e alimentar-me da Sua Palavra diariamente. Eu Te agradeço pela salvação e satisfação que tenho em Jesus Cristo. Por Ele eu serei a cada dia sustentado e mais feliz! Em nome de Jesus, amém!

ENCONTRE SENTIDO E FELICIDADE EM DEUS

7 OUTUBRO

Timothy Keller, pastor e autor cristão norte-americano, disse no seu livro "Falsos Deuses": "Se procurarmos nalguma criatura o sentido, a esperança e a felicidade que só o próprio Deus nos pode dar, ela acabará por não conseguir nos dar, deixando o nosso coração despedaçado".

De fato, tudo aquilo que nós mais desejamos na vida só poderá ser realmente alcançado quando o buscarmos em Jesus Cristo. Muitas vezes nos sentimos frustrados, porque depositamos em pessoas ou coisas a nossa razão de viver. Mas a Bíblia nos mostra que o sentido da vida, a alegria verdadeira e o senso de realização pessoal só podem ser satisfeitos em Deus, que nos fez para o Seu propósito e conhece o nosso coração. Deposite Nele a sua confiança. Deus pode transformar você numa pessoa realizada e feliz!

PARA ORAR:

Senhor Deus, obrigado, pois só em Ti posso encontrar a alegria plena! Tantas vezes fiquei decepcionado e frustrado por ter confiado em pessoas, coisas ou em mim mesmo. Perdoa-me por buscar a felicidade em criaturas limitadas e não em Ti. As coisas passageiras desta vida não podem satisfazer os desejos do meu coração. Mas Tu podes todas as coisas! Molda-me e enche-me de alegria pura e verdadeira, em nome de Jesus. Amém!

> **Busque no Senhor a sua alegria, e ele lhe dará os desejos de seu coração.**
> — SALMOS 37:4

Encontrando sentido e satisfação no Senhor

- Busque a Deus em primeiro lugar! A busca por realização nos lugares errados fará você se decepcionar.
- Ore e entregue a Deus os seus sonhos e alvos da vida. Ele lhe dará o que for melhor para você.
- Confie em Deus de todo o coração. Ele pode lhe restaurar e renovar a sua esperança.
- Encontre na Bíblia a chave para obter as respostas que você procura. A Palavra de Deus é fonte de luz e alimento para sua alma.
- Com Jesus, Deus lhe concede todas as bênçãos. Sem Ele você nunca se sentirá completo e feliz.

Bíblia on

8 OUTUBRO

VIVA EM COMUNHÃO!

> Como é bom e agradável quando os irmãos convivem em união!
> — SALMOS 133:1

Esteja em comunhão!

- Se está afastado da comunhão com a família de Deus, procure hoje mesmo uma comunidade para fazer parte.
- Não espere que façam por você o que também pode fazer por outros. Ame, sirva, ajude, abrace, ouça, partilhe e conviva com a família cristã.
- Se sabe que há algum problema entre você e um irmão, ore por ele, converse, tente ganhá-lo, reconcilie-se com ele.
- Participe sempre de encontros, reuniões e convívios. São ótimas oportunidades para conviver com os irmãos.
- Importe-se verdadeiramente com as pessoas. Estude a Bíblia e ore junto com sua família em Cristo.

Num mundo cada vez mais egoísta e individualista, viver unido à igreja pode ser um desafio para muitas pessoas. Infelizmente, depois de vivenciar problemas e dificuldades no meio do grupo, muitos decidem afastar-se da comunidade. Outros estão presentes, mas rejeitam qualquer vínculo verdadeiro com os irmãos. Deixam de experimentar a bondade e amor que procedem da comunhão com a sua família na fé.

Ainda que seja complicado, para o cristão essa é a única possibilidade de viver plenamente o evangelho, amando a Jesus Cristo e ao próximo como irmãos. A comunhão com Deus não substitui a comunhão com os irmãos. Somos família de Deus e precisamos uns dos outros para ser edificados e crescer. A convivência nem sempre é fácil. Problemas vão acontecer porque somos todos falhos. Somos pessoas diferentes, com criação, estilos, idades e problemas diferentes, mas o que nos une deve ser sempre o grande amor de Deus.

PARA ORAR:

Pai, obrigado pelos meus irmãos em Cristo. Ajuda-me a viver sempre em comunhão Contigo e com eles pela Tua graça. Perdoa as nossas falhas e faltas. Ajuda-nos a ser suporte e amparo para todos os que necessitem de ajuda. Como família, que estejamos todos unidos, apesar dos problemas e das dificuldades que possam surgir. Senhor, ensina-nos a amar e servir uns aos outros no amor de Cristo. Que possamos conviver sempre em paz e união, de acordo com a Tua vontade. Em nome de Jesus, Amém!

DEUS É CONTIGO!

9 OUTUBRO

Foi essa a palavra de encorajamento de Deus dada a Josué, quando o povo de Israel estava prestes a entrar na terra prometida. Depois da morte de Moisés, Josué era o novo responsável por conduzir os israelitas até o seu prometido território. À frente de milhares de pessoas e sem a companhia do seu grande líder, era natural que Josué se sentisse receoso ou sozinho.

Com os grandes desafios à frente, as batalhas para conquistar Canaã, humanamente falando, era de esperar que Josué precisasse receber instruções para a guerra, estratégias militares ou treinamento para atacar fortalezas. Mas não. Josué recebeu o que mais precisava: encorajamento, fortalecimento de Deus e a certeza de que o Senhor estaria sempre com ele...

Que grande coragem e força também nós podemos sentir! O Deus criador de todo o universo está ao nosso lado, nos ajudando nas nossas lutas diárias.

Com Jesus na sua vida, você pode ter essa segurança e jamais se sentir sozinho! Ele é contigo, onde estiver!

> *"Não fui eu que ordenei a você? Seja forte e corajoso! Não se apavore nem desanime, pois o Senhor, o seu Deus, estará com você por onde você andar".*
> — JOSUÉ 1:9

PARA ORAR:

Senhor meu Deus, sei que estás sempre presente em todos os momentos. Ajuda-me a confiar que tudo o que eu mais preciso está em Ti. Creio que, como estás comigo, não preciso temer o mal nem os problemas que possam vir. Faz-me forte e corajoso para vencer neste dia, Contigo ao meu lado. Amém!

O que mais você precisa hoje?

- Creia que tudo o que mais necessita é da Presença de Deus contigo!
- Se se sente atemorizado diante de alguma luta, creia que Deus está ao seu lado.
- Ore ao Senhor, confie a Ele a sua vida e todos os seus projetos.
- Busque orientação de Deus por meio da Bíblia, leia, reflita e creia.
- Preencha o seu coração de fé e segurança.
- Confie no Senhor e Ele o ajudará nas suas lutas diárias.

Bíbliaon

10 OUTUBRO

JESUS NOS TORNA LIVRES!

> Portanto, se o Filho os libertar, vocês de fato serão livres.
> — JOÃO 8:36

O que poderá fazer hoje para ser livre em Cristo:

- Se reconhece um hábito como pecado, arrependa-se, confesse-o e abandone essa prática.
- Ore pedindo ao Senhor que o ajude a não viver na prática do pecado.
- Busque conhecer mais a Jesus, através da Bíblia Sagrada. Ele é quem pode libertá-lo de todo o mal.
- Converse com irmãos mais maduros na fé, partilhe a sua dificuldade e peça oração.

Leia também:

VERSÍCULOS DE LIBERTAÇÃO

A agenda apertada, a rotina corrida do dia a dia não nos permite enxergar o quão presos nós estamos... Mas a verdadeira prisão não diz respeito somente à limitação de espaço, horários, compromissos ou afazeres diários. Há cadeias muito mais fortes que podem estar aprisionando a alma, a mente e o caráter das pessoas, tornando-as cada vez mais cativas e reféns.

Alguma vez já tentou abandonar um mau hábito ou vício (mentira, roubo, egoísmo, adultério, drogas, etc.) e não conseguiu sozinho? Já se sentiu condicionado a fazer coisas que não gostaria de fazer, sentindo-se, por isso, envergonhado?

A Bíblia nos diz que todo ser humano é prisioneiro do pecado. E que, por mais que tente se desvencilhar dessas algemas sozinho, não conseguirá. Somente Jesus Cristo pode romper as correntes que nos prendem, quando nos voltamos a Ele, arrependidos e com fé para segui-Lo.

Assim, quando Ele nos liberta, isso é um fato: nunca mais seremos escravos do pecado! Quando buscar conhecer mais a Jesus, você receberá uma nova vida e encontrará a verdadeira liberdade em Cristo.

PARA ORAR:

Senhor Jesus, quero ser livre de todo o mal que me aprisiona. Ajuda-me a vencer as algemas do pecado para que eu possa experimentar uma nova vida em Ti e possa receber a verdadeira liberdade. Em nome de Jesus, amém.

Bíbliaon

DEUS À DISTÂNCIA DE UMA ORAÇÃO...

11 OUTUBRO

Imagine se você tivesse ao seu dispôr um celular de graça, com créditos infinitos para poder fazer ligações ilimitadas e gratuitas para falar com Deus sempre que quisesse. Fantástico, não é mesmo?

Acredite, você pode mesmo manter contato ilimitado com Deus...

É certo que você não irá precisar de um celular específico para isso. Nem mesmo de um lugar muito importante ou de um intérprete para conversar com Deus por você. A Bíblia nos ensina que Ele está sempre perto e disponível, pronto a nos ouvir quando O chamamos com sinceridade de coração. Você poderá orar a Deus de onde estiver, a qualquer momento, em qualquer circunstância. Deus está perto... Basta manter uma conexão natural e verdadeira ao falar com Ele.

PARA ORAR:

Senhor Deus, muito obrigado por saber que estás aqui perto, à distância desta humilde oração. Neste dia, fica por perto e me ajuda a reconhecer que és O Deus que está sempre presente, que quer me ouvir sempre a falar contigo com sinceridade de coração. Amém.

O Senhor está perto de todos os que o invocam, de todos os que o invocam com sinceridade.

— SALMO 145:18

Para colocar em prática:

- Desenvolva o hábito de conversar com Deus todos os dias da sua vida.
- Seja verdadeiro nas palavras que menciona. Lembre-se de que Deus já conhece tudo o que se passa, apenas quer que nos relacionemos com Ele, em espírito e em verdade.
- Há sempre motivos para orar: pedidos e agradecimentos, por si mesmo ou pelos outros... Não perca tempo nem acesso a essa linha direta com Deus!

Leia também:

Versículos sobre o poder da oração

Bíbliaon

12 OUTUBRO

QUAL É O SEU TESOURO?

Disse Pedro: "Não tenho prata nem ouro, mas o que tenho, isto lhe dou. Em nome de Jesus Cristo, o Nazareno, ande".

— ATOS DOS APÓSTOLOS 3:6

Pegue sua maca e ande!

- Ore ao Senhor pedindo uma fé renovada.
- Entenda que seu bem mais precioso é espiritual, não físico.
- Leve essa bênção imaterial, de salvação, ao seu próximo.

Quando os apóstolos estavam caminhando em direção ao templo, viram um homem pedindo esmolas, pois ele era aleijado e não podia trabalhar. Diante de uma pessoa tão necessitada, estar de "mãos vazias" não era um problema, pois os apóstolos tinham algo mais valioso.

Avalie sua vida neste momento: aquilo de mais valioso é algo que pode segurar com as suas mãos? Veja, nossa fé em Cristo é a maior segurança que podemos ter na vida, e é nosso caminho para a salvação.

Eles confiavam no poder do nome de Jesus. Você confia que o nome de Cristo é capaz de suprir suas necessidades? Apenas creia, levante-se e vá louvar ao Senhor por tudo que Ele já fez na sua vida.

PARA ORAR:

Senhor, criador dos céus e da terra, que curou aquele aleijado pelo poder do nome de Jesus, Te peço que renoves minha fé. Ajuda-me a crer no Teu poder para mudar a minha vida. Entrego a Ti minhas necessidades e confio que possas me ajudar. Assim Te peço, em nome de Jesus.

Bíblia on

DEUS CUMPRIRÁ SEU PROPÓSITO

13 OUTUBRO

O que Deus tem planejado para sua vida? Essa é uma questão tão profunda e difícil de responder que é necessário passar muito tempo buscando por isso. Fato é que, seja qual foi o propósito de Deus com você, Ele cumprirá!

Em vez de lutar contra o Senhor e impor a sua vontade, permita-Lhe cuidar de você e guiá-lo segundo a vontade divina. Deixe-O terminar a obra que está realizando na sua vida.

Nossos propósitos e objetivos giram em torno daquilo que amamos, mas nenhum amor supera o do Senhor; esse amor permanece para sempre! Dessa forma, Deus está sempre olhando por você, cuidando de você.

PARA ORAR:

Senhor Deus, peço que Tu completes Tuas obras na minha vida, ó Pai. Quero viver o sobrenatural, viver sentindo a presença de Cristo na minha vida. Peço que Tu faças um milagre em mim. Em nome de Jesus, amém!

O Senhor cumprirá o seu propósito para comigo! Teu amor, Senhor, permanece para sempre; não abandones as obras das tuas mãos!

— SALMOS 138:8

A obra da sua vida

- Permita que o Senhor cuide da sua vida; abra-se para a obra de Deus!
- Comprometa-se a adorar ao Senhor de todo o seu coração, e verá que toda a sua vida se transformará.
- O nome do Senhor é exaltado nas alturas; da mesma maneira glorifique ao Senhor sempre!

Bíbliaon

14 OUTUBRO

ELE FAZ INFINITAMENTE MAIS!

> Àquele que é capaz de fazer infinitamente mais do que tudo o que pedimos ou pensamos, de acordo com o seu poder que atua em nós, a ele seja a glória na igreja e em Cristo Jesus, por todas as gerações, para todo o sempre! Amém!
>
> — EFÉSIOS 3:20-21

Ainda que pensemos em algo grande para a nossa vida, Deus tem um plano ainda maior! Mesmo conforme a Sua Palavra, o que pedimos ainda é pouco diante do que Ele já nos preparou. Por isso, não se preocupe com o que quer receber, pois Deus já sabe o que queremos e já nos preparou algo superior ao que sonhamos.

Agora, para termos acesso ao que Deus nos preparou, é necessário obediência e submissão a Ele. Ao colocarmos o Seu Reino em primeiro lugar, somos surpreendidos em todas as áreas da nossa vida.

Ele já sabe do que precisamos e sonhamos, por isso não se preocupe em como alcançar os seus sonhos, pense primeiramente em como servir a Deus da melhor forma e todas as outras coisas serão supridas por Ele.

Sendo surpreendido por Deus

- Mude o seu foco, coloque a sua expectativa em Deus e não nas coisas terrenas. Dessa forma, estamos focando no que realmente importa e, quando menos esperamos, somos surpreendidos por Ele.
- Permita que Deus faça parte dos seus sonhos e planos. Ele quer estar contigo em todos os momentos da sua vida.

Leia também

- Os planos de Deus são maiores que os seus
- Salmo 37: o segredo para ser abençoado

PARA ORAR:

Senhor Deus, sei que meus planos são pequenos diante do que tens preparado para mim. Quero experimentar Tuas bênçãos, quero Te servir e focar-me em expandir o Teu Reino. Pois sei que todas as outras coisas serão supridas por Ti. Em nome de Jesus, amém!

EDIFICANDO E SENDO EDIFICADO

15 OUTUBRO

Todo servo de Deus é responsável por promover o Evangelho. Cristo designou-nos para essa missão. **Jesus é a fonte da verdadeira paz e cabe a nós proclamarmos essa verdade.** Todo cristão é um canal da Palavra de Deus.

Outra responsabilidade que todo cristão deve ter é edificar a vida do próximo. Quando nos preocupamos em edificar a vida do nosso irmão, crescemos mutuamente. Ajudamos e somos ajudados, essa é a verdadeira comunhão. Ser servo de Deus exige esforço, mas toda essa dedicação é recompensada por Deus.

Não meça esforços em servir no Reino de Deus. Ele não mediu esforços para salvar você.

PARA ORAR:

Senhor Jesus, como é bom fazer parte da Tua grande família. Capacita-me a ajudar as pessoas. Quero declarar a Tua paz a todo o mundo. Quero ajudar da mesma forma como fui ajudado por Ti. Amém!

Por isso, esforcemo-nos em promover tudo quanto conduz à paz e à edificação mútua.

— ROMANOS 14:19

Edificando e sendo edificado

- Sempre que for auxiliar alguém, procure ajudar de forma construtiva.
- Edifique a vida do seu irmão como se estivesse a edificar a própria vida. Isso é amor.
- Use a Palavra de Deus para fortalecer, e não para destruir.

Bíbliaon

16 OUTUBRO

PROVA DE VIDA

Muitas pessoas já tiveram de atestar estarem vivas. É algo que soa estranho, mas é bastante comum entre aqueles que precisam comprovar para instituições financeiras ou previdenciárias que têm vida. Para isso, basta a pessoa ir pessoalmente até o local determinado e mostrar-se.

Você tem provas de que o nosso Salvador está vivo? Para cristãos e descrentes, é um fato histórico que Jesus realmente existiu. Historiadores não cristãos também registraram sobre a morte e ressurreição do Senhor. A Bíblia afirma-nos que, depois de ressuscitado, Jesus apareceu aos seus doze discípulos, e, além deles, a mais de quinhentas pessoas, que poderiam facilmente testemunhar.

Agarre-se nessa esperança: Jesus! A nossa fé não está baseada em um Deus morto. A cruz e o sepulcro estão vazios para o provar. Jesus Cristo vive! Essa é a razão da nossa esperança e o que impulsiona a fé cristã diariamente.

Quer maior prova de Vida?

- **Creia**! A vida, morte e ressurreição de Jesus são dados históricos atestados e confirmados por inúmeras testemunhas.
- Busque ao Senhor de todo o coração. — **Prove e comprove a vida do Senhor.**
- **Ore**, peça que Deus revele ao seu coração a vida plena de Jesus.
- Tomé disse precisar **ver para crer** e, assim como ele, muitos também duvidam. Jesus não somente se mostrou a Tomé como também se ofereceu para que lhe tocasse nas feridas. Não duvide como Tomé; **creia verdadeiramente!**
- Leia, ouça, medite e estude a Bíblia. A fé cresce à medida que compreendemos a Palavra de Deus.

> "Cristo morreu pelos nossos pecados, segundo as Escrituras, foi sepultado e ressuscitou ao terceiro dia, segundo as Escrituras, e apareceu a Pedro e depois aos Doze. Depois disso apareceu a mais de quinhentos irmãos de uma só vez, a maioria dos quais ainda vive, embora alguns já tenham adormecido. Depois apareceu a Tiago e, então, a todos os apóstolos; depois destes apareceu também a mim, como a um que nasceu fora de tempo."
> — 1 CORÍNTIOS 15:3B-8

PARA ORAR:

Senhor Deus, eu creio que Jesus está vivo! Creio que Ele veio nos trazer a Vida eterna e, mesmo tendo morrido no meu lugar, ressuscitou para Sua Glória e louvor. Te agradeço por inúmeras provas de vida que Cristo nos dá na Bíblia e diariamente na caminhada ao nosso lado. Louvado sejas, por milhares de motivos e razões para confiar em Ti e no Teu amor. Obrigado pela vida em Cristo Jesus. Amém!

SERVIR E AGRADECER

17 OUTUBRO

Esse trecho do cântico de Davi foi fruto de uma grande oferta que o rei fez com a participação de todo o povo de Israel na construção do templo em Jerusalém. Para que a obra de Deus fosse realizada, foi necessário muito envolvimento e esforço. Diante de toda aquela entrega, Davi se alegrou e louvou a Deus. Quando servimos ao Senhor, nenhum esforço é em vão!

Ajudar na obra de Deus é como plantar uma semente em uma boa terra. Toda vez que tiver a oportunidade de servir a Deus, não faça de qualquer maneira, faça com o coração grato e verá o quanto Deus fará na sua vida ao se colocar à disposição Dele. Deus abençoa e ama quem sente prazer em servi-lo.

PARA ORAR:
Senhor Deus, quero agradecer e louvar por todas as coisas que tem feito em minha vida. Aviva o meu coração para que sinta cada vez mais prazer em servi-lo. Quero servir como Jesus serviu! Quero me alegrar mais e mais na sua casa! Em nome de Jesus, amém!

> Agora, nosso Deus, damos-te graças, e louvamos o teu glorioso nome.
> — 1 CRÔNICAS 29:13

Sirva ao Senhor com alegria!

- Procure se integrar com os irmãos da igreja onde frequenta. Coloque-se à disposição. Aproximando o contato, conhecerá mais irmãos e estará mais envolvido com a obra de Deus.
- Quando servir na casa de Deus, até em pequenas tarefas, tenha em mente que todo serviço é uma oferta de adoração. Ao fim, em estado de oração, entregue ao Senhor o seu servir.

Bíbliaon

18 OUTUBRO

DEUS PROVERÁ!

Isaque disse a seu pai, Abraão: "Meu pai!" "Sim, meu filho", respondeu Abraão. Isaque perguntou: "As brasas e a lenha estão aqui, mas onde está o cordeiro para o holocausto?" Respondeu Abraão: "Deus mesmo há de prover o cordeiro para o holocausto, meu filho". E os dois continuaram a caminhar juntos.

— GÊNESIS 22:7-8

Esses versículos narram um momento de grande provação pelo qual Abraão passou com seu filho, Isaque. É a conhecida história em que Deus testa a fé do patriarca pedindo que lhe desse seu filho amado. Certamente, foi um teste inigualável, mas foi apenas uma prova, pois Deus não queria o rapaz morto. Abraão provou que tinha fé e obedeceu ao Senhor em tudo. Ele sabia que Deus, que concedeu o filho prometido, é Fiel e, se preciso fosse, ressuscitaria o menino ou proveria o cordeiro para o sacrifício. E assim aconteceu: Deus proveu! **E também em sua vida Ele proverá!**

À semelhança dessa história, por vezes a nossa fé é provada. E, mesmo sem entendermos as circunstâncias, precisamos confiar no Senhor, pois por meio das lutas que enfrentamos aprendemos a depender mais Dele. Emprego, tratamentos de saúde, recursos materiais, o que vestir etc são todas necessidades importantes, mas busque primeiramente o Reino de Deus e Sua justiça (Mateus 6:31-33). Apoie a sua fé totalmente no Deus de Abraão, de Isaque e de Jacó, porque Ele suprirá todas as suas necessidades, em Cristo, para Sua glória!

Pela fé, Deus proverá!

- **Confie** plenamente em Deus! Ele é fiel e cumpre a Sua Palavra.
- **Ore** e deposite toda a sua vida aos cuidados do Senhor.
- Deus proverá aquilo de que você **necessita**. Isso nem sempre é compatível com o que você **quer** que Ele faça.
- **Descanse** na provisão de Deus, mas **trabalhe e aproveite as oportunidades** que Ele coloca à sua frente.
- **Busque** constante orientação na **Palavra de Deus**. Ele provê a sabedoria necessária para que você tome as decisões corretas.

PARA ORAR:

Senhor Deus, quero agradecer, pois Tu, Senhor, tens cuidado de mim. Mesmo com dificuldades, eu creio que estás no controle da minha vida. **Provê o que eu realmente necessito**, não aquilo que quero. Ajuda também à minha família, à Tua Igreja, aos meus irmãos em Cristo e amigos, nas suas necessidades diárias. Abençoa o nosso país e supre as necessidades do nosso povo, Senhor! Dá-me sabedoria para gerir bem os recursos que Tu me dás. **Abra as portas, Pai, e faz a Tua vontade em mim.** Em nome de **Jesus**! Amém.

DEUS ESTÁ NO CONTROLE DE TUDO!

19 OUTUBRO

Essa passagem narra um episódio bastante interessante do Evangelho. Jesus estava com Seus discípulos num barco, atravessando o mar da Galileia em direção à outra margem da praia. Outros barcos O seguiam. Jesus provavelmente estava cansado, porque, aconchegando-se num travesseiro, dormiu ali mesmo, na proa. De repente, começou um grande temporal; fortes ventos e grandes ondas ameaçavam inundar o barco onde estavam, e certamente os outros barcos que estavam seguindo também.

Os discípulos estavam desesperados! Embora dominassem estratégias de manejo e controle de barcos, aquela situação estava insustentável. Eles temiam que o pior acontecesse... Naquela aflição, talvez tivessem pensado: "Como é que Ele pode dormir no meio desse tormento?". Simples, **Jesus tinha controle de todas as coisas**, inclusive daquilo que trazia temor aos Seus amigos. Clamaram ao Mestre, que acalmou a tempestade, e fez-se calmaria.

> Ele se levantou, repreendeu o vento e disse ao mar: "Aquiete-se! Acalme-se!" O vento se aquietou, e fez-se completa bonança. Então perguntou aos seus discípulos: "Por que vocês estão com tanto medo? Ainda não têm fé?" Eles estavam apavorados e perguntavam uns aos outros: "Quem é este que até o vento e o mar lhe obedecem?"
>
> — MARCOS 4:39-41

PARA ORAR:

Senhor meu Deus, obrigado por me ensinar a confiar em Ti. A Tua força nada pode conter e o Teu poder a nada pode ser comparado. Por que, mesmo assim, às vezes eu ainda tenho medo das circunstâncias? Tu estás comigo, sempre... Ajuda-me a crer em Ti! Clamarei pelo Teu auxílio, quando tudo parecer perdido e o meu coração estiver aflito. Faz a tempestade se acalmar, Senhor! Ajuda-me a enxergar a Tua serenidade e confiar que o Senhor está no controle de todas as coisas. Em nome de Jesus, amém!

Confie no controle soberano de Jesus!

- **Creia** que Jesus é Todo-poderoso. O Seu poder supera a força da natureza e de todos os poderes deste mundo.
- **Dê o controle da sua vida** ao Senhor Jesus. Ele é o único que pode cuidar e lhe dar segurança eterna!
- **Não tenha medo** das circunstâncias adversas que se levantam, se Jesus está no controle da sua vida.
- **Nas tempestades da vida busque a Jesus**, sabendo que o barco não vai afundar se Ele estiver presente!
- **Clame a Deus** que tem domínio e poder sobre tudo no universo... **Ele trará sossego ao seu coração.**
- **Compartilhe** com outros o Evangelho da graça de Jesus Cristo. Ele é o mesmo ontem, hoje e será eternamente.

Bíbliaon

20 OUTUBRO

DEUS ESTÁ SEMPRE PRESENTE!

> Deus é o nosso refúgio e a nossa fortaleza, auxílio sempre presente na adversidade.
> — SALMOS 46:1

Ele está presente!

- Deus está sempre presente. Busque a Sua presença em oração.
- O Espírito Santo nos conforta e nos dá direção, busque-O.
- Busque refúgio na Palavra de Deus. A Bíblia é um ótimo meio para nos reconectarmos com Deus.

Nos momentos de adversidade nossa fé é colocada à prova. E, sabemos, uma provação testa todos os nossos sentimentos. É nesses momentos de angústia que podemos perder o nosso foco.

Deus está conosco sempre, nos momentos bons e ruins. Ele não nos abandona, nunca! A sensação de medo pode surgir, mas, não esqueça, Ele está sempre presente com você. Clame a Deus em oração, peça a Sua provisão.

Também podemos encontrar refúgio na Sua Palavra: a Bíblia é um verdadeiro alívio na adversidade. Deus é fiel para cumprir todas a suas promessas, por isso mantenha-se firme e confie no Senhor!

PARA ORAR:

Senhor, sei que no meio das dificuldades estás comigo. Guarda-me segundo a Tua Palavra e guia-me em direção às Tuas promessas. Confio em Ti e sei que estás comigo sempre! Amém.

LONGE DOS OLHOS, LONGE DO CORAÇÃO

21 OUTUBRO

Esse dito popular, bastante conhecido, talvez traduza a causa de muitas pessoas desconfiarem das relações amorosas a distância. A proximidade presencial parece ser determinante para a conduta e os sentimentos de muitas pessoas. Infelizmente, muitos estão comprometidos com alguém, mas têm uma conduta quando estão perto e outra quando estão longe.

Por exemplo, há filhos que agem mal quando estão longe dos pais (responsáveis), empregados que se "aproveitam" quando os patrões estão fora, ou cônjuges que são infiéis se o companheiro não está perto. Foi assim também com os israelitas no deserto, quando se queixaram a Arão por não verem a Deus, nem a Moisés que estava no monte recebendo a Lei do Senhor. Pecaram, foram infiéis ao Senhor e construíram um bezerro de ouro (Êx. 32), porque pensaram que Deus estava longe...

A vida do cristão não deve ser assim. Principalmente a sua comunhão com o Senhor. **Ele é o Deus de perto e também de longe.** O nosso relacionamento com Cristo é baseado no amor e na confiança, e não na visão. Embora não O possamos ver nem tocar, pela fé caminhamos em sua companhia, mantendo o Senhor no coração. Ele nos amou primeiro, por isso nós também O amamos...

> **PARA ORAR:**
> Senhor, perdão! Ajuda-me a ser fiel e verdadeiro com o meu próximo e Contigo. Que a sinceridade e a verdade guiem a minha conduta, mesmo quando não tiver ninguém por perto. Tu és Deus de perto e de longe! Ajuda-me a não me afastar de Ti, hoje e sempre. Em nome de Jesus, amém!

Sou eu Deus apenas de perto, diz o Senhor, e não também Deus de longe?
— JEREMIAS 23:23

Longe dos olhos, PERTO do coração

- O que determina a sua vida: ser íntegro e honesto (perto e longe) ou ser fingido e infiel?
- Ore e reconheça que Deus está perto, mesmo se você estiver longe dele.
- Leia a Bíblia e busque obedecer a Ela, fazendo tudo para a glória de Deus.
- Mantenha firme a sua fé e amor a Deus, mesmo quando sentir que Ele está longe ou em silêncio.

22 OUTUBRO

O SUPERPODER DO PERDÃO

> Sou eu, eu mesmo, aquele que apaga suas transgressões, por amor de mim, e que não se lembra mais de seus pecados.
> — ISAÍAS 43:25

Utilizando o superpoder do perdão

- Perdoar não é recuar, nem se acovardar. Perdoar é superar, é avançar!
- Perdoe e você também receberá perdão (Mateus 6:14).
- Perdoar alivia o coração e a mente. Experimente.

Imagine se tivéssemos um superpoder que poderia apagar as nossas falhas, dando-nos a oportunidade de recomeçar de maneira correta. Aprenderíamos com os nossos erros e faríamos melhor. Seria incrível, não é? Tenho a satisfação de informar que você já tem esse poder e pode utilizá-lo quantas vezes quiser: chama-se **perdão**.

Deus derramou a Sua misericórdia por meio de Cristo e nos deu a oportunidade de reescrever a nossa história. Ele nos perdoou, como lemos nessa passagem de Isaías 43:25.

O perdão é poderoso, pode acabar com uma guerra, pode restaurar relacionamentos, reatar amizades, apagar traumas e salvar vidas. Perdoar não é fácil, mas sempre será a melhor coisa a fazer. É devido ao perdão divino que estamos vivos (Lamentações 3:22).

Perdoar não é retroceder; pelo contrário, perdoar é avançar, é aperfeiçoar-se no amor (1 João 4:17-18). Perdoe, não deixe as correntes da mágoa e do remorso o imobilizarem.

PARA ORAR:

Senhor, somos frutos do Teu perdão. Muito obrigado pelo Teu amor perfeito, e ensina-me a perdoar. Quero avançar em fé e experimentar mais do Teu amor. Molda o meu coração, em nome de Jesus, amém.

SEJA GENTIL E EQUILIBRADO PELO AMOR DE DEUS

23 OUTUBRO

O equilíbrio, a brandura e a gentileza são valores que devem ser cultivados nos dias que seguem. É triste, mas parecem estar em falta pessoas amáveis, atenciosas e moderadas em casa, na vizinhança, no trânsito, na escola, no trabalho, em repartições públicas, nas redes sociais e, infelizmente, até mesmo nas igrejas.

O discurso de ódio (grosserias e extremismo) tem ganhado força nas mídias, nos relacionamentos e nas atitudes de muitas pessoas. Mas a Bíblia nos mostra um caminho oposto: a moderação gerada pelo Amor. Amar é a resposta certa para um mundo tão hostil e desequilibrado. Considere o exemplo de Cristo e aprenda com Ele, que é manso e humilde de coração (Mateus 11:29).

PARA ORAR:

Senhor, ajuda-me a ser mais semelhante a Jesus Cristo. Quero ser equilibrado, manso e humilde de coração. Ensina-me a viver demonstrando o Teu amor em tudo que faço. Que as minhas atitudes demonstrem que Tu és o meu Deus. Que eu não imite o mundo, que eu não Te envergonhe, nem Te entristeça, ó Pai. Fica comigo e ajuda-me a cada dia. No nome precioso de Jesus, amém.

> *Que a moderação de vocês seja conhecida por todos. Perto está o Senhor.*
> — FILIPENSES 4:5

O amor de Deus nos torna mais gentis e amáveis

- Reflita: até mesmo as suas convicções mais fortes devem ser equilibradas pelo amor de Deus.
- Deixe que o Espírito de Deus produza em você os Seus frutos. Leia Gálatas 5:19-23.
- Deus está perto de você quando conversa, escreve, trabalha, estuda, dirige, enfim, agrade-O!
- A moderação se nota no pensar e falar, nos relacionamentos, no modo como nos vestimos, até na maneira que comemos.
- Busque ser mais parecido com Cristo, em todas as suas atitudes, no dia a dia.

Bíblia on

24 OUTUBRO

SOLTE AS ALGEMAS DE QUEM O PRENDEU...

Livrem-se de toda amargura, indignação e ira, gritaria e calúnia, bem como de toda maldade. Sejam bondosos e compassivos uns para com os outros, perdoando-se mutuamente, assim como Deus os perdoou em Cristo.

— EFÉSIOS 4:31-32

Você está preso? Talvez não esteja literalmente atrás de grades, mas ainda assim se sinta prisioneiro de alguns sentimentos negativos. A passagem de hoje se inicia com uma advertência para nos livrarmos desses maus sentimentos, más atitudes e de toda a maldade. Na sequência, somos instruídos a ser bondosos e misericordiosos uns para com os outros, liberando o perdão tal como Deus graciosamente nos perdoou em Cristo.

O perdão serve não somente para nos libertar do rancor e da mágoa contra quem nos fez algum mal, mas também pode liberar igualmente quem nos aprisionou. É como uma espada de dois gumes: por um lado nos torna livres da amargura e das atitudes vingativas e, por outro, no amor, apaga a ofensa de quem nos feriu, soltando-lhe as algemas. Libere perdão e você deixará de sentir dor ou mágoa pelo mal que o outro lhe causou.

Decida perdoar hoje mesmo!

- Entenda que as pessoas precisam de perdão. Jesus Cristo perdoa-nos porque todos nós somos falhos.
- Decida perdoar, apesar de as emoções dizerem o contrário. O perdão é uma decisão, não um sentimento.
- Ore a Deus, citando as pessoas a quem deseja perdoar.
- Livre-se do rancor! Não recrimine a pessoa pelo que ela fez, nem tente se vingar, apenas perdoe.
- Busque forças e alento na Palavra de Deus.
- Entregue nas mãos do Senhor os que o maltrataram. Quem o feriu também precisa receber perdão de Deus.

PARA ORAR:

Senhor meu Deus, quero estar livre de sentimentos de amargura e atitudes ruins contra os que me fizeram mal. Ajuda-me a não estar em conflito com os outros e a abandonar a mágoa, o rancor e a vingança. Perdão pelas vezes que falhei, entristecendo a Ti e as outras pessoas. Ensina-me a perdoar e liberar quem me feriu, assim como Tu também me perdoaste em Cristo. Amém!

TENHA HOJE UM ENCONTRO COM A PALAVRA DE DEUS!

25 OUTUBRO

Quando o rei Josias começou a reinar em Israel, era apenas uma criança e não conhecia a Lei de Deus. Muitos anos depois, o Livro foi encontrado no templo e apresentado ao rei. Ao ouvir o que dizia, Josias se humilhou e se arrependeu. Decidiu no seu coração cumprir tudo o que estava escrito. A Bíblia nos diz que ele agradou ao Senhor fazendo tudo corretamente.

Quantos de nós também não gostaríamos de viver retamente, agradando ao Senhor?

Diariamente tentamos governar a nossa vida da melhor maneira, mas, sem as referências certas que Deus nos deu na Sua Palavra, isso será impossível. Se não nos interessarmos pela Bíblia, como poderemos Lhe satisfazer? Sem O conhecer pessoalmente?

A história do rei Josias ilustra bem como também nós podemos proceder. Josias não conhecia a Palavra do Senhor, mas, quando a encontrou, considerou-a valiosa. Ouviu e se arrependeu prontamente. Humilhou-se e obedeceu a Ela.

Tenha um encontro ainda hoje com a Palavra de Deus!

Valorize-a. Invista tempo de qualidade para ler e meditar nela diariamente. Humildemente reflita, arrependa-se e obedeça com fidelidade.

PARA ORAR:

Senhor, obrigado por Te revelares a nós por meio da Tua Palavra! Ajuda-me a amar e dedicar mais tempo do meu dia para conhecer melhor a Bíblia, lendo, ouvindo, meditando e praticando-a com fidelidade. Tal como o rei Josias, que eu tenha um coração humilde, arrependido e obediente a Ti, para estar sempre pronto a cumprir a Tua vontade expressa nas Escrituras. Amém!

Então o sumo sacerdote Hilquias disse ao secretário Safã: "Encontrei o Livro da Lei no templo do Senhor". Ele o entregou a Safã, que o leu.

— 2 REIS 22:8

Para começar a conhecer mais ainda hoje:

- Reencontre a Palavra de Deus durante o seu dia.
- Analise qual o melhor horário do seu dia para dedicar-se à leitura atenta da Bíblia.
- Desligue-se das distrações! Vá para um lugar tranquilo e desfrute do conhecimento de Deus.
- Ore e peça a Deus que fale ao seu coração por meio da Sua Palavra.
- Faça anotações das passagens, reflexões e descobertas pessoais que fizer na sua leitura.
- Aplique à sua vida prática tudo que você aprender com a Palavra de Deus.
- Compartilhe com outros a riqueza desse conhecimento!

26 OUTUBRO

ELE É A SUA FORTALEZA NA HORA DA ADVERSIDADE

> Do Senhor vem a salvação dos justos; Ele é a sua fortaleza na hora da adversidade.
> — SALMOS 37:39

Deus é a sua proteção!

Veja alguns artigos para aumentar a sua confiança em Deus:

- 4 VERSÍCULOS PARA ENCONTRAR ÂNIMO EM TEMPOS DIFÍCEIS
- 4 VERDADES SOBRE A PROTEÇÃO DE DEUS

Crer em Deus não nos afasta das adversidades, mas faz total diferença no modo como enfrentamos essas situações. **É no meio das dificuldades que Deus faz a diferença!** Por isso, devemos colocar Deus no meio dos nossos problemas, apresentando-os diante Dele em oração.

A fortaleza é uma estrutura arquitetônica projetada para defender uma cidade de um ataque inimigo. É exatamente dessa forma — como o salmista ilustrou — que Deus age em nossa vida.

A Palavra de Deus fortalece o nosso coração para resistirmos às adversidades. Esse mecanismo de defesa espiritual — a Palavra de Deus — nos protege das investidas do inimigo e nos dá uma direção.

Deus não vai nos abandonar, pelo contrário, é nesses momentos que devemos clamar pelo Seu poderoso nome.

PARA ORAR:

Senhor, Tu és a minha proteção, a minha fortaleza. A Tua Palavra me traz segurança. Mesmo em dificuldades, sei que me proteges. Obrigado pela Tua proteção e pelo Teu amor, amém!

CONTE AS BÊNÇÃOS!

27 OUTUBRO

Ótimo convite à adoração e à gratidão! Nesse salmo, Davi faz uma convocação à própria alma para louvar a Deus e não se esquecer de nenhuma de Suas bênçãos. No decorrer dos versos, o salmista faz uma enorme lista com vários motivos pelos quais Deus merece ser adorado. Esse parece ser um precioso exercício que nos ensina a sempre ser gratos ao Senhor, por quem é e pelo que tem feito por nós.

Já dizia a letra de um antigo hino: "Conta as bênçãos, conta quantas são...". Se tentarmos enumerar, vamos ficar surpresos ao ver o quanto Deus já fez em nossa vida. Outro convite é para contar, testemunhar o que Jesus tem feito. Devemos nos esforçar para não nos esquecer de todas as bênçãos que o Senhor tem realizado em sua vida. E nada melhor do que falar, escrever ou testemunhar aquilo que o Senhor já fez. Até o fato de poder respirar agora já é uma grande dádiva. Seja grato a Deus!

> Bendiga o Senhor a minha alma! Bendiga o Senhor todo o meu ser! Bendiga o Senhor a minha alma! Não esqueça nenhuma de suas bênçãos!
> — SALMOS 103:1-2

PARA ORAR:

Senhor Deus! Tu, Senhor, és digno de toda glória e louvor! Que o meu coração nunca se esqueça de tudo que o Senhor já fez e fará em minha vida. Te louvo por me amares e me resgatares, enviando Jesus para nos salvar. Obrigado porque juntamente com Cristo também tens me concedido muitas bênçãos espirituais e materiais. Nunca me deixes esquecer de tudo aquilo que já fizeste por mim. Ajuda-me a trazer à memória e testemunhar aquilo que pode nos dar esperança. Em nome de Jesus, eu te agradeço. Amém!

Conte as bênçãos hoje!

• Faça uma autoconvocação! Desperte o seu coração para adorar e ser grato a Deus.
• Faça uma lista com 10, 50, 100 bênçãos (ou quantas conseguir!) de Deus em sua vida. Não se esqueça de nada, enumere todos os constantes benefícios que Ele lhe concede.
• Ore agradecendo a Deus por tudo que Ele é e pelo que tem feito por você.
• Adore, exalte ao Senhor, com gratidão e louvor. Diga ou escreva palavras de gratidão; cante louvores a Deus.
• Por fim, conte (diga a outros), dê testemunho de todo o bem que o Senhor faz.

Bíbliaon

28 OUTUBRO

NÃO SE CONFORME COM ESTE MUNDO!

> Não se amoldem ao padrão deste mundo, mas transformem-se pela renovação da sua mente, para que sejam capazes de experimentar e comprovar a boa, agradável e perfeita vontade de Deus.
> — ROMANOS 12:2

A cada ano o mundo nos oferece padrões que, na maioria das vezes, nos afastam de Deus. Sempre surge uma "novidade" que, no final das contas, ocupa boa parte do nosso tempo. Com isso, a nossa dedicação a Deus diminui sem percebermos.

O padrão deste mundo não se encaixa com a vontade de Deus. Quando colocamos Deus em primazia, naturalmente não nos encaixamos nas tendências deste mundo. Agora, isso só é possível por meio do Espírito Santo que nos aproxima de Deus.

Quando fazemos a vontade de Deus, agimos com equilíbrio e controle das nossas vontades carnais. Dessa forma, já não somos influenciados por este mundo e passamos a iluminar a terra refletindo a vontade do Pai!

Transformando a mente

- Busque o autocontrole e o equilíbrio por meio da Palavra de Deus.
- Tenha cautela com as "novidades" que o mundo oferece. Reflita se essa tendência pode afastá-lo de Deus.
- O que o mundo oferece pode até ser bom, mas o que Deus oferece é ainda melhor!
- Busque a santificação, ore, dedique uma parte do seu dia a Deus.

PARA ORAR:
Senhor, o mundo me oferece facilidades, mas o que Tu ofereces é ainda melhor! Não há nada mais precioso do que a Tua presença na minha vida. Enche-me do Teu Espírito, para que eu possa influenciar o mundo com a Tua Palavra. Em nome de Jesus, amém!

O PAPEL DAS PROVAÇÕES

29
OUTUBRO

Muitas vezes nos sentimos assustados, fragilizados e até perdidos, sem entender o sentido das provas na vida. Mas é mesmo nesses momentos que a nossa fé precisa se elevar, apoiando-se na grandeza do Senhor Jesus, que nos sustenta em tudo.

As provações, entre muitos significados, têm um papel pedagógico na vida dos cristãos. Elas nos ensinam a depender única e exclusivamente do Pai celestial. Também nos ajudam a reconhecer a grandeza de Deus, nossa fragilidade e necessidade de mudança. Essas experiências de fé apontam para o alto e para uma luta interior que se projeta em desafios concretos, como num teste real de caráter e amor genuínos a Deus.

> **Meus irmãos, tende por motivo de toda alegria o passardes por várias provações, sabendo que a provação da vossa fé, uma vez confirmada, produz perseverança.**
> — TIAGO 1:2-3

Perseverando nas provações

- **Alegre-se em Deus.** Parece difícil, mas a sua alegria o fortalecerá nas lutas.
- Vencer as provações produz perseverança. **Fique firme e não desanime!**
- **Leia e interiorize a Palavra de Deus**, faça dela o seu alimento diariamente.
- Ore, peça a ajuda de Cristo nas provas. **O Senhor está contigo sempre!**
- A **sua fé será confirmada**, se estiver firmada no Senhor Jesus. Confie de todo o coração.

PARA ORAR:
Senhor nosso Deus, ajuda-me a permanecer firme nos testes desta vida. Muitas provações são duras e difíceis, Pai... Não permitas que a nossa fé e esperança sejam abaladas, mas, sim, edificadas em Cristo. Que o Teu nome seja glorificado na minha vida, hoje e sempre. Amém.

30 OUTUBRO

ANDANDO SOBRE AS ÁGUAS!

> "Senhor", disse Pedro, "se és tu, manda-me ir ao teu encontro por sobre as águas". "Venha", respondeu ele. Então Pedro saiu do barco, andou sobre as águas e foi na direção de Jesus.
> — MATEUS 14:28-29

Saindo do barco

- Esteja atento para ouvir a voz de Deus. Ore, medite em Sua palavra, desenvolvendo mais intimidade com Ele.
- Aprenda a identificar alguém que dependa da ajuda de Deus. Ele quer ver o nosso crescimento na fé. Deus quer nosso amadurecimento espiritual.
- Quando a sua fé tiver de entrar em ação, firme os seus olhos apenas em Cristo e na sua palavra. Pedro andou sobre as águas, mas afundou, por ter perdido a sua atenção com fatores externos.

Há tempos em nossa vida em que teremos de passar por tempestades, é inevitável. Mas de uma coisa não podemos esquecer: Deus está do nosso lado, mesmo nas situações mais difíceis. Parece ser uma afirmação óbvia, mas é muito comum nos esquecermos de Deus quando as complicações da vida começam a aparecer.

Só nos lembramos de Deus, muitas vezes, quando certas situações estão no limite. Tempestades como essas são permitidas por Deus para o nosso aprendizado e para nos esticar a um nível maior de fé Nele. Milagres só acontecem quando nada parece ter solução, e a nossa fé só é colocada em ação dessa forma.

Depois daquele milagre na tempestade, Pedro teve a oportunidade de experimentar algo mais. Obedecendo à palavra de Jesus, ele colocou os seus pés na água e foi ao encontro de Cristo, experimentando o sobrenatural. Quando estamos com Jesus, temos sempre a oportunidade de experimentar algo mais em nossa vida. E quanto mais aprendemos com Jesus, mais experimentamos o seu poder. Nossa fé vai se edificando e assim caminhamos sobre as águas ao encontro do Criador.

PARA ORAR:

Senhor Jesus, sei que todas as coisas cooperam para o bem dos que Te amam. Cria em mim um coração que confie mais na Tua palavra. Dá-me condições para que eu possa aprender a crescer em Ti. Em nome de Jesus, amém.

UM AMOR QUE DURA PARA SEMPRE!

31 OUTUBRO

O amor de Deus é algo que rompe o tempo e não há como o medir. Como classificar esse amor? Amor que vence a morte, supera a dor, perdoa e cura. Outra característica desse amor é que ele dura para sempre!

Diante desse amor incondicional, por que às vezes nos sentimos só? Se o amor de Deus dura para sempre, por que temos momentos de tribulação? Esta como outras perguntas já devem ter passado na nossa cabeça. **O amor de Deus não diminui nem nos abandona.** O que acontece é que muitas vezes nos afastamos de Deus por causa do pecado e justamente o pecado bloqueia e nos afasta desse amor.

Mas não fique triste! Existe uma forma de voltar aos braços do pai! Será necessário esforço, humildade e coração aberto. Deus é misericordioso e já nos perdoou de todo pecado, mas, para o validarmos, devemos pedir perdão e nos colocar diante de Deus. O amor de Deus expulsa qualquer sentimento de condenação. Deus é bom e o seu amor dura para sempre!

> **Deem graças ao Senhor, porque ele é bom. O seu amor dura para sempre!**
> — SALMOS 136:1

Experimentando este amor

- Leia o Evangelho e veja a maior prova de amor que a humanidade pode conhecer: Jesus Cristo.
- Jesus está vivo e está no meio de nós! Ore, busque-O. Amor é relacionamento.
- Espalhe esse amor com o próximo. O amor de Deus é prático e rende frutos.

PARA ORAR:

Senhor Jesus! Quero experimentar mais o Teu amor. Derrama sobre o meu coração a Tua paz e faz de mim um canal de amor para o meu próximo. Quero vivenciar esse amor mais e mais! Amém.

Bíbliaon

DEVOCIONAL DIÁRIO

NOVEMBRO

DEUS SEMPRE ACRESCENTA MAIS!

1º NOVEMBRO

Temos um Deus poderoso que faz grandes coisas e é capaz de realizar maravilhas em nossa vida. Ele é capaz de nos acrescentar ainda mais graça e abençoar acima das nossas expectativas. Deus faz mais do que pedimos e pensamos. Para que o seu poder possa agir, temos de estar abertos para o mover de Deus. Na linguagem popular, "entregar o volante" da nossa vida a Ele.

Deus sabe o que é melhor para a nossa vida. Ele é a razão e o propósito do nosso viver; somos instrumentos Dele. E não há nada melhor para um instrumento do que ser tocado por um exímio instrumentista. Sozinhos não somos capazes de fazer grandes coisas e sempre ficaremos abaixo do que poderíamos ser.

Mas, ao nos colocarmos diante de Deus, abrimos a possibilidade de sermos esticados ao máximo, pois quem rege o universo é capaz de nos fazer crescer ainda mais em graça e boas obras. Permita que Deus conduza a sua vida; dê espaço nas suas decisões e expectativas para o agir de Deus. Ele é poderoso para fazer que toda graça lhe seja acrescentada!

PARA ORAR:

Senhor Jesus, Tu sabes o que é melhor para a minha vida. Teus planos são maiores do que os meus; guia-me. Conduz-me de uma forma que possa gerar bons frutos e abençoar os que estão ao meu redor. Quero frutificar, quero crescer em graça! Amém.

E Deus é poderoso para fazer que toda a graça lhes seja acrescentada, para que em todas as coisas, em todo o tempo, tendo tudo o que é necessário, vocês transbordem em toda boa obra.

— 2 CORÍNTIOS 9:8

Crescendo em graça

- Procure meditar na Palavra de Deus; alimentamos a nossa fé lendo e ouvindo a Palavra.
- Coloque em prática o que meditou. O Evangelho é prático, e o fruto das boas obras só surge quando semeamos.
- Permita ser ensinado por Deus com um coração quebrantado e disposto a aprender. Deus nos dá desafios e bênçãos para crescermos em fé; devemos agir como servos aprendizes, e não como mestres ou "clientes de Deus".

Bíblia on

2 NOVEMBRO

BUSCANDO REFÚGIO CERTO

> Se você fizer do Altíssimo o seu refúgio, nenhum mal o atingirá, desgraça alguma chegará à sua tenda.
> — SALMOS 91:9-10

Encontre refúgio no Senhor Jesus Cristo

- Entregue sua vida ao Senhor, e Ele será seu refúgio agora e para sempre.
- Ore a Deus, lançando sobre Ele as suas preocupações, medos e angústias.
- Acolha e estenda suas mãos para os necessitados e aflitos (estrangeiros, órfãos, etc.).

Atualmente vemos um número imenso de refugiados de vários países do mundo buscando um novo lar. São fugitivos de guerra, fome, ameaças de grupos terroristas ou de situações extremas de governos ditatoriais.

Felizmente, a dor de não ter onde ficar é sanada pelo aconchego e esperança encontrados nos países-refúgio. Assim também é com o nosso Deus. Ele é nosso refúgio e fortaleza! No meio das nossas guerras e crises internas, Ele proporciona abrigo forte e consolo.

Esse versículo nos diz que poderemos escapar ilesos de desastres e violências, se Deus for a nossa morada. Mas, mesmo que enfrentemos o sofrimento nesta vida, temos plena convicção de que o nosso refúgio mais almejado está na eternidade. Lá não haverá desastres, aflições nem morte ou dor.

PARA ORAR:

Deus Todo-poderoso, Tu és o meu abrigo certo. Obrigado, porque tens me livrado do mal todos os dias. Tu és o meu refúgio nas tempestades. Sei que Tu nunca perdes o controle sobre o que nos acontece. Guarda-me na Tua presença, Pai. Creio que nenhuma desgraça durará para sempre, pois a Tua Graça me sustenta e nela estou seguro para sempre. Tudo Te entrego e Te agradeço, em nome de Jesus. Amém.

ONDE ENCONTRAR SALVAÇÃO E FORÇA?

3 NOVEMBRO

Num mundo quebrado e revirado como o que vivemos, por vezes é difícil descansar o coração e manter os olhos fixos no Senhor. Mas queira isso e se esforce para dar atenção ao que o Senhor diz. Pois Ele concede o vigor tão almejado em dias tristes, frustrantes e cansativos...

Nesse versículo o profeta Isaías alerta ao povo de Deus quanto à rejeição a dois quesitos importantes na vida de qualquer pessoa: **a salvação e a força que vem de Deus.** Mas salvar de quê? Vigor para quê? Todas as pessoas sem Deus estão condenadas a um triste destino, a não ser que aceitem a oferta gratuita que Jesus dá (João 3:16-17). Todos são fracos quando se apoiam na própria força...

Conforme a Palavra do Senhor, a **salvação** é obtida por meio do **arrependimento e do descanso Nele.** Descansar significa sustentar-se, entregar-se, tranquilizar-se no Senhor.

A verdadeira **força** e consistência estão na quietude e em confiar verdadeiramente, isto é, **serenidade e fé genuína.** Parece simples, não é? Mas tantas vezes estamos no meio de tanta agitação, num turbilhão de informações e vozes, que já não conseguimos discernir e ouvir a voz de Deus. Pare um pouco... É preciso buscar amparo e a paz de Deus.

Na Palavra de Deus você encontrará alento para viver plenamente a vida com Jesus e ser forte e resistente para suportar os dias ruins.

> Diz o Soberano Senhor, o Santo de Israel: "No arrependimento e no descanso está a salvação de vocês, na quietude e na confiança está o seu vigor, mas vocês não quiseram.
> — ISAÍAS 30:15

Encontrando a salvação e força em Deus

- Deus Se agrada de corações arrependidos e quebrantados. Confesse as suas falhas e peça perdão a Ele.
- Se ainda não compreendeu o que é a salvação, busque auxílio e descubra por meio da Bíblia sagrada.
- Despressurize! Sem pressão, separe um tempo para estar a sós com Deus.
- Ore a Deus em silêncio. Busque-O de coração e sem pressa para outros afazeres.
- Coloque o seu foco em Deus. Com todas as distrações (telas — mídias e entretenimento), é preciso se esforçar para estar concentrado e em comunhão com Jesus.
- Busque a Palavra de Deus diariamente (leia, medite, ouça, estude). Ela é luz, alimento e vida para o seu caminho.

PARA ORAR:

Meu Senhor, salva-me de todo o mal! Salva-me da condenação eterna e dos pecados que tentam me aprisionar aqui. Salva-me de mim mesmo, que sou falho e careço da Tua glória. Perdão, Senhor... Te entrego o meu coração e toda a minha vida. Fortalece-me pela Tua Palavra, em nome de Jesus! Amém!

Bíbliaon

4 NOVEMBRO

DEUS PRESENTE

> O Senhor dos Exércitos está conosco; o Deus de Jacó é a nossa torre segura.
>
> — SALMOS 46:7

Deus veio a nós

- **Deus de todos nós!** Jesus não se limitou nem restringiu sua companhia a um grupo específico: Ele é Deus presente com todos — homens, mulheres, pequenos e grandes, nacionais e estrangeiros, doentes e sadios, fracos e corajosos. Ele é o nosso Deus!
- **Deus está presente nos montes ou nos vales.** Ele o acompanha nos sofrimentos e nas alegrias. Lembre-se disso todos os dias.
- Ore para que a Sua presença seja notória na sua vida. **Reconheça Deus nos seus caminhos.**
- Apegue-se à Palavra de Deus todos os dias. Ela lhe ensinará e fortalecerá a sua fé.
- **Você não está sozinho!** Você está seguro nas mãos do Salvador do mundo. Descanse no Senhor!

> "A virgem ficará grávida e dará à luz um filho, e lhe chamarão Emanuel, que significa 'Deus conosco'".
> — Mateus 1:23.

Deus é o Deus presente! Ele não o abandona quando a crise aperta ou quando a tristeza chega. Ao contrário de todos que o abandonaram, Ele é um forte refúgio na hora da angústia. Toda dificuldade que você está passando pode ser aplacada pelas poderosas mãos do Senhor! Ele é grandioso e está ao seu lado, mesmo que você não sinta. Renova suas esperanças e transforma suas trevas em luz...

Jesus é o grande Emanuel — "Deus conosco". Ele poderia ter vivido acima de nós ou longe de nós, mas não o fez! Ele viveu entre nós e se importou com os fracos e desamparados. Ele tornou-se amigo de pecadores e irmão dos pobres. Ele está presente e o sustenta a cada tempestade. Confie no Senhor com persistência!

PARA ORAR:

Senhor, obrigado pela Tua presença constante. Quando todos se afastam, Tu permaneces junto a nós cuidando de perto. Creio que Tu, Deus Emanuel, nunca nos abandonarás, mesmo quando tudo parecer tão difícil e perdido. Fica conosco, nosso amado e bom Jesus, hoje e sempre, pelo Teu eterno amor! Amém.

O AMOR EXPULSA O MEDO!

5 NOVEMBRO

Se amamos verdadeiramente a Deus, por que haveríamos de ter medo? **O amor expulsa o medo e atrai a Deus.** Ele é o nosso refúgio seguro e não há nada que possa subjugá-lo. Quem ama a Deus e segue os seus passos, não tem o que temer.

A única coisa que pode nos afastar de Deus é o pecado. O pecado leva à culpa e a culpa precede o castigo. Por isso, **a melhor maneira de afastar o medo é se afastar do pecado.** Andar com Deus nos injeta coragem! Quando estamos na Sua presença, sentimo-nos seguros e confiantes no Seu poder.

Busque aperfeiçoar-se no amor de Deus e sinta-se seguro. Afaste o medo da sua vida e experimente a paz que excede todo o conhecimento!

> *No amor não há medo; ao contrário, o perfeito amor expulsa o medo, porque o medo supõe castigo. Aquele que tem medo não está aperfeiçoado no amor.*
> — 1 JOÃO 4:18

Expulsando o medo

- Aumente a sua intimidade com Deus, busque-o por meio da oração.
- Fale para Deus quais são os seus medos. Abra o seu coração a Deus.
- Leia a Palavra de Deus. Ela ajuda-nos a nos aproximar de Deus e a desmistificar o medo.

PARA ORAR:
Senhor Deus, Tu és poderoso e em Ti encontro segurança. Guarda o meu coração. Ilumina o meu caminho para experimentar a cada dia o Teu amor. Em nome de Jesus, amém!

6 NOVEMBRO

OUSADIA E CORAGEM EM DEUS

> Pois Deus não nos deu espírito de covardia, mas de poder, de amor e de equilíbrio.
>
> — 2 TIMÓTEO 1:7

Tenha fé e ousadia!

- Busque a Deus em oração. Leia a Bíblia para fortalecer sua fé e confiança Nele.
- Lembre-se de que o Espírito Santo está em você, dando-lhe a ousadia necessária para enfrentar os problemas que surgem.
- Coloque sua confiança em Deus e não nas circunstâncias, sabendo que Ele é capaz de realizar o impossível!

Ter ousadia não é fácil, mas, quando temos a presença de Deus em nossa vida, podemos ser ousados e confiantes diante dos desafios que surgem na nossa frente. Em Deus, podemos ter a coragem necessária para enfrentar as tribulações que surgem, pois sabemos que Ele é fiel e está sempre ao nosso lado.

Se você está passando por um momento difícil, não se desespere, confie em Deus e tenha coragem para seguir em frente com fé. Ele o ajudará a superar tudo aquilo que parecia insuperável e lhe dará a força de que precisa para vencer.

Creia, Deus é o seu escudo protetor e nada é impossível para Ele!

PARA ORAR:

Senhor, dá-me força e ousadia para colocar a Tua Palavra em prática. Sei que fazes o impossível acontecer e quero ver as Tuas maravilhas acontecendo na minha vida. Aumenta a minha fé! Em nome de Jesus, amém.

LANCE SOBRE ELE AS SUAS PREOCUPAÇÕES

7 NOVEMBRO

Lançar sobre Deus aquilo que nos preocupa é uma saída simples e eficaz para solucionar o problema da ansiedade. Contudo, essa atitude exige certo grau de confiança e entrega total. Quando entregamos a Deus o que nos tem causado ansiedade, passamos a desfrutar de um sentimento de paz e tranquilidade surpreendente, porque sabemos que tudo está depositado nas melhores mãos. Tudo está sob o controle do Senhor de todo o universo, que tem cuidado de nós.

O que é que o preocupa neste dia? Problemas familiares, dívidas, estudos, trabalho, doenças, futuro? Seja qual for a causa da sua ansiedade, problemas grandes ou pequenos, a Bíblia nos orienta a lançar toda inquietação em Deus. Entrega tudo ao Senhor em oração. Fazendo isso poderá descansar Nele, confiando que Deus cuida de você e que também agirá de acordo com a Sua boa vontade, em todas as situações.

> **PARA ORAR:**
> Senhor Deus, quero lançar sobre Ti todas as minhas ansiedades... Coloco em Tuas mãos as minhas preocupações e tudo que tem me inquietado. Peço que me ajudes a descansar no Senhor, confiando nos Teus cuidados e no Teu grande amor por mim. Desde já Te agradeço, crendo que a Tua Paz poderá tranquilizar o meu coração. Amém!

Lancem sobre ele toda a sua ansiedade, porque ele tem cuidado de vocês.
— 1 PEDRO 5:7

Como lançar as suas ansiedades em Deus hoje mesmo:

- Ore, falando para Ele todos os assuntos que o têm preocupado; peça que Ele o direcione e oriente.
- Entregue tudo sem reservas e deixe realmente aos Seus cuidados, porque Ele tem cuidado de você.
- Confie que o Senhor vai continuar cuidando de todas as circunstâncias da sua vida.

Bíbliaon

8 NOVEMBRO

A JUSTIÇA DO REINO

> Dê a quem pede, e não volte as costas àquele que deseja pedir algo emprestado.
>
> — MATEUS 5:42

Avalie a si mesmo

- Reflita: quando alguém lhe pede algo, você tem generosidade ou ganância?
- De que maneira você pode melhorar a ajuda ao próximo?
- Esteja preparado a tempo e fora de tempo para ajudar!
- Ore a Deus, pedindo um coração cheio de compaixão.

O **padrão de conduta que Jesus estabelece é extremamente desafiador**. Diversas vezes, Cristo exige que seus seguidores tomem decisões muito difíceis, como dar a outra face, orar pelos inimigos, negar a si mesmo, e assim por diante. Em tempos de crise financeira, porém, um dos mandamentos que mais pesam é o de ajudar àqueles que pedem dinheiro. Naturalmente encontramos desculpas mentais, como "ele vai comprar droga", "ele devia buscar emprego", "se eu tivesse um trocado até daria", e evitamos vezes e vezes ajudar os necessitados.

O que Jesus pede é que **nosso amor pelo próximo supere nosso apego às coisas materiais**. Se alguém lhe pede um trocado ou comida, nossa vontade de ajudar deve ser muito maior do que nossa gana por economizar. Diversas vezes retemos todo o dinheiro que não é gasto conosco, mas, se for para comprar um agrado ou exagerar em um restaurante, não pensamos duas vezes.

Não deve ser assim! Devemos seguir o que Jesus disse e **prezar pelo bem dos que necessitam**; ter amor e compaixão por aqueles que têm menos do que nós.

PARA ORAR:

Senhor, Deus meu e Pai meu, peço perdão por todas as vezes que neguei ajuda ao próximo, que abaixei a cabeça em apatia e negação do bem. Que Teu Santo Espírito me capacite a fazer o bem a tempo e fora de tempo, e que Ele encha meu coração de generosidade para com todos. Agradeço ao Senhor Jesus Cristo, que morreu por mim para me dar o que eu mais necessitava, a salvação.

OBEDIÊNCIA RESULTANTE DO AMOR

9 NOVEMBRO

Quão difícil é para os pais de um bebê recém-nascido seguirem toda a lista de cuidados e exigências que um filhinho demanda! Para quem ainda não é pai/mãe, pode até pensar na dificuldade de: acordar de madrugada, trocar fraldas, amamentar, dar banho, mamadeira, papinhas, fazer dormir, massagens para as cólicas, acalmar e tantas outras coisas... e repetidas vezes. Mas, certamente, seguir essa jornada não é penoso para os pais. É um desafio cansativo, mas é totalmente gratificante. E por quê? Porque eles amam o seu bebezinho...

Da mesma maneira, se amamos a Deus, os Seus mandamentos não são árduos para nós. Não é aflitivo segui-los, porque amamos ao Senhor. Jesus certa vez disse aos Seus discípulos que eles seriam seus amigos se fizessem o que Ele mandava (João 15:14). A obediência é a prova primeira de que amamos ao Senhor. Quando cumprimos os Seus mandamentos, revelamos que O amamos verdadeiramente. Mas o mais maravilhoso é que essa obediência não nos causa danos. Pelo contrário, ela é boa para nós e resulta em paz e alento no nosso coração.

> **Porque nisto consiste o amor a Deus: em obedecer aos seus mandamentos. E os seus mandamentos não são pesados.**
> — 1 JOÃO 5:3

Ame e obedeça mais a Deus!

- Ore a Deus e agradeça pela leveza e graça dos Seus mandamentos.
- Reflita por alguns instantes: você ama a Deus? Você tem obedecido aos Seus mandamentos?
- Antes de obedecer você precisa conhecer e crer. Leia diariamente e ouça pregações da Bíblia Sagrada.
- Peça a Deus que o ajude a aprender e obedecer aos Seus mandamentos.
- Mais que ouvir, busque praticar os mandamentos de Deus. Eles se resumem em amar a Jesus e ao próximo.
- Algo tem estado pesado? Leia Mateus 11:25-30. Compartilhe o seu fardo com Jesus.
- Partilhe o amor de Deus aos que estão à sua volta...

PARA ORAR:

Senhor meu Deus, obrigado,, porque Tu não nos sufocas com exigências mais pesadas do que podemos suportar. Pelo contrário, os Teus mandamentos são simples e verdadeiros. Ajuda-me a obedecer a eles diariamente, sem me esconder ou me acovardar. Eu Te agradeço, porque Tu me amaste primeiro e tens me ensinado a amar em espírito e em verdade. Eu Te amo, ó Deus! Que o meu amor seja visto na prática, na fé e na obediência à Tua Palavra. Em nome de Jesus, amém!

Bíbliaon

10 NOVEMBRO

TUDO O QUE FIZER, FAÇA BEM!

> Tudo o que fizerem, façam de todo o coração, como para o Senhor, e não para os homens.
>
> — COLOSSENSES 3:23

O bom testemunho ganha vidas!

- Somos pessoas como as outras, com problemas e desafios. Não precisamos fingir que a vida é "mil maravilhas", mas a forma como lidamos com os problemas faz a diferença.
- Ter Jesus como referência é a melhor forma de agir, dando um bom testemunho.
- A Bíblia é o manual, a fonte de referência de como podemos agir de forma excelente.
- O bom testemunho rende bons frutos. Seja perseverante, você está no caminho certo!

Esta é a melhor forma de falar de Jesus, por meio da nossa vida. Quando ajudamos as pessoas e fazemos o nosso melhor, estamos refletindo a face de Cristo em nossas atitudes. Muitas vezes não damos valor, mas as pessoas ao nosso redor vão notar.

Podemos ganhar as pessoas para Cristo por meio das nossas atitudes e comportamento. Quando nos dedicamos de coração — seja em qualquer atividade —, as pessoas são tocadas pelo nosso empenho.

Jesus é o melhor exemplo de como servir e se dedicar de todo o coração em uma tarefa. Mesmo sendo Deus, tornou-se servo e como servo serviu a todos com excelência, amor, entregando a própria vida por nós. Seu testemunho e Sua prova de amor mexem com todos até hoje, e vidas são transformadas por meio desse exemplo.

Siga o Mestre, trabalhe com excelência, como se estivesse fazendo para Deus, não para os homens, e colherá bons frutos!

PARA ORAR:

Senhor Jesus, ajuda-me a ser uma pessoa melhor. Quero ser um canal de bênção para as pessoas que estão ao meu redor. Molda o meu coração, quero crescer em fé e fazer a Tua vontade. Amém.

EIS QUE ESTOU CONVOSCO SEMPRE, ATÉ O FIM DOS TEMPOS!

11 NOVEMBRO

Já se sentiu sozinho alguma vez? Em inúmeras situações da vida podemos ter essa sensação: se estamos fora de casa, em viagem, no hospital, preso, sem abrigo... quando perdemos alguém que muito amamos... São muitas as possibilidades de nos sentirmos solitários. Ou talvez esteja num daqueles momentos em que, mesmo estando cercados de pessoas à sua volta, ainda assim se sinta só.

Seja qual for o seu caso, confie que **Cristo está presente sempre!** Os versículos de hoje trazem uma ordem e uma promessa verdadeira de Jesus. Ele prometeu e cumprirá, pois é Fiel! Os discípulos ouviram o mandamento de fazer outros seguidores, depois a promessa mais maravilhosa: **Cristo presente sempre!** Se entender isso pela fé, jamais se sentirá sozinho novamente. Mesmo que esteja aparentemente só, **confie que Deus está com você!**

PARA ORAR:

Senhor Deus, há momentos em que me sinto tão sozinho! Ajuda-me a confiar, tendo convicção de que Tu não me abandonas nunca. Ainda que venham tempos difíceis, se Tu estiveres comigo, não terei medo. Ensina-me a obedecer à Tua Palavra e a cumprir o Teu propósito, fazendo com que outras pessoas conheçam e sigam a Ti. Muito obrigado pela Tua Presença constante em minha vida. Em nome de Jesus, eu oro. Amém.

"Portanto, vão e façam discípulos de todas as nações, batizando-os em nome do Pai e do Filho e do Espírito Santo, ensinando-os a obedecer a tudo o que eu ordenei a vocês. E eu estarei sempre com vocês, até o fim dos tempos".

— MATEUS 28:19-20

Jesus está contigo agora mesmo!

- Creia na Palavra de Deus, apesar de as circunstâncias dizerem o contrário. Ele é contigo!
- Ore e peça a Deus que preencha o seu coração de confiança que Ele estará sempre presente.
- Obedeça! Se fizer o que Jesus mandou nestes versículos, estará em constante contato com pessoas para as discipular e ensinar. Assim também não se sentirá solitário.
- Leia e estude a Bíblia. Busque focar na vontade de Deus e não na aparência ou sentimentos tristes.
- Ficar só não é bom. Procure uma igreja, converse com irmãos na fé, faça novos amigos.
- Busque reconciliação! Talvez você tenha deixado alguém para trás na sua vida. Perdoe, peça perdão e volte à comunhão.

Bíbliaon

12 NOVEMBRO

GRAÇA E VERDADE

> Todos recebemos da sua plenitude, graça sobre graça. Pois a Lei foi dada por intermédio de Moisés; a graça e a verdade vieram por intermédio de Jesus Cristo.
> — JOÃO 1:16-17

Graça sobre Graça!

- Ore e peça a Deus que o ajude a compreender e viver a verdade e graça, por meio de Jesus Cristo.
- Seja grato! Jesus em pessoa trouxe a solução final para a nossa insuficiência diante de Deus.
- Busque conhecer mais profundamente a Bíblia. Por meio dela você descobrirá como agradar ao Senhor.
- Leia o Evangelho de João e tente identificar outras passagens que falem da graça e verdade de Deus.
- Anote as referências que encontrar e o que vai aprendendo a partir delas.
- Compartilhe com outras pessoas o que tem descoberto acerca da Verdade e da Graça de Jesus.

A Lei de Deus, dada por meio de Moisés, mostrou quem nós realmente somos e a grandeza e santidade de Deus. Por meio dela vemos o quão longe nós estamos de alcançar a bondade e excelência de Deus. Os mandamentos do Senhor não são meras ordenanças, mas são amor e vida para quem lhes obedece. Sem a ajuda do Senhor, sabemos que o homem fracassou, não conseguindo cumprir a vontade de Deus. É impossível pelos nossos próprios méritos...

Mas graças a Deus, por Jesus Cristo! Ao vir ao mundo, Ele personificou a graça e verdade de Deus para os homens. Não somente trouxe e repassou instruções, mas viveu cumprindo a Lei em toda a sua plenitude. Jesus mostrou na prática como o homem deve ser para com Deus e mostrou o amor e a vida de Deus para com o homem. Caminhe na graça e verdade de Jesus. Ele o ajuda e concede vitória e vida abundante!

PARA ORAR

Senhor Deus, muito obrigado por nos ter enviado Jesus! Por meio dele recebemos a salvação e o perdão para as nossas falhas. Temos em Jesus também o modelo exato de como podemos Te agradar, obedecer e amar. Isso é maravilhoso, porque sozinhos não conseguiríamos... Ensina-nos a andar sempre nesse caminho, que é Cristo. Caminho de verdade, graça, amor e vida. Ajuda-me a refletir ao mundo a Tua plenitude e graça sem fim! Em nome de Jesus. Amém.

SER PACÍFICO É SER BEM-AVENTURADO!

13 NOVEMBRO

No evangelho de Mateus, capítulo 5, Jesus subiu no alto de um monte e começou a ensinar o povo. Em dado momento, Jesus falou sobre as bem-aventuranças e colocou aquele que promove a paz como um bem-aventurado. Em um mundo de paixões afloradas, ser pacificador — além de sábio — é ser filho de Deus!

Seguindo o sermão, Jesus falou da importância da reconciliação. Muitas vezes — com razão ou não —, dar a mão é uma tarefa difícil, mas, como disse Jesus, é melhor fazer as pazes o mais rápido possível, pois as consequências são muito piores.

A cada dia as pessoas estão mais agressivas e trocam "farpas" por qualquer motivo. Atitudes como essas podem gerar feridas e nos contaminar. Calma, olhe para Cristo. Ele é o Príncipe da Paz! Jesus em toda a sua trajetória na terra foi um pacificador, mesmo em momentos quentes e turbulentos. Pacífico ao ponto de acalmar o mar!

> **PARA ORAR:**
> Senhor Jesus, quero aprender mais de Ti! Ensina-me a ser amável e pacífico. Perdoa as vezes que fui rude e ignorante com meu próximo. Quero mudar de postura a partir de hoje! Em nome de Jesus, amém!

Bem-aventurados os pacificadores, pois serão chamados filhos de Deus.
— MATEUS 5:9

Como ser um pacificador:

- Qual assunto tira você do sério? Procure afastar-se das situações que o levam a pecar. Saber identificar esses momentos lhe trará maturidade.
- Sempre que houver uma discussão, procure a moderação e o equilíbrio.
- Peça a Deus sabedoria e discernimento. Busque o Espírito Santo.

Bíbliaon

14 NOVEMBRO

ACALMANDO A ALMA

> Retorne ao seu descanso, ó minha alma, porque o Senhor tem sido bom para você!
>
> — SALMOS 116:7

Acalmando a alma

- Traga à sua memória as bênçãos e os feitos do Senhor na sua vida. Se Ele foi capaz de fazer grandes coisas, quanto mais agora!
- Agradeça a Deus o que Ele já fez por você. Faça um momento de ações de graças. Um coração grato a Deus é leve e está aberto a receber ainda mais bênçãos.
- Leia a Bíblia e veja o quanto Deus já nos ama. Medite na Sua palavra e se alimente da palavra que é eficaz.

Se pudéssemos destacar uma qualidade em Davi, seria a sua submissão a Deus. O "rei guerreiro" passou por diversas lutas, perseguições e nunca teve medo de expor a Deus o que lhe afligia. Em todo momento de oração, Davi colocou o seu coração diante de Deus verdadeiramente.

O rei nos ensinou como se comportar na angústia. Neste salmo, Davi afirma a si mesmo os feitos do Senhor, dessa forma o rei, ao reconhecer o favor de Deus, acalmava a sua alma, pois em Deus ganhava confiança. Quando sua alma estava inquieta com as incertezas, Davi trazia a sua memória os feitos do Senhor.

Reconhecer o poder de Deus é o melhor remédio contra a ansiedade. Lembrar do que o Senhor já fez nos aponta para o que Deus pode fazer novamente! Confie no Senhor, acalme a sua alma, pois Ele tem sido bom para você.

PARA ORAR

Senhor Deus, Tu és poderoso e nada nem ninguém é capaz de impedir-Te! Já realizaste grandes coisas na minha vida e por isso sou grato a Ti. Minha confiança está em Ti e por isso minha alma se acalma no Teu grandioso poder. Amém.

RESISTINDO À TENTAÇÃO

15 NOVEMBRO

É realmente libertador quando aprendemos a dizer não à tentação. Jesus deixou um alerta importante para seus discípulos: vigiar e orar! Quem está de vigia não perde o foco! Observa atentamente e com cuidado, mantém-se alerta e tem cautela contra todos os perigos à volta. E a oração atua como uma arma para atacarmos e nos defendermos desse perigo constante. Quando oramos constantemente, mantemo-nos conectados a Deus, recebendo Dele forças para vencer o maligno e os nossos próprios maus desejos.

Fiscalize-se sempre e examine o seu coração... Conheça as próprias fraquezas e busque se fortalecer em Deus. Não vale a pena se colocar em situações em que você sabe que provavelmente vai cair. Sansão experimentou esses limites, cedeu aos desejos e adotou um estilo de vida reprovável. Infelizmente ele pagou caro por isso, tornando-se escravo de seus inimigos. Mas Jesus pode torná-lo livre! Obedeça ao que Ele disse para não cair em tentação...

> **Vigiem e orem para que não caiam em tentação. O espírito está pronto, mas a carne é fraca.**
> — MARCOS 14:38

Aprenda a resistir!

- Vigie a sua vida! Observe se há portas (ou brechas) por onde tem entrado a tentação. Feche-as agora mesmo!
- Ore sem cessar! Uma vida de constante oração é a chave para resistir e recusar desejos maus e pecados.
- Corte maus hábitos! Você sabe quais são as áreas em que está mais vulnerável e fraco. Fuja do pecado!
- Peça ajuda e sabedoria de Deus. Talvez atitudes drásticas deverão ser tomadas (dizer não à corrupção, aos desequilíbrios, excessos, ganhos desonestos, terminar um relacionamento que lhe faz mal, bloquear sites pornográficos, deixar amigos que o induzem a praticar atos reprováveis, abandonar vícios etc.)
- Fale com alguém maduro na fé (pastor ou discipulador) sobre as suas dificuldades e lutas nessa área. Peça ajuda em oração.
- Siga a recomendação de Tiago 4:7: obedeça e submeta-se a Deus. Resista ao Diabo, e ele fugirá de você.

PARA ORAR:

Senhor Deus, ajuda-me a vencer as minhas fraquezas. Perdoa-me por dar lugar a tantas coisas que Te desagradam e me ajuda a melhorar, Pai! Purifica a minha mente, os meus olhos e o meu coração! São tantas coisas que preciso abandonar... Ensina-me o Teu caminho perfeito, em Jesus Cristo, para que eu seja mais parecido com Ele. Ajuda-me a estar atento e em oração, todos os dias! E não me deixes cair em tentação, em nome de Jesus! Amém!

16 NOVEMBRO

OLHE PARA JESUS

> Assim como os olhos dos servos estão atentos à mão de seu senhor e como os olhos das servas estão atentas à mão de sua senhora, também os nossos olhos estão atentos ao Senhor, ao nosso Deus, esperando que ele tenha misericórdia de nós.
>
> — SALMOS 123:2

Quando a sua vida está caindo aos pedaços, não é bom depositar a confiança em coisas passageiras e arriscadas que possam desiludir. Os recursos desta vida, pessoas, oportunidades ou dinheiro, podem ajudar, mas não são totalmente confiáveis nem resolverão os seus problemas. Na verdade, se não for Deus o seu ajudante, você provavelmente irá viver condicionado pelo que os seus olhos lhe dizem. Olhar para as circunstâncias da vida pode lhe causar medo, dúvida ou desespero.

Você precisa estar focado na pessoa certa, Jesus!

"Tendo os olhos fitos em Jesus, autor e consumador da nossa fé. Ele, pela alegria que lhe fora proposta, suportou a cruz, desprezando a vergonha, e assentou-se à direita do trono de Deus" — Hebreus 12:2.

Só quando os seus olhos estiverem Nele, a sua vida fará sentido e você caminhará na direção certa.

Olhe para Jesus hoje!

- Ore e apresente ao Senhor as suas necessidades. Ele está presente e o ajuda...
- Pode parecer que não, mas Deus está no controle de tudo. Esteja atento no Senhor e aguarde pelo seu favor.
- Leia, medite e estude a Bíblia com dedicação. Por meio dela você conseguirá enxergar Deus mais nitidamente.
- Os dois versículos de hoje falam de um Deus em quem podemos confiar. Leia também o Salmo 121. Reflita e escreva o que você compreende dessas leituras.
- Olhar para Deus significa focar, dar atenção, confiar, ter a visão atenta nele. Leve a sério a sua caminhada com Cristo.
- Não se fie no que os olhos estão lhe mostrando, a menos que eles estejam postos em Deus.

PARA ORAR

Senhor meu Deus, abra os olhos do meu coração para que eu veja o Teu agir em minha vida! Ensina-me a olhar com confiança, fé e amor para Ti. Ajuda-me a não me desesperar com as circunstâncias, nem confiar em coisas erradas. Eu creio que o meu socorro vem de Ti... Que as suas misericórdias se renovem sobre nós neste dia. Em nome de Jesus, amém!

TESOUROS PERDIDOS EM CASA

17 NOVEMBRO

A parábola da dracma perdida aparece numa série de sermões de Jesus sobre o Reino de Deus. Nessas ilustrações, o Mestre mostra de forma prática como os perdidos são preciosos quando encontrados no Seu Reino. A moeda não tem valor nenhum enquanto perdida, mas, nas mãos certas, ela poderá dar muito proveito ao seu dono. Do mesmo modo, nós, quando perdidos do nosso Salvador, não tínhamos valor nenhum no mundo. Mas, quando encontrados por Ele, há festa no céu em celebração ao resgate sublime, pelo alto preço pago na cruz.

A moeda perdida em casa também nos faz pensar sobre as coisas importantes que perdemos no lar: diálogo, respeito, compreensão, paz, fidelidade, perdão, enfim, o amor... São valores importantíssimos que deixamos esquecidos em alguma "gaveta do rancor" ou empoeirados atrás de algum móvel pesado de sofrimento. Busque encontrar esses princípios importantes para você e sua família, e não os perca de vista.

Deus o tornou precioso, ao ser encontrado por Jesus Cristo. Torne a sua casa, seu trabalho e as pessoas à sua volta preciosas pelo cuidado e amor expressados por eles.

PARA ORAR:

Senhor Jesus, muito obrigado por ter vindo ao nosso encontro. Eu Te louvo por ter considerado a humanidade preciosa, ao ponto de derramar o Teu próprio sangue em nosso lugar. Ajuda-me a celebrar esse encontro sempre, com alegria e gratidão. Ensina-me também a recuperar as riquezas perdidas na minha casa. Restaura a minha família, em nome de Jesus... Amém!

> *Ou, qual é a mulher que, possuindo dez dracmas e, perdendo uma delas, não acende uma candeia, varre a casa e procura atentamente, até encontrá-la? E quando a encontra, reúne suas amigas e vizinhas e diz: "Alegrem-se comigo, pois encontrei minha moeda perdida".*
> — LUCAS 15:8-9

Você é um porta-joias valioso!

- Abra o seu coração para Jesus Cristo, se ainda está perdido e sem esperança eterna.
- Ore e agradeça por ter sido encontrado pelo Rei. Ele tornou um tesouro precioso e útil para o Reino de Deus.
- Encontre na Bíblia o seu verdadeiro valor junto a Cristo. Leia e estude diariamente!
- Reflita sobre a sua casa e faça uma "faxina geral". Limpe a poeira das mágoas do passado, perdoe retirando o lixo e reorganize com amor e dedicação o seu lar.
- Dê o primeiro passo e reconheça o real valor da família. Encontre os tesouros "escondidos" em cada pessoa.
- Ame as pessoas e use as coisas, não o contrário.

Bíbliaon

18 NOVEMBRO

CRISTÃO, ALEGRE-SE QUANDO FOR PERSEGUIDO!

> Bem-aventurados serão vocês quando, por minha causa, os insultarem, os perseguirem e levantarem todo tipo de calúnia contra vocês. Alegrem-se e regozijem-se, porque grande é a sua recompensa nos céus, pois da mesma forma perseguiram os profetas que viveram antes de vocês.
>
> — MATEUS 5:12

Jesus, quando disse essas palavras, estava pregando o conhecido "Sermão da Montanha". Nesses ensinamentos Ele expôs resumidamente os princípios práticos e valores do Reino de Deus. As "bem-aventuranças" marcam o início desse grande discurso, trazendo padrões invertidos sobre a vida "mais que feliz" que os cristãos podem experimentar.

Quando vivemos a fé em Cristo de modo verdadeiro e intencional, o mundo vai se opor, tentando nos injuriar e maltratar. O Senhor ensina-nos a nos encher de alegria e contentamento quando formos perseguidos por Sua causa. A obra de Cristo é muito preciosa! Vale a pena passar por contrariedades e afrontas pela fé... A sua recompensa com Deus será muito maior!

Alegre-se na perseguição!

- Ore diariamente a Deus; peça-Lhe orientação e sabedoria para saber lidar com as perseguições.
- Não desanime na sua caminhada com Deus por causa das dificuldades que enfrenta. O Senhor está ao seu lado em cada momento e o sustenta.
- Fortaleça a sua fé por meio da Palavra de Deus todos os dias.
- Alegre-se, louve e agradeça pelo privilégio de ser perseguido por causa de Jesus Cristo.
- Interceda pela Igreja perseguida em todo o mundo. Há milhares de cristãos que sofrem risco de vida e outros danos, constantemente, por causa da fé.
- Permaneça fiel ao Senhor! Lembre-se do exemplo de sofrimento dos discípulos, apóstolos e do próprio Senhor Jesus Cristo, que, mesmo sendo perseguidos, na prisão, sob ameaças de aflição e morte, foram fiéis até o fim!
- Cuidado para não ser perseguido por mau testemunho ou por agir sem sabedoria!

PARA ORAR

Querido Pai celestial, obrigado por estares sempre ao meu lado, mesmo quando sou ofendido, injustiçado e perseguido por ser cristão. Ajuda-me a suportar as dificuldades, mantendo firme a fé e um bom testemunho por onde eu for. Ensina-me a estar alegre nas aflições e traz à minha mente aquilo que me dá esperança. Abençoa a todos os irmãos que sofrem perseguição em todo o mundo. Te peço e agradeço, em nome de Jesus! Amém.

PARECE QUE FOI ONTEM

19 NOVEMBRO

Já pensou na brevidade de tudo nesta vida? Passam os anos, as tendências, os gostos, as prioridades e necessidades de uma geração... Muitas páginas da nossa história vão ficando amareladas e esquecidas no tempo. Com as experiências vividas, perdemos o ímpeto irresponsável e alcançamos a maturidade nas atitudes. Alguns sonhos ficam para trás. Mas muitas vitórias também são alcançadas!

É comum ouvirmos a expressão "parece que foi ontem...". Realmente, o tempo passa rápido, sem nos darmos conta disso. Vamos trocando a jovialidade do corpo pelas marcas e lições da vida... Às vezes, a inconstância de tudo nos deixa preocupados com o futuro, mas o nosso Deus soberano e a Sua Palavra são eternos. Ele sabe o fim desde o começo. E cuida de você! Descanse nesta certeza: o Senhor Deus reinará sempre!

PARA ORAR:

Meu Deus, Tu és o meu auxílio para sempre! Que a minha alma espere em Ti todos os dias! Que diariamente eu sinta o Teu cuidado, me ajudando na caminhada. Tu és o único que reina eternamente! O Teu amor e a Tua Palavra não têm fim. Reina gloriosamente sobre a minha vida, a minha família e sobre toda a terra! Em nome de Jesus, Te agradeço, amém!

"O Senhor reinará eternamente".
— ÊXODO 15:18

Deus é eterno e reina para sempre!

- Algumas coisas têm fim na vida, e nem sempre é fácil lidar com essa realidade. Mas Deus é eterno! Nele, você pode confiar com segurança, para sempre.
- A verdade, a graça e o amor de Deus não mudam nem se esgotam! Ele é o Deus infinito em misericórdia.
- Louve e agradeça ao Senhor porque é o Rei dos reis eterno. Digno Ele é de toda adoração.
- Encontre refúgio e ânimo na Palavra de Deus. Leia-a sempre e seja fortalecido!

20 NOVEMBRO

FONTE DE PODER E AUTORIDADE

> Mas receberão poder quando o Espírito Santo descer sobre vocês, e serão minhas testemunhas em Jerusalém, em toda a Judeia e Samaria, e até os confins da terra".
> — ATOS DOS APÓSTOLOS 1:8

Já viu um pai sem poder sobre seu filho? Quando tenta cumprir seu dever de ajudá-lo, aconselhá-lo ou impor limites sobre ele, falha completamente, pois seu filho não lhe dá nenhuma autoridade. Sem ter autoridade, não é capaz de cumprir seu dever.

Da mesma forma somos nós quando lemos que devemos evangelizar, levar a Palavra de Deus até os confins da terra ou até o nosso vizinho. A verdade é que, sem o poder que recebemos do Espírito, somos destinados a falhar. Mas é pelo Espírito Santo que somos capazes de cumprir a vontade de Deus no mundo, somente por meio Dele.

O Espírito nos dá poder e autoridade; por meio Dele você poderá ensinar a Palavra ao seu filho e ao próximo na igreja. Por Ele poderá expulsar a presença do maligno, por Ele conseguirá saber até mesmo os pensamentos de Deus (cf. 1 Coríntios 2:16).

Só por meio Dele

- Já sentiu a presença do Espírito Santo na sua vida? Busque ter intimidade com Ele, invoque-o em oração.
- Entenda que você tem a autoridade e poder vindos do Espírito para anunciar o evangelho; cumpra seu dever!
- O Espírito é seu companheiro e protetor de vida; fique em paz com Ele no seu coração.

Leia também

- Versículos sobre o Espírito Santo
- Os 9 frutos do Espírito Santo que vão transformar sua vida
- Versículos sobre o poder do Espírito Santo

PARA ORAR

Senhor Deus e Pai, peço que me perdoes por negligenciar o Espírito Santo. Quero ter intimidade com o Espírito e deixar que Ele guie minhas ações todos os dias, quero ouvi-Lo e senti-Lo em meu coração, para que eu tenha paz e segurança no Senhor. Seja forte e poderoso em mim, Espírito Santo de Deus, em nome de Jesus, amém.

CAMINHANDO COM INTEGRIDADE

21 NOVEMBRO

Proceder com integridade é viver um estilo de vida diferente do da maioria das pessoas. É andar na contramão do mundo, agindo com honestidade, de forma digna, reta e plena. Uma pessoa íntegra é genuína e leal, não oscila por dois caminhos nem está inclinada aos caminhos maus.

Como filhos de Deus, precisamos viver honradamente, tal como Jesus, imitando-O sempre como nosso maior exemplo. Ele é o Caminho no qual trilhamos rumo à salvação. Cristo é também a direção para uma vida autêntica. Vida nova, despertada para o amor e fé verdadeiros, com novos valores e nova maneira de pensar, falar, olhar e agir.

> **PARA ORAR:**
> Senhor nosso Deus, torna-me alguém melhor... Que eu seja melhor hoje do que fui ontem e vá melhorando à medida que caminhe na companhia de Cristo. Faz-me sábio para fugir do mal e esforçado para seguir o Teu Caminho. Ajuda-me a ser dedicado, generoso, honesto, bondoso, educado, leal e verdadeiro, assim como Jesus, meu Senhor. Obrigado por nos ensinar o padrão de integridade. Amém!

> *Quem anda em integridade será salvo, mas o perverso em seus caminhos cairá logo.*
> — PROVÉRBIOS 28:18

Caminhe pelo bom Caminho

- Pense e reflita se você tem sido uma pessoa íntegra em todas as áreas da sua vida.
- Ore e peça ao Senhor para ajudá-lo a ver se tem andado por algum caminho mau.
- Reconheça as áreas de sua vida em que precisa melhorar.
- Empenhe-se para ser mais parecido com Jesus Cristo. Busque saber como na Bíblia Sagrada.
- Seja sincero e fiel em tudo que faz. Deus ama a verdade e a justiça. Ele sustentará os seus pés e recompensará as boas atitudes.

Bíbliaon

22 NOVEMBRO

O QUE SIGNIFICA AMAR?

O amor é paciente, o amor é bondoso. Não inveja, não se vangloria, não se orgulha. Não maltrata, não procura seus interesses, não se ira facilmente, não guarda rancor. O amor não se alegra com a injustiça, mas se alegra com a verdade. Tudo sofre, tudo crê, tudo espera, tudo suporta.

— 1 CORÍNTIOS 13:4-7

Para viver em amor:

- Pense não apenas em você, mas também nas outras pessoas à sua volta.
- Seja honesto e procure falar sem ferir.
- Em vez de procurar vingança, perdoe quem machuca você.

O amor é muito mais que um sentimento. O amor é uma decisão e uma forma de viver. Os sentimentos de afeto e paixão mudam e passam, mas o amor de verdade não depende desses sentimentos.

Amar é se preocupar com o outro e desejar seu bem. Isso significa querer justiça e falar a verdade. O amor implica deixar de lado o egoísmo e pensar nos outros. Em vez de guardar rancor e tentar machucar de volta, quem ama perdoa e procura a reconciliação. Foi assim que Jesus nos amou quando morreu por nós, apesar de não merecermos.

PARA ORAR

Senhor Jesus, ensina-me a amar como Tu me amas. Quero ser mais como Tu e mostrar Teu amor ao mundo por meio de minha vida. Por favor, ajuda-me a viver no amor, fazendo o bem a outras pessoas. Amém.

CLAME POR SUA NAÇÃO!

23 NOVEMBRO

Vivemos num tempo de graves crises e problemas de várias ordens em todo o mundo. Crise de valores, de princípios morais, que se vai degenerando para toda sorte de corrupção, abusos de poder, jogos de influência, criminalidade e tantos outros prejuízos sociais que temos vivido. O povo sofre as consequências de um problema que não é só do governo, mas também de toda uma nação que tanto precisa de Cristo.

É tempo do povo de Deus se levantar em clamor e arrependimento pelos seus pecados; com oração humilde e perseverante, afastando-se de tudo que é mau, para que o Senhor intervenha com graça e misericórdia em favor do seu país.

> *Se o meu povo, que se chama pelo meu nome, se humilhar e orar, buscar a minha face e se afastar dos seus maus caminhos, dos céus o ouvirei, perdoarei o seu pecado e curarei a sua terra.*
> — 2 CRÔNICAS 7:14

PARA ORAR:

Pai querido, o nosso país passa por tempos difíceis, mas eu confio no Senhor, que pode transformar essa situação. Perdoa as falhas do nosso povo, as más decisões dos nossos governantes e salva aqueles que ainda não tiveram um encontro real Contigo. Que nós, os Teus filhos, possamos fazer a diferença com os valores de Cristo em nós. E que possamos perseverar em oração pelo nosso povo. Em nome de Jesus, amém.

Comece hoje mesmo a interceder pela sua nação!

- Ore confessando ao Senhor os pecados da nação, pedindo que Ele nos perdoe e nos purifique.
- Clame a Deus para que os filhos Dele façam a diferença onde estiverem, que sejam mais iguais a Cristo.
- Interceda pelos líderes e governantes.
- Busque orientação na Bíblia para ser um filho de Deus mais semelhante a Cristo, que não se corrompe nem negocia os seus valores.
- Reúna outros irmãos em Cristo e assuma o compromisso de orar constantemente pelo seu país.

Bíbliaon

24 NOVEMBRO

O ESPÍRITO SANTO NOS ENCHE DE ESPERANÇA

Que o Deus da esperança os encha de toda alegria e paz, por sua confiança nele, para que vocês transbordem de esperança, pelo poder do Espírito Santo.

— ROMANOS 15:13

Enchendo o coração de esperança

- Busque o Espírito Santo; dedique-se. Seu poder nos renova e nos enche de esperança.
- Leia a Palavra. A esperança e a fé devem ser alimentadas.
- Fale com Deus. Ele quer ouvir você e derramar a Sua paz.

A **verdadeira alegria encontra-se em Jesus.** Por meio dele, o nosso coração transborda de esperança e paz. A esperança derramada pelo Espírito Santo é maior que o medo. Em Jesus temos um alvo a seguir.

O Espírito Santo nos mantém esperançosos e focados em Cristo. Por isso, a importância de buscá-lo. Assim como Paulo e Silas (Atos 16:16-34), quando estamos cheios do Espírito Santo, nem a humilhação nem as grades conseguem apagar essa chama.

Que Deus possa encher o seu coração de esperança! Que a sua vida transborde e reflita o poder do Espírito Santo!

PARA ORAR

Senhor, derrama a Tua paz e o Teu amor! A minha esperança está em Ti. Renova-me, encha-me do Teu espírito. Em nome de Jesus, amém!

JESUS, QUERO TE CONHECER!

25
NOVEMBRO

Muitos sabem sobre a vida de Jesus, os seus principais milagres, mas poucos O conhecem de verdade. **Conhecer Jesus vai além de saber quem Ele é.** Não há como O conhecer sem O buscar verdadeiramente. Aquele que busca a sua presença em espírito em verdade O encontra (João 4:23-24).

Conhecer Jesus é andar segundo a sua Palavra, é ser um imitador Dele (1 Coríntios 11:1). Mais do que querer ou proferir palavras, é necessário agir, decidir.

Quando procuramos **Jesus de todo o coração, Ele revela-se a nós.** Essa aproximação transforma a nossa vida. Se ainda não teve essa experiência, busque-O. Jesus também quer conhecer você!

> **Vocês me procurarão e me acharão quando me procurarem de todo o coração.**
> — JEREMIAS 29:13

Conhecendo Jesus

- Para conhecer Jesus é preciso convidá-lo. Abra o seu coração e deixe Jesus entrar na sua vida.
- Leia o Evangelho de João, saiba o quanto Jesus o ama.
- Busque-o em oração. Dedique um tempo do seu dia para falar com Ele.

PARA ORAR:

Jesus, quero conhecer-Te mais e mais! Faz morada no meu coração, encha-me da Tua paz e do Teu amor. Fala comigo, ensina-me a andar segundo a Tua palavra. No Teu poderoso nome, amém!

Bíbliaon

26 NOVEMBRO

SUPERANDO O MEDO

> Por isso não tema, pois estou com você; não tenha medo, pois sou o seu Deus. Eu o fortalecerei e o ajudarei; eu o segurarei com a minha mão direita vitoriosa.
> — ISAÍAS 41:10

O medo é uma reação natural que demonstramos perante uma situação de perigo. Mas também pode ser paralisante se não lidarmos com ele da maneira certa. A Bíblia diz que o verdadeiro Amor expulsa o medo. Jesus também mencionou que não devemos temer o que (ou quem) possa fazer mal ao corpo. Antes deveríamos temer aquele que pode punir eternamente no inferno...

Há muitas coisas temíveis na vida, mas nada deveria tirar a nossa paz de espírito, nem a segurança real e completa que Deus nos concede. A fé deve trazer certeza e convicção da presença do Senhor. Mais do que saber ou sentir, a confiança no Senhor é o que o ajudará a vencer todo o medo.

Não tema; creia que o Senhor está contigo!

- Diante do medo há três atitudes possíveis: parar, fugir ou enfrentar. **Chega de sofrer!** Deus o fortalece para enfrentar e vencer todos os seus medos.
- **Ore! Lance sobre Ele toda ansiedade e temor.** Deus não desampara aqueles que confiam Nele.
- Andar com Jesus torna-nos corajosos. Isso não quer dizer ausência de medo, mas confiança no Senhor!
- **Acreditar é uma decisão que deve ser reavivada diariamente.** Leia a Bíblia e alimente o seu coração com fé, amor e esperança todos os dias.
- Deus nos encoraja como filhos a não temer nenhum perigo, pois **Ele próprio nos protegerá**.

PARA ORAR

Senhor Deus, Tu conheces o meu coração e sabes de todos os meus temores... Perdoa a minha falta de fé e ajuda-me a confiar que a Tua presença me sustenta todos os dias da minha vida. Dá-me forças e ousadia para superar o medo e torna-me corajoso, pelo Teu grande poder. Eu confio em Ti e na Tua Palavra. Pela fé, não temerei! Amém.

Leia também

Como vencer o medo — Salmo 121

AME A PALAVRA DE DEUS E DESFRUTE DA PAZ!

27 NOVEMBRO

Você alguma vez já recebeu uma carta de amor? Pode até parecer que não está muito na moda, mas a carta ainda é um instrumento simples e surpreendente para se comunicar. Quem recebe, movido por alegria e curiosidade, deseja ler e reler cuidadosamente cada palavra da mensagem, pois reconhece a dedicação de quem a escreveu. Sem dúvida, é algo empolgante quando existe reciprocidade dos sentimentos do emissor e do receptor da carta.

E você, gostaria de receber a melhor carta de amor da sua vida?

A Bíblia Sagrada é a carta de amor de Deus para a humanidade, em geral, e para você em especial. Nela, o Senhor se revela mostrando o modo maravilhoso como oferece amor, paz e vida a cada um de nós. Descubra por si mesmo! Em cada página você desfrutará de consolo e segurança no maior Amor que poderá receber em toda a sua vida...

PARA ORAR:

Senhor Deus, muito obrigado pela mensagem mais valiosa de toda a história enviada até nós. Graças Te dou pela Tua Palavra e pelo modo como Te revelaste à humanidade. Ensina-me a dedicar tempo e apreciar a Bíblia todos os dias da minha vida, reconhecendo que por meio dela posso conhecer o Teu amor e seguir a Jesus Cristo. Ajuda-me a amar a Tua Palavra e viver em paz, confiando sempre no que o Senhor diz. Em nome de Jesus, amém.

> **Os que amam a tua lei desfrutam paz, e nada há que os faça tropeçar.**
> — SALMOS 119:165

Releia hoje a sua carta de amor:

- Leia a Palavra de Deus considerando-a como uma carta de amor de Deus para você.
- Desenvolva amor pelo Senhor e pelas sagradas letras a cada dia.
- Com atenção e agrado de um coração apaixonado pela Lei de Deus, releia e reflita em tudo que o Pai desejou e quer falar a você diariamente.
- Ao ler cada trecho, ore e pergunte ao Senhor o que Ele quer ensinar por meio daquela passagem.
- Participe de estudos bíblicos, escola bíblica e cultos para aprofundar os seus conhecimentos sobre a Bíblia.
- Caso não compreenda algum texto lido, pesquise ou converse com um irmão mais maduro na fé para ajudá-lo com suas dúvidas.

Leia também

VEJA AQUI DICA DE PESQUISA PARA DÚVIDAS SOBRE A BÍBLIA

Bíbliaon

28 NOVEMBRO

JESUS NOS ESCOLHEU!

> Vocês não me escolheram, mas eu os escolhi para irem e darem fruto, fruto que permaneça, a fim de que o Pai conceda a vocês o que pedirem em meu nome.
>
> — JOÃO 15:16

Agindo como escolhido

- Leia a Bíblia e fique por dentro da sua nobre missão! Ao meditarmos na Palavra, tomamos consciência do que devemos fazer e das promessas que já foram liberadas para aqueles que são escolhidos por Deus!
- Anuncie a Palavra do evangelho. Quando compartilhamos a Palavra, estamos ampliando o chamado de Jesus ao mundo!
- Tudo que fizer, faça para que o nome de Jesus seja engrandecido. No Seu nome há poder e grandes coisas serão realizadas por você ao proclamar o nome de Jesus!

Se há uma característica em Jesus que podemos destacar é o seu amor incondicional! Jesus foi um dos primeiros homens com registros antigos a valorizar as crianças, as mulheres — até então desvalorizadas — e os que viviam à margem da sociedade: prostitutas, doentes e até cobradores de impostos.

Isso incomodou muita gente, pois o Messias não estava entre a "pompa dos tabernáculos" e o ambiente dos fariseus. Jesus se encontrava no meio do povo, entre as crianças, na beira da praia entre os pescadores. Esse comportamento foi questionado por muitos religiosos, mas Jesus foi categórico: "Os sãos não necessitam de médico, mas, sim, os que estão doentes; eu não vim chamar os justos, mas, sim, os pecadores ao arrependimento" (Marcos 2:17).

Jesus nos escolheu! Entre capacitados e justos, Deus estendeu a sua mão e nos alcançou com seu perdão! Fomos escolhidos por meio da sua graça — não por mérito — e do seu amor incondicional. Assim como nós, Jesus escolheu aqueles pescadores como Seus discípulos antes de eles o escolherem como mestre. O resultado dessa escolha foi edificar a vida de cada um — um fruto permanente —, de maneira que eles pudessem espalhar a semente do evangelho da Salvação a todos os escolhidos.

Fomos escolhidos por Jesus e como discípulos temos uma missão: anunciar o evangelho do Senhor para aqueles que ainda não sabem que Jesus os chamou para uma vida de alegria e vitória!

PARA ORAR

Senhor Jesus, me escolheste como Teu filho; sou grato a Ti por ter me resgatado. Derrama o Teu favor sobre mim, dá-me coragem para anunciar a Tua Palavra para aqueles que ainda precisam ouvir o Teu nome! Amém!

VIVENDO AS MARAVILHAS DE DEUS HOJE

29 NOVEMBRO

Cristo, em todo o seu ministério na terra, era acompanhado de uma multidão. Todos queriam ver com os próprios olhos o Filho de Deus. Uma coisa era certa: quem acompanhava Jesus sempre ficava maravilhado com os Seus atos.

Cristo continua realizando milagres no nosso meio hoje, Ele não mudou. Por meio do Espírito Santo podemos experimentar as maravilhas de Deus e termos acesso direto a Jesus pela oração.

Os milagres de Jesus não são coisas do passado. Ele continua agindo, basta crer! Busque-O, procure andar ao Seu lado conforme a Sua Palavra e vivencie todas as Suas maravilhas!

> O povo ficava simplesmente maravilhado e dizia: "Ele faz tudo muito bem. Faz até o surdo ouvir e o mudo falar".
> — MARCOS 7:37

PARA ORAR:
Jesus, Tu és poderoso e continua agindo no nosso meio. Quero experimentar as Tuas maravilhas, pois creio no Teu poder. Quero glorificar os Teus feitos na minha vida. No Teu poderoso nome, amém!

Vivendo as maravilhas de Deus hoje

- A Bíblia não é apenas um livro histórico e de conduta; é também um guia de como nos aproximar de Jesus e experimentar a Sua presença.
- Busque a Deus continuamente. Quanto mais buscamos, mais vivenciamos o extraordinário Dele.
- Creia no poder de Jesus. Sem fé é impossível agradá-lo.

Leia também

Os milagres de Jesus na Bíblia

7 histórias com milagres de cura de doenças na Bíblia

Bíbliaon

30 NOVEMBRO

O TEMPO PASSA E A PALAVRA DE DEUS PERMANECE!

> Os céus e a terra passarão, mas as minhas palavras jamais passarão.
> — MATEUS 24:35

Somente creia!

- A fé é um elemento essencial do Cristão; sem fé é impossível agradar a Deus.
- A fé vem com os atos, e os atos geram frutos. Quem guarda a palavra de Deus frutifica.
- Ter fé requer esforço. Continue a crer nas promessas de Deus.

A Palavra de Deus não se perde com o tempo. **Se Deus prometeu algo, Ele vai cumprir.**

Muitas coisas podem passar nesta terra: tempo, governos, mas a Palavra de Deus continua soberana. Por meio de Deus tudo foi criado, até mesmo o universo. Se Ele criou tudo pela palavra, por que não crer nas suas promessas?

Jesus declarou o versículo de Mateus 24:35 ao revelar os sinais do fim. Sim, haverá o fim, mas todo aquele que crer na sua palavra não será tragado pelo tempo. Os céus e a terra passarão, mas quem crer na Palavra de Deus permanecerá com Ele eternamente.

PARA ORAR

Senhor Deus, por meio da Tua Palavra tudo foi criado. Tudo no mundo pode passar, mas a Tua Palavra permanece. Eu creio em Ti e permaneço a crer nas Tuas promessas. Amém!

DEVOCIONAL DIÁRIO

DEZEMBRO

1º DEZEMBRO

MULHERES QUE AMAVAM JESUS

> As mulheres que haviam acompanhado Jesus desde a Galileia, seguiram José e viram o sepulcro e como o corpo de Jesus fora colocado nele. Em seguida, foram para casa e prepararam perfumes e especiarias aromáticas. E descansaram no sábado, em obediência ao mandamento.
>
> — LUCAS 23:55-56

O evangelho de Lucas sempre mostra como Jesus tratava com carinho as mulheres de seu tempo. Ele as valorizava, e elas o seguiam; Ele transformou a vida delas, e elas se dedicavam a seu ministério. Quando Jesus foi preso, acusado e sentenciado, muitos de seus discípulos simplesmente o abandonaram, fugiram.

Mas essas mulheres, por outro lado, ficaram próximas todo o tempo, e, ainda em sua morte, se empenharam em honrar seu mestre. Elas foram preparar perfumes para cuidar do corpo de seu amigo, salvador da vida delas. Quando Ele ressuscitou, mostrou-se primeiro a elas. Essas mulheres que seguiam Jesus O amavam de todas as suas forças, e Jesus as honrou.

Tenha você um amor similar ao delas, dedique-se a caminhar com Jesus e não fuja diante das dificuldades. Permita que Jesus transforme sua vida e siga-O até o fim da vida!

PARA ORAR

Senhor Deus, meu Salvador e resgatador. Peço a Ti que me cures dos meus males, que me dês forças para continuar avançando na caminhada com o Senhor. Quero ter a fidelidade e a coragem daquelas mulheres seguidoras de Cristo. Assim Te peço, em nome de Jesus.

Tome a decisão e siga-O!

- Quais áreas da sua vida precisam de transformação? Deixe isso aos pés de Jesus, e tão somente creia.
- Siga o Senhor com toda a sua vida; permita-se ser transformado pelo poder de Cristo.
- Compartilhe a mensagem da salvação com alguém, leve o evangelho adiante.